머리말

인터넷은 현대 정보화 시대의 대표적인 매체로서 교육, 문화, 정보, 여가 등 생활 전반에 걸쳐 결정적인 영향을 미치는 미디어입니다. 특히, 스마트폰의 보급 확대와 인터넷 기술의 급속한 발달로 시공간의 제약 없이 언제 어디서나 가상세계에서 제2의 사회를 만들어 활동할 수 있습니다.

그러나 인터넷이 보편화될수록 인터넷의 역기능에 의한 피해는 계속해서 증가하고 있으며, 사이버 공간에서의 범죄 또한 우리가 생각하지 못한 방법으로 끊임없이 진화하고 있습니다. 따라서 정보를 사용하는 능력뿐 아니라 이를 '올바르게' 사용할 수 있는 능력이 더욱 중요해지면서 인터넷 윤리 교육의 중요성이 점점 강조되고 있습니다. 인터넷 윤리가 정보화 시대의 필수 소양으로 중시되는 바, 관련 교육에 대한 수요도 점차 증가할 것으로 예상됩니다.

본 교재는 이러한 인터넷 윤리 교육의 필요성에 발맞춰 오늘날의 인터넷 문화와 사회 현상을 분석하고 인터넷 윤리자격 지도사 시험에 완벽하게 대비할 수 있도록 이론과 실무를 나누어 자세한 설명과 차별화된 문제들로 구성하였습니다.

합격을 위한 책의 구성

❶ 챕터별로 기출키워드를 정리하여 키워드만 읽어도 전체 흐름을 이해할 수 있도록 구성하였습니다.

❷ 시험에 필요한 내용을 이론과 실무로 구분하여 인터넷 윤리 지도사 자격에 요구되는 내용을 풍부하고 완벽하게 학습할 수 있도록 구성하였습니다.

❸ 본문 매 페이지마다 제시된 단답형의 확인문제를 통해 공부한 중요 개념을 바로 복습할 수 있습니다.

❹ 자주 출제되는 문제들로 구성된 적중예상문제와 기출문제 유형을 완벽하게 반영한 모의고사를 통하여 시험에 나오는 문제들을 반복 학습할 수 있도록 구성하였습니다.

❺ 최신 용어 위주로 정리한 신조어 사전을 통해 앞으로 출제될 각종 시사 용어와 인터넷 용어까지 총망라하여 준비할 수 있습니다.

SD에듀는 인터넷 윤리자격 지도사 시험에 응시하는 모든 분들의 도전이 합격으로 이어질 수 있도록 최선을 다하여 책을 만들었습니다. 모든 임직원과 집필진이 한마음으로 여러분의 합격을 기원합니다.

집필진과 편집진 일동

이 책의 구성과 특징 STRUCTURES

1 두 번, 세 번 확인하는 핵심 이론

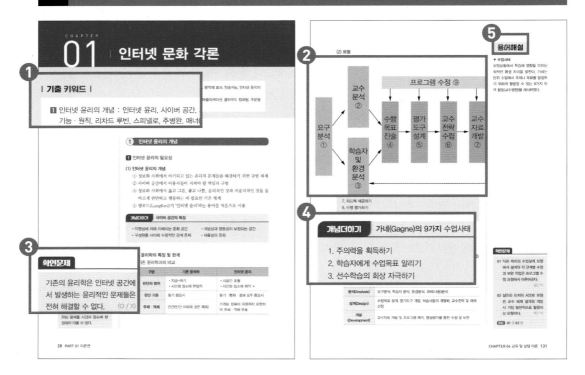

❶ 주제별 핵심 키워드 선별

- 챕터마다 해당 내용의 주요 키워드를 선별하였습니다.
- 자주 출제되는 키워드로 시험 전에 반드시 외워야 할 핵심 내용을 파악할 수 있습니다.
- 키워드만 읽어도 무엇을, 어떻게 공부해야 할지 스스로 학습 방향을 설정할 수 있습니다.

❷ 자세한 이론 설명

합격에 필요한 이론을 빈틈없이 채워주는 충실한 설명을 통해 고득점을 획득할 수 있습니다.

❸ 확인문제

공부한 이론을 잊어버리지 않도록 OX 퀴즈, 단어 퀴즈 등 다양한 퀴즈를 통해 바로 복습 할 수 있습니다.

❹ 개념더하기

더 알아두면 시험에 도움되는 내용을 추가로 선별하여 학습의 깊이를 더하였습니다.

❺ 용어해설

본문에 나오는 용어를 바로 옆에서 설명하여 본문 이해를 돕습니다.

2 적중예상문제로 챕터별 학습내용 점검

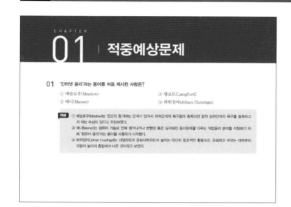

챕터별 적중예상문제

각 챕터별로 시험에 자주 나오는 내용을 중심으로 구성한 적중예상문제를 수록하여 해당 챕터에 대해 확실히 이해하고 넘어가도록 하였습니다.

바로 확인하는 자세한 해설

문제 하단에 자세한 해설을 수록하여, 본문을 따로 찾아보지 않고도 바로 이해할 수 있도록 구성하였습니다.

3 실전 모의고사로 최종 점검

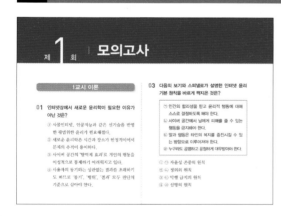

기출문제와 유사한 유형의 모의고사

기출문제와 유사한 유형의 모의고사를 2회분 수록하여 합격을 위한 마무리 점검을 할 수 있게 하였습니다.

상세한 정답 · 해설

별도로 구성된 정답 · 해설은 문제 이해도를 높이도록 자세하게 설명하였으며, 해설만 읽어도 시험 대비가 가능하도록 제시하였습니다.

4 최근 출제된 용어를 선별한 신조어 사전

시험에 무조건 나오는 신조어 사전

각종 시사 용어, IT 관련 용어, 신조어에 이르기까지 시험에 나왔던 용어뿐 아니라 최근 이슈가 되는 모든 용어를 선별했습니다.

가나다순으로 편리하게 구성

가나다순으로 구성하여 원하는 단어를 손쉽게 찾아볼 수 있습니다.

시험안내 INFORMATION

응시 자격

자격종목	응시자격
IEQ(인터넷 윤리자격)	학력, 연령 제한 없음(누구나 가능)

검정방법 및 합격기준

등급	검정방법	문제형식	합격기준
지도사	이론(1차)	4과목/40문항(객관식)/40분	• 이론/실무 평균 70점 이상 득점 • 이론/실무 각 50점 이상 득점(미만 시 과락)
	실무(2차)	4과목/28문항(객관식, 주관식)/40분	
2급	이론(1차)	3과목/20문항(객관식)/30분	• 이론/실무 평균 60점 이상 득점 • 이론/실무 각 40점 이상 득점(미만 시 과락)
	실무(2차)	3과목/20문항(객관식)/30분	
3급	이론(1차)	2과목/15문항(객관식)/20분	이론/실무를 하나의 시험으로 통합하여 평균 60점 이상 득점
	실무(2차)	1과목/10문항(객관식)/20분	

접수 방법

구분	접수방법	비고
정기	KPC자격 홈페이지(license.kpc.or.kr)	개인·단체 접수
상시	지역센터 방문 접수	단체 접수만 가능

홈페이지·지역센터 방문 ▶ 원서접수 ▶ 응시료 결제 ▶ 수험표 출력

※ 수험표 출력 : 시험 10일 전부터 시험일까지 홈페이지에서 조회·출력(고사장 좌석배치 확인 가능)

응시료(검정수수료)

등급	접수과목	응시료
개별접수	지도사	25,000원
	2급	20,000원
	3급	15,000원
3과목 접수	지도사 + 2급	40,000원
	지도사 + 3급	35,000원
	2급 + 3급	30,000원

※ 부가가치세 포함 및 결제대행수수료 1,000원 별도
※ 회차당 2개 등급을 동시에 응시 가능하며, 부분 과목 취소 불가

시험시간

교시	구분	시험시간
1교시	지도사	09:00 ～ 10:20
	2급	09:00 ～ 10:00
	3급	09:00 ～ 09:40
2교시	지도사	11:00 ～ 12:20
	2급	11:00 ～ 12:00
	3급	11:00 ～ 11:40

※ 정기시험 기준으로 시험 일정에 따라 변경될 수 있음

2024년 시험 일정 안내

시험일	시험명	온라인 원서접수	방문접수	성적공고
2024.04.13	제1회 IEQ정기시험	03.08 ～ 03.13	03.13	05.02 ～ 05.09
2024.10.12	제2회 IEQ정기시험	09.06 ～ 09.11	09.11	10.31 ～ 11.07

※ IEQ 정기시험은 4, 10월 둘째 주 토요일에 시행
※ IEQ 2급, 3급은 수시시험으로만 시행(수시시험은 30명 이상 시 시행)
※ 시험 방문 접수는 'KPC 자격 지역센터'에서 가능하며, 지역센터로 사전 연락 후 내방 바람

검정 내용

구분	과목명	주요항목	세부항목	문항 수
			IEQ 지도사	
이론	인터넷 문화 각론	인터넷 윤리 개념	인터넷 윤리의 필요성	4
			인터넷 윤리의 기능/도덕원리/역사	
		인터넷 문화 이해/분석	소셜미디어/스마트폰/클라우드 컴퓨팅	6
			인터넷 저널리즘	
	인터넷 역기능 각론	인터넷 역기능 개념	인터넷 역기능 정의	5
			인터넷 역기능 유형	
		인터넷 역기능 실태	인터넷 역기능 발생 원인	5
			인터넷 역기능 실태	
	인터넷 정보보호 각론	정보보호 개념	개인정보 정의/요건/유형	5
			정보보안, 해킹·악성 코드 정의/유형	
		정보 침해 실태	개인정보 침해 유형/실태	5
			해킹·악성 코드 유포 실태	
	교육 및 상담이론	교육이론	교육 목표/내용/대상	5
			교수 방법	
		생활지도 및 상담이론	사이버 공간의 심리 및 공동체 특성	5
			생활지도·상담의 정의/목표/요건/원리	
실무	인터넷·신기술 활용 및 교육	정보공급자/수용자 윤리	정보공급자 윤리적 쟁점	3
			정보전송자/수용자 윤리적 태도	
			네티켓/모바일 네티켓/SNS 네티켓	
		인터넷·신기술 활용	인터넷 경제활동(쇼핑몰/경매/관련 제도)	4
			인터넷 금융거래(i-PIN/뱅킹/결제 및 거래)	
			전자민원/등기소/국세청 사이트 활용	
	역기능 예방/대응 기술활용 및 교육	인터넷 역기능 사전 대응방안	개인차원의 예방(지침 및 태도)	4
			법률기반 제도 시행	
			S/W 및 기술적 조치	
		인터넷 역기능 사후 대응방안	피해 신고와 구제	3
			법/제도적 조치	
			역기능 대응 관련 기관	
	정보보호 기술 활용 및 교육	개인정보 침해 대응방안	사전 대응방안	3
			사후 대응방안	
		해킹·악성 코드 유포 대응방안	사전 대응방안	4
			사후 대응방안	
	교육 및 상담 실무	인터넷 윤리 교육	인터넷 윤리 교육의 교수 방법	3
		인터넷 윤리 생활지도 및 상담	인터넷 생활지도 및 집단행동 관리	4
			인터넷 윤리 상담의 기능/기법/기술	

IEQ 2급				
구분	과목명	주요항목	세부항목	문항 수
이론	인터넷 문화 개론	인터넷과 인터넷 윤리 이해	인터넷 윤리의 필요성	2
			인터넷 윤리의 기능	
		인터넷 문화 이해/분석	소셜미디어/스마트폰/클라우드 컴퓨팅	4
			인터넷 저널리즘	
	인터넷 역기능 개론	인터넷 역기능 개념	인터넷 역기능 정의	4
			인터넷 역기능 유형	
		인터넷 역기능 실태	인터넷 역기능 발생 원인	3
			인터넷 역기능 실태	
	인터넷 정보보호 개론	정보보호 개념	개인정보 정의/요건/유형	4
			정보보안, 해킹 · 악성 코드 정의/유형	
		정보 침해 실태	개인정보 침해 유형/실태	3
			해킹 · 악성 코드 유포 실태	
실무	인터넷 · 신기술 활용	정보공급자/수용자 윤리	정보공급자 윤리적 쟁점	2
			정보전송자/수용자 윤리적 태도	
		인터넷 · 신기술 활용	인터넷 경제활동(쇼핑몰/경매/관련 제도)	4
			인터넷 금융거래(i-PIN/뱅킹/결제 및 거래)	
			전자민원/등기소/국세청 사이트 활용	
	역기능 예방/대응 기술 활용	인터넷 역기능 사전 대응방안	개인차원의 예방(지침 및 태도)	3
			법률기반 제도 시행	
			S/W 및 기술적 조치	
		인터넷 역기능 사후 대응방안	피해 신고와 구제	4
			법/제도적 조치	
			역기능 대응 관련 기관	
	정보보호 기술 활용	개인정보 침해 대응방안	사전 대응방안	3
			사후 대응방안	
		해킹 · 악성 코드 유포 대응방안	사전 대응방안	4
			사후 대응방안	

IEQ 3급				
구분	과목명	주요항목	세부항목	문항 수
이 론	인터넷 문화 이해	인터넷과 인터넷 윤리	인터넷의 정의/역사/특징	1
			인터넷 윤리의 개념/필요성/기능	
		유용한 정보의 탐색 및 활용	사이버 공동체와 자아 정체성	2
			유비쿼터스의 개념/이해	
		네티켓	네티켓의 필요성	2
			올바른 인터넷 사용 태도	
			사이버 언어와 올바른 사용	
		인터넷과 정보수용	인터넷에서의 정보수용	2
			다양한 형태의 정보수용	
			비판적 수용 자세	
	인터넷 생활 이해	정보화 사회의 역기능	개인정보의 개념 이해	4
			저작권 개념(정의/종류/보호기간/제한사유)	
			인터넷 중독 정의/원인	
			유해정보의 의미/종류	
		인터넷 역기능 실태	개인정보 유출 사례	4
			저작권 침해 사례	
			인터넷 중독의 증상/유형/특징	
			거짓정보의 피해	
실 무	인터넷 · 신기술 활용	다양한 인터넷 · 신기술 활용	사이버 커뮤니티/개인미디어 문화	3
			포털사이트 활용, 인터넷 경제활동	
			대한민국 전자정부 활용	
		안전한 인터넷 · 신기술 사용	인터넷 중독 예방 및 대처하기	7
			개인정보 침해 대응방안	
			자신(타인)의 저작권 보호 · 거짓정보 피해 예방/대처 방법	
			음란물/폭력물 차단 및 신고방법	
			스팸메일 대응하기	
			컴퓨터 바이러스/악성 코드/해킹 대응하기	

IEQ지도사

인터넷 윤리자격 한권으로 끝내기

SD에듀
(주)시대고시기획

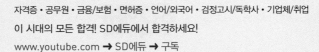

지역센터 안내

지역센터	해당 지역	전화번호
서울남부지역센터	강서구, 양천구, 영등포구, 구로구, 금천구, 관악구, 동작구, 서초구	02-2607-9402
서울동부지역센터	도봉구, 강북구, 노원구, 중랑구, 동대문구, 성동구, 광진구	02-972-9402
서울서부지역센터	은평구, 종로구, 서대문구, 마포구, 중구, 용산구, 성북구	02-719-9402
서울강남지역센터	강남구, 송파구, 강동구	02-2226-9402
인천지역센터	인천시(강화군 제외)	032-421-9402
경기북부지역센터	고양시, 의정부시, 동두천시, 파주시, 남양주시, 연천군, 포천시, 가평군, 양주시, 양평군, 구리시	031-853-9408
경기동부지역센터	성남시, 용인시, 하남시, 광주시, 이천시, 여주군	031-781-9401
경기남부지역센터	수원시, 평택시, 오산시, 화성시, 안성시	031-236-9402
경기중부지역센터	안양시, 과천시, 군포시, 의왕시, 안산시	031-429-9402
경기서부지역센터	부천시, 김포시, 시흥시, 광명시, 인천광역시 강화군	032-323-9402
강원지역센터	강원도 내 전 지역	033-731-9402
대전지역센터	대전시, 공주시, 청양군, 보령시, 부여군, 논산시, 계룡시, 서천군, 금산군, 세종시	042-222-9402
충청북부지역센터	천안시, 아산시, 당진군, 예산군, 서산시, 홍성군, 태안군	041-903-9402
충북지역센터	진천군, 증평군, 청주시, 보은군, 옥천군, 영동군, 충주시, 제천시, 단양군, 음성군, 괴산군	043-265-9402
부산동부지역센터	금정구, 동래구, 해운대구, 수영구, 남구, 기장군	051-313-9402
부산서부지역센터	부산진구, 북구, 사상구, 강서구, 동구, 서구, 중구, 사하구, 연제구, 영도구	051-465-9402
경남지역센터	경상남도 내 전 지역(밀양, 양산시 제외)	055-762-9402
울산지역센터	울산광역시 전 지역, 경상남도 내(밀양, 양산)	052-223-9402
대구지역센터	경산시(경북), 대구시(달서구, 동구, 남구, 중구, 수성구)	053-622-9402
대구경북서부지역센터	구미시, 김천시, 상주시, 칠곡군, 대구시(북구, 서구), 고령군, 성주군, 청도군	054-451-9402
경북북부지역센터	안동시, 영주시, 문경시, 예천군, 의성군, 군위군, 봉화군, 영양군, 청송군	054-841-9402
경북동부지역센터	포항시, 경주시, 영천시, 울진군, 영덕군, 울릉군	054-277-9402
전북지역센터	전라북도 내 전 지역	063-286-9402
광주지역센터	남구, 동구, 북구, 서구	062-603-4403
전남서부지역센터	목포시, 무안군, 영암군, 장흥군, 강진군, 해남군, 완도군, 진도군, 신안군	061-283-9402
전남동부지역센터	순천시, 광양시, 보성군, 고흥군, 여수시	061-745-9402
광주전남북부지역센터	광주광역시(광산구), 담양군, 장성군, 화순군, 영광군, 함평군, 곡성군, 구례군, 나주시	062-973-9402
제주지역센터	제주도 내 전 지역	064-726-9402

목차 CONTENTS

시험에
100% 나오는
신조어 사전

시험에 100% 나오는 신조어 사전

ㄱ

가명정보 : 식별 가능한 개인정보와 개인 비식별 조치가 된 익명 개인정보의 중간 단계로, 성명 · 전화번호 등 개인정보 일부를 삭제 · 대체(가명처리)하는 등의 방법으로 식별 가능성을 낮춘 개인정보이다. 가명정보의 경우, 정보주체의 동의 없이 통계나 연구 등에 활용할 수 있다.

가상현실(VR ; Virtual Reality) : 인공적으로 만들어내었지만 현실과 비슷한 공간을 체험할 수 있는 IT 기술이다. 실제 현실과는 격리된다.

가스라이팅(Gas-lighting) : 영국 연극 '가스등(Gas Light)'에서 유래한 것으로, 타인의 심리나 상황을 교묘하게 조작해 상대의 자존감과 판단력을 약화시킴으로써 지배력을 강화하는 행위를 의미한다.

가짜뉴스 : 거짓 정보를 정상적인 뉴스처럼 위장하여 유포하는 행태를 뜻한다. 정보를 수용하는 이들 또한 뉴스가 진실인지 확인하려 하지 않고 그대로 믿거나 자신이 믿고 싶은 것만 믿으려 하는데, 이러한 사회 현상을 '포스트 트루스(Post Truth)'라 한다.

개인정보 추적 금지 설정(DNT ; Do Not Track) : 사용자가 웹사이트 접속 시 해당 웹사이트에 개인정보 제공을 원하지 않을 경우, 웹사이트에 접속한 개인정보 등의 수집 · 전송 · 활용 등을 차단할 수 있도록 한 것이다.

개인형 이동장치(PM ; Personal Mobility) : 원동기장치자전거(배기량 125cc 이하 또는 전기를 동력으로 하는 경우에는 최고정격출력 11kw 이하의 원동기를 단 차) 중 시속 25km 이상으로 운행할 경우 전동기가 작동하지 아니하고 차체 중량이 30kg 미만인 것으로서 행정안전부령으로 정하는 것을 말한다(도로교통법 제2조 제19의2호).

검색 알고리즘 : 이용자가 수백에서 수천억 개의 웹페이지로부터 검색한 자료를 이용자의 목적에 알맞게 나열해주는 전략적 실행방안으로, 웹페이지의 검색을 통해 최선의 답을 찾는 검색시스템이다.

게이트키퍼(Gate keeper) : 뉴스나 정보의 유출을 통제하고, 뉴스를 취사선택하는 결정권자이다. 뉴스의 선택 과정에서 게이트키퍼의 가치관이 작용할 수 있기 때문에 내용이 왜곡될 우려가 있다.

게이트키핑(Gate Keeping) : 언론사 데스크에서 기자들이 써 온 뉴스를 취사선택하여 전달하는 것이다.

공유경제 : 용어 자체는 2008년 하버드대학교의 로렌스 레식 교수가 자신의 책 〈리믹스〉에서 처음 사용하면서 등장하였다. 현대 사회에 맞춘 합리적인 소비를 하자는 인식에서 공유경제라는 개념이 부각되었고, 스마트폰의 발달이 활성화에 기여하면서 보편적인 개념으로 발전하였다. 모바일 차량서비스인 우버, 집을 공유하는 에어비앤비, 카셰어링 서비스인 쏘카 등이 공유경제의 대표적인 사례이다. 최근 개인 항공기 대여 서비스인 비스타제트가 등장하여 하늘의 공유경제형 사업 모델이라는 평가를 받고 있다.

광대역통합망(BcN ; Broadband Convergence Network) : 음성 · 데이터, 통신 · 방송 · 인터넷 등이 융합된 품질보장형 광대역 멀티미디어서비스를 언제 어디서나 끊임없이 안전하게 이용할 수 있는 차세대 통합네트워크로, 유비쿼터스를 통한 홈네트워킹서비스를 여는 데 핵심이 되는 기술이다.

90:9:1의 법칙 : 인터넷 이용자 중 90%는 관망하고 9%는 재전송이나 댓글로 정보 확산에 기여하며 극소수인 1%만이 콘텐츠를 창출한다는 법칙으로, SNS와 스마트폰 사용이 일반화되면서 영향력 있는 소수의 의견이 다수인 것처럼 확산돼 여론이 한 방향으로 치우치는 현상 등이 이와 관련 있다.

그루밍(Grooming) 성범죄 : '그루밍(Grooming)'은 '가꾸다', '치장하다'를 뜻하는 단어로, 그루밍 성범죄는 가해자가 피해자에게 호감을 얻거나 관계를 돈독하게 해 심리적으로 지배한 뒤 성폭력을 가하는 것을 말한다.

그리드 컴퓨팅(Grid Computing) : 네트워크로 PC나 서버, PDA 등 모든 컴퓨팅 기기를 연결해 컴퓨터 처리 능력을 한 곳으로 집중할 수 있는 기술이다. 클라우드 컴퓨팅과 비슷한 개념이나 더욱 강력한 병렬을 실시한다.

ㄴ

나노 러닝(Nano Learning) : 긴 시간 집중하여 학습하는 것이 점점 어려워지는 현대인의 특성에 맞게 특정한 주제를 심층적으로 다루면서 고밀도로 압축하여 짧은 시간에 전달하는 교육 기법이다. 마이크로 러닝이라고도 한다.

나오머족(Not Old Multiplayer) : 'Not Old Multiplayer'의 첫음절을 따서 만든 말이다. 늙지 않는 멀티플레이어라는 뜻으로 육아와 부부관계와 일까지 전부 잘하는 여성을 가리킨다.

넛지 이론(Nudge Theory) : 2017년 노벨 경제학상 수상자인 리처드 탈러와 캐스 선스타인의 저서에서 소개된 이론이다. 동명 저서에서 그는 이것을 타인의 선택을 유도하는 부드러운 개입이라고 정의했다. '넛지(Nudge)'는 본래 '팔꿈치로 슬쩍 찌르다'는 의미의 단어로, 인간의 행동 심리를 분석하여 직접적인 지시를 하지 않고도 타인을 원하는 대로 유도할 수 있는 방법이라고 할 수 있다.

네이티브 광고(Native Advertisement) : 웹사이트나 애플리케이션의 성격에 맞추어 기획된 광고를 말하는데, 배너광고가 이용자들에게 큰 거부감을 주어 오히려 광고 효과가 떨어진다는 한계점이 나오자 대안으로 떠오른 기법이다. 배너광고와 달리 콘텐츠의 일부처럼 디자인하여 거부감을 최소화시킨다.

네카시즘(Netcarthyism) : 'Netizen'과 'Mccarthyism'의 합성어로 인터넷에 부는 마녀사냥 열풍을 말한다. 다수의 누리꾼들이 인터넷, SNS 공간에서 특정 개인을 공격하며 사회 공공의 적으로 삼고 매장해버리는 현상이다. 누리꾼들의 집단행동이 사법 제도의 구멍을 보완할 수 있는 요소라는 공감대에서 출발했지만 누리꾼들의 응징 대상이 대부분 힘없는 시민이라는 점과 사실 확인이 쉽지 않은 인터넷상의 정보를 기반으로 하기 때문에 피해를 보는 사람이 생길 수 있다는 문제가 제기된다.

노멀 크러시(Normal Crush) : 'Normal(보통의)'과 'Crush(반하다)'의 합성어로, 평범한 삶을 추구하는 2030세대를 말한다. 높은 실업률과 경기 불황의 시대를 살아가는 청년들이 현실을 직시하고 자신이 이룰 수 있는 작은 목표에 집중하며 사는 것이다. '큰 성공, 인생역전' 같은 일이 일어나기도 어렵지만 이루기 위해 견뎌야 하는 과정 자체가 정신적 압박을 주기 때문에 이러한 것에서 벗어나 평범한 일상을 즐기며 소소한 행복을 느끼는 삶을 택한다.

노모포비아(Nomophobia) : 'No, Mobile(휴대폰)', 'Phobia(공포)'를 합성한 신조어로 휴대폰이 가까이 없으면 불안감을 느끼는 증상을 말한다. CNN은 노모포비아의 대표적인 증상은 권태, 외로움, 불안함이며 하루 세 시간 이상 휴대폰을 사용하는 사람들은 노모포비아에 걸릴 가능성이 높고, 스마트폰 때문에 인터넷 접속이 늘어나면서 노모포비아가 확산일로에 놓여 있다고 진단했다. 전체 스마트폰 사용자 3명 중 1명꼴로 증상이 발견되고 있다. '노 모바일(No Mobile)', 즉 휴대폰이 없는 상황이 올 경우 굉장한 스트레스를 느끼는 휴대폰 중독 상황을 가리킨다.

뇌-컴퓨터 인터페이스(BCI ; Brain Computer Interface) : 모든 사고의 중추인 뇌와 컴퓨터의 직접 소통 방식 중 하나로, 신체의 움직임 없이 상상만으로 기계에 명령을 내릴 수 있게 하는 것이다.

누스페어(Noosphere) : 'Noo(정신)'와 'Sphere(시공간)'를 결합시킨 사회철학 용어로 인류가 오랫동안 집적해온 공동의 지적 능력과 자산을 바탕으로 사이버 공간에서 이루어가는 세계를 말한다.

뉴미디어(New Media) : 전통적인 매체에 네트워크 기술이 접목되어 '상호작용성'을 갖춘 다양한 미디어를 가리킨다.

뉴트로(New-tro) : 패션 · 요식업 등에 새롭게 등장한 복고 트렌드로, 단순한 복고풍(Retro)과 달리 복고의 느낌을 주지만 신선한 감각과 기능을 살린 제품을 말한다. 김난도 교수가 발표한 2019 소비 트렌드 중 하나이다.

니트(NEET)족 : 'Not in Education, Employment or Training'의 줄임말로서, 의무 교육을 마친 후 진학 · 취직을 하지 않고 일할 의지도 없는 청년을 뜻한다. 고용환경이 악화되면서 청년 니트족도 증가했다.

ㄷ

다중경험(Multiexperience) : 대화형 플랫폼, 가상현실, 증강현실, 웨어러블 컴퓨터, 혼합 현실과 같은 기술 발전에 따라 인간이 기술을 인지하는 방식이 변화한 경험을 말한다. 사람들은 디지털 세상과 상호작용하는 방식을 변화시켜 단순한 경험이 아닌 다중 센서 경험, 다중 모드 경험을 할 수 있다.

다중접속역할수행게임(MMORPG) : '대규모 다중 사용자 온라인 롤 플레잉 게임(Massive Multiplayer Online Role Playing Game)'의 줄임말로, 온라인으로 연결된 수십 명 이상의 플레이어가 동시에 같은 가상공간에서 즐길 수 있는 롤 플레잉 게임이다. 롤 플레잉 게임(RPG)이란 게임 속 등장인물의 역할을 수행하는 형식의 게임을 말한다.

다크웹(Dark Web) : 일반 인터넷 검색 엔진에서 검색되지 않고 독자적인 네트워크나 특정 브라우저로만 접속할 수 있는 비밀 웹사이트를 말한다. 익명성이 보장돼 불법 정보가 넘쳐나는 등 범죄의 온상으로 여겨진다.

다형성 바이러스(Polymorphic Virus) : 단순한 검사 방법으로 탐지할 수 없도록, 파일을 감염시킬 때마다 코드를 변경하여 사용자들이 감염 사실을 알지 못하게 하는 바이러스이다.

DRM(Digital Rights Management) : 우리말로 '디지털 저작권 관리'라고 부른다. 허가된 사용자만 디지털 콘텐츠에 접근할 수 있도록 제한해 비용을 지불한 사람만 콘텐츠를 사용할 수 있도록 하는 서비스, 또는 정보보호 기술을 통틀어 가리킨다. 불법 복제는 콘텐츠 생산자들의 권리와 이익을 위협하고, 출판 · 음악 · 영화 등 문화산업 발전의 걸림돌이 될 수 있다는 점에서 DRM은 점점 더 중요해지고 있다.

데이터 마이닝(Data Mining) : 대규모의 데이터베이스로부터 유용한 상관관계를 발견하고, 미래에 실행 가능한 정보를 추출하여 중요한 의사결정에 활용하는 과정으로, 통계학적 관점에서 데이터를 찾고 통계상에 나타나는 현상과 흐름을 파악하는 것이다. 빅데이터 기술에 활용된다.

디가우징(Degaussing) : 자기장으로 하드디스크를 물리적으로 복구 불가능하게 지우는 것을 가리킨다.

디도스(DDoS) 공격[Distributed Denial of Service Attack] : 특정 컴퓨터의 자료를 삭제하거나 훔치는 것이 목적이 아니라 정당한 신호를 받지 못하도록 방해하는 '분산서비스 거부공격'을 말한다. 여러 대의 컴퓨터가 일제히 공격해 대량 접속이 일어나게 함으로써 해당 컴퓨터의 기능이 마비되게 한다. 자신도 모르는 사이에 악성 코드에 감염돼 특정 사이트를 공격하는 PC로 쓰일 수 있는데, 이러한 컴퓨터를 좀비PC라고 한다.

디버깅(Debugging) : 컴퓨터 프로그램에 오류가 발생했을 때 오류를 찾아내고 수정하는 작업을 말한다. 프로그램 속에 있는 에러를 '버그'라고 하는데, 오류를 벌레(Bug)에 비유한 것이다. 디버그는 벌레, 해충을 잡는다는 뜻으로, 의미를 확장해 프로그램의 오류를 잡아낸다는 의미로 사용하고 있다.

디지로그(Digilog) : '디지털(Digital)'과 '아날로그(Analog)'의 합성어로, 기본적으로는 아날로그 시스템이지만 디지털의 장점을 살려 구성된 새로운 제품이나 서비스를 말한다. 빠르고 편리한 디지털화도 좋지만 최근에는 아날로그적이고 따뜻한 감성, 느림과 여유의 미학을 필요로 하는 사람들이 늘고 있어서 사회, 문화, 산업 전반에서 디지털과 아날로그의 융합인 디지로그에 주목하고 있다.

디지털 네이티브(Digital Native) : 어린 시절부터 디지털 환경에서 성장한 세대를 뜻하는 말로, 스마트폰과 컴퓨터 등 디지털 기기를 원어민(Native speaker)처럼 자유자재로 활용하는 세대라는 의미가 있다. 미국의 교육학자인 마크 프렌스키가 2001년 발표한 'Digital Natives, Digital Immigrants'라는 논문에서 처음 사용한 개념으로, 통상 1980~2000년 사이에 태어난 세대를 일컫는다.

디지털 노마드족(Digital Nomad) : 첨단 기술을 의미하는 '디지털(Digital)'에 유목민을 뜻하는 '노마드(Nomad)'를 합성한 말로 휴대폰과 노트북, 디지털카메라 등과 같은 첨단 디지털 장비를 갖추고 장소에 구애받지 않은 채 일하는 사람들을 의미한다.

디지털 디바이드(Digital Divide) : 디지털 기기의 소유 유무에 따라 정보접근 격차가 커져 경제적 어려움으로 인해 디지털 기기를 소유하지 못한 이들의 사회 전반적인 경쟁력이 떨어지고 사회 분리가 일어나는 현상이다.

디지털 디톡스(Digital Detox) : '디지털(Digital)'에 '독을 해소하다'라는 뜻의 '디톡스(Detox)'가 결합된 말이다. 스마트폰 등 첨단 정보기술의 보급으로 인해 디지털 기기가 우리의 일상생활에 깊이 파고듦에 따라, 디지털 홍수에 빠진 현대인들이 전자기기를 멀리하고 명상과 독서 등을 통해 심신을 치유하자는 운동이다. 디지털 단식이라고도 부른다.

디지털 발자국(Digital Footprint) : 홈페이지 로그인, 결제정보 입력 등 온라인 활동을 하며 남긴 구매 패턴 · 구매 이력, SNS나 이메일 · 홈페이지 등의 방문 기록, 검색어 기록 등 사람들이 인터넷을 사용하면서 온라인상에 남겨 놓는 다양한 디지털 기록을 말한다.

디지털 부머(Digital Boomer) : 디지털 시대에 디지털 제품의 소비 확산을 주도하는 디지털 신인류로, 이들은 자신과 비슷하거나 공감대가 비슷한 사람들과의 커뮤니케이션을 위해 디지털 매체와 서비스를 소통 채널로 이용한다. 스마트폰 등 디지털 매체를 이용해 패션이나 연예 정보를 공유하고, 대중문화 활동에 적극적으로 참여하며 유행에 열광하는 모습을 보인다.

디지털 아카이브(Digital Archive) : 시간이 지날수록 손상되거나 질이 떨어질 우려가 있는 정보들을 디지털화하여 보관할 수 있는 시설로, 디지털상에 조성된 데이터 저장고를 가리킨다. 백업과 달리 원본 그대로 보관하기보다는 보관의 가치와 목적을 따져 색인하기 쉽도록 변환하여 보관한다.

디지털 장의사 : 고인이 온라인상에서 남긴 기록을 찾아 말끔히 지워주고 유족에게 기록을 전달해주는 일(디지털 장례)을 하는 업체이다. 디지털 장의사는 특정 업체명이기에 디지털 세탁소라고도 한다.

디지털 컨버전스(Digital Convergence) : 디지털 기술의 발전으로 유선과 무선, 방송과 통신, 통신과 컴퓨터 등 기존의 기술 · 산업 · 서비스 · 네트워크의 구분이 모호해지면서 이들 간에 새로운 형태의 융합상품과 서비스들이 등장하는 현상이다. 디지털 컨버전스 현상은 정보통신 분야뿐만 아니라 사회, 경제 모든 분야에서 주목받고 있으며 유비쿼터스 사회로 진입하기 위한 핵심적인 전제이다.

디지털 치료제(DTX ; Digital Therapeutics) : 약물은 아니지만 의약품과 같이 질병을 치료하고 건강을 향상시킬 수 있는 소프트웨어(SW)로, 보통 앱, 게임, 가상현실(VR) 등이 활용된다. 알약이나 캡슐과 같은 1세대 치료제, 항체나 단백질 · 세포와 같은 생물제제인 2세대 치료제에 이어 3세대 치료제로 분류된다.

디지털 치매 : IT기기가 급속도로 늘어나기 시작한 최근에 주로 나타나는 증상이다. 국립국어원은 디지털 치매 증후군을 '다양한 디지털 기기의 발달에 힘입어 스스로의 뇌를 사용하지 않고 무의식적으로 디지털 기기에 의존하게 된 현대인들의 기억력 감퇴 현상'이라고 정의하고 있다.

디지털 포렌식(Digital Forensic) : PC나 휴대폰 등에 남아 있는 디지털 정보를 분석하여 범죄 단서를 찾는 수사 기법을 말한다.

디지털 화폐(Digital Currency) : 금전적 가치가 전자 형태로 저장 · 이전 · 거래될 수 있는 통화로, IC(직접회로) 카드 형태로 만들어 휴대하거나 디지털 정보를 컴퓨터 속에 보관한 상태로 결제 서비스를 이용한다. 크게 암호화폐(Cryptocurrency), 스테이블 코인(Stable Coin), 중앙 은행 디지털 화폐(Central Bank Digital Currency)로 구분된다.

D2C(Direct to Customer) : 글로벌 유통기업 아마존이 내세운 2019년 전략 방향의 핵심 키워드이다. 전통적인 유통 트렌드인 제조 – 수출 – 도매 – 소매에서 벗어나 유통망 없이 제조에서 고객으로 바로 이어지는 유통구조이다.

딥 러닝(Deep Learning) : 인공지능 프로그램이 다양한 데이터를 통해 <u>스스로</u> 머신러닝을 수행할 수 있는 인공신경망을 만드는 것이다. 머신러닝이란 알고리즘을 이용해 데이터를 분석하고 이를 기반으로 판단하는 작업인데, 딥 러닝은 알고리즘을 생성하는 것까지 자동화하는 기반을 만든 것이다.

딥페이크(Deep-fake) : 인공지능이나 얼굴 매핑(Facial Mapping) 기술을 활용해 특정 영상의 일부나 음성을 합성한 편집물을 일컫는다. 특정인의 표정이나 버릇, 목소리, 억양 등을 그대로 흉내 내면서 하지도 않은 말·행동을 한 것처럼 보이게 할 수 있어 문제가 된다.

ㄹ

라스트 마일 딜리버리(Last Mile Delivery) : 유통업체의 택배 상품이 목적지에 전달되기까지의 모든 과정을 뜻하는 말로, 유통업체들이 서비스 차별화를 위해 속도보다 배송 품질에 집중하면서 등장한 개념이다. '라스트 마일(Last Mile)'은 원래 사형수가 집행장까지 걸어가는 거리를 뜻하는데, 유통업에서 고객과의 마지막 접점을 의미하는 단어로 변화하였다. 여기에 배달을 뜻하는 '딜리버리(Delivery)'가 합성된 것이다.

라이프로그(Life Log) : 개인의 일상을 인터넷 또는 스마트 기기로 기록하는 것을 말한다.

라이프 3.0 : 인공지능 학문의 권위자 맥스 테그마크 교수의 저서로, 그의 AI에 대한 각종 입장을 정리한 책이다. 인공지능 도입 사회에 대한 막연한 두려움을 버리고 인공지능이 우리에게 줄 선물과 위협을 분리해서 접근해야 함을 강조했다.

랜섬웨어(Ransomware) : '몸값(Ransom)'과 '소프트웨어(Software)'의 합성어이다. 사용자의 컴퓨터 시스템을 잠그거나 데이터를 암호화해서 사용할 수 없도록 만든 다음 사용하고 싶다면 돈을 내라고 비트코인이나 금품을 요구한다. 주로 이메일 첨부파일이나 웹페이지 접속을 통해 들어오거나, 확인되지 않은 프로그램이나 파일을 내려받기 하는 과정에서 들어온다.

레거시 미디어(Legacy Media) : '뉴미디어'가 생겨나자 이에 상대적인 미디어를 뜻하는 용어인 '레거시 미디어'도 나오게 되었다. 뉴미디어가 새롭게 생겨난 플랫폼 형식의 쌍방향 소통 미디어라면, 레거시 미디어는 TV·신문 등의 기성 매체를 말한다. 뉴미디어에 소비자들을 빼앗긴 레거시 미디어들이 위기를 맞자 이에 대한 활로로 다중채널 네트워크(MCN), 온라인시프트 등의 자구책을 내놓고 있다.

레밍 신드롬(Lemming Syndrome) : 지도자나 자신이 속한 무리가 하는 대로 주관 없이 따라서 하는 군중들의 행동 양상을 가리킨다.

◻

마이데이터(Mydata) : 데이터 활용체계를 기관 중심에서 정보주체 중심으로 전환하여 개인이 자기 정보를 자기 의사에 맞춰 활용할 수 있게 개인정보 주권을 보장하는 개념이다. 개인이 자신의 정보를 적극적으로 관리·통제하며 자산관리나 신용 등에 적극적으로 활용하는 과정이다. 마이데이터 사업은 여러 기관에 분산된 개인정보를 한곳에 모아 제3의 서비스 사업자에게 제공하는 비즈니스이다.

망중립성 : 인터넷망 서비스를 전기·수도와 같은 공공서비스로 분류해 네트워크 사업자가 관리하는 망이 공익을 위한 목적으로 사용돼야 한다는 것으로, 네트워크 사업자는 모든 콘텐츠를 동등하게 취급해야 하며 어떠한 차별도 있어서는 안 된다는 원칙이다. 따라서 인터넷망을 통해 오고가는 인터넷 트래픽에 대해 데이터의 유형, 사업자, 내용 등을 불문하고 이를 생성하거나 소비하는 주체를 차별 없이 동일하게 처리해야 한다.

머신러닝(Machine Learning) : 스스로 학습하는 인공지능을 말한다. 인간의 학습 능력과 같은 기능을 컴퓨터에서 실현하고자 하는 기술로 인공지능 연구 분야 중 하나이다.

멀티태스킹(Multitasking) : 한 사람의 사용자가 한 대의 컴퓨터로 2가지 이상의 작업을 동시에 처리하거나 2가지 이상의 프로그램들을 동시에 실행시키는 등, 다수의 작업이 중앙처리장치의 공용 자원을 나누어 사용하는 것이다. 멀티태스킹을 사용하게 되면 탑재한 중앙처리 장치의 숫자보다 많은 수의 작업을 동시에 수행할 수 있다.

메모리해킹(Memory Hacking) : 악성 코드에 감염된 PC를 조작해 이용자를 허위로 만든 가짜 사이트로 유도하여 개인정보를 빼가는 수법이다.

메타버스(Metaverse) : 현실세계와 같은 사회적 활동이 이뤄지는 3차원 가상세계를 뜻한다. '가공, 추상'을 뜻하는 '메타(Meta)'와 현실세계를 뜻하는 '유니버스(Universe)'가 합쳐진 단어이다. 가상현실(Virtual Reality)보다 진보된 개념으로 증강현실, 라이프 로깅(Life Logging) 등 현실과 기술이 접목된 광범위한 분야를 포괄하는 개념이다. 5G 상용화와 코로나로 비대면 온라인이 확산되면서 주목받고 있다.

메타슈머(Metasumer) : '변화', '~을 뛰어넘는'이라는 뜻의 '메타(Meta)'와 '소비자'를 뜻하는 '컨슈머(Consumer)'의 합성어로, 구입한 제품을 튜닝하는 등 변화시켜 새로운 가치를 만들어내는 소비자를 말한다.

모디슈머(Modisumer) : 'Modify(수정하다)'와 'Consumer(소비자)'의 합성어로 제조사에서 제시한 방법을 따르지 않고 창의적인 자신만의 방법으로 재화를 소비하는 소비자를 가리킨다.

모모세대 : 'More Mobile Generation'의 앞 음을 따서 만든 신조어이다. 모바일 기기에 익숙한 1990년 이후 세대를 가리킨다.

모바일 컨버전스(Mobile Convergence) : 휴대전화에 통화, 문자 메시지 등의 기본적인 기능 외에 게임기, 카메라, DMB, MP3 등 다양한 기능이 통합돼 있는 것을 말한다. 사람들의 삶을 간편하고 다양하게 만든다는 점에서 긍정적이라고 볼 수 있지만, 기본적인 기능만 필요로 할 뿐 다른 기능에는 관심이 없는 사람들에게는 고가의 비용과 사용 방법이 불편함이 될 수도 있다.

모빌리티(Mobility) : 사전상으로 '유동성, 이동성, 기동성' 등을 뜻하는 말로, 전반적으로 사람들이 목적지까지 빠르고, 편리하며, 안전하게 이동할 수 있게 해주는 각종 이동수단과 서비스 등을 가리킨다. 자율주행차, 전동 휠, 전기차 등의 이동수단뿐 아니라 승차공유, 카셰어링, 스마트 물류 등 다양한 서비스 등도 포함된다.

모티즌(Motizen) : '모바일(Mobile)'과 '네티즌(Netizen)'이 결합된 용어로, 이동하면서 휴대폰 등 각종 이동통신 을 통해 인터넷을 즐기는 무선인터넷 이용자를 말한다.

미디어리터러시(Media Literacy) : 미디어 자료의 수용과 제작에 관련된 미디어 의사소통능력을 말한다.

밈(Meme) : 리처드 도킨스가 자신의 저서 〈이기적 유전자〉에서 정의한 용어로, 유전자 외에 인간의 행동 양식 을 복제하는 문화적 전달 요소를 가리킨다. 네티즌들은 인터넷상에서 유행하는 이미지를 밈이라 부르고 있다.

ㅂ

바이러스(Virus) : 컴퓨터 프로그램의 일종이다. 사용자 모르게 스스로 복제하여 다른 프로그램을 감염시키고 결과적으로 정상적인 프로그램이나 다른 데이터 파일 등을 파괴하는 악성 프로그램으로, 자신 또는 자신의 변 형을 컴퓨터 프로그램이나 매크로, 스크립트 등 실행 가능한 부분에 복제하는 명령어의 조합이다.

방화벽(Firewall) : 해킹 공격을 차단하기 위해 네트워크의 트래픽을 감시하고 제어하는 기능을 가진 프로그램 이다. 화재가 발생했을 때 불이 번지지 않게 하기 위해서 차단막을 만드는 것처럼, 네트워크 환경에서 기업의 네트워크를 보호해주는 하드웨어, 소프트웨어 체제를 방화벽이라 한다.

백도어(Backdoor) : 원래 네트워크 관리자가 외부에서도 시스템을 점검할 수 있게 고의로 시스템 보안을 제 거하여 정상적인 인증 절차를 거치지 않고 컴퓨터나 시스템에 접근할 수 있도록 하는 방법이나, 최근에는 해 킹에 취약한 부분을 일컫는 용어로도 쓰인다.

백신(Vaccine) : 컴퓨터가 바이러스에 감염되었을 때 바이러스를 찾아내어 제거하는 치료 프로그램이다.

버퍼 오버플로우(Buffer overflow) 공격 : 대표적인 해킹 공격 방법으로, 정상적인 경우에는 덮어 쓸 수 없는 부분에 해커가 임의의 코드를 덮어 써 정상적인 프로그램의 실행을 방해하는 방법이다.

보이스피싱(Voice Phishing) 사기 : 음성(Voice), 개인정보(Private data) 및 낚시(Fishing)의 합성어로, 전화로 주민등록번호, 은행계좌, 신용카드 번호 등의 개인정보를 빼내 범죄에 이용하는 전화금융사기 수법이다.

분산 식별자(DID ; Decentralized Identifiers) : 블록체인 기술 기반을 통해 구축한 전자신분증 시스템으로, 개 인정보를 제3기관의 중앙 서버가 아니라 개인 스마트폰, 태블릿 등 개인 기기에 분산시켜 관리하며 필요한 상 황에 블록체인 지갑에서 분산식별자를 제출해 신원을 증명한다. 정보를 매개하는 제3기관의 중개자 없이 본 인 스스로 신분 증명이 가능하다.

분산 클라우드(The Distributed Cloud) : 기존의 클라우드 서비스는 대규모 중앙 집중식이었지만, 분산 클라우 드는 서비스 사용자와 가까운 에지 네트워크에 형성된 클라우드를 통하여 빠르게 클라우드 서비스를 제공할 수 있게 하는 모델이다.

VDT 증후군(VDT Syndrome ; Visual Display Terminal Syndrome) : 컴퓨터를 이용하여 작업하는 사람들에게 많이 발생하는 직업병으로, 컴퓨터 단말기 증후군이라고도 부른다. 컴퓨터 단말기, 개인용 컴퓨터, CAD · CAM시스템 등의 디스플레이 화면을 이용하여 데이터 입력 작업, 자료 분석 작업, 편집 · 수정 프로그래밍을 오랫동안 하는 과정에서 발생하는 안구건조증, 거북목 증후군 등 신체 기능장애이다.

브이로그(V-log) : 개인의 인터넷 채널인 Blog와 Video를 합성한 말로, 비디오로 이뤄진 게시물을 올리는 개인 인터넷 채널을 가리킨다. 대표적으로 유튜브가 있다.

블랙 저널리즘(Black Journalism) : 언론의 취재권을 악용하여 조직이나 개인의 약점을 취재하여 협박하거나 사익을 도모하는 저널리즘이다.

블랭킷에어리어(Blanket Area) : 대형 안테나를 통한 송신소가 근처에 있어 다른 전파가 방해를 받아 휴대폰 등의 수신기가 마비되는 현상을 말한다. 방송국 인근에서는 데이터 송수신과 통화가 잘 안 되는 것 때문에 사회 문제가 되기도 한다.

블록체인(Block Chain) : 거래 참여자가 모든 거래의 기록을 보관하여 서로가 서로를 승인해줌으로써 해킹이 일어나지 않도록 하는 보안 방식이다.

BYOD(Bring Your Own Device) : 개인이 소유한 노트북, 태블릿PC, 스마트폰과 같은 단말기를 업무에 활용하는 것을 말한다. 시공간 제약 없이 업무 수행이 가능하여 비용 절감 및 업무 효율화를 꾀할 수 있으나, 보안 문제가 발생할 수 있다.

BYOT(Bring Your Own Thing) : BYOD와 같은 개념으로, 개인이 소유한 모바일 기기로 업무를 처리하는 것을 말한다.

VBS(Visual Basic Script) : 마이크로소프트사가 개발한 액티브 스크립트 언어로, 이 언어의 구문은 마이크로소프트의 비주얼 베이직 프로그래밍 언어 계통의 일부를 반영한다.

비콘(Beacon) : 근거리에 있는 스마트 기기를 자동으로 인식해 데이터를 송수신하는 무선 통신 장치이다. 최대 50m 거리까지 작동할 수 있다고 한다. 특정 장소에 방문할 경우 그 장소에서 받을 수 있는 할인이나 이용 방법을 자동으로 전송하는 형태로 이뤄진다.

빅데이터(Big Data) : 기존 데이터베이스 관리 도구의 데이터 수집 · 저장 · 관리 · 분석의 역량을 넘어서는 대량의 정형 또는 비정형 데이터 세트와 이러한 데이터로부터 가치를 추출하고 결과를 분석하는 기술을 의미한다. 대규모 데이터의 생성 · 수집 · 분석을 특징으로 하는 빅데이터는 과거에는 불가능했던 기술을 실현시키기도 하며, 전 영역에 걸쳐서 사회와 인류에 가치 있는 정보를 제공하기도 한다.

빅브라더(Big Brother) : 조지 오웰의 소설 〈1984〉년에 등장하는 '감시자'를 지칭하는 용어에서 비롯된 말로, 정보를 독점하여 사회를 감시하고 통제하는 관리권력 또는 사회 체계를 말한다.

빅블러(Big Blur) : 미래학자 스탠 데이비스가 처음 사용한 용어로, 사회 환경이 급격히 변하면서 기존에 있던 것들의 경계가 불분명해지는 현상을 나타낸다. 정보기술(IT)과 금융이 접목된 인터넷은행이나 스마트폰 대중화로 인한 차량 공유 서비스 등이 그 예다.

사물인터넷(IoT ; Internet of Things) : 사물들이 서로 연결된 것 혹은 사물들로 구성된 인터넷을 말한다. 여기서의 '사물'에는 단순히 유형의 사물에만 그치지 않고 공간은 물론 상점의 결제 프로세스 등의 무형 사물까지도 포함된다고 본다. 이러한 사물들이 연결되어 개별적인 사물들이 제공하지 못했던 새로운 서비스를 제공하는 것을 의미한다.

사이버 불링(Cyber Bullying) : 인터넷과 소셜네트워크서비스(SNS), 휴대전화 등을 이용해 온라인 공간에서 특정 인물을 괴롭히는 행위이다. 최근 학교 폭력도 인터넷 메신저나 휴대전화 문자메시지를 통해 상대방을 24시간 괴롭히는 사이버 불링의 형태로 나타나고 있다.

사이버스쿼팅(Cybersquatting) : 인터넷상의 도메인네임들을 투기나 판매의 목적으로 마구잡이로 먼저 등록하는 행위로, 과학기술정보통신부는 '인터넷주소자원에 관한 법률'을 제정해 사이버스쿼팅 행위를 금지하고 있다.

4차 산업혁명 : 다보스포럼에서 진단한 다가올 산업 변화의 형태이다. 사물인터넷, 5G, 3D프린팅, 인공지능 등 ICT(정보통신기술, Information and Communications Technologies)의 발달로 산업과 노동의 형태가 뒤바뀔 것으로 본다.

사회공학적 공격 : 시스템이 아닌 그 시스템을 운영하는 사람의 취약점을 공략하여 원하는 정보를 얻는 해킹 기법으로, 개인정보를 통해 개인의 감정이나 인지·심리상태를 공략한다. 특별한 기술이 아닌, 사람들의 방심이나 실수를 기반으로 암호나 정보를 알아낸다. 지인·기관 등을 사칭해 돈·정보를 요구하는 피싱, 링크를 통한 휴대폰 해킹 방법인 스미싱 등이 대표적인 사회공학적 공격이다.

생체인식보안 : 사람의 고유한 형질 정보로 구축한 보안 시스템을 가리킨다. 영어로는 '바이오매트릭스(Biometrics)'라 한다. 대표적인 생체인식 정보로는 지문 정보, 홍채 정보, 손바닥의 정맥 정보, 안면인식 정보 등이 있다.

생체정보 : 인간의 특성을 측정하는 항목을 가리키는 용어이며 얼굴, 홍채, 정맥, 지문 등의 신체적 특성과 서명, 목소리 등 행동적 특성이 생체정보로 쓰인다. 개인의 고유한 신호를 사용하므로 분실·도난의 염려가 없어 보안성과 신뢰성으로 크게 주목 받는 차세대 보안기술 중 하나이나 본인이 허락하지 않은 상태에서 정보를 수집·저장하는 등 윤리 문제를 일으킬 수 있는 우려가 있다.

서비스거부공격(DoS ; Denial of Service) : 과도한 네트워크 트래픽을 발생시켜 공격 대상 네트워크를 마비시키거나 정상적인 서비스를 하지 못하도록 하는 것이다.

세컨드 디바이스(Second Device) : 가장 많이 사용하는 스마트폰 외에 다른 스마트폰, 태블릿PC, 스마트 워치, AI 스피커, VR 헤드셋 등 다양한 IT 기기를 통칭한다. 주로 스마트폰이 지원하지 않는 기능을 보완해주는 역할을 한다.

세컨슈머(Secondsumer) : '세컨드(Second)'와 '소비자(Consumer)'의 합성어로, 당장의 편리함보다 지속 가능한 삶을 위한 대안을 찾아 즐기는 소비자를 말한다. 환경과 사회문제를 고려해 중고를 선호하며 로컬 소비 문화를 주도하는 MZ세대가 대표적이다.

세포마켓 : SNS, 스트리밍 등 1인 미디어가 증가하면서 판매 경로가 다양해지고 이 과정에서 유통 개성화가 촉진되자 붙은 신조어이다. 판매자들은 제품의 가성비나 품질보다 재미로 자신의 특징을 '콘셉팅'하여 소비자를 끌어들인다.

소셜미디어(Social Media) : 웹 2.0 기술에 기반한 관계 지향 서비스를 총칭하는 용어로 페이스북 · 트위터 같은 소셜네트워크서비스(SNS)에 가입한 이용자들이 생각 · 경험 · 의견 등을 공유하는 플랫폼을 의미한다.

소셜 커머스(Social Commerce) : 소셜네트워크서비스(SNS)를 통해 이루어지는 전자상거래를 말한다. 소비자들이 특정 상품을 싸게 사기 위해 자발적으로 모여 SNS로 미리 공동 구매의사를 타진하며 공동 구매자가 많을수록 가격을 더 깎아주는 방식이다.

소셜 허브(Social Hub) : 여러 소셜네트워크서비스를 한 곳에 모아 관리해주는 통합 플랫폼 서비스이다.

스낵컬처(Snack Culture) : 바쁘면서도 항상 새로운 것을 열망하는 현대 소비자들이 간편하게 문화를 소비할 수 있도록 만든, 짧고도 빠르게 몰입할 수 있는 미디어 콘텐츠이다. 웹툰, 웹 소설과 웹 드라마 등이 대표적인 스낵컬처 미디어이며, 이에 따라 기성 문화 콘텐츠 또한 몰입의 호흡이 점차 짧아지고 있다.

스마트공장(Smart Factory) : 제품의 기획부터 판매까지 모든 생산과정을 ICT(정보통신기술)로 통합해 최소 비용과 시간으로 고객 맞춤형 제품을 생산하는 사람 중심의 첨단 지능형 공장을 말한다.

스마트 더스트(Smart Dust) : 원하는 장소에 먼지(Dust)처럼 뿌려 놓으면 최첨단 무선 네트워크를 통해 온도, 빛, 성분, 진동 등을 감지하고 분석할 수 있는 초소형 센서이다. 국가 주요 시설뿐 아니라 지하철, 사무실, 빌딩 등 일상 시설에 뿌려 각종 생화학 공격을 막을 수도 있다.

스마트러닝(Smart Learning) : 스마트폰, 태블릿PC, e-book 단말기 등 스마트 디바이스를 통해 스스로 학습할 수 있는 콘텐츠와 서비스를 제공하여 이루어지는 교육을 말한다. 인터넷 접속뿐 아니라 증강현실, 위치기반 서비스 등 다양한 기술을 적용할 수 있으며 학습자를 분석해 최적의 학습환경을 제공할 수 있다.

스마트 오더(Smart Order) : 스마트폰이나 기타 스마트 기기로 음식이나 음료를 주문하는 시스템으로, 소비자가 주문을 위해 길게 줄 서거나 카운터에 갈 필요가 없는 시스템이다.

스마트 오피스(Smart Office) : 회사에 출근하지 않고 주거지 근처에서 원격 근무할 수 있도록 마련한 IT 기반의 전용 사무실이다.

스마트 워킹(Smart Working) : 정보통신기술(ICT)을 이용해 업무 진행 시 몰입도를 높이고 낭비되는 요소를 감소시키는 업무 개선 방식이다. 대면 회의를 지양하고 전화 · 화상 회의 등을 적극 활용하는 등 근무 환경을 유연하게 해 직원들이 창의적인 사고를 할 수 있도록 돕는다.

스마트폰 포비아(Smart Phone Phobia) : 스마트폰을 사용하지 않으면 변화를 따라가지 못하고 뒤쳐질 것 같은 불안감이 심각해져 발전한 것으로, 결국 스마트폰에 대한 공포를 느끼게 되는 것이다.

스미싱(SmiShing) : '문자 메시지(SMS)'와 '피싱(Phishing)'의 합성어로, 인터넷 접속이 가능한 스마트폰의 문자 메시지를 이용한 휴대폰 해킹을 뜻한다.

스턱스넷(Stuxnet) : 원자력, 전기, 철강, 반도체, 화학 등 주요 산업 시설의 제어 소프트웨어에 침입하여 시스템을 마비시키는 등, 산업시설을 감시하고 파괴하는 악성 소프트웨어이다.

스트리밍(Streaming) : 인터넷상에서 음성·동영상 등을 실시간으로 재생하는 기법이다. 기존 방법은 파일을 하드디스크에 다운로드 후 재생하기 때문에 다운로드가 완료될 때까지 기다려야 하고 하드디스크의 빈 용량도 필요했다. 그러나 스트리밍은 다운로드 없이 파일 일부만 실시간으로 받으면서 동시에 재생한다. 인터넷이 발달할수록 점점 중요한 위치를 차지하는 기술로 인터넷방송 활성화에 기여했다.

스파이웨어(Spyware) : '스파이(Spy)'와 '소프트웨어(Software)'의 합성어로, 사용자의 컴퓨터에 몰래 설치되어 중요한 개인정보를 빼가는 악성 코드를 말한다.

스푸핑(Spoofing) : IP 주소를 속여서 가짜사이트에 접근하게 하여 계정 정보를 탈취하는 등의 해킹 기법이다.

스피어피싱(Spear Phishing) : 원래는 물고기를 잡는 작살을 의미하며, 사회공학 분야에서 특정 대상을 타깃으로 하는 공격 방법을 뜻한다. 피싱이나 스미싱 등이 불특정 다수를 대상으로 대량 공격하는 해킹이라면, 스피어피싱은 대상의 신상을 파악하고 그것에 맞게 낚시성 정보를 흘린다는 점에서 더욱 치명적이다. 주로 회사의 고위 간부들이나 국가에서 중요한 업무를 담당하고 있는 사람들이 스피어피싱의 공격 대상이 된다.

숙주 프로그램 : 바이러스가 감염된 프로그램으로, 숙주 프로그램이 실행되면 바이러스가 실행된다.

3D프린팅(Three Dimensional Printing) : 프린터로 물건을 뽑아낼 때 평면으로 된 문자나 그림을 인쇄하는 것이 아니라 입체 모형을 만드는 기술을 말한다. 잉크가 아닌, 플라스틱을 비롯한 경화성 소재를 사용하여 3차원 공간 안에 실제 사물을 인쇄한다.

6G(6th Generation Mobile Communication) : 6세대 이동 통신(6G)은 5세대 이동 통신 이후의 표준 무선통신 기술을 의미하는 것으로, 2020년 7월 발표된 삼성 6G 백서에 따르면 6G 최대 데이터 속도로 5G보다 50배 빠른 1Tbps(테라비피에스·1초에 1조 비트를 전송하는 속도) 이상을, 사용자 체감 데이터 속도는 10배 빠른 1Gbps(기가비피에스·1초에 10억 비트를 전송하는 속도) 이상을 달성해야 한다고 예측했다.

IRC(Internet Relay Chatting) : 인터넷에 접속된 수많은 사용자와 대화하는 서비스이다.

IPTV(Internet Protocol Television) : 초고속 인터넷망을 통해 영화 · 드라마 등 시청자가 원하는 콘텐츠를 양방향으로 제공하는 방송 · 통신 융합 서비스이다. 가장 큰 특징은 시청자가 편리한 시간에 원하는 프로그램을 선택해 볼 수 있다는 것이다. TV 수상기에 셋톱박스를 설치하면 인터넷 검색은 물론 다양한 동영상 콘텐츠 및 부가 서비스를 제공받을 수 있다.

아이핀(i-PIN ; Internet Personal Identification Number) : 인터넷상에서 개인정보 유출이 심각한 사회적인 문제로 대두되면서 주민등록번호 대신에 본인이라는 것을 확인할 수 있도록 따로 부여받는 신원 확인 번호이다. 생년월일, 성별 등의 정보를 담고 있지 않으며, 현재는 코리아크레딧뷰로, NICE평가정보, SCI평가정보 등의 민간업체 홈페이지를 통해 신규 발급이 가능하다. 하나의 아이핀을 발급받으면 아이핀을 사용하는 사이트에서 모두 이용할 수 있으며, 언제든지 변경이 가능하다는 것도 장점이다. 13자리 난수의 형태를 취한다.

악성 코드(Malicious Code) : 컴퓨터가 제 기능을 하지 못하도록 악의적인 목적으로 유포된 소프트웨어를 말한다.

애드웨어(Adware) : '광고(Advertisement)'와 '소프트웨어(Software)'의 합성어로, 상업용 광고를 목적으로 사용자의 동의 없이 광고를 보여주는 프로그램이다. 악성 코드 프로그램의 일종으로, 사용자 정보는 빼가지 않으나 무분별한 팝업 광고나 브라우저 시작 페이지를 고정하는 등 사용자의 컴퓨터 사용을 불편하게 만든다.

액티브 시니어(Active Senior) : 은퇴 이후에도 소비생활과 여가생활을 즐기며 사회활동에도 적극적으로 참여하는 50~60대 세대를 지칭하는 말로 전통적인 고령자인 '실버 세대'와는 달리 가족 중심주의에서 벗어나 자신에게 투자를 아끼지 않으며 자기계발과 여가활동, 관계 맺기에 적극적인 것이 특징이다. 문화체육관광부와 국립국어원은 2020년 '액티브 시니어'를 대체할 우리말로 '활동적 장년'을 선정했다.

앱 이코노미(App Economy) : 모바일 애플리케이션이 만드는 새로운 경제 구도를 말한다. 앱 스토어(App Store)를 통하여 국경의 제약 없이 세계인이 동시에 유 · 무료 콘텐츠를 다운받을 수 있다.

앱티즌(Apptizen) : '애플리케이션(Application)'과 시민을 뜻하는 '시티즌(Citizen)'의 합성어로, 애플리케이션을 개인 미디어로 활용하여 디지털 커뮤니케이션을 하는 사람을 말한다.

어나니머스(Anonymous) : '익명'이라는 뜻의 해커들의 집단으로 회원은 3,000명 정도로 추정된다. 컴퓨터 해킹을 투쟁 수단으로 사용해 자신들의 의사에 반하는 사회나 국가 등 특정 대상에 대해 공격을 가하는 것이 특징이다. 다수의 기업을 해킹 공격했으며, 2010년 이란 정부에 디도스 공격, 2011년 소니사 플레이스테이션 네트워크를 집중 공격한 사건으로 유명하다.

얼굴인식(Facial Recognition) : 사람 얼굴을 분석하여 특징을 알아내는 작업으로, 사진 속의 정지된 얼굴뿐 아니라 웃고 우는 다양한 얼굴 움직임과 근육의 변화도 파악할 수 있다. 홍채 인식 · 정맥 인식 등과 함께 대표적인 생체 인식 기술 중 하나로, 분실이나 복제될 우려가 없다는 점에서 차세대 보안 시스템으로 각광받고 있다.

업글인간 : 단순한 성공보다는 성장을 추구하는 자기계발 형태를 뜻하는 신조어이다.

에듀테크(Edu-Tech) : '교육(Education)'과 '기술(Technology)'을 합친 용어로 교육을 정보통신기술(ICT)에 결합한 산업을 말한다. 즉 소프트웨어(SW)·미디어·3D·가상현실(VR)·증강현실(AR) 등을 교육에 활용하는 것으로, 이러닝(E-Learning) 단계를 뛰어넘어 개개인에 맞는 교육을 가능하게 하기 때문에 학습자가 새로운 학습 경험을 할 수 있다. '에드 테크(Ed-Tech)'라고도 부른다.

SNS(Social Networking Service) : 온라인 인맥구축 서비스로 1인 미디어, 1인 커뮤니티, 정보 공유 등을 포괄하는 개념이다.

에스크로(Escrow) 제도 : 전자상거래에서 소비자가 대금을 은행 등 공신력 있는 제3자에게 보관하게 하고, 제3자는 결제대금을 예치하고 있다가 상품배송이 완료된 후 통신판매업자에게 대급을 지급하는 제도이다. 결제대금 예치제도라고도 한다.

AI 보안(AI Security) : 인공지능은 앞으로 다양한 방향으로 적용될 것으로 예상되나, 사물인터넷과 클라우드 컴퓨팅 등 다양한 시스템들의 연결로 인해 인공지능으로 운영되는 시스템의 보안, 인공지능을 활용한 보안 방어, 해커의 인공지능 악용 등 다양한 분야에서 새로운 보안 문제가 발생할 수도 있다.

AI 클린봇 2.0 : 네이버가 선보인 악성 댓글 탐지 AI(인공지능)다. 비속어가 없어도 문장의 맥락까지 고려해 악성 댓글을 탐지할 수 있으며, 모욕적이거나 무례하다고 판단되면 블라인드 처리로 악성 댓글 노출을 막는다.

HTTP(HyperText Transfer Protocol) : WWW상에서 클라이언트와 서버 사이에 정보를 주고 받는 요청/응답 프로토콜로 인터넷 데이터 통신규약이다.

에지 컴퓨팅(Edge Computing) : 대규모 중앙 클라우드 서버에서 모든 데이터를 처리하는 것이 아니라, 이용자의 단말기 주변(Edge)에 소규모 컴퓨팅 파워를 설치하거나 단말기 자체에서 데이터를 처리하는 기술이다. 데이터 처리 시간이 크게 단축되고 인터넷 대역폭 사용량이 감소하는 장점을 가지고 있다. 향후 로봇이나 드론, 자율주행자동차 등 다양한 복합 에지 디바이스들이 에지의 확대를 이끌 것으로 기대되고 있다.

LCC(Learner Created Contents) : 강사나 학습자들이 스스로 만든 교육 콘텐츠를 말한다.

N스크린(N-screen) : PC, 모바일, TV 등 다양한 단말기를 통해 다중 콘텐츠를 공유하고 콘텐츠의 이어보기가 언제 어디서나 가능한 서비스이다. 대표적으로 넷플릭스가 있다.

NFC(Near Field Communication) : 근접무선통신을 말한다. 약 10cm 이내의 근거리에서 데이터를 교환할 수 있는 비접촉식 무선통신으로 13.56MHz 대역의 주파수를 사용한다. 스마트폰에 교통카드, 신용카드, 멤버십카드, 쿠폰 등을 탑재할 수 있어 일상생활에 널리 쓰이고 있다. 짧은 통신거리라는 단점이 있으나 기존 RFID(전자태그) 기술보다 보안성이 높다는 장점이 있다. 또한 기존 근거리 무선 데이터 교환 기술은 '읽기'만 가능했던 반면, NFC는 '읽기'뿐만 아니라 '쓰기'도 가능하다.

MCN(다중 채널 네트워크 ; Multi Channel Network) : SNS나 스트리밍사이트에서 활동하는 크리에이터들의 기획을 해주는 사업을 가리킨다.

옐로우 저널리즘(Yellow Journalism) : 사람들을 끌기 위해 자극적이고 선정적인 기사를 과도하게 취재하여 보도하는 행태로, 황색 언론이라고도 한다.

OSMU(One Source Multi Use) : 문화콘텐츠 산업 분야에서 하나의 콘텐츠를 다양한 매체의 양식으로 제작해 판매하는 것을 말한다.

O2O(Online to Offline) : 온라인과 오프라인을 연결하는 IT마케팅이다. 카카오택시, 사이렌오더(스타벅스), 에어비앤비는 모두 O2O 서비스이다.

OTP(One Time Password) : 개별 단말기를 통해 인증 시마다 새로운 암호를 전달받아 그 암호를 입력해야만 잠금을 해제할 수 있는 체계의 보안 방식이다.

오픈마켓(Open Market) : 사업자와 개인 누구나 자유롭게 물건을 사거나 팔 수 있도록 중개해주는 온라인 장터를 말한다.

오픈뱅킹(Open Banking) : 모든 은행의 송금·결제망을 표준화시키고 계좌이체 시스템을 개방하여 하나의 애플리케이션으로 모든 은행 결제를 진행할 수 있는 공동결제시스템을 말한다.

Open API(Application Programming Interface) : 누구나 사용할 수 있도록 공개된 '응용 프로그램 개발환경'으로, OS(운영체제)·시스템·앱·라이브러리 등을 활용하여 누구나 직접 접근하여 쉽게 응용 프로그램을 개발할 수 있는 다양한 인터페이스를 가리킨다.

온드미디어(Owned Media) : 홈페이지를 비롯, 페이스북 페이지나 트위터 계정·유튜브 채널 등과 같이 어떤 조직이 자체적으로 보유한 미디어를 말한다. 기업은 자사의 온드미디어 이용자가 많을수록 온라인상에서 조직의 영향력을 더욱 확대해나갈 수 있다.

온라인 동영상 서비스(OTT ; Over The Top) : 'Top(셋톱박스)를 통해 제공됨'을 의미하는 것으로, 범용 인터넷을 통해 미디어 콘텐츠를 이용할 수 있는 서비스를 말한다. 시청자의 다양한 욕구, 온라인 동영상 이용의 증가는 OTT 서비스가 등장하는 계기가 되었으며 초고속 인터넷의 발달과 스마트 기기의 보급은 OTT 서비스의 발전을 가속화시켰다. 현재 전세계적으로 OTT 서비스가 널리 제공되고 있다.

우버 모멘트(Uber Moment) : 승객과 기사를 매칭시켜주는 서비스 우버의 등장으로 기존 택시산업이 큰 피해를 입었으나 새로운 산업이 생겨난 것처럼, 새로운 서비스의 등장으로 기존 산업이 변혁을 맞는 상황을 말한다.

원격근무(Telecommuting) : 팩스나 개인 컴퓨터 등을 사용해 사무실에서 떨어진 집 외 휴양지 등에서도 업무를 진행할 수 있는 근무 방식을 가리키며, 이러한 방식의 업무 진행자를 '홈 워커(Home Worker)'라고 부른다.

웨바홀리즘(Webaholism) : 월드와이드웹의 '웹(Web)'과 '알코올 중독증(Alcoholism)'의 합성어로, IAD(Internet Addiction Disorder)로도 불린다. 정신적·심리적으로 인터넷에 과도하게 의존하여 인터넷에 접속하지 않으면 불안감을 느끼고 일상생활을 하기 힘들어하며, 수면 부족·생활 패턴의 부조화·업무 능률 저하 등이 나타나기도 한다.

웨어러블 컴퓨터(Wearable Computer) : 안경, 시계, 의복 등과 같이 신체의 일부처럼 착용하여 사용할 수 있는 컴퓨터를 말하며 스마트웨어, 인텔리전트 의복이라고도 한다. 구글글라스 · 애플워치 · 갤럭시 기어 등이 대표적인 웨어러블 컴퓨터이다.

웨일링(Whaling) : '고래잡이'라는 뜻으로, 스피어피싱의 일종이다. 중요 데이터에 대해 접근 권한을 많이 가진 CEO 등 기업 고위 경영진이나 정치인, 연예인 등을 타깃으로 한 공격을 말한다.

웹2.0(Web2.0) : 누구나 손쉽게 데이터를 생산하고 인터넷에서 공유할 수 있도록 한 사용자 참여 중심의 인터넷 환경이다. 블로그, 위키피디아처럼 사용자들이 직접 만들어가는 플랫폼이 대표적이다.

유럽 개인정보 보호법(GDPR ; General Data Protection Regulation) : 1995년부터 시행된 정보보호 지침을 대체하여 2018년 5월 25일부터 시행된 유럽연합의 새로운 정보보호 규정이다. GDPR은 모든 EU 회원국에 법적 구속력을 가지는 것으로, 2015년 12월에 발표되었다. GDPR 시행의 목적은 국민들에게 개인 데이터의 제어권을 줌으로써, 정보 수집 주체의 이익과 정보 주체의 이익 간에 균형을 유지하는 것이다. GDPR의 적용 대상은 EU 거주자의 개인정보를 처리하는 모든 정보 통제자, 정보 처리자, 정보보호책임자 등이다.

유비쿼터스(Ubiquitous) : 라틴어로 '언제, 어디에나 있는'을 의미한다. 사용자가 시공간의 제약 없이 자유롭게 네트워크에 접속할 수 있는 환경을 말한다.

UCC(User Created Contents) : 일반 사용자가 직접 제작한 콘텐츠, 즉 아마추어 동영상 작품을 말한다.

URL : 정식 명칭은 'Uniform Resource Locator'로, 우리가 찾는 정보가 들어 있는 웹페이지의 위치를 나타내는 주소를 말한다. 기본적으로 '통신 규칙://인터넷 호스트 주소/경로 이름'으로 이뤄진다.

U-커머스(U-commerce) : 무제한(Unlimited)이고 포괄적(Umbrella)이며, 장소에 구애받지 않는(Ubiquitous) 전자상거래를 말한다. E커머스(전자상거래), M커머스(모바일 전자상거래), T커머스(웹TV 전자상거래), A커머스(자동차에서의 전자상거래)를 포괄한 개념이다.

유틸리티 컴퓨팅(Utility Computing) : 전력, 수도 등과 같은 유틸리티 산업 개념을 IT 기술에 접목한 것으로, 컴퓨터의 하드웨어나 소프트웨어를 수도나 전기처럼 사용한 만큼 요금을 지불하는 방식이다. 기업에서는 사용한 만큼만 지불하면 되므로 비용을 절감하고 자원을 효율적으로 활용할 수 있다는 장점이 있다.

E-커머스(Electronic Commerce) : 전자상거래라고 부르며, 최근에는 인터넷상의 거래를 의미하게 되었다. 소비자들의 소비 유형이 실용성 · 효율성을 중시하는 방향으로 흘러, 오프라인 매장과 비교할 때 가격이 저렴하고 구매절차도 간편한 E-커머스에 익숙해지고 있다. 거래되는 상품은 물질적인 상품뿐만 아니라 뉴스, 오디오, 동영상과 같은 디지털 상품도 포함된다.

인간 증강(Human Augmentation) : 기술을 활용하여 사람의 감각이나 신체 능력을 강화하는 것이다. 웨어러블 디바이스와 같이 신체에 부착하는 방식 등으로 신체 능력을 강화하는 신체증강과 다중 경험 인터페이스를 통하여 정보 습득을 얻는 방법 등으로 지적 능력을 강화시키는 인지 증강으로 구성된다.

인공지능(AI ; Artificial Intelligence) : 인간의 지적능력을 컴퓨터로 구현하는 과학기술이다. 상황을 인지하고 이성적이고 논리적으로 판단하고 행동하며, 감성적 · 창의적인 기능을 수행하는 능력까지 포함한다. 2000년대 들어 컴퓨팅 파워가 성장하고 우수한 알고리즘의 등장, 스마트폰의 보급과 네트워크 발전 등으로 데이터가 축적되면서 인공지능은 급속히 진보했다.

인트라넷(Intranet) : 인터넷 기술과 통신 규약을 이용해 기업 등 조직에서 내부의 업무를 통합하는 정보 시스템이다. 별도 통신망을 구축하지 않아도 언제, 어디서든 자신이 속한 조직의 정보시스템에 접속할 수 있다. 소속 조직은 물론이고 거래 관계에 있는 다른 조직과의 자료 교환이나 소통도 쉬워져 정보 교류 기회가 많아진다.

인포데믹스(Infodemics) : '정보(Information)'와 '전염병(Epidemics)'의 합성어로, 각종 루머나 잘못된 정보 등이 미디어, 인터넷 등을 통해 빠르게 확산되면서 사회 · 정치 · 경제 · 안보에 치명적 영향을 끼치는 것을 말한다.

인플루언서(Influencer) : '타인에게 영향력을 끼치는 사람'이라는 의미로, 인스타그램 · 유튜브 등 소셜네트워크서비스(SNS)가 발달함에 따라 수많은 팔로워를 보유하며 트렌드를 선도하는 유명인을 가리킨다.

1인 미디어 : 인터넷을 활용해 사회에 영향력을 행사했던 개인이 블로그와 SNS 등을 기반으로 빠른 속도로 정보를 교류하고 여론을 형성함으로써 미디어 영역에서도 그 힘을 발휘하는 것을 뜻한다.

잊힐 권리(Right to Be Forgotten) : 인터넷상에 기록되고 검색되는 개인정보에 대해 삭제를 요청할 수 있도록 법으로 보장해 개인정보에 대한 자기 통제권을 강화하자는 것이다.

ㅈ

자율 사물(Autonomous Things) : 사람의 개입이 필요했던 분야를 인공지능으로 대체한 다양한 실제 사물을 말한다. 로봇이나 드론, 자율주행차 등이 이에 속한다.

자율주행(Autonomous Driving) : 교통수단이 운전자의 조작 없이 내부에 탑재된 인공지능에 따라 스스로 판단하여 주행하거나, 외부 서버와 통신하며 서버의 명령에 따라 스스로 운행하는 무인운전 시스템이다.

잔영현상 증후군 : 인터넷이나 게임을 하지 않아도 인터넷 혹은 게임 속에서 본 장면이 계속 떠올라 집중을 방해하는 현상이다. 잔영현상이 심해지면 착시나 환시가 생길 수 있다.

저작권(Copyright) : 시, 소설, 음악, 미술, 영화, 연극, 컴퓨터 프로그램 등과 같은 '저작물'에 대하여 창작자가 가지는 권리로 크게 저작인격권과 저작재산권으로 나뉘며, 저작자의 재산적 이익을 목적으로 하는 것은 저작 재산권이다.

저작권법 : 학문적 또는 예술적 저작자의 권리와 이에 인접하는 권리를 보호하고 저작물의 공정한 이용을 도모함으로써 문화 및 관련 산업의 향상 · 발전에 이바지함을 목적으로 1986년 제정된 법이다.

전자서명(Digital Signature) : 서명하는 사람의 신원을 확인하고, 문서가 변조되지 않았는지 등에 사용하는 특수한 디지털 정보이다. 정보화 사회가 발달하면서 전자 입찰, 전자상거래, 인터넷 민원 서비스, 인터넷 쇼핑 등 다양한 서비스에서 전자서명으로 본인을 인증하는 것이 중요해졌다.

전자태그(RFID ; Radio Frequency IDentification) : '스마트 태그', '전자라벨'이라고도 불린다. 생산에서 판매에 이르는 전 과정의 정보를 초소형칩(IC칩)에 내장시켜 이를 무선주파수로 추적할 수 있도록 한 기술이다. 실시간으로 사물의 정보와 유통 경로, 재고 현황까지 무선으로 파악할 수 있으며 바코드보다 저장 용량이 커 바코드를 대체할 차세대 인식 기술로 꼽힌다. 대형 할인점 계산, 도서관의 도서 출납관리 등 활용 범위가 다양하다.

제로데이 공격(Zero Day Attack) : 운영체제나 네트워크 등 시스템에서 보안 취약점이 발견되었을 때 그 대응책이 공식적으로 발표되기 전 취약점을 이용한 악성 코드나 프로그램을 제작하여 선제 공격하는 수법이다.

제로레이팅(Zero Rating) : 통신사가 특정 콘텐츠에 대해 제공 업체와 제휴하여 데이터 사용 요금을 대신 지불하거나 제공 업체에서 부담하도록 하여 서비스 이용자가 무료로 이용할 수 있게 하는 것을 말한다.

Z세대 : 일반적으로 밀레니엄 세대의 다음 세대인 1990년대 중반에서 2000년대 중반에 태어나 2020년 즈음하여 활발하게 활동하는 세대를 가리킨다. Z세대는 각종 디지털 기기에 능숙할 뿐만 아니라 사고 회로 또한 IT적 특성을 갖고 있어 '디지털 원주민(Digital Native)'의 특성을 지녔다고 할 수 있다.

조크(Joke) : 어떤 악의적인 목적을 가지고 컴퓨터를 파괴하거나 재킹하려는 것이 아니라, 단순히 사용자의 심리적 동요나 불안을 조장하는 가짜 컴퓨터 바이러스를 말한다.

좀비PC(Zombie PC) : 악성 코드에 감염돼 해당 컴퓨터 이용자의 의지와는 상관없이 해커들의 명령대로 움직이는 PC이다. 해커가 액티브X나 이메일 첨부 파일 등을 이용해 수많은 좀비PC들에 악성 코드를 심어놓으면 좀비PC들은 특정 일자, 특정 시간이 되면 한꺼번에 특정 사이트를 동시 접속해 공격하는데, 대상 사이트는 이를 견디지 못하고 결국 다운된다.

증강현실(AR ; Augmented Reality) : 실제 환경에 가상 정보를 합성해 가상의 콘텐츠가 마치 실제로 존재하는 것처럼 보이게 하는 그래픽 기법이다. 현실세계만으로는 얻기 힘든 부가정보를 구현하는 특징이 있다.

지적재산권(IP) : 'Intellectual Property Rights'의 약자로 인간의 지적 창작물에 대한 재산권이다. 산업 기술을 발명한 뒤 직접 신고와 등록 절차를 거쳐야 보호받을 수 있는 특허제도부터 직접 창조한 사실을 증명만 하면 정보에 대한 소유권 등을 보장받을 수 있는 저작권 제도까지 모두 포함하는 개념이다. 국내 관련 법률로는 특허법, 저작권법, 실용신안법, 디자인법, 상표법, 발명보호법 등이 있다.

찰나족 : 디지털 환경에 빠르게 적응해가는 '디지털 신인류'를 지칭하는 신조어로, 버스나 지하철에서 웹서핑이나 e-메일 체크를 하고, 외출 중엔 맛집이나 낯선 장소를 바로 검색해 찾아보고, 궁금한 것이 생기면 바로 인터넷으로 검색해 보는 등의 생활 패턴을 가진다.

Check Privacy 프로그램 : 웹사이트의 개인정보 취급 방침을 일일이 찾아 읽지 않고도 개인정보 취급 방침의 핵심 내용을 간편하게 확인하거나 웹사이트의 개인정보보호 수준을 파악할 수 있도록 개발된 프로그램이다.

초 자동화(하이퍼 오토메이션 ; Hyper Automation) : 조직에서 자동화할 수 있는 모든 것을 자동화해야 한다는 것으로, 조직의 민첩성을 높이고 잠재력을 발휘할 수 있게 디지털 혁신을 단행하는 것을 말한다.

카피레프트(Copyleft) : 지적 창작물에 대한 권리를 모든 사람이 공유할 수 있도록 하는 것이다. 1984년 리처드 스톨먼이 주장한 것으로 저작권(Copyright ; 카피라이트)에 반대되는 개념이며 정보의 공유를 위한 조치이다. 카피레프트를 주장하는 사람들은 지식과 정보는 소수에게 독점되어서는 안 되며 모든 사람에게 열려 있어야 한다고 주장한다.

캄테크(Calmtech) : 조용함을 뜻하는 '캄(Calm)'과 기술을 뜻하는 '테크놀로지(Technology)'의 합성어로, 이용자가 인지하지 못한 상태에서 일상생활 환경에 센서·컴퓨터·네트워크 장비를 보이지 않게 내장하고, 필요할 때 각종 정보나 서비스를 제공한다. 빅데이터·인공지능·사물인터넷 등 4차 산업혁명의 첨단기술을 기반으로 하고 있다.

캐시 서버(Cache Server) : 인터넷 사용자가 자주 찾는 정보를 따로 모아두어, 이용자가 인터넷 검색을 할 때마다 웹 서버를 가동시킬 경우 발생하는 시간을 절약해 주는 서버이다. 캐싱(Caching) 서버라고도 한다. 정보를 빠르게 찾을 수 있으며, 인터넷 과부하 현상을 획기적으로 줄여주는 역할도 한다.

컨버전스(Convergence) : 사전적 의미로는 여러 가지 성능을 하나로 융합하여 전자 제품이나 디지털 기기를 만들어내는 일을 말하며 보다 넓은 범위로는 하나의 기기나 서비스에 모든 정보통신기술이 융합되는 현상, 온라인과 오프라인의 통합, 사업자 간의 통합, 관련 없어 보이는 브랜드 간의 이질적 융합으로 새로운 것을 창출하는 것을 포함한다.

컴퓨터 비전(Computer Vision) : 컴퓨터가 스마트폰이나 CCTV 등 컴퓨터와 연결된 다양한 영상을 보고, 인공지능의 도움을 통해 상황을 이해하여 스스로 판단하고 행동할 수 있도록 연구하는 분야를 말한다.

코드커터족(Cord Cutters) : 지상파와 케이블 등 기존 TV 방송 서비스를 해지하고 인터넷 등으로 방송을 보는 소비자군을 말한다. 코드커터족은 20~30대 젊은 층이 주류를 이룬다. 이들은 어릴 때부터 인터넷으로 동영상을 보는 데 익숙하고 방송 프로그램을 수동적으로 시청하는 것보다 능동적인 방송 선택을 선호한다. 이와 같은 이유로 코드커터족은 기존 TV 서비스를 해지하고 넷플릭스(Netflix)와 같은 인터넷 방송 서비스를 선택한다.

코얼리 어답터(Korea Early Adopter) : 한국의 얼리어답터. 무조건 남들보다 먼저 신제품을 사는 것이 아니라 여러 신제품의 가격을 서로 비교하여 합리적으로 구입하여 써 보는 사람을 말한다.

콜드월렛(Cold Wallet) : 핫월렛은 온라인에서 동작하는 지갑으로 바로 입출금과 송금이 가능한 암호화폐 지갑이며 콜드월렛은 인터넷이 차단된 하드웨어 장치에 암호화폐를 보관하는 지갑이다. USB 같은 별도 저장 장치에 암호화폐를 보관하여 보안 측면에서 더 안전하지만 실시간 거래가 불가능해서 불편하다는 단점도 있다.

쿠키(Cookie) : 인터넷 사용자가 접속한 웹사이트 정보를 저장하는 정보기록 파일이다. 쿠키에는 PC 사용자의 ID와 비밀번호, 방문한 사이트 정보 등이 담겨 하드디스크에 저장된다. 이용자들의 홈페이지 접속을 도우려는 목적에서 만들어졌기 때문에 해당 사이트를 한 번 방문하고 난 이후에 다시 방문했을 때에는 별다른 절차를 거치지 않고 빠르게 접속할 수 있다는 장점이 있다. 하지만 개인정보 유출, 사생활 침해 등 개인정보가 위협받을 수 있다는 우려가 공존한다.

쿼터리즘(Quarterism) : 4분의 1을 뜻하는 영어 '쿼터(Quarter)'에서 나온 말로, 어떤 일에 15분 이상 집중하기 힘든 현상을 말한다. 스마트폰이나 인터넷 사용이 일상화되면서 자극적이고 감각적인 것에는 즉각 반응하나 금세 관심이 바뀌는 등 인내심을 잃어버린 청소년들의 사고, 행동양식 등을 가리킨다.

크라임웨어(Crimeware) : 온라인상에서 불법 활동을 조장하기 위해 만들어진 컴퓨터 프로그램으로, 취약점을 이용하여 금융정보나 인증정보를 탈취하거나 유출을 유도하여 금전적 이익을 취하고 시스템을 파괴하는 범죄행위가 목적인 악성 코드이다. 스파이웨어, 키로거, 브라우저 하이재커 등이 있다.

클라우드 컴퓨팅(Cloud Computing) : 사용자가 언제 어디서나 인터넷 접속을 통하여 IT 자원을 제공받는 주문형 IT 서비스로, 데이터를 인터넷과 연결된 중앙컴퓨터에 저장해서 인터넷에 접속하기만 하면 언제 어디서든 데이터를 이용할 수 있는 것을 뜻한다. 리소스의 효율성을 극대화할 수 있다는 장점이 있다.

크라우드펀딩(Crowdfunding) : 대중을 뜻하는 '크라우드(Crowd)'와 자금 조달을 뜻하는 '펀딩(Funding)'의 합성어로, 자금이 필요한 창업 기업이 온라인 플랫폼에서 불특정 다수의 대중으로부터 자금을 모으는 방식이다.

크리슈머(Cresumer) : 창조를 의미하는 '크리에이티브(Creative)'와 소비자를 의미하는 '컨슈머(Consumer)'의 합성어로, 제품에 대해 적극적으로 자신의 의견을 내놓는 소비자를 말한다. 제조사가 제공한 제품을 수동적으로 소비하는 데에 그치지 않고 신제품 개발·디자인·서비스 등에 적극 개입하여 제품 피드백뿐만 아니라 제품에 대한 독창적 아이디어를 제공하기도 한다.

키오스크(Kiosk) : 터키어 '코슈크'에서 유래한 말로 본래 별장으로 쓰이는 개방형 건물을 가리켰다. 이것이 20세기 유럽에서 개방된 형태의 박스형 간이매점을 가리키는 용어로 사용되었으며, 오늘날 한국에서는 디지털 안내기기 혹은 무인 판매 단말기 등을 가리키게 되었다.

테크핀(TechFin) : '기술(Technology)'과 '금융(Finance)'의 합성어로, 정보기술에 금융을 접목한 것이다. 빅데이터와 인공지능 등 데이터 분석 역량 및 자체 IT기술 인프라를 보유하고 있으며 방대하고 다양한 상태의 이용자 데이터를 가지고 있어, IT 기술을 기반으로 기존 금융 기법과 차별화한 새로운 금융 서비스를 제공한다. 네이버페이나 카카오페이, 삼성페이 등이 테크핀이라고 할 수 있다. 반면 기존의 금융 서비스에 IT 기술을 접목한 것은 핀테크(FinTech)라고 한다.

텔레그램(Telegram) : 2013년 8월 14에 출시한 Telegram Messenger LLP사가 개발 및 운영 중인 오픈 소스 인터넷 모바일 메신저로, 빠르고 보안성이 뛰어나며 무료로 제공된다. 단 장기간 사용하면 이미지와 동영상의 캐시 파일이 쌓여 용량을 많이 차지한다. 대화방에 올라간 파일 및 대화가 보존되는 텔레그램의 특성으로 자신의 계정에 메시지를 보내서 메모장이나 파일 저장소 대용으로도 쓸 수 있다.

토큰(Token) : 블록체인 플랫폼은 채굴 인센티브나 거래 수수료를 지불하기 위한 자체 지불 수단을 가지는데 이를 코인이라 한다. 이런 블록체인 시스템에서 작동하는 응용서비스는 계속 성장하고, 그 성장을 안정적으로 유지하도록 네트워크 참여자들을 새롭게 확보해야 하는데 이 응용 서비스를 위한 지불 수단이 토큰이다.

통합 뉴스룸 : 저널리즘이 산업적으로 융합되면서 한 기업 내에서 여러 매체를 만족시키기 위한 통합된 뉴스룸 조직으로, 특히 인터넷과 같은 디지털 기술의 발달로 뉴스 유통이 다각화되면서 뉴스룸이 온라인을 포함하는 다중 매체를 만족시키는 통합 뉴스룸으로 전환되고 있다. 적은 비용으로 다수 매체를 만족시켜 경제적 효율성과 업무 효율성을 높일 수 있으나 기사 품질이 저하되는 등의 문제점이 발생하고 있다.

통크족(TONK ; Two Only No Kid) : 전통적인 할아버지 · 할머니의 역할을 거부하고 자녀들에게 의존하지 않으며, 자신들만의 취미나 여가를 즐기면서 새로운 인생을 찾는 노인층을 말한다.

트롤리 딜레마(Trolley Dilemma) : 윤리학 분야의 사고 실험으로, 사람들에게 브레이크가 고장 난 트롤리 상황을 제시하고 다수를 구하기 위해 소수를 희생하는 것이 도덕적으로 허용 가능한지를 판단하게 하는 문제 상황을 말한다.

트윈슈머(Twinsumer) : 서비스 구매 전 이를 이미 경험한 다른 사람의 소비 경험(평가나 후기 등)을 참고하여 물품을 구입하는 사람을 말한다.

T-커머스(Television Commerce) : 인터넷 텔레비전을 통해 이루어지는 전자상거래 서비스로, 인터넷 TV와 리모컨만으로 상품 정보를 검색하고 구매 · 결제까지 할 수 있다.

파밍(Pharming) : 해커가 특정 사이트의 도메인 자체를 중간에서 탈취해 개인정보를 훔치는 인터넷 사기이다. 진짜 사이트 주소를 입력해도 가짜 사이트로 연결되도록 하기 때문에, 사용자들은 가짜 사이트를 진짜 사이트로 착각하고 자신의 개인정보를 입력한다. 그렇게 되면 개인 아이디와 암호, 각종 중요한 정보들이 해커들에게 그대로 노출돼 피싱보다 더 큰 피해가 발생할 수 있다.

5G(5th Generation Mobile Communication) : 2018년 12월 1일 상용화된 모바일 국제 표준을 말한다. 최대 20Gbps의 데이터 전송속도와 어디에서든 최소 100Mbps 이상의 체감 전송속도를 제공하며, IoT와 4차 산업혁명을 본격화하는 기술로 평가된다.

PaaS(Platform as a Service) : 서비스의 개발 및 배포 · 관리가 가능한 환경을 의미하며, 소프트웨어 애플리케이션을 좀 더 간단히 구축할 수 있는 방법이다. 기업이 특정 애플리케이션을 개발할 때 개발을 위한 별도의 플랫폼 구축 없이 서비스 제공자에게서 개발 툴을 비롯하여 프로그래밍에 필요한 요소들을 클라우드 서비스를 통해 제공받아, 기업의 니즈에 맞는 어플리케이션 개발이 가능한 환경을 제공하는 IT서비스를 말한다.

파이어족(Fire) : 'Fire'는 'Financial Independence, Retire Early'의 약자이다. 젊었을 때 극단적으로 절약한 후 노후자금을 빨리 모아 30대, 늦어도 40대에는 퇴직하고자 하는 사람들을 의미한다.

팝업스토어(Pop-up Store) : 짧은 기간 동안만 오픈했다가 닫아버리는 매장을 뜻한다. 소비자에게 점포가 기간 한정으로 열린다는 사실은 강력한 방문 유도 효과로 이어진다는 점에서 자주 사용되고 있다.

판옵티콘(Panopticon) : 영국 철학자 제레미 벤담이 제안한 개념으로 학교 · 병원 · 감옥 등에서의 한 사람에 의한 감시체계를 의미한다.

FANG : Facebook, Amazon, Netflix, Google 등 4개 기업을 말하며, 온라인플랫폼의 성격을 보이는 대형 ICT(정보통신기술) 그룹을 가리킨다.

패킷(Packet) : 소포 혹은 한 묶음을 뜻하는 용어로, 소화물을 뜻하는 '패키지(Package)'와 덩어리를 뜻하는 '버킷(Bucket)'의 합성어이다. 네트워크에 전송하기 쉽게 데이터를 일정하게 나눈 것으로 데이터가 전송되는 기본 단위이다. 인터넷상의 데이터들은 큰 용량으로 한꺼번에 전송하는 것이 아닌 일정한 조각으로 나누어 전송하는데 이 하나하나의 조각들을 패킷이라 한다.

팩 저널리즘(Pack Journalism) : 뉴스의 획일적인 보도행태로 언론사들이 의욕 없이 서로의 기사를 베껴적기만 하거나, 외압에 의해 보도지침을 받을 때 기사가 비슷비슷해지는 현상이다.

퍼놀로지(Funology) : 'Fun(재미)'과 'Technology(기술)'의 합성어로, 언제 어디서나 재미있고 즐겁게 지내려는 욕구와 신선한 아이디어의 결합을 말한다.

퍼빙(Phubbing) : '전화기(Phone)'와 '냉대, 무시'라는 뜻의 '스너빙(Snubbing)'의 합성어로, 대화 중에 상대방을 앞에 두고도 계속해서 스마트폰을 보는 무례한 행위를 말한다.

포노사피엔스(Phono Sapiens) : '스마트폰(Smartphone)'과 '호모 사피엔스(Homo Sapiens ; 인류)'의 합성어로, 휴대폰을 신체의 일부처럼 사용하는 새로운 세대를 뜻한다.

프로슈머(Prosumer) : '생산자(Producer)'와 '소비자(Consumer)'의 합성어로, 제품의 생산에 참여하는 소비자를 뜻한다. 소비자의 욕구를 정확하게 파악하고 만족시키자는 인식에서 기업들이 신제품 개발에 소비자를 참여시키는 전략을 취하며 활성화되었다.

프록시 서버(Proxy Server) : 서버와 클라이언트 사이에서 다른 네트워크에 간접적으로 접속할 수 있게 해주는 중계 컴퓨터나 응용프로그램을 말한다.

PCC(Proteur-Created Contents) : 'Proteur'는 프로와 아마추어의 합성어이며, 'PCC'는 프로 또는 준전문가들이 제작한 콘텐츠를 말한다. UCC에서 한걸음 더 나아간 의미로, 인터넷상에서 보다 신뢰성을 갖춘 뉴미디어들이 주목받기 시작하면서 UCC보다 PCC가 더욱 각광받고 있다.

플랫폼(Platform) : 본래 승객들이 기차나 전철에서 승하차하는 승강장을 뜻하나, 현재는 컴퓨터 정보시스템 환경을 만들어서 다양한 정보를 누구나 쉽게 이용할 수 있게 해주는 기반 서비스를 뜻하는 말로 널리 쓰인다.

플랫폼 노동 : SNS나 애플리케이션 등 디지털 플랫폼을 통해 노동력을 사고파는 노동 형태를 가리키는데, 이는 스마트폰 사용이 보편화되면서 나타났다. 대리운전앱이나 배달대행앱 등이 대표적이다.

플로깅(Plogging) : 스웨덴어로 '줍는다'는 뜻인 '플로카 우프(Plocka upp)'와 달리기를 뜻하는 '조깅(Jogging)'이 합쳐진 말로, 뛰거나 산책하며 쓰레기를 줍는 활동을 말한다.

피싱(Phishing) : '개인정보(Private Data)'와 '낚는다(Fishing)'라는 단어의 합성어로 사람들에게 메일을 보내 위장된 홈페이지로 접속하게 하거나, 이벤트 당첨 · 사은품 제공 등을 미끼로 수신자의 개인정보를 빼내 범죄에 악용하는 수법을 말한다. 주로 금융기관, 상거래 업체를 사칭해 개인정보를 요구한다.

P2P(Peer to Peer) : 인터넷상에서 개인과 개인이 직접 파일을 공유할 수 있는 개인 간의 접속 방식으로 공급자와 소비자의 경계가 뚜렷하게 구분돼 있는 것이 아니라 개인 컴퓨터끼리 직접 연결해서 서로가 원하는 파일을 제공하고 공급하는 형태이다.

핀테크(FinTech) : 'Finance(금융)'와 'Technology(기술)'의 합성어로, 금융과 IT의 융합을 통한 금융서비스 및 산업의 변화를 통칭한다. 기존의 금융서비스에 ICT를 도입하는 것으로, 최근 사례로는 모바일뱅킹과 앱카드 등이 있다.

필터 버블(Filter Bubble) : 인터넷 정보 제공자(대형 인터넷 정보 업체)가 이용자의 관심사에 맞춰 정보를 필터링하여 맞춤형 정보만을 제공함에 따라 이용자는 선별화된 편향된 정보에 갇히게 되는 현상을 말한다.

핑거프린팅(Finger Printing) : 콘텐츠를 안전하게 유통하고 보호하기 위한 정보보호 기술 중 하나로, 디지털 콘텐츠를 구매할 때 구매자의 정보를 삽입하여 불법 배포 발견 시 최초로 누가 배포했는지 추적할 수 있다.

해시태그(Hash Tags) : 트위터, 페이스북 등 소셜네트워크서비스(SNS)에서 특정 주제어에 관련한 글을 쉽고 편리하게 검색하게 해주는 기능으로, '#단어'의 형태로 쓴다. 관심사나 주제를 한눈에 파악하는 데 도움이 된다.

핵티비즘(Hacktivism) : '해커(Hacker)'와 '행동주의(Activism)'의 합성어로, 정치·사회적인 목적을 위해 특정 정부·기관·기업·단체 등의 웹 사이트를 해킹해 서버를 무력화시키거나 과부하가 걸리게 만들어 접속을 어렵게 하는 방식으로 공격을 시도한다. 자신의 정치적·사회적 목적을 이루기 위해 적극적이면서도 다양한 활동을 벌인다. 이라크전 때 이슬람 해커들이 미군의 폭격에 의해 불구가 된 이라크 아이들의 사진을 웹사이트에 올리면서 시작됐다.

핸드페이(Hand Pay) : 손바닥 정맥을 이용한 생체 인증 서비스로, 손바닥 정맥 정보를 사전에 등록해놓고 결제 시에 전용 단말기에 손바닥을 올려놓기만 하면 결제가 완료되는 방식이다.

허니팟(Honey Pot) : 컴퓨터 프로그램에 침입한 스팸과 컴퓨터 바이러스, 크래커를 탐지하는 가상컴퓨터를 말한다. 침입자를 속이는 탐지 기법으로 공격을 당하는 것처럼 보이게 하여 크래커를 추적하고, 정보를 수집하는 역할을 한다. 허니팟은 유인하는 함정을 꿀단지에 비유해서 붙은 이름이다. 침입자를 오래 머물게 하여 추적을 가능하게 하고 침입자의 공격에 능동적으로 대처할 수 있다.

호모 루덴스(Homo Ludens) : '놀이하는 인간'이라는 뜻으로, 인간의 문화는 놀이 그 자체라는 요한 하위징아의 저서이다.

혹스(Hoax) : 남을 속이거나 장난을 친다는 뜻으로, 이메일이나 메신저 등에 거짓 정보나 괴담 등을 보내 사용자를 속이는 가짜 컴퓨터 바이러스를 말한다.

혼합현실(MR ; Mixed Reality) : 가상현실(VR)과 현실 세계를 접목해 새로운 환경과 정보를 만들어내는 것을 의미한다. 현실과 가상이 자연스럽게 연결되는 환경을 제공해 다양하고 풍부한 체험을 할 수 있도록 한다.

홈 루덴스(Home Ludens) : '놀이하는 인간'을 뜻하는 호모 루덴스(Homo Ludens)에서 파생된 말로, 집에서 놀고 즐길 줄 아는 사람들을 가리키는 말이다.

확장현실(XR ; eXtended Reality) : 가상현실, 혼합현실, 증강현실 등 가상현실 기술 전체를 통틀어 일컫는 용어로, 기술의 활용을 통해 확장된 현실을 창조하여 현실과 가상의 경계를 부수는 것이다.

교육은 우리 자신의 무지를 점차 발견해 가는 과정이다.

– 윌 듀란트 –

PART

01

이론편

1 인터넷 윤리의 개념

1 인터넷 윤리의 필요성

(1) 인터넷 윤리의 개념
① 정보화 사회에서 야기되고 있는 윤리적 문제들을 해결하기 위한 규범 체계
② 사이버 공간에서 이용자들이 지켜야 할 책임과 규범
③ 정보화 사회에서 옳고 그름, 좋고 나쁨, 윤리적인 것과 비윤리적인 것을 올바르게 판단하고 행동하는 데 필요한 기준 체계
④ 랭포드(Langford)가 '인터넷 윤리'라는 용어를 처음으로 사용

> **개념더하기** **사이버 공간의 특징**
>
> • 익명성에 의해 지배되는 문화 공간   • 개방성과 평등성이 보장되는 공간
> • 구성원들 사이에 수평적인 관계 존재   • 자율성의 문화

(2) 기존 윤리학의 특징 및 한계
① 기존 윤리학과의 비교

구분	기존 윤리학	인터넷 윤리
판단의 범위	• 지금-여기 • 시간과 장소에 한정적	• 시공간 초월 • 시간과 장소에 제약 ×
판단 기준	동기 중요시	동기·행위·결과 모두 중요시
주체·객체	인간(인간 이외의 것은 제외)	기계와 컴퓨터 자원까지 포함하여 주체·객체 모호

확인문제

기존의 윤리학은 인터넷 공간에서 발생하는 윤리적인 문제들은 전혀 해결할 수 없다. (O / X)

정답 X

해설

기존 윤리학은 인터넷에서 발생하는 문제를 시간과 장소에 한정되어 다룰 수 있다.

② 기존 윤리학의 한계
  ㉠ 기존 윤리학의 시간적·공간적 사상으로는 인터넷 공간에서의 윤리문제를 해결하기 어려움
    예 과거에 업로드된 파일에 대한 문제, 온라인 게시판에 올라온 부적절한 글에 대한 갈등 등
  ㉡ 사물인터넷, 인공지능과 같은 기계의 발달로 이들까지 포함하는 윤리가 필요해짐

개념더하기 **컴퓨터 매개 커뮤니케이션의 특징**

양방향성, 비동시성, 공간적 거리감의 극복, 비언어적 요소의 부재, 익명성, 문서화된 메시지 교류, 지배 효과의 약화, 사회적 실재감의 결여에 따른 사회 규범적 요소의 상실

(3) 인터넷 윤리의 필요성
  ① 사이버 공간의 '탈억제 효과'로 개인의 행동을 이성적으로 억제하고 통제하기 어려워짐
  ② 인터넷의 발전과 함께 역기능이 발생하면서 이를 예방하기 위한 확고한 인터넷 윤리의식이 필요해짐

(4) 인터넷 윤리의 7가지 비도덕적 유혹(리차드 루빈)

속도	• 컴퓨터 기술의 발달로 정보 수집과 전달 속도가 매우 빨라짐 • 속도감에 매료되어 도덕 감각을 무디게 만드는 요인으로 작용
프라이버시와 익명성	• 컴퓨터 기기의 발달로 대부분의 행동에 대한 프라이버시가 보호됨 • 발각될 가능성이 낮아 일종의 흥분감 제공 • 타인의 사적인 정보에 대한 관심과 쾌감 제공
매체의 본질	• 기존 정보를 제거하거나 훼손하지 않으면서도 해당 정보를 훔칠 수 있음 • 매체의 특성이 비도덕적 행동을 유발하는 유혹 요인으로 작용
심미적 매료	• 기술이나 기능을 이용하여 어려운 문제를 해결했을 때 성취감 형성 • 잘못된 도전 욕구와 성취감 등이 비도덕적 행동을 유발하는 유혹 요인으로 작용
최소 투자에 의한 최대 효과	• 비교적 쉽게 다수의 사람에게 접근하여 최대의 효과 창출 가능 • 단기간에 최대의 효과나 이익을 창출할 수 있다는 생각이 비도덕적 행동을 유발하는 유혹 요인으로 작용
국제적 범위	단기간에 전 세계에 영향을 미칠 수 있다는 것도 비도덕적 행동을 유발하는 유혹 요인으로 작용
파괴력	정보통신기술의 오용 시 강력한 파괴력을 가짐(예 컴퓨터 바이러스 유포)

확인문제

01 인터넷 윤리는 사이버 공간 상의 '탈억제 효과'로 인한 문제들을 예방·대응할 수 있다. (O / X)

02 리차드 루빈은 빠른 정보 전달 속도가 비도덕적 행동을 유발하는 유혹 요인으로 작용할 수 있다고 보았다. (O / X)

정답 01 O 02 O

2 인터넷 윤리의 기능 및 도덕원리

(1) 인터넷의 특성

① 익명성

  ㉠ 사이버 공간은 컴퓨터와 인터넷을 매개로 하여 형성되는 공간으로 불가시적 특성을 가짐

  ㉡ 비대면으로 이루어지는 행위로 인해 익명성이 보장되면서 커뮤니케이션의 활성화에 기여함과 동시에 프라이버시 침해 등의 문제를 야기하는 양면성을 보임

② 불특정 다수성

  ㉠ 인터넷의 구조상 일대일 또는 상호 다수 간에 양방향으로 정보 교환이 이루어짐

  ㉡ 불특정 다수의 이용자가 제3자의 관여 없이 정보를 생산하여 타인에게 전달할 수 있음

③ 시간적·공간적 무제약성

  ㉠ 인터넷으로 전 세계와 연결되어 있으므로 시간과 공간의 제약을 거의 받지 않음

  ㉡ 적발이 어렵기 때문에 인터넷에서의 비윤리적인 행위를 부추기는 요인이 되기도 함

④ 정보의 과다성 및 무흔적성

  ㉠ 인터넷의 확산으로 다양하고 풍부한 정보 집적이 가능하게 됨

  ㉡ 과잉정보의 제공으로 본연의 목적을 상실하고 유해한 정보에 접근하는 등의 우발적인 정보 이용 초래 및 심각한 부작용 유발의 위험성 내포

(2) 인터넷 윤리의 기능(추병완)

처방 윤리 (Prescriptive Ethics)	정보사회에서 우리가 해야 할 것과 해서는 안 되는 것을 분명하게 규정
예방 윤리 (Preventive Ethics)	향후 정보통신기술의 발전에 수반될 윤리적 문제들에 대해 사전에 숙고하고 예방하도록 도와줌
변혁(변형) 윤리 (Transformative Ethics)	시대적 변화에 따라 인터넷 역기능에 대처하는 제도 및 정책의 변혁도 수반되어야 함
세계 윤리 (Global Ethics)	보편적인 규범 체계를 제시하는 것. 국지적 윤리가 아닌 세계적·보편적 윤리
책임 윤리 (Responsibility Ethics)	인터넷과 관련된 인간의 책임 강조
종합 윤리 (Comprehensive Ethics)	인터넷을 통해 야기되는 여러 도덕적 이슈들을 해결하기 위해 윤리학 이론을 종합적으로 활용하는 기능 수행

(3) 인터넷 윤리의 기본 원칙

① 세버슨(1997) : 지식재산권 존중, 프라이버시 존중, 공정한 표현, 해악 금지
② 스피넬로(2000)

자율성 존중의 원칙	인간의 합리성과 자기결정능력을 믿고, 사이버 공간의 윤리적 행동에 대해 개인의 자율성에 맡겨야 한다는 것
악행 금지의 원칙	인간의 능력은 불완전하여 악행을 범할 수 있으므로, 사이버 공간에서의 모든 활동에 대해 악행이 금지되도록 노력해야 한다는 것
선행의 원칙	사이버 공간에서의 말과 행동 모두 타인의 복지를 증진하는 데 도움이 되도록 노력해야 한다는 것
정의의 원칙	공평과 분배의 문제로 사이버상에서는 누구라도 공평하고 공정하게 대우받아야 한다는 것

③ 추병완(2008)

존중 (Respect)	• 자신과 타인에 대한 존중을 의미함 • 타인의 지적 재산권, 사생활, 다양성을 인정하고 존중하는 것 • 인터넷의 비가시성 때문에 상대방의 존재를 적극적으로 인정하려는 존중의 원리가 필요함
책임 (Responsibility)	• 서로 관심을 갖고 보살피는 적극적인 행동 강조 • 사이버 공간에서는 정체성의 혼란이나 책임 회피가 쉽게 일어날 수 있으므로 책임의 원리가 더욱 중요시됨
정의 (Justice)	• 선의 절대적 개념으로 공정과 옳음을 의미함 • 사이버 공간에서는 공평하고 동등한 기회와 자유로운 분위기가 보장되지만 능력 차이로 인한 결과에 대해서는 차등의 원리에 따라 그에 적합한 보상을 해야 한다는 의미
해악 금지 (Non-maleficence)	• 남에게 피해를 주지 않고, 더 나아가 타인의 복지까지 배려하는 것 • 적극적 개념으로 다른 사람의 복지를 증진시키는 방식으로 행동해야 한다는 의미

3 인터넷 윤리의 역사

(1) 1940~1950년대
① MIT 교수 위너(N. Weiner)에 의해 시작된 것으로, 사이버네틱스 (Cybernetics)라는 새로운 연구 분야 개척
② 사이버네틱스 개념들을 당시 개발하고 있던 디지털 컴퓨터와 결합시켜 현재 우리가 정보 · 커뮤니케이션 기술이라고 부르는 기법에 대한 통찰력 있는 윤리적 결론을 이끌어냄
③ 컴퓨터 윤리라는 용어를 직접적으로 사용하지 않았지만, 포괄적인 컴퓨터 윤리의 기반 확립

(2) 1960년대
① 파커(D. Parker)는 컴퓨터 전문가에 의한 비윤리적 · 불법적인 컴퓨터 사용을 조사하여 1968년에 컴퓨터협회 학술지에 '정보처리의 윤리적 규칙'이라는 논문을 발표하고 전문가 행위규범을 개발함
② 컴퓨터 윤리 분야를 새롭게 발전시키고 이 분야에 대한 중요성을 널리 인식시킴

(3) 1970년대
① 매너(W. Maner)는 컴퓨터기술로 인해 생겨나거나 변형된 혹은 심각해진 윤리문제를 다루는 직업윤리 분야를 지칭하기 위해 '컴퓨터 윤리'라는 용어를 사용하기 시작
② 매너는 대학에서 컴퓨터 윤리 강좌를 개설하였으며, 대학교수들을 위한 강의 자료와 교수법 자료들을 보급하면서 이 분야에 대한 관심이 높아짐

(4) 1980년대
① 컴퓨터로 인해 생겨난 범죄, 컴퓨터 오작동으로 생긴 재난, 컴퓨터 DB를 통한 프라이버시 침해, 소프트웨어 소유권과 관련된 법정소송 등과 같은 주제들이 논의의 대상이 됨
② 학문분야로서 컴퓨터 윤리의 토대가 꾸준히 확립되어 옴
③ 컴퓨터 윤리 분야의 연구 활동이 가장 왕성하게 이루어진 시기
④ 1985년에 존슨(D. Johnson)이 컴퓨터 윤리 분야의 최초 교재인 '컴퓨터 윤리'를 출간

(5) 현대
① 정보윤리학자들의 관심영역이 사이버 공간으로 확대
② '사이버 윤리학'이라는 새로운 학술용어를 사용하기 시작
③ 사이버 윤리학을 사이버 공간에서 발생하는 도덕적 · 윤리적 이슈들의 전 영역을 탐색하는 학문이라고 규정(Baird, Ramsower, Rosenbaum, 2000)
④ 스피넬로(Spinello, 2000)와 헤임링크(Hamelink, 2000)가 사이버 윤리학을 주도

1 소셜미디어 · 스마트폰 · 클라우드 컴퓨팅

(1) 소셜미디어

① 소셜미디어의 등장 배경

㉠ 첨단 정보통신과 멀티미디어 기술의 발전 및 융합의 결과로서 사회와 문화의 새로운 패러다임으로 등장

㉡ 사회의 분화와 재통합에 따른 커뮤니티 문화의 진화

㉢ 웹 기반 기술의 발달로 다양한 정보 공유와 네트워킹 기능 확대

㉣ 사람들의 친화욕구와 자기표현 욕구의 증대

개념더하기 **소셜미디어의 등장**

- 가이드와이어 그룹(Guidewire Group)의 공동 설립자인 크리스 쉬플리(Chris Shipley)에 의해 처음으로 개념화
- 2004년 "The Blog On Conference"에서 그는 소셜미디어의 비즈니스에 대한 발표를 통해 향후 블로그, 위키, 소셜네트워크와 연관된 테크놀로지가 결합해 '새로운 형태의 참여미디어'로서 '소셜미디어'의 등장을 강조

---

② 소셜미디어의 정의

㉠ 온라인상에서의 사회적 관계형성, 즉 인터넷을 기반으로 한 정보공유, 인맥관리, 자기표현 등을 통해 타인과의 관계를 형성 · 유지 · 관리할 수 있는 서비스

㉡ 대중들에게 자신의 생각, 주목하는 정보와 이슈들을 공유하는 공개 미디어 플랫폼으로, 이를 통해 각 개인이 관심을 가지는 텍스트, 이미지, 동영상, 음악 등의 다양하고 거대한 콘텐츠가 재생산되고 공유됨

확인문제

온라인에서 자신의 생각과 정보를 공유하며 타인과 관계를 형성 · 유지 · 관리할 수 있는 서비스를 '애플리케이션'이라고 한다. (O / X)

정답 X

해설

소셜미디어에 대한 설명이다.

용어해설

▼ 밈(Meme)

리처드 도킨스가 자신의 저서 '이기적 유전자'에서 정의한 용어로, 유전자 외에 인간의 행동 양식을 복제하는 문화적 전달 요소를 가리킨다. 네티즌들은 인터넷상에서 유행하는 이미지를 밈이라 부르고 있다.

개념더하기　소셜미디어의 다양한 정의

Hobson (2006)	• 커뮤니케이션과 관여(Engagement), 투명성, 신뢰 등을 촉진하는 도구로 전통적인 커뮤니케이션 활동을 보완해주기도 하면서 효과적인 커뮤니케이션의 사회적 특성을 인식한 조직체들에 의해 사용되는 미디어 • 소셜미디어 생태계(The Social Media Ecosystem)는 블로그, 위키, RSS, 팟캐스트, 비디오캐스트, Moblogs, MMS, Internet telephony 등이 있음
Newson, Houghton & Patten(2009)	블로그나 네트워킹 사이트, 위키, 팟캐스팅과 비디오캐스팅, 가상세계, 소셜 북마킹 등을 통해 온라인상 정보의 커뮤니케이션과 참여, 축적을 가능케 하는 온라인상의 도구와 프로그램
Safko & Brake (2009)	콘텐츠를 글, 사진, 동영상, 오디오 형태로 간편하게 만들고 전송하게 하는 웹 기반의 애플리케이션을 의미하는 대화형 미디어를 통해 사람들로 구성된 커뮤니티가 온라인에 모여서 정보, 지식, 의견을 공유하는 활동, 관행, 행위를 통칭
최민재 & 양승찬(2009)	웹 환경에서 네티즌의 참여·공유 정신을 기반으로 한 '웹2.0'의 특성을 갖는 인터넷 서비스들의 기술적 속성과 실천 행위들을 통칭
Blossom (2009)	누구라도 다른 개인들의 집단에 쉽게 영향을 줄 수 있는 기술이나 고도의 측정과 접근이 가능한 커뮤니케이션 기술
설진아 (2010)	사람들이 정보와 경험, 생각을 공유하기 위해 사용하는 플랫폼으로 주로 온라인 도구와 모바일 도구를 활용하는 미디어
Kaplan & Haenlein (2010)	웹2.0의 이념과 기술을 기반으로 하며, 이용자 생산 콘텐츠(UGC)의 생산과 공유를 가능케 하는 인터넷 기반의 애플리케이션

③ 소셜미디어의 구성요소

콘셉 (Concept)	• 예술, 정보 혹은 밈(Meme)과 같은 문화적 구성요소 • 개인들의 정보, 지식, 경험, 생각뿐만 아니라 관계 등 기존 미디어 환경에서 소외되었던 내용들이 소셜미디어를 통해 자유롭게 소통될 수 있음
미디어 (Media)	• 물리적인 매체 또는 전자적이거나 언어적인 매개체를 의미 • 웹에서 출발하여 점차 스마트폰이 대중화되면서 모바일 환경으로 그 범위 확장
소셜 인터페이스 (Social Interface)	• 소셜미디어는 친밀하고 직접적인 관계나 커뮤니티 관여, 사회적인 여과성, 방송이나 신디케이션 혹은 신문과 같은 물리적 매체 등을 포함 • 양방향적 공유를 통해 텍스트, 이미지, 동영상, 오디오 등 다양한 데이터 포맷 사용이 가능함

④ 소셜미디어의 특징

참여 (Participation)	• 사람들의 연결을 통해 상호 간의 피드백을 가능하게 해주는 시스템 • 소셜미디어는 특정 주제에 관심 있는 사람들의 의견 교환과 참여를 촉진하여 정보 생산자와 소비자 구분이 모호해짐
공개 (Openness)	• 대부분의 소셜미디어는 피드백과 참여가 공개되어 있음 • 투표, 피드백, 코멘트, 정보 공유를 촉진함으로써 콘텐츠 접근과 사용에 대한 장벽이 거의 없음
대화 (Conversation)	전통적인 미디어가 수용자에게 일방적으로 메시지를 전달한다면, 소셜미디어는 콘텐츠 제작자와 수용자가 양방향성으로 대화할 수 있음
커뮤니티 (Community)	• 온라인상 동일 관심사를 갖고 있는 소셜미디어와 스마트폰 사용자들이 관련 주제를 중심으로 모이고, 효율적으로 커뮤니케이션하는 것이 가능 • 소셜미디어를 통해 빠르게 커뮤니티를 구성할 수 있고 커뮤니티로 하여금 공통의 관심사에 대해 이야기할 수 있는 공간 마련
연결 (Connectedness)	• 대부분의 소셜미디어와 스마트폰은 하나의 공간에서의 링크와 여러 종류의 미디어를 결합하는 과정을 통해 상호 관계 구축 • 대부분의 소셜미디어는 다양한 미디어의 조합이나 링크를 통해 시공간을 초월한 연결성을 가지며 이러한 연결의 확장을 통해 세력을 확대

개념더하기 전통적인 미디어와 소셜미디어의 비교

구분	전통적인 미디어	소셜미디어
도달성 (Reach)	조직, 정보의 생산과 분배의 측면이 중앙 집중적인 형태	• 탈중심적이고, 탈위계적 • 정보의 생산과 이용이 다양하게 이루어짐
접근 가능성 (Accessibility)	특정 개인이나 정부가 소유 · 운영	• 거의 무료 • 누구나 접근 가능
이용 가능성 (Usability)	정보의 생산을 위해서는 전문적인 기술과 훈련이 요구됨	• 누구나 정보의 생산 수단 이용 가능 • 전문성이 필요하지 않거나, 기존 기술에 대한 약간의 변형만으로도 정보 생산 가능
즉시성 (Immediacy)	정보의 생산과 소비 사이에 일정 시간 지체	정보의 생산과 소비가 즉각적으로 이루어짐
영속성 (Permanence)	일단 정보가 생산되고 나면 변경이 어려움	코멘트나 편집을 통해 즉각적인 수정 가능

⑤ 소셜미디어의 유형(이규정 등, 2010)
  ㉠ 관계형 소셜미디어 : 인적 연결 기능을 중심으로 한 소셜 네트워킹 서비스(예 페이스북)
  ㉡ 소통형 소셜미디어 : 블로그, 마이크로 블로그와 같이 공표성에 초점(예 트위터)
  ㉢ 협업형 소셜미디어 : 위키피디아, 소셜뉴스, 리뷰 커뮤니티 등 정보의 공동생산에 초점
  ㉣ 공유형 소셜미디어 : 유튜브와 같이 동영상 또는 이미지를 공유하는 데 초점을 둔 경우

개념더하기 **소셜미디어 유형별 분류**

성명 · 기관	유형	비고
Newson, Houghton & Patten(2009)	블로그, 전문적이고 사회적인 네트워크 사이트, 위키피디아, 팟캐스팅과 비디오캐스팅, 가상공간 서비스사이트, 소셜 북마킹	기능 중심 분류
Safko & Brake(2009)	사회적 네트워킹 사이트, 정보 공표 사이트, 사진 공유, 오디오, 비디오, 마이크로 블로그, 라이브캐스팅, 가상공간, 게임, 정보집적	콘텐츠 형태 · 내용 · 기능 중심 분류
한국인터넷 진흥원(2009)	블로그, 소셜네트워크, 콘텐츠 커뮤니티, 위키피디아, 팟캐스트	서비스별 구분
최민재 & 양승찬(2009)	커뮤니케이션 모델(블로그), 협업모델(위키, 소셜북마킹, 소셜뉴스, 리뷰&오피니언 사이트, 커뮤니티 Q&A 사이트), 콘텐츠 공유모델, 엔터테인먼트 모델	서비스 특성
이규정 등 (2010)	관계형, 소통형, 협업형, 공유형	기능 중심 분류
Kaplan & Haenlein (2010)	협업(위키피디아, 딜리셔스), 블로그, 콘텐츠 커뮤니티(북크로싱, 플리커, 유튜브, 슬라이드쉐어), 소셜네트워크 사이트(페이스북, 마이스페이스), 가상게임(월드 오브 크래프트, 에버퀘스트), 가상세계(세컨드 라이프)	기능 중심 분류

확인문제

지식인과 위키백과 등의 집단지성 서비스는 '공유형 소셜미디어'에 해당한다. (O / X)

정답 X

해설
집단지성 서비스는 협업형 소셜미디어에 해당한다.

⑥ 소셜미디어의 기능

㉠ 정치적 기능

선거과정	• 2008년 미국 대선 당시 오바마 대통령 후보 : 소셜미디어 적극 활용 • 2010년 영국 총선 : 소셜미디어의 영향력을 확인한 최초의 선거로 평가, 트윗민스터(Tweetminster) 이용 • 한국 : 트위터를 통한 '투표 독려', '투표 인증사진' 등을 통해 유권자들의 투표 참여 유도, 입후보자들도 선거 캠페인 과정에 적극 활용
정치활동 및 정책과정	각국 지도자들이 트위터 계정을 활용하여 정치적 여론 조성 및 정책 지지를 호소
부정적 견해	• 흑색선전 등 부정확하고 잘못된 정보의 유통이나 확산으로 혼란 발생 우려 • 정책 이슈보다는 후보자 개인 중심의 미디어 정치로 전락할 것이라는 우려

㉡ 방재기능 : 구글, 페이스북은 물론 국내의 네이버, 다음 등은 실종자 정보교류, 피난처 정보제공, 모금 및 구호활동 등을 위한 창구를 발 빠르게 마련하면서 새로운 재난대응 미디어로서의 역할 담당

㉢ 경제적 기능 : 개인의 결집된 힘을 통한 영향력의 행사를 넘어서 새로운 유형의 산업 창출(소셜커머스 등장), 소비자 주권 강화의 수단이면서 기업의 마케팅 수단으로서의 경제적 기능 수행

㉣ 사회적 기능 : 관계 유지와 관리 및 관계의 확장에 대한 욕구 충족, 사회 부조리를 막는 데 기여하는 사회자본 구축의 중요한 수단 → 정서적으로 긍정적 기능, 불평등한 관계를 심화시킬 수 있다는 비판적 견해

㉤ 저널리즘 기능 : 언론에 준하는 뉴스 유통 채널로서 현재의 미디어는 소비와 생산·공유의 균형을 맞출 수 있고 연결할 수 있는 능력을 갖추게 됨

용어해설

▼ 트윗민스터(Tweetminster)
정치정보 사이트로 각 정당에 대한 긍정적 또는 부정적 메시지의 비율을 토대로 측정된 트위터상의 여론이 실제 선거결과와 거의 비슷하게 나타나 소셜미디어가 여론의 향방을 객관적으로 반영하고 있음을 보여줌

▼ 소셜커머스(Social Commerce)
상품 거래에 가격 메커니즘이 아닌 관계 메커니즘이 작동하는 것으로, 소셜 플랫폼에 기반하여 소비자의 경험을 소셜네트워크와 실시간 공유함으로써 이뤄지는 상거래 형태 전반을 의미

사회관계	순기능	• 사회자본의 절대적 크기 증가 • 사회자본의 다양성 증가 • 소셜미디어에서의 사회자본에 의한 심리적 안정과 사회적 지지
	역기능	• 사회자본의 불평등 및 다양성 저해 • 사생활 침해 • 집단괴롭힘(사이버 따돌림)
소통 및 정보유통	순기능	• 정보유통 및 소통 비용 감소 • 사회적 신뢰 및 투명성 확대 • 사회정치적 참여 등 시민의 사회 참여 및 집단지성의 확대
	역기능	• 정보과잉 및 필터 버블 • 허위 정보유통으로 인한 사회적 비용 증가 • 사회적 갈등 증가 및 통합 저해

⑧ 소셜미디어의 활용

사회자본	공동체 내에 존재하는 협력적 연계망(Networks), 규범(Norms), 신뢰(Trust) 등 다양한 유형의 관계 형성을 통해 사회자본의 획득 가능
디지털 시민성	새로운 디지털 환경에서 요구되는 새로운 시민의식으로, 온라인 사회에 참여할 수 있는 능력이자, 사이버 공간에서 활동하는 시민들의 시민적 능력을 의미

개념더하기   디지털 시민성을 구성하는 일반적 행위 영역

에티켓	행위 또는 절차의 전자적 기준
커뮤니케이션	정보의 전자적 교환
교육	기술과 기술의 사용과 관련된 교수학습의 과정
접근	사회에 대한 완전한 전자적 참여
상업	상품의 전자적 판매와 구매
책임감	행동에 대한 전자적 책임성
권리	디지털 세계에서 모든 사람에게 확대된 자유
안전	디지털 전자 세계에서의 물리적 복지
안보(자기보호)	안전을 보장하기 위한 전자적 예방책들

※ 출처 : Ribble, Bailey & Ross, 2004

(2) 스마트폰

① 스마트폰의 정의

   ⊙ 개념 : 휴대전화에 인터넷, 게임, 동영상 감상, 문서 작성 등의 컴퓨터 기능을 추가한 지능형 단말기

   ⓒ 기존 전화기와의 차이점 : 인터넷에 직접 접속할 수 있을 뿐만 아니라 다양한 애플리케이션(앱)을 사용하여 자신에게 알맞은 인터페이스 구현 가능, 같은 운영체제를 갖춘 스마트폰끼리 애플리케이션 공유 가능

② 스마트폰의 역사

시몬(Simon)	1992년 IBM 사에서 탄생
iPhone 운영체제	• 2007년 1월에 애플이 발표한 모바일 운영체제 • 터치스크린 기반의 인터넷 기능을 가진 모바일 전자기기 • 2009년 6월 미국에서 아이폰 OS 3.0을 기본으로 한 아이폰 3GS 발표
Android 운영체제	• 구글에서 2007년에 발표한 운영체제 • 구글은 휴대폰 단말기 제조사와 이동통신 업체 34개 사가 함께 OHA(Open Handset Alliance)를 결성 • OHA에 참여한 제조사들이 휴대폰의 개발을 담당하고 있고, 구글은 리눅스 운영체제를 기반으로 개발한 운영체제를 무상으로 제공

개념더하기   Android 운영체제의 다섯 가지 계층

애플리케이션	• 스마트폰에서 실행하는 응용 프로그램으로 전화, 전화번호부, 미디어 플레이어, 게임, Google Map, 인터넷 브라우저 등으로 구성 • 구글 콘텐츠 스토어에서 사용자가 필요한 앱을 직접 내려받아 사용 가능
애플리케이션 프레임워크	• 안드로이드 운영체제에서 사용하는 자원을 원활히 이용할 수 있게 해주는 기능 • 정보 교환, 리소스 관리, 위치 관리, 화면 관리, 프로그램 관리 등으로 프레임워크를 제공하는 계층
라이브러리	• 3D 그래픽, 데이터베이스, MP3, 동영상 재생, 인터넷 연결 기능 등 다른 애플리케이션들이 공통으로 사용할 수 있는 기능 • 시스템 C라이브러리와 미디어 라이브러리, Surface 관리자, LibWebCore, 2D 그래픽 엔진, 3D 엔진 라이브러리 등이 C와 C++라이브러리를 제공
안드로이드 런타임	운영체제를 위한 코어 라이브러리, 자바실행을 위한 모바일용 VM인 Dalvik Virtual Machine 등의 기능
리눅스 커널	운영체제를 관리하는 커널로 가장 중요한 부분이며 하드웨어를 직접 관리하거나 밀접하게 관련된 작업을 수행하는 드라이버 등을 포함

※ 출처 : 스마트폰의 발전과 활용 사례

확인문제

스마트폰 애플리케이션은 기기가 공장에서 출시될 때 제공되는 응용 프로그램 이외에는 사용자가 임의로 설치할 수 없다.

(O / X)

정답 X

해설

콘텐츠 스토어에서 필요한 앱을 직접 내려받아 사용할 수 있다.

③ 스마트폰의 발전
  ㉠ 기술적 발전 : 기존의 음성통화 중심의 휴대전화 기능에 통신 기능뿐만 아니라 본격적인 네트워크 기능과 개인용 휴대단말인 PDA(Personal Digital Assistant) 기능을 추가해 개인정보 관리, 스케줄 관리, 화상통화, MP3, DMB, 문서 작성 등의 고급 기능 가능
  ㉡ 스마트폰과 인터넷문화 : 기술의 발전과 함께 스마트폰 이용자가 문화의 생산자와 소비자로서 존재하게 되었고 스마트폰이 새로운 문화 생산 · 소비의 장으로 자리잡게 됨
  ㉢ 스마트폰 이용 극대화의 원인 : 모바일 네트워크의 고도화 및 단말기의 비약적 발전, 범용 OS 고도화를 통해 스마트폰 단말기의 진입 장벽이 낮아짐, 휴대폰의 경쟁력이 하드웨어에서 소프트웨어 측면으로 이동하게 됨

(3) 클라우드 컴퓨팅
① 개념
  ㉠ 인터넷 기술을 활용하여 'IT 자원(SW, 스토리지, 서버, 네트워크)을 서비스'로 제공하는 컴퓨팅
  ㉡ IT 자원을 필요한 만큼 빌려서 사용하고, 서비스 부하에 따라서 실시간 확장성을 지원받으며, 사용한 만큼의 비용을 지불하는 컴퓨팅 특성을 가짐
  ㉢ 클라우드 서비스 및 응용, 클라우드 클라이언트, 클라우드 플랫폼, 클라우드 인프라 등

개념더하기 **컴퓨팅 발전과정**

그리드 컴퓨팅	유틸리티 컴퓨팅	클라우드 컴퓨팅
• 네트워크상에 존재하는 컴퓨터들의 자원을 가상화로 통합시켜 동시에 이용하는 환경 • 대용량 컴퓨팅 자원을 필요로 하는 서비스 지원	• 컴퓨터 자원과 인프라를 외부에서 제공받고 이용량에 따라 요금을 부과하는 주문형 서비스 • 전기, 수도처럼 필요할 때마다 연결하여 사용하고 요금 과금	• 언제 어디서나 IT자원을 서비스 형태로 제공 • 소프트웨어뿐만 아니라 모든 IT 자원을 서비스 형태로 제공 • 기술은 그리드 컴퓨팅, 과금 형태는 유틸리티 컴퓨팅 적용

② 이용범위 : 모든 유형, 규모 및 산업의 조직이 데이터 백업, 재해 복구, 이메일, 가상 데스크톱, 소프트웨어 개발 및 테스트, 빅데이터 분석, 고객 대상 웹 애플리케이션 등 다양한 사례에 이용 가능

퍼블릭 클라우드	서비스 유지를 위한 모든 인프라와 IT 기술을 클라우드에서 받는 것
하이브리드 클라우드	IT 기술은 클라우드에서 받지만, 서비스 유지를 위한 인프라를 클라우드의 것과 기업의 것을 혼용하는 형태
프라이빗 클라우드	기업이 직접 클라우드 서비스를 구축한 후 이를 계열사와 고객에게만 제공하는 형태

③ 장점

민첩성	• 광범위한 기술에 쉽게 액세스할 수 있어 빠른 혁신과 상상할 수 있는 거의 모든 것이 구축 가능 • 인프라 서비스부터 사물 인터넷, 기계 학습, 데이터 레이크 및 분석 등에 이르기까지 필요에 따라 리소스를 빠르게 구동할 수 있음 • 단시간에 기술 서비스를 배포할 수 있으며 이전보다 몇백 배나 빠르게 아이디어 구현 및 이를 통한 비즈니스 혁신 가능
탄력성	• 향후 최고 수준의 비즈니스 활동을 처리하기 위해 리소스를 사전에 오버 프로비저닝할 필요가 없고, 실제로 필요한 만큼 리소스를 프로비저닝하면 됨 • 비즈니스 요구에 따라 이러한 리소스를 확장하거나 축소하여 용량 조절 가능
비용 절감	• 자본 비용(데이터 센터, 물리적 서버 등)을 가변 비용으로 전환하고, 사용한 만큼만 IT 비용을 지불할 수 있음 • 규모의 경제 덕분에 직접 운영할 때보다 가변 비용이 훨씬 더 저렴함
빠른 배포성	• 몇 분 만에 전 세계에 배포 가능 • 애플리케이션을 최종 사용자와 근접하게 배치하면 지연 시간이 단축되고 사용자 경험이 향상됨

④ 핵심 서비스

Infrastructure as a Service (IaaS)	• 클라우드 IT를 위한 기본 빌딩 블록이 포함되어 있으며, 일반적으로 네트워킹 기능, 컴퓨터(가상 또는 전용 하드웨어) 및 데이터 스토리지 공간에 대한 액세스 제공 • IT 리소스에 대한 최고 수준의 유연성과 관리 제어 기능 제공
Platform as a Service (PaaS)	• 기본 인프라(일반적으로 하드웨어와 운영 체제)를 관리할 필요가 없어 애플리케이션 개발과 관리에 집중 가능 • 애플리케이션 실행과 관련된 리소스 구매, 용량 계획, 소프트웨어 유지 관리, 패치 작업 또는 다른 획일적인 작업의 효율적 운영 가능
Software as a Service (SaaS)	• 서비스 공급자에 의해 실행되고 관리되는 완전한 제품 제공 • 일반적으로 웹 기반 이메일과 같은 최종 사용자 애플리케이션을 의미함

확인문제

01 클라우드 컴퓨팅을 이용하고자 할 때 높은 초기자본 비용 때문에 부담을 느낄 수 있다. (O / X)

02 '퍼블릭 클라우드'는 기업 및 기관이 직접 클라우드 서비스 환경을 구성하고 계열사 또는 고객에게만 제한적으로 서비스를 제공하는 클라우드 서비스 형태이다. (O / X)

정답 01 X 02 X

해설

01 사용한 만큼 지불하는 서비스 형태로 비용이 절감된다.
02 프라이빗 클라우드에 대한 설명이다.

⑤ 용도
　　㉠ 인프라 확장 : 다양한 조직의 각기 다른 컴퓨팅 용량 요구사항을 수용하여 변동에 쉽게 대응
　　㉡ 재해 복구 : 재해 발생 시 연속성을 보장하기 위해 많은 데이터 센터를 구축하는 대신 클라우드 컴퓨팅을 사용하여 기업에서 데이터를 안전하게 백업 가능
　　㉢ 데이터 스토리지 : 대량의 데이터를 저장하고 접근성을 높이며 분석과 백업을 더 쉽게 만들어 과부하 상태의 데이터 센터를 지원
　　㉣ 애플리케이션 개발 : 기업 개발자가 애플리케이션을 제작하고 테스트하는 도구 및 플랫폼에 빠르게 액세스하여 TTM(Time To Market) 단축 가능
　　㉤ 빅데이터 분석 : 클라우드 컴퓨팅은 대량의 데이터를 처리할 수 있는 리소스를 거의 무제한으로 제공하여 조사 속도를 높이고 통계 도출 시간 단축
⑥ **대표적 사례** : 아마존의 '아마존웹서비스(AWS)', 마이크로소프트의 '애저(Azure)', 구글의 '구글 클라우드 플랫폼(GCP)'

② 인터넷 저널리즘

(1) 개념
인터넷을 비롯한 디지털 환경에서 시사적인 사안은 물론 정치, 경제, 사회, 문화 등에 대해 뉴스 보도, 정보 및 의견 교환, 논평 및 여론 형성 등을 하는 일련의 다양한 활동

(2) 인터넷 저널리즘의 발전 배경
① 인터넷 사용의 폭발적인 증가 : 초고속 통신망을 비롯한 통신 인프라의 확충으로 인해 인터넷 사용이 급속히 확산
② 인터넷 전용 보도매체의 영향력 확대 : 인터넷을 통한 보도를 전문으로 하는 매체의 발달

(3) 인터넷 저널리즘의 발전과정
① 비디오 텍스트 형식 : 초기 단계, 주요 방송과 신문들이 비디오 텍스트를 이용하여 문자뉴스 제공 → 채팅 및 게시판, 쇼핑 및 게임 등에 이용, 이용자들이 정보를 통제할 수 있는 범위는 미미한 수준
② 웹의 등장 : HTML문서 개발, 넷스케이프 브라우저의 상업적 배포(1994), 마이크로소프트의 인터넷 익스플로러 브라우저 배포(1995) → 이용자의 통제력 향상, 비디오 · 오디오 · 그래픽 이용 가능, 온라인에서도 뉴스 편집과 취재 개념 적용

③ 기업의 전문화 및 네트워크 발전 : 기업 차원의 전문화와 네트워크 환경의 고속 발전으로 양적·질적 진전, 인터넷 뉴스만을 위한 디지털 스토리텔링 기법 개발

④ 웹 2.0기술의 확산과 위기, RSS, SNS 등 개방 : 이용자 중심적 개인화 서비스 가능

(4) 인터넷 저널리즘과 언론활동의 변화

① 취재생산 방식의 변화

취재과정의 변화	• 독자 및 정보원과의 상호작용 • 데이터베이스 활용 • 여론 탐지 • 기사 소재 발굴
데이터베이스 활용	• 탐사보도의 영역 확대 • 공적 정보와 기록에 누구나 손쉽게 접근·이용 가능

② 뉴스룸 조직과 기자의 역할 변화
　㉠ 온라인 시장 규모의 확대로 인한 이종 매체 간 인수와 합병 증가
　㉡ 경제적 효율성과 정보 공유 및 업무의 효율성을 높임, 한국의 '종합편성 채널' 등장, 통합뉴스룸의 등장

③ 수용자와의 관계변화 : 참여저널리즘

참여저널리즘의 유형	• 벤클러(Benkler, 2006)의 '사회적 대화모델' : 사용자 제작 콘텐츠(UCC)와 같은 이용자 기반의 콘텐츠를 통한 상호작용이 촉진될수록 보다 나은 사회정보가 양산되고, 정보교류가 우리 사회를 합리적 의사결정 과정으로 이끎 • 참여저널리즘은 누가 네트워킹을 했는가가 더 중요 : 참여자의 속성, 참여자의 구조, 플랫폼의 특성이 콘텐츠 품질에 영향을 미침 • 위키뉴스 : 협업 플랫폼, 의견을 효율적으로 정리, 수용자의 자발성으로 인해 양질의 콘텐츠 업데이트
참여저널리즘이 뉴스 생산에 미치는 영향	• 기사와 같은 콘텐츠에 외부자원을 연결하는 방식 • 폐쇄적 뉴스제작 체계를 개방시켜 균형을 찾음 • 선택적 정보수집 및 보도 불가피 : 기술적 한계로 인해 게이트키핑이 지속되었으나 수용자의 요구 반영 미흡, 신뢰도 하락의 문제점 양산 → 뉴스 소비자와의 상호작용을 통한 오픈소스 뉴스환경 구축이 요구됨

(5) 인터넷 저널리즘의 특징

① 정보의 객관화 : 실시간 정보 검색을 통한 정보의 출처와 진위 확인 가능

② 개방적이고 분산화된 뉴스 생산 방식 : 언론권력을 분산할 수 있음

③ 여론 왜곡의 위험성 : 사용자의 의도에 따라 여론 왜곡 및 변칙적 여론 조작 가능

용어해설

▼ 통합뉴스룸

하나의 뉴스룸이 복수의 다양한 매체에 필요한 뉴스를 생산하고 공급해야 하는 필요성 때문에 생겨난 뉴스룸의 새로운 조직 구조로, 과도한 업무로 인해 부실 기사가 양산됨에 따라 기사 품질의 저하, 취재시간이 짧은 연성뉴스의 다량 생산 등이 발생하는 문제점이 있음

▼ 게이트키핑

신문이나 방송 등의 미디어에서 두고 있는 일종의 장치로, 편집자나 기자 등 뉴스 결정권자에 의해 뉴스가 취사선택되는 과정

④ 인터넷 언론의 일반적 특징
  ㉠ 고유한 취재 · 보도 체제
  ㉡ 풍부한 해설 및 기사관련 자료의 제공
  ㉢ 수용자와의 새로운 관계 정립 및 의제확산 기능
  ㉣ 정보원의 다양화
  ㉤ 인터넷 언론의 대안성
  ㉥ 미래의 발전 가능성

(6) 인터넷 저널리즘의 쟁점

① **인격권 침해 문제** : 인격권 침해에 따른 법적 분쟁 시 소송 대상자의 불확실성 문제
② **책임성 문제** : 최초 게시자를 찾기 어려움, 게시물을 이차적으로 유통시킨 사람들의 처리 문제
③ **정확성과 신속성 사이의 균형 문제** : 오프라인 매체와 달리 정보 전달 속도에 초점을 맞추면서 충분한 검증과 뉴스가치에 대한 판단이 어려움

(7) 인터넷 저널리즘의 문제점

① 인터넷 언론의 법적 · 제도적 정비 미비
② 인터넷 언론의 새로운 권력화
③ 경제적 수익모델의 부재
④ 대중매체로서의 기본적 기준 미달
⑤ 전기통신사업자로서의 인터넷 언론의 한계

③ 뉴미디어의 개념 및 특징

(1) 뉴미디어의 의미

① 고속 통신망을 중심으로 유무선 디지털 단말기를 통해 정보를 교환하는 기술
② 개별적인 기존 미디어들의 특성이 신기술과 결합해 더욱 신속 · 편리하고 진화된 기능을 가짐

(2) 뉴미디어의 종류 및 특징

① **종류** : 인터넷과 이동통신(스마트폰)을 비롯해 케이블방송, 인터넷신문, 각종 포털, 유튜브 등을 포함
② **특징** : 정보의 흐름이 일방적인 TV, 신문과 달리 뉴미디어는 정보 제공자와 수신자 간의 상호작용이 양방향으로 이루어짐

01 '인터넷 윤리'라는 용어를 처음 제시한 사람은?

① 매슬로우(Maslow) ② 랭포드(Langford)

③ 매너(Maner) ④ 하위징아(Johan Huizinga)

> **해설** ① 매슬로우(Maslow)는 인간의 동기에는 단계가 있어서 하위단계의 욕구들이 충족되면 점차 상위단계의 욕구를 충족하고
> 자 하는 속성이 있다고 주장하였다.
> ③ 매너(Maner)는 컴퓨터 기술로 인해 생겨나거나 변형된 혹은 심각해진 윤리문제를 다루는 직업윤리 분야를 지칭하기 위
> 해 '컴퓨터 윤리'라는 용어를 사용하기 시작했다.
> ④ 하위징아(Johan Huizinga)는 네덜란드의 문화사학자로서 놀이는 대단히 창조적인 활동으로, 문화라고 부르는 대부분의
> 것들이 놀이의 충동에서 나온 것이라고 보았다.

02 인터넷 윤리의 필요성으로 적절하지 않은 것은?

① 인터넷 발전의 역기능 문제를 예방하기 위한 확고한 인터넷 윤리 의식이 필요하다.

② 기존의 윤리로는 인터넷 공간에서 발생하는 윤리문제를 전혀 해결할 수 없다.

③ 인터넷의 속도감, 익명성 등의 특성으로 인해 기존의 도덕성이 훼손될 수 있다.

④ 인간뿐만 아니라 사이버 캐릭터, 가상화폐와 같은 대상에 대한 윤리문제 해결이 요구된다.

> **해설** ② 기존의 윤리학은 판단의 범위, 기준, 주체와 객체가 시간과 공간의 제약 또는 신기술의 등장으로 인해 발생하는 문제를 해
> 결하기에는 어려움이 있으나 윤리문제를 전혀 해결할 수 없는 것은 아니다.
>
> | 구분 | 기존 윤리학 | 인터넷 윤리 |
> |---|---|---|
> | 판단의 범위 | • 지금-여기
• 시간과 장소에 한정적 | • 시공간 초월
• 시간과 장소에 제약 × |
> | 판단 기준 | 동기 중요시 | 동기·행위·결과 모두 중요시 |
> | 주체·객체 | 인간(인간 이외의 것은 제외) | 기계와 컴퓨터 자원까지 포함하여 주체·객체
모호 |

03 다음 중 인터넷 윤리의 목적으로 적합하지 않은 것은?

① 사회의 분열 방지

② 익명성에 의한 인터넷 사용의 자율성 증진

③ 행동에 대한 적절한 보상과 처벌

④ 갈등을 정의롭고 공평하게 해결

> **해설** ② 자유롭게 의견을 나눌 수 있는 익명성이 오히려 탈억제 효과를 유발할 수 있다.

04 인터넷 정보사회의 현상으로 적절하지 않은 것은?

① 원하는 정보를 쉽고 빠르게 수집할 수 있어 도덕 감각이 무뎌질 수 있다.

② 자유롭게 의견을 나눌 수 있는 익명성이 오히려 탈억제 효과를 유발할 수 있다.

③ 인터넷을 통한 소통의 활성화로 사회적 실재감이 뚜렷해진다.

④ 시간과 공간을 초월하여 국제적인 비도덕적 행동이 가능하다.

> **해설** ③ 컴퓨터를 매개로 한 커뮤니케이션은 사회적 실재감의 결여에 따른 사회 규범적 요소를 상실하게 할 수 있다.

05 다음에서 리차드 루빈이 제시한 인터넷 윤리의 7가지 비도덕적 유혹에 해당하는 것은?

㉠ 매체의 본질	㉡ 프라이버시와 익명성
㉢ 최대 투자에 의한 최대 효과	㉣ 파괴력

① ㉠, ㉡

② ㉠, ㉡, ㉣

③ ㉡, ㉢

④ ㉡, ㉢, ㉣

인터넷 윤리의 7가지 비도덕적 유혹(리차드 루빈)

속도	• 컴퓨터 기술의 발달로 정보 수집과 전달 속도가 매우 빨라짐 • 속도감에 매료되어 도덕 감각을 무디게 만드는 요인으로 작용
프라이버시와 익명성	• 컴퓨터 기기의 발달로 대부분의 행동에 대한 프라이버시가 보호됨 • 발각될 가능성이 낮아 일종의 흥분감 제공 • 타인의 사적인 정보에 대한 관심과 쾌감 제공
매체의 본질	• 기존 정보를 제거하거나 훼손하지 않으면서도 해당 정보를 훔칠 수 있음 • 매체의 특성이 비도덕적 행동을 유발하는 유혹 요인으로 작용
심미적 매료	• 기술이나 기능을 이용하여 어려운 문제를 해결했을 때 성취감 형성 • 잘못된 도전 욕구와 성취감 등이 비도덕적 행동을 유발하는 유혹 요인으로 작용
최소 투자에 의한 최대 효과	• 비교적 쉽게 다수의 사람에게 접근하여 최대의 효과 창출 가능 • 단기간에 최대의 효과나 이익을 창출할 수 있다는 생각이 비도덕적 행동을 유발하는 유혹 요인 으로 작용
국제적 범위	단기간에 전 세계에 영향을 미칠 수 있다는 것도 비도덕적 행동을 유발하는 유혹 요인으로 작용
파괴력	정보통신기술의 오용 시 강력한 파괴력을 가짐(예 컴퓨터 바이러스 유포)

06 다음 설명은 리차드 루빈의 인터넷 윤리의 7가지 비도덕적 유혹 중 어느 것에 해당하는가?

> 기존 정보를 제거하거나 훼손하지 않으면서도 해당 정보를 훔칠 수 있다.

① 속도

② 매체의 본질

③ 파괴력

④ 프라이버시

② 기존 정보를 제거하거나 훼손하지 않으면서도 해당 정보를 훔칠 수 있는 매체의 특성이 비도덕적 행동을 유발하는 유혹
요인으로 작용할 수 있다.

07 다음 설명은 스피넬로가 제시한 인터넷 윤리의 원칙 중 어느 것에 해당하는가?

> 사이버 공간에서의 말과 행동 모두 다른 사람의 복지를 증진시킬 수 있도록 해야 한다.

① 자율성 존중의 원칙
② 악행 금지의 원칙
③ 선행의 원칙
④ 정의의 원칙

해설 스피넬로의 인터넷 윤리 기본 원칙

자율성 존중의 원칙	인간의 합리성과 자기결정능력을 믿고, 사이버 공간의 윤리적 행동에 대해 개인의 자율성에 맡겨야 한다는 것
악행 금지의 원칙	인간의 능력은 불완전하여 악행을 범할 수 있으므로, 사이버 공간에서의 모든 활동에 대해 악행이 금지되도록 노력해야 한다는 것
선행의 원칙	사이버 공간에서의 말과 행동 모두 다른 사람의 복지를 증진시킬 수 있도록 해야 한다는 것
정의의 원칙	공평과 분배의 문제로 사이버상에서는 누구라도 공평하고 공정하게 대우받아야 한다는 것

08 다음은 사이버 공간의 특징 중 무엇에 대한 설명인가?

> ㉠ 싫어하는 연예인 기사에 가상의 이름인 ID나 닉네임을 사용하여 악성 댓글을 단다.
> ㉡ 개인의 사회적 지위, 나이, 성별 등의 사회적 단서를 알 수 없기 때문에 현실에서 사회적 지위가 차이나는 구성원들 간에 의사소통이나 영향력이 대등하게 이루어진다.

① ㉠ 비대면성   ㉡ 개방성
② ㉠ 익명성   ㉡ 이타성
③ ㉠ 자율성   ㉡ 탈억제성
④ ㉠ 익명성   ㉡ 수평성

해설 사이버 공간의 특징
- 익명성에 의해 지배되는 문화 공간
- 개방성과 평등성이 보장되는 공간
- 구성원들 사이에 수평적인 관계 존재
- 자율성의 문화

09 다음은 인터넷에서 피해를 입은 사건 내용의 일부이다. 이 사건이 발생하게 된 원인은 사이버 공간의 어떤 특징 때문인가?

> (중략) 최 씨는 지난 9월 인터넷 중고 물품 거래 사이트에서 60만 원 상당의 게임기를 25만 원에 판매한다는 글을 보고 인터넷뱅킹으로 입금했습니다. 하지만 구매한 물건은커녕 판매자와 연락이 끊기고 판매글 또한 삭제되었습니다. 이 같은 피해자는 90여 명에 이르고 피해 금액은 4천만 원을 넘겼습니다. (중략)

① 집단성   ② 폭력성

③ 개방성   ④ 비대면성

해설 ④ 사이버 공간의 비대면 특성으로 발생할 수 있는 문제점이다.

---

10 다음 설명에 대한 현상으로 가장 바람직한 것은?

> 인터넷을 자유롭게 사용하는 세대에서 현실 세계에서보다 사이버 공간에서 말(언어)이나 자신을 표현하는 데 개방적, 공격적이고 긴장이 풀어져 안정감을 느끼는 현상을 보인다.

① 수평성   ② 탈억제성

③ 정보의 과다성   ④ 공간 제약성

해설 사이버 공간은 익명이라는 특수성으로 인해 인터넷 사용의 자율성이 증진되는 반면 '탈억제 효과'로 개인의 행동을 이성적으로 억제하고 통제하기 어려워지는 위험성도 가지고 있다.

---

11 다음 중 현실 배경에 3차원의 가상 이미지를 겹쳐서 하나의 영상으로 보여주는 기술은 무엇인가?

① 이모티콘   ② 증강현실

③ 아바타   ④ 캐릭터

해설 ① 이모티콘 : 메신저 등에서 자신의 감정을 표현하기 위해 사용하는 문자 또는 기호
③ 아바타 : 사이버 공간에서 사용자를 대신하여 대화에 참여하는 가상의 인물이나 그림
④ 캐릭터 : 만화, 소설 등에 등장하는 인물이나 동물의 모습을 디자인화 한 것

12 다음 한국인터넷진흥원의 피싱(Phishing) 예방 방법은 인터넷 윤리의 기능 중 어느 것에 해당하는가?

> • 출처가 불분명한 이메일, 문자 메시지, 블로그 등에 포함된 URL에 접근하지 않기
> • 개인정보, 금융정보 입력 시 홈페이지 주소의 자물쇠 그림 또는 도메인 주소 확인하기
> • 경품 이벤트 등 무분별한 인터넷 이벤트 참여를 통해 개인정보 입력하지 않기
> • 안전한 비밀번호를 사용하고 주기적으로 변경하기

① 처방 윤리　　　　　　　　　　② 예방 윤리
③ 변혁 윤리　　　　　　　　　　④ 책임 윤리

해설 인터넷 윤리의 기능

처방 윤리	정보사회에서 우리가 해야 할 것과 해서는 안 되는 것을 분명하게 규정
예방 윤리	향후 정보통신기술의 발전에 수반될 윤리적 문제들에 대해 사전에 숙고하고 예방하도록 도와줌
변혁(변형) 윤리	시대적 변화에 따라 인터넷 역기능에 대처하는 제도 정책의 변혁도 수반되어야 함
세계 윤리	보편적인 규범 체계를 제시하는 것, 국지적 윤리가 아닌 세계적 · 보편적 윤리
책임 윤리	인터넷과 관련된 인간의 책임 강조
종합 윤리	인터넷을 통해 야기되는 여러 도덕적 이슈들을 해결하기 위해 윤리학 이론을 종합적으로 활용하는 기능 수행

13 다음 중 인터넷 윤리의 역사적 사실에 대한 설명으로 옳은 것은?

> 가. '컴퓨터 윤리'라는 용어를 처음 사용한 사람은 매너(Maner)이다.
> 나. 2000년대 이후 '사이버 윤리학'이라는 학술용어를 사용하기 시작했다.
> 다. 스피넬로(Spinello)가 사이버네틱스(Cybernetics)라는 새로운 연구 분야를 개척했다.
> 라. 컴퓨터로 인한 범죄 · 재난 등이 논의되기 시작한 건 1980년대 이후이다.

① 가, 다　　　　　　　　　　② 가, 나, 라
③ 나, 라　　　　　　　　　　④ 나, 다, 라

해설 다. MIT 교수 위너(N. Weiner)가 사이버네틱스(Cybernetics)라는 새로운 연구 분야를 개척했으며, 사이버네틱스 개념들을 당시 개발하고 있던 디지털 컴퓨터와 결합시켜 현재 우리가 정보 · 커뮤니케이션기술이라고 부르는 기술에 대한 통찰력 있는 윤리적 결론을 이끌어냈다.

14 소셜 네트워크 서비스(SNS ; Social Network Service)가 부각되는 이유로 옳지 않은 것은?

① 자기표현 욕구의 증대

② 커뮤니티 문화의 진화

③ 안전한 보안

④ 모바일 기기의 보급 확산

> **해설** ③ SNS의 인기가 상승함에 따라 이를 악용하려는 사이버 공격 역시 증가하고 있어 안전과 보안이 소셜 네트워크의 가장 큰 문제점으로 대두되고 있다.

15 다음에서 설명하는 용어를 쓰시오.

> ㉠ 온라인상에서의 사회적 관계형성, 즉 인터넷을 기반으로 정보공유, 인맥관리, 자기표현 등을 통해 타인과의 관계를 형성·유지·관리할 수 있는 서비스
> ㉡ 인터넷에 접속해서 언제 어디서나 IT 자원을 제공받을 수 있는 서비스
> ㉢ 상품 거래에 가격이 아닌 관계 메커니즘을 적용하여 소셜 플랫폼 기반에서 이루어지는 상거래 시스템

㉠ _____

㉡ _____

㉢ _____

> **해설** ㉠ 소셜미디어는 첨단 정보통신과 멀티미디어 기술의 발전 및 융합의 결과로서 사회와 문화의 새로운 패러다임으로 등장했다.
> ㉡ 클라우드 컴퓨팅은 IT 자원을 필요한 만큼 빌려서 사용하고, 서비스 부하에 따라서 실시간 확장성을 지원받으며, 사용한 만큼의 비용을 지불하는 컴퓨팅 특성을 가진다.
> ㉢ 소셜커머스란 소셜미디어를 통해 개인의 영향력 행사를 넘어서 새롭게 창출된 산업 유형이다.

16 다음의 설명에 해당하는 용어는?

> '스마트폰(Smartphone)'과 '좀비(Zombie)'를 합성한 신조어로, 길거리에서 스마트폰 화면에 시선을 고정한 채 고개를 숙이고 다니는 사람을 시체 걸음걸이에 빗대어 일컫는 말이다. 스마트폰 중독으로 인한 사고(교통사고, 맨홀 추락 사고 등)가 지속해서 증가함에 따라 길거리와 바닥에 경고 문구를 설치하는 방안이 제시되고 있다.

(   )

해설 스몸비로 인한 보행 사고가 증가함에 따라 횡단보도 음성지원 서비스, 바닥 신호등 설치 등이 확산되고 있으나 스마트폰 사용자 스스로 경각심을 가지고 노력할 필요가 있다.

17 다음의 설명에 해당하는 용어는?

> 'No, 휴대폰(Mobile)'과 '공포(Phobia)'를 합성한 신조어로, 휴대폰을 소지하고 있지 않을 때 불안감을 느끼는 휴대폰 중독현상을 말한다. 스마트폰이 손에서 떨어진 상태로 5분 이상 버티지 못하거나, 배터리 방전 · 인터넷 불능 환경에서 극심한 불안 증세를 보인다면 이것으로 볼 수 있다.

(   )

해설 노모포비아란 스마트폰 기술 발전과 사용자 확산으로 인한 부작용의 하나로 '스마트폰 포비아' 또는 '스마트포비아'라는 신조어도 등장했는데, 이는 스마트폰을 사용하지 않으면 뒤처질 것 같은 불안감을 느끼거나 스마트폰은 구입했지만 기능을 잘 다루지 못해 쩔쩔매는 이들을 일컫는다.

18 클라우드 컴퓨팅에 대한 설명으로 옳지 않은 것은?

① 언제 어디서나 인터넷에 접속해서 서비스를 받을 수 있다.
② 그리드 컴퓨팅 기술과 유틸리티 컴퓨팅 과금 형태를 적용한다.
③ 자료의 보안 및 기밀성 유지에 가장 효과적인 방식이다.
④ 데이터가 서버에 저장되므로 데이터의 보관 및 공유가 용이하다.

해설 ③ 클라우드 컴퓨팅은 서버 해킹으로 인한 데이터 손실 및 유출 가능성이 있다.

16 스몸비(Smombie) 17 노모포비아(Nomophobia) 18 ③ **정답**

19 다음 중 클라우드 컴퓨팅의 특징이 아닌 것은?

① 시공간의 제약 없이 IT 서비스를 제공받을 수 있다.

② 개인 하드디스크에 장애가 발생해도 자료 손실 위험도가 낮다.

③ 인터넷을 사용할 수 있는 환경에서만 서비스를 이용할 수 있다.

④ 서비스 이용자의 초기자본 비용이 많이 소요된다.

해설 ④ 서비스를 사용한 만큼만 금액을 지불하기 때문에 비용이 절감된다.

20 클라우드 컴퓨팅의 단점에 대한 설명으로 옳지 않은 것은?

① 서버가 공격당하면 사용자의 개인정보가 유출될 수 있다.

② 자료 담당자는 하드웨어에 대한 전문적인 지식이 있어야 한다.

③ 서버 데이터가 손상되면 백업하지 않은 정보는 복구가 어렵다.

④ 통신 환경의 안정성에 따라 서비스 이용이 제한된다.

해설 ② 전문적인 하드웨어 지식이 없어도 안정적인 통신환경에서 자료의 업·다운로드만으로 쉽게 이용할 수 있다.

21 다음 중 불특정 다수를 대상으로 하는 클라우드 컴퓨팅 서비스의 운용 형태는?

① 퍼블릭 클라우드

② 제너럴 클라우드

③ 프라이빗 클라우드

④ 하이브리드 클라우드

해설 퍼블릭 클라우드는 불특정 다수를 대상으로 하는 서비스로 서비스 유지를 위한 모든 인프라와 IT 기술을 클라우드에서 받는 것을 말한다.

22 다음의 그림이 공통적으로 의미하는 것은?

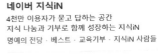

네이버 지식iN
4천만 이용자가 묻고 답하는 공간
지식 나눔과 기부로 함께 성장하는 지식iN
명예의 전당 · 베스트 · 교육기부 · 지식iN 사람들

답변하기　　　포인트로 감사　　　엑스퍼트

① 스마트폰
② 랜섬웨어
③ 집단지성
④ 클라우드 컴퓨팅

> **해설** 집단지성(Collective Intelligence)이란 다수의 개인이 서로 협력과 경쟁의 상호작용을 통하여 얻게 된 지식을 공유 · 발전시켜 나가는 집단적 능력을 의미하는 것으로 '위키백과', '네이버 지식인'이 대표적인 사례이다.

23 인터넷 저널리즘의 특징이 아닌 것은?

① 악성댓글, 여론 왜곡, 변칙적 여론 조작 등이 일어날 수 있다.
② 게이트키핑이 잘 이루어지지 않는다.
③ 개인의 의견을 자유롭게 공표 · 전달할 수 있다.
④ 정보 생산의 정확성, 전문성, 신뢰성이 확보된다.

> **해설** ④ 신문이나 방송 등의 기존의 미디어 저널리즘과 달리 게이트키핑이 잘 이루어지지 않아 정보의 정확성, 전문성, 신뢰성, 객관성, 공정성 등의 확보가 어렵다.
>
> **게이트키핑**
> 신문이나 방송 등의 언론 미디어에서 기사화되기 전에 결정권자에 의해 내용의 정확성, 윤리성, 건전성 등을 검토하는 총체적인 과정

22 ③ 23 ④ **정답**

24 다음에서 설명하는 것은 무엇인가?

> 인터넷을 비롯한 디지털 환경에서 시사적인 사안은 물론 정치, 경제, 사회, 문화 등에 대해 뉴스 보도, 정보 및 의견 교환, 논평 및 여론 형성 등을 하는 일련의 다양한 활동

① 인터넷 저널리즘
② 신문
③ 소셜 커머스
④ 빅데이터

해설 ③ 소셜 커머스(Social Commerce) : 상품 거래에 가격 메커니즘이 아닌 관계 메커니즘이 작동하는 것으로, 소셜 플랫폼에 기반하여 소비자의 경험을 소셜 네트워크와 실시간 공유함으로써 이뤄지는 상거래 형태 전반을 의미한다.
④ 빅데이터(Big Data) : 인터넷 기술의 발전과 모바일 기기의 증가로 인해 기존의 관리 방법이나 분석 체계로 처리하기 어려워진 방대한 양의 데이터로부터 가치를 추출하고 분석하는 기술을 의미한다.

25 뉴미디어 서비스의 등장으로 인한 변화가 아닌 것은?

① 단시간에 많은 정보를 취득할 수 있다.
② 빠르고 쉽게 정보를 습득하려는 경향이 증가한다.
③ 정보의 흐름이 단방향으로 이루어진다.
④ 인터넷 신기술 사용으로 보안에 대한 우려가 있다.

해설 ③ 뉴미디어는 양방향 소통이 신속하게 이루어지는 서비스이다. 기존의 TV, 종이신문(Newspaper)은 정보의 흐름이 일방적이어서 제공자와 수신자 간의 상호작용이 실시간으로 이루어지지 않는다.

02 | 인터넷 역기능 각론

① 인터넷 역기능의 정의

1 인터넷의 순기능과 역기능 비교

구분	순기능	역기능
익명성 · 전파성	• 표현의 자유 증대 • 시장 기회 확대	• 명예훼손, 사이버 폭력, 불법 유해정보 유통 • 개인정보 침해 및 도용, 인터넷 사기
공유성	• 정보와 지식의 공개 및 공유 • 편리성 및 자율성 제고	• 불법 · 청소년 유해정보의 유통 • 지적재산권 침해 • 규제 및 통제의 불능
비물질적 가치관	• 비물질 중심의 가치관 확산 • 유형물 중심의 자산개념에서 무형물의 재산적 가치 제고	• 아이템 거래 등 새로운 시장 등장 • 게임머니, 사이버머니 등장 · 유통 확대
사이버 · 첨단성	• 시공간을 초월한 커뮤니티 형성 • 생활공간 확장 및 게임 등 엔터테인먼트 제공	• 하이테크 스트레스 • 몰입 및 중독현상 등 정체성 혼란

2 인터넷 역기능의 유형

확인문제

모욕, 명예훼손 등은 인터넷 역기능의 유형 중 '권리 침해'에 해당한다. (O / X)

정답 X

해설

모욕, 명예훼손, 스토킹, 성폭력 등은 '사이버 폭력'에 해당하는 인터넷 역기능이다.

미디어 중독	게임, 채팅, 쇼핑, 주식, 음란물, 정보검색, SNS
유해 콘텐츠	웹 사이트나 매체 → 음란물 유포, 청소년 유해매체, 불법 · 유해 사이트
사이버 폭력	모욕, 명예훼손, 스토킹, 언어폭력, 학대, 인간소외, 성폭력
권리 침해	초상권, 저작권, 개인정보, 행태정보
사이버 테러	해킹, 악성 코드
판단 장애	인포데믹스, 여론조작, 선동행위, 네카시즘, 온라인 옐로우 저널리즘

(1) 미디어 리터러시

① 개념

㉠ 미디어가 제공하는 정보를 객관적으로 판단하고 이용하는 능력

㉡ 다양한 정보를 단순하게 받아들이는 것에 그치지 않고 미디어의 특성이나 사회적 의미를 이해하여 정보를 비판적으로 해석하고 선별하여 재창조하는 것을 의미

개념더하기 미디어 변화에 따른 미디어 리터러시의 개념

주요 미디어환경	시대별 리터러시	사회적 환경	미디어 리터러시의 개념적 특징
인쇄물, 신문	언어 리터러시	농업경제시대 (Cultural Economy)	• 인쇄술과 활자 발명 • 글을 읽고 쓰는 능력 • 문자텍스트에 대한 리터러시 능력 요구
영화, 텔레비전	시각 리터러시, 텔레비전 시청기술	산업경제시대 (Industrial Economy)	• 영상언어 등장 • 미디어 리터러시 개념의 본격적 등장
컴퓨터, 인터넷	컴퓨터 리터러시, 네트워크 리터러시	지식경제시대 (Knowledge Economy)	• 컴퓨터와 관련된 다양한 리터러시 개념 등장 • 이용자 개념 등장 • 디지털 격차를 둘러싼 접근성 강화 개념이 리터러시에 도입
소셜 미디어	소셜 미디어 리터러시	퀀텀경제시대 (Quantum Economy)	• 인공지능으로 이루어지는 사회구조 • 다중지능시대, 교육·지식 개념의 변화 • 콘텐츠활용능력의 비트 리터러시, 커뮤니케이션 능력의 버츄얼 커뮤니티 리터러시 등의 새로운 개념 등장

용어해설

▼ 인포데믹스

정보(Information)와 전염병(Epidemics)의 합성어이며, 정보 확산으로 인한 부작용으로 추측이나 뜬소문이 덧붙여진 부정확한 정보가 인터넷이나 휴대전화를 통해 전염병처럼 빠르게 전파됨으로써 개인의 사생활 침해는 물론 경제, 정치, 안보 등에 치명적인 영향을 미치는 것을 의미함

▼ 네카시즘

네티즌(Netizen)과 매카시즘(McCarthyism)의 합성어이며, 인터넷 상에서 익명으로 어떤 이슈에 대해 무차별적으로 가해지는 '온라인 폭력'으로 마녀사냥이라고 일컬어지기도 함. 즉 인터넷상에서 사회적인 관심을 끌게 될 때 네티즌들의 집중적인 비방과 공격이 가해지는 현상

▼ 옐로우 저널리즘

독자를 끌어들이기 위해 선정적이고 비도덕적인 기사들을 과도하게 취재, 보도하는 경향을 이르는 말로, 1890년대에 뉴욕시의 〈월드(World)〉지와 〈저널(Journal)〉지 간에 벌어진 치열한 경쟁에서 사용된 술수들을 지칭한 데서 생겨남

② 미디어 리터러시에 대한 관점의 변화

패러다임	대중예술적 관점	산업기술적 관점	미디어 환경론적 관점
교육 목적	보호주의/예방적 차원	개인의 자율규제능력	환경적응능력 = 미디어능력 (환경과의 상호작용)
미디어 정의	대중 예술	미디어 산업	일상 환경
요구 능력	선별적 미디어 수용	적극적 미디어 수용	적극적 미디어생산·창조
	메시지 분별	메시지 해독	메시지 창조
인간형	수동적 인간	능동적 인간	창조적 인간

개념더하기 | 호모 루덴스

- 네덜란드의 문화사학자인 요한 하위징아(Johan Huizinga, 1872~1945)가 65세 때인 1938년에 발표한 저서 '호모루덴스-유희에서의 문화의 기원'에서 제창한 개념
- 놀이는 대단히 창조적인 활동으로, 문화라고 부르는 대부분의 것들이 놀이의 충동에서 나온 것으로 봄
- 스마트폰과 태블릿 PC의 대중화로 기기사용, 앱, 게임 등에 몰입하게 되는 사람들이 늘어나면서 '호모 루덴스'로서의 놀이의 추구와 열정은 인간의 자유로운 창의성과 연계되어 수익 창출로 이어지기도 함 → 유희적 자본주의

③ 소셜 미디어 시대의 미디어 리터러시 추진 방향
  ㉠ 매체 기준의 리터러시에서 콘텐츠 기준의 리터러시로 변화 고려
  ㉡ 미디어 '이해' 능력 중심에서 '참여'와 '소통' 능력 중심으로 이행
  ㉢ 생애주기형(대상) · 시민교육형(내용) 리터러시 접근으로 체계화 필요
  ㉣ 리터러시 교육의 정보와 효과 등에 대한 체계적 · 과학적인 결과 축적 및 지속적인 업그레이드 추진

④ 미디어 리터러시 교육이 필요한 이유
  ㉠ 단순히 컴퓨터를 사용할 줄 아는 능력이 아니라 탐색한 정보의 가치에 대한 비판적 사고력과 정확한 이해를 기반으로 자신의 목적에 활용할 수 있는 능력인 디지털 리터러시에 대한 역량강화의 필요
  ㉡ 우리나라 청소년의 지식정보처리 역량을 미디어 교육을 통해 향상시킬 수 있으며 시민의 독서량 증가에도 긍정적인 영향을 미침
  ㉢ 지식을 주입하는 기계적 교육이 아니라, 합리적 토론을 통해 주체적인 담론을 형성하고, 대안적인 행동전략을 발전시키는 과정

(2) 인터넷 시민교육

① 의미 : 인터넷에서 요구되는 사이버 시민성을 갖추기 위한 능력을 배양하는 교육

② 인터넷 시민교육의 필요성

    ㉠ 바람직한 인터넷 시민소양, 의식 제고를 위해 필요

    ㉡ 인터넷을 통해 창의적으로 자신의 생각을 표현하고, 타인의 콘텐츠를 이해하며, 올바르게 활용할 수 있는 능력을 갖출 수 있음

    ㉢ IT기술의 급속한 발전으로 인한 융합적 환경변화에 대응하기 위해 창의와 인성이 강조되는 인터넷 리터러시 교육 등의 종합적인 노력이 필요함

(3) 컨버전스(Convergence)

① 의미

    ㉠ 온라인과 오프라인의 통합 또는 사업자 간의 통합을 의미

    ㉡ 하나의 기기나 서비스에 모든 정보통신기술이 융합되는 현상

    ㉢ 관련 없어 보이는 브랜드 간의 이질적 융합으로 새로운 것을 창출

② 관련 개념

    ㉠ 수렴(收斂, 한 점으로 모이기, Convergence)

    ㉡ 융합(融合, 녹여서 합치기, Fusion)

    ㉢ 통합(統合, 전체가 되도록 합치기, Integration)

    ㉣ 복합(複合, 여러 가지를 합치기, Composition)

    ㉤ 하이브리드(混種, 서로 다른 종류가 섞임, Hybrid)

    ㉥ 결합(結合, 묶어 합치기, Bundling)

③ 컨버전스 형태에 의한 구분

    ㉠ 융합형 컨버전스(Fusion)

        예 통신망과 방송망 간 통신방송융합 → 하나의 디지털 기반 인프라로 수렴하며 대체성을 띰

    ㉡ 통합형 컨버전스(Integration)

        예 유선망과 무선망 간 유무선통합 → 지속적으로 공존하며 상호운용성(Interoperability) 확보를 통해 시너지 가치 창출

    ㉢ 복합형 컨버전스(Composition)

        예 프린터, 스캐너, 팩스 간 복합기 → 공통분모가 되는 디지털 기반 엔진을 바탕으로 하나의 박스에 공존

    ㉣ 결합형 컨버전스(Bundling)

        예 CATV-인터넷 동시가입 서비스 → 디지털 환원을 기반으로 서비스 및 제품을 패키지화하여 인하된 가격의 단일 구매상품으로 전환

- 소비문화와 관련하여 새로운 미디어에 기반을 둔 집단지성(Collective Intelligence)의 형성과 역할이 중요해짐
- '공유와 참여·개방'의 철학에 익숙한 신세대 소비자의 소비행동이 융합되어 공감대 기반의 소비문화 형성
- 미디어 이용자들은 네트워크 연결망 속에서 자신의 의사를 표현하고 연대를 형성하고 여론을 만들어가는 적극적인 이용자들이고, 컨버전스 환경이 성숙되어 감에 따라 소비자들의 가치관이 변화하면서 더욱 적극적인 프로슈머(Prosumer)로 활동하기 시작

② 인터넷 역기능의 실태

1 인터넷 역기능의 발생 원인

(1) 모럴 해저드

① 네트워크가 급속히 발전함에도 불구하고 그에 따른 문화적 기반이 미흡
② 인터넷 관련 기업과 전문가들의 사회적 책임성 미약과 윤리교육의 부족

(2) 익명성의 문제

① 표현의 자유를 보장해주지만, 개인이나 집단의 명예를 훼손하는 등의 부작용 발생
② 인터넷의 익명성을 악용한 사이버 폭력 등의 문제

2 인터넷 역기능의 실태

(1) 인터넷 중독

① 정의
　㉠ 인터넷 사용에 대한 지속적인 사용 욕구와 강박적 집착, 내성과 금단 증상
　㉡ 오프라인 활동 및 대인관계의 흥미 감소 등 정서적·사회적 생활에 지장 초래
② 원인

사회환경적 요인	건전한 놀이문화의 부재, 핵가족화 및 가정해체, 접근의 용이성
인터넷 자체의 속성	끊임없는 재미와 호기심의 충족, 새로운 인격창출, 익명성과 탈억제, 시간 왜곡 현상, 강한 친밀감
개인적 특성	낮은 자아존중감과 우울, 대인관계 능력 부족, 스트레스 대처 능력 부족, 문제의식의 부재

01 자존감이 낮을수록 인터넷에 중독되기 쉽다. (O / X)

02 인터넷 자체의 속성 중 대면성과 시간 왜곡 현상은 인터넷 중독의 원인으로 작용한다. (O / X)

정답 01 O 02 X

해설

02 인터넷의 익명성, 비대면성 등의 속성으로 인해 개인의 행동을 이성적으로 억제하고 통제하기 어렵다.

1단계 호기심

- 채팅룸, 게임에 호기심으로 참여
- 정기적으로 접속하면서 친구들과 정보 교류

2단계 대리만족

- 현실에 없는 즐거움을 인터넷으로 만끽
- 폭력성, 사행성, 음란성의 내재적 본성 발휘
- 게임의 고수로서 그 세계에서 존경받음
- 익명성은 음란성과 결합되어 더욱 발휘됨

3단계 현실탈출

- 오직 접속 상태만을 갈구함
- 실제 세계의 모든 질서를 부정함
- 가상 세계의 환상에 사로잡혀 현실인식에 장애가 생김
- 사회적 사건의 주인공이 됨

※ 출처 : 광주광산구중독관리통합지원센터

③ 유형

게임 중독	개념	게임 사용자가 게임을 제공하는 서버에 접속하여 네트워크를 통해 게이머들과 함께 게임에 과도하게 몰입하는 것 예 롤플레잉 게임(RPG), 전략 시뮬레이션 게임, 아케이드 게임
	문제점	• 게임 속 인물과 자신을 동일시하여 현실과 가상을 구분하지 못함 • 게임 구성상 특징에 따라 공격성과 폭력성 증가 • 다양한 아이템에 대한 욕구가 커지면서 불법적인 거래 · 사이버 범죄 발생 우려 증가
채팅 중독	개념	사이버 공간에서 다른 사람들과 대화를 나누는 행위인 채팅을 통해 사회적인 관계를 유지하려고 지나치게 몰입하는 것
	원인	• 다양한 사람들과 관계 형성 가능 • 직접 대면보다 심리적 편안함 제공 • 그들만의 사이버 문화를 공유하면서 결속력 강화

	문제점	• 왜곡된 자아상 : 실제 자신의 모습을 부인하고 이상적인(왜곡된) 자아상을 표출하며 자아정체성에 혼란 야기 • 언어폭력의 문제 : 비대면성으로 인해 감정적 충돌 시 언어폭력이 쉽게 발생할 수 있으며 이로 인해 심리적·정서적으로 부정적인 영향을 미침 • 사이버 범죄의 문제 : 채팅을 통해 개인정보가 쉽게 노출되면서 사이버 범죄에 악용될 우려가 있음
음란물 중독	개념	인터넷을 통해 지속적으로 음란물에 몰입하는 행위
	원인	스팸메일, P2P(온라인상 개인 대 개인 파일공유 기술 및 행위), 인터넷 커뮤니티를 통해 접촉 가능
	문제점	• 가까운 사람을 대상으로 한 성범죄 • 청소년의 경우 왜곡된 성 가치관 정립
기타	정보 검색 중독	불필요한 정보검색, 의미 없는 웹서핑, 반복하여 뉴스보기
	인터넷 쇼핑 중독	하루 중 대부분의 시간을 컴퓨터 쇼핑으로 보내는 것으로 물품 구매의 충동을 이겨내지 못하고 금전적 여유의 한계를 넘어서는 수준까지 쇼핑을 반복하는 형태 → 둘러보고, 충동받고, 사고, 후회하기를 반복하는 특징

④ 킴벌리 영(Kimberly Young)의 인터넷 중독 유형

사이버 섹스 중독	섹스·포르노 내용의 음란채팅, 인터넷 사이트 등을 강박적으로 드나드는 경우
사이버 관계 중독	온라인을 통한 채팅, 동호회에 과도하게 몰두하여 현실에서의 인간관계를 등한시하는 경우
네트워크 강박증	온라인 쇼핑·도박, 주식 매매 충동을 억제하지 못하는 경우
정보 중독	자신에게 필요한 정보 이상의 자료 수집에 집착하여 강박적으로 검색하는 경우
컴퓨터 중독	청소년과 20~30대 성인에게 자주 관찰되는 유형으로 온라인 게임에 지나치게 몰두하는 경우

⑤ 인터넷 중독의 증상과 문제점

징후 및 증상	• 여러 대의 컴퓨터와 관련 장비를 구매하는 경향 • 다른 활동에 비해 월등히 많은 시간을 컴퓨터와 보내며 컴퓨팅을 중단하는 것에 어려움을 느낌 • 취미가 없어지고 가족과 함께하는 시간이 현저히 줄어듦 • 오프라인 상황일 때 인터넷에 대한 강한 의존적 충동을 느낌 • 인터넷에 대한 과도한 긍정적 기대 • 온라인상에서 부정적인 결과를 경험할 때 죄책감이나 우울감을 느낌 • 학업이나 업무와 상관없이 온라인상에서 불필요한 시간을 허비함 • 결혼, 이성 관계 등 대인관계에 문제 발생 • 수면량과 운동량이 줄어들고 손목터널 증후군 같은 문제 발생 • 개인적인 목적의 과도한 인터넷 사용으로 업무와 관련된 문제가 빈번하게 발생
문제점	• 가장 흔히 동반되는 질병은 우울증과 대인공포, 대인기피증 • 도박과 같은 다른 충동조절장애가 동반되는 경우도 흔하고 약물이나 알코올 의존의 비율도 높음 • 주의력 결핍-과잉행동장애가 동반된 경우 인터넷 중독에 빠지기 쉽고 반대로 많은 인터넷 중독자들이 일상생활에서 집중력의 감소를 호소하기도 함 • 가끔 조울증의 조증기에 과도한 에너지로 인해 인터넷 중독에 빠지기도 함 → 이런 정신과적 질병이 인터넷 중독에 동반된 경우 반드시 치료를 요함

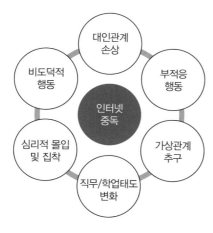

[인터넷 중독 증상]

⑥ 인터넷 중독의 진단 척도

　　㉠ K-척도 : 한국형 인터넷 과의존 척도(청소년용/성인용)

고위험 사용자군	• 인터넷 사용으로 인하여 일상생활에서 심각한 장애를 보이면서 내성 및 금단 현상이 나타남 • 해킹 등 비도덕적 행위와 막연한 기대가 크고, 일상생활에서도 인터넷에 접속하고 있다는 착각을 함 • 중 · 고생의 경우 1일 약 4시간 이상, 초등생 약 3시간 이상의 인터넷 접속시간을 보이며, 중 · 고생은 수면시간도 5시간 내외로 줄어듦 • 대개 자신이 인터넷 중독이라고 느끼며, 학업에 곤란을 겪음 • 심리적으로 불안정감 및 대인관계 기피, 우울한 기분을 느끼는 경우가 흔하며, 성격적으로 자기조절에 심각한 어려움을 보이고 충동성이 높은 편 • 대인관계가 대부분 사이버 공간에서 이루어지므로 현실세계에서 대인관계에 문제를 겪거나 외로움을 느끼는 경우가 많음 ▷ **인터넷 중독 성향이 매우 높아 관련 기관의 전문적인 지원과 도움 요청 필요**
잠재적 위험 사용자군	• 고위험 사용자에 비해 경미한 수준이지만, 일상생활에서 장애를 보이며, 인터넷 사용시간이 늘어나고 집착을 하게 됨 • 학업에 어려움이 나타날 수 있으며, 심리적 불안정감을 보이지만 절반 정도의 학생은 자신이 아무 문제가 없다고 느낌 • 대체로 중 · 고생은 1일 약 3시간 정도, 초등생은 2시간 정도의 접속시간을 보이며, 다분히 계획적이지 못하고 자기조절에 어려움을 보이며 자신감이 낮은 편 ▷ **인터넷 과다사용의 위험을 깨닫고 스스로 조절하고 계획적으로 사용하도록 노력할 것, 인터넷 중독에 대한 주의가 요망되며, 학교 및 관련 기관에서 제공하는 건전한 인터넷 활용 지침을 따라야 함**
일반 사용자군	• 중 · 고생의 경우 1일 약 2시간, 초등생 약 1시간 정도의 접속시간을 보이며, 대부분 인터넷 중독 문제가 없다고 느낌 • 심리적 정서문제나 성격적 특성에서도 특이한 문제를 보이지 않으며, 자기행동을 잘 관리한다고 생각함 • 주변 사람들과의 대인관계에서도 자신이 충분한 지원을 얻을 수 있다고 느끼며, 심각한 외로움이나 곤란함을 느끼지 않음 ▷ **인터넷의 건전한 활용에 대하여 자기 점검을 지속적으로 수행할 것**

　　㉡ S-척도 : 스마트폰 과의존 척도 검사

유아동용 스마트폰 과의존 관찰자 진단(9문항)	아동 관찰자용 검사로 진단 결과 고위험, 잠재적 위험, 일반 사용자군으로 분류
청소년 스마트폰 과의존 자가진단(10문항)	청소년 자기 보고용 검사로 진단 결과 고위험, 잠재적 위험, 일반 사용자군으로 분류
성인 · 고령층 스마트폰 과의존 자가진단(10문항)	성인 · 고령층 자기 보고용 검사로 진단 결과 고위험, 잠재적 위험, 일반 사용자군으로 분류

⑦ 게임 중독의 진단

　　㉠ 집착 : 게임이 자신의 삶에서 매우 중요한 위치를 차지한 것처럼 느끼는 경우, 게임에 대해서만 생각하고 그것을 계속하기 위해 노력하는 경

우, 게임을 하지 않을 때에도 항상 다음번에 그 게임을 어떻게 할지에 대해서 생각하는 경우

ⓒ 내성 : 만족감을 느끼기 위해 점점 더 많은 시간 동안 게임을 하는 경우

ⓒ 금단 : 게임을 하지 않거나 갑자기 게임시간을 줄이면 불안감, 짜증, 초조, 불쾌감 등을 느끼는 경우

ⓔ 갈등 : 게임 때문에 가족, 친구, 주위 사람들과 갈등이 생기고, 학교생활, 가족생활 등의 현실 생활에서도 문제가 발생하는 경우

ⓜ 부정 : 주변에서 게임을 많이 하는 것에 대해 지적을 받아도 게임으로 인한 어떤 문제도 없다고 거짓말을 하며 속이기 시작하는 경우

ⓗ 기분의 변화 : 게임을 하면 학교나 집에서 느꼈던 불쾌하고 힘들었던 기분이 좋게 변화되는 것처럼 느껴지는 경우, 학교생활이나 친구 관계에서의 문제를 회피하거나 해결하기 위한 도구로 게임에 더욱 빠져들게 되는 경우

ⓢ 조절의 실패 : 게임을 너무 많이 하는 것에 대해 문제가 있음을 인식하고 조절을 시도해 보지만 번번이 실패하면서 좌절하게 되는 경우

ⓞ 소모적 행동 : 게임을 하기 위해 더 많은 시간과 에너지, 돈을 사용하게 되는 경우

ⓩ 만성피로 : 밤을 새우는 등 장시간 게임을 하게 되면서 만성 피로감을 느끼게 되는 경우, 잠이 부족해 졸음이 오고, 수업에 집중하기가 곤란하게 된 경우

ⓒ 취미생활의 상실 : 게임 외에 운동과 같은 취미생활이 없어진 경우

ⓚ 언어와 맞춤법의 변화 : 게임 속에서 하는 채팅 언어 등에 맞게 현실 생활의 언어와 맞춤법이 달라진 경우

ⓣ 불규칙한 생활 : 게임으로 생활이 불규칙해져 지각과 결석이 잦아진 경우, 더 나아가 늦은 귀가, 외박, 가출 등의 문제행동을 하게 되는 경우

ⓟ 충동성 증가 : 짜증과 충동적인 행동이 많아지고, 부모나 주변 어른에 대해 반항과 저항이 늘어난 경우

ⓗ 관계의 변화 : 가족과 학교에서의 인간관계가 소원해지거나 갈등이 많아지고 사이버상에서 친구를 만들려고 하는 경우

⑧ 인터넷 중독의 실태

ⓒ 한국정보화진흥원의 "2014 인터넷 중독 실태조사" 자료 : 청소년 인터넷 이용자 중 중독위험군 비율은 12.5%로 전년(11.7%) 대비 0.8%p 상승하여 최근 계속 증가, 학령별로는 중학생 중독위험군이 13.2%로 가장 높았고, 환경적으로는 맞벌이가정(12.9%)과 한부모가정(13.3%)의 청소년이 더 취약한 것으로 나타남

ⓒ 전체 인터넷 중독군 중 상담·치료가 필요한 인터넷 중독 고위험군의 비율 증가 추세

ⓒ 청소년(만 10~19세) 인터넷 중독률이 여전히 전체 연령대 중 가장 높음

확인문제

01 게임·인터넷을 하지 못하거나 이용 시간을 줄이면 안절부절못하고 초조해지는 증상은 '집착'에 해당한다.
(O / X)

02 동일한 수준의 쾌락을 얻기 위해 점점 더 많은 시간 동안 인터넷을 사용하게 되는 중독 증상은? (   )

정답 01 X 02 내성

해설

01 금단 증상에 대한 내용이다.

ⓔ 청소년의 인터넷 중독뿐만 아니라 최근 사회문제로 대두되는 유아의 인터넷 중독률이 위험수준이며 성인의 인터넷 중독률 역시 점점 상승하는 추세

(2) 불법 · 유해 콘텐츠

① 종류

불건전 정보	• 인터넷에서 접하는 유해한 자료의 총칭 • 노골적인 성관계 묘사 음란물, 폭력물, 명예훼손, 인권침해, 사행심 조장과 관련된 정치 · 경제적 유언비어, 개인 인권침해, 사기성 정보 등 사회 가치관과 질서를 어지럽히고 미풍양속을 해치는 정보
불법 정보	실정법에 위배되는 모든 정보로 개인 · 사회 · 국가적 법익을 침해하는 정보
청소년 유해매체물	청소년보호위원회 또는 각 심의기관이 청소년에게 유해한 것으로 결정하거나 확인하여 여성가족부장관이 고시한 매체물(청소년보호법 제2조 제3호)

개념더하기 청소년 유해환경의 유형

청소년 유해매체물	• 청소년보호위원회가 청소년에게 유해한 것으로 결정하거나 확인하여 여성가족부장관이 고시한 매체물 • 각 심의기관이 청소년에게 유해한 것으로 심의하거나 확인하여 여성가족부장관이 고시한 매체물
청소년 유해약물	• 주류, 담배, 마약류, 환각물질, 그 밖에 중추신경에 작용하여 습관성, 중독성, 내성 등을 유발하여 인체에 유해하게 작용할 수 있는 약물 등 • 청소년의 사용을 제한하지 않으면 청소년의 심신을 심각하게 손상시킬 우려가 있는 약물
청소년 유해물건	• 청소년에게 음란한 행위를 조장하는 성기구 등 청소년의 사용을 제한하지 않으면 청소년의 심신을 심각하게 손상시킬 우려가 있는 성 관련 물건 • 청소년에게 음란성 · 포악성 · 잔인성 · 사행성 등을 조장하는 완구류 등 청소년의 사용을 제한하지 않으면 청소년의 심신을 심각하게 손상시킬 우려가 있는 물건 • 청소년 유해약물과 유사한 형태의 제품으로 청소년의 사용을 제한하지 않으면 청소년의 청소년 유해약물 이용습관을 심각하게 조장할 우려가 있는 물건
청소년 유해업소	• 청소년의 출입과 고용이 청소년에게 유해한 것으로 인정되는 '청소년 출입 · 고용 금지업소' • 청소년의 출입은 가능하나 고용이 청소년에게 유해한 것으로 인정되는 '청소년 고용 금지업소'
청소년 폭력 · 학대 (청소년 유해행위)	폭력이나 학대를 통해 청소년에게 신체적 · 정신적 피해를 발생하게 하는 행위

② 불법정보의 범위(정보통신망 이용촉진 및 정보보호 등에 관한 법률 제44조의7 제1항)

    ㉠ 음란한 부호·문언·음향·화상 또는 영상을 배포·판매·임대하거나 공공연하게 전시하는 내용의 정보

    ㉡ 사람을 비방할 목적으로 공공연하게 사실이나 거짓의 사실을 드러내어 타인의 명예를 훼손하는 내용의 정보

    ㉢ 공포심이나 불안감을 유발하는 부호·문언·음향·화상 또는 영상을 반복적으로 상대방에게 도달하도록 하는 내용의 정보

    ㉣ 정당한 사유 없이 정보통신 시스템, 데이터 또는 프로그램 등을 훼손·멸실·변경·위조하거나 그 운용을 방해하는 내용의 정보

    ㉤ 청소년 보호법에 따른 청소년 유해매체물로서 상대방의 연령 확인, 표시의무 등 법령에 따른 의무를 이행하지 아니하고 영리를 목적으로 제공하는 내용의 정보

    ㉥ 법령에 따라 금지되는 사행행위에 해당하는 내용의 정보

    ㉦ 정보통신망법 또는 개인정보 보호에 관한 법령을 위반하여 개인정보를 거래하는 내용의 정보

    ㉧ 총포·화약류(생명·신체에 위해를 끼칠 수 있는 폭발력을 가진 물건 포함)를 제조할 수 있는 방법이나 설계도 등의 정보

    ㉨ 법령에 따라 분류된 비밀 등 국가기밀을 누설하는 내용의 정보

    ㉩ 국가보안법에서 금지하는 행위를 수행하는 내용의 정보

    ㉪ 그 밖에 범죄를 목적으로 하거나 교사(教唆) 또는 방조하는 내용의 정보

개념더하기   EU위원회의 보고서가 정의하는 '불법 또는 유해한 콘텐츠'

보호법익	불법·유해정보의 예
국가안전보장	폭탄제조, 위법의 약품제조, 테러
미성년자 보호	부정판매 행위, 폭력, 포르노
개인존엄성의 확보	인종차별
경제의 안정, 신뢰성	사기, 신용카드 도용
정보의 안전, 신뢰성	악의의 해킹
프라이버시 보호	비합법적인 개인정보 유통, 전자적 피해통신
명예, 신용의 보호	중상, 불법 비교 광고
지적 소유권	소프트웨어, 음악 등 저작물의 무단 배포

확인문제

01 타인의 명예를 훼손하는 내용의 정보는 정보통신망 이용촉진 및 정보보호 등에 관한 법률에 따라 불법 정보에 해당한다. (O / X)

02 EU위원회에서 분류한 불법 또는 유해한 콘텐츠 중 '폭력'과 '포르노'는 '국가안전보장' 보호법익에 해당한다. (O / X)

정답 01 O 02 X

해설

02 미성년자 보호법익에 해당한다.

청소년 유해매체물 심의기준(청소년보호법 제9조 제1항)

1. 청소년에게 성적인 욕구를 자극하는 선정적인 것이거나 음란한 것
2. 청소년에게 포악성이나 범죄의 충동을 일으킬 수 있는 것
3. 성폭력을 포함한 각종 형태의 폭력 행위와 약물의 남용을 자극하거나 미화하는 것
4. 도박과 사행심을 조장하는 등 청소년의 건전한 생활을 현저히 해칠 우려가 있는 것
5. 청소년의 건전한 인격과 시민의식의 형성을 저해(沮害)하는 반사회적 · 비윤리적인 것
6. 그 밖에 청소년의 정신적 · 신체적 건강에 명백히 해를 끼칠 우려가 있는 것

③ 불법 · 유해정보 분류체계

음란 · 선정성	성행위 정보, 노출 · 성표현 정보, 불건전 만남 정보 예 포르노, 음란물, 야동, 야설, 변태, 원조교제, 성인화상 채팅 및 애인 대행, 성매매 등
권리침해	초상권(정당한 권한 없이 타인의 사진, 영상들을 게재하여 타인의 인격권 침해), 특허권, 저작권 등 지적재산권 침해 정보 예 S/W, 영상물, 음악 등 저작권 및 특정인의 초상권 등의 무단배포 및 게재
명예훼손 및 사이버 스토킹	구체적 사실 또는 허위의 사실을 적시하여 타인의 명예를 훼손하거나 스토킹하는 정보 예 특정인에 대한 비방 및 모욕, 허위사실 유포, 몰래카메라 등
도박 및 사행심 조장	도박과 사행심 조장 등 부정한 방법으로 이익을 바라는 마음을 갖게 만드는 정보 예 온라인 도박 사이트, 카드게임(포커, 맞고), 릴게임(바다이야기, 슬롯머신 등), 아이템 현금거래 등
범죄 · 폭력 등 사회질서 위반	포악성이나 범죄 충동 유발, 미화 및 국가와 사회존립의 기본체제를 훼손할 우려가 있는 정보 예 자살 · 폭력 미화, 바이러스, 언어폭력, 살인청탁, 약물제조, 마약, 자살, 폭탄제조, 불법명의 거래(대포폰, 대포통장, 대포차 등) 등

사행심을 조장하거나 지나치게 선정적이고 포악한 성질의 콘텐츠 등 청소년의 건전한 인격을 저해하는 비윤리적인 매체물은 청소년보호법에 따라 청소년 유해매체물로 결정하여야 한다.

(O / X)

정답 O

매체	유형	형태	주요내용
문자	음란	전자게시판 게시글, 소설, 060서비스 Mobile통신 (060, 080 문자)	살인, 강간, 야한 소설, 1% 대출 등 비속어 (SMS, MMS)
	폭력		
	반국가	전자게시판 게시글	김일성, 김정일 저작물, 노동신문 등
	사생활 침해	전자게시판 게시글, 모바일 콘텐츠 제공업자의 060, 080 서비스	사생활에 관한 내용 또는 허위의 내용 게시
음성	음란	전화방 060, 700, ARS, 국내 · 국제 폰팅	불건전 만남 유도, 음란 · 폭력적 대화
	폭력		
정지 화상	음란	사진, 그림, 만화, 애플릿	포르노그래피, 잔혹 사진 등
	폭력		
	반국가		계급 혁명을 미화하는 사진
	사생활 침해		본인의 동의를 얻지 않은 정지 화상 게시
동영상	음란	MPG, MOV, RA, AVI, ASF 파일 형태의 동영상물	음란한 내용의 몰카, 야한 동영상
	폭력		실제 또는 실제로 위장된 살인, 강간 장면을 찍은 스너프 필름
	반국가		조선중앙방송을 실시간 청취할 수 있는 사이트
	사생활 침해		몰카, 셀프 카메라
게임	음란	CD, RPG, Mud 등	퇴폐, 폭력적 내용의 게임
	폭력		
기타	음란	음란 · 폭력적 대화, 음란사이트의 배너, 음란물 판매 광고	IRC를 통한 음란한 대화 및 만남 주선
	폭력		IRC를 통한 언어폭력
	사생활 침해	개인정보 유출, 금융광고(대부)	개인정보 오용 및 해커에 의한 유출

※ 출처 : 한국정보처리학회, [U시대의 인터넷 윤리]

확인문제

본인의 동의를 얻지 않은 사진 또는 동영상, 사생활에 관한 내용을 게시하는 것은 사생활 침해로 볼 수 있다.   (O / X)

정답 O

▼ 저작물
저작권법 제2조 제1호에 의하면 "저작물"은 인간의 사상 또는 감정을 표현한 창작물을 의미한다.

④ 인터넷상에서 불법 · 유해정보가 쉽게 생산 · 유통되는 이유
 ㉠ 익명성 : 무책임한 정보 전송 및 위법행위가 용이함
 ㉡ 윤리성의 부재 : 불법 · 유해 정보를 생산하는 사람들의 윤리성 부족
 ㉢ 배포의 용이성 : 유해정보가 있는 서버가 삭제되어도 쉽고 빠르게 복제 및 배포가 가능함
⑤ 실태(2017년 기준)
 ㉠ PC 웹사이트 불법 · 유해정보 접촉자 비중 : 평균 3.5%로 남성의 접촉자 비율이 여성에 비해 높고 연령별로는 40대의 접촉자 비율이 가장 높게 나타남
 ㉡ 모바일 웹사이트 불법 · 유해정보 접촉자 비중 : 평균 10.3%로 이는 PC 불법 · 유해정보 접촉자 비중의 약 3배에 이르는 규모로 남성의 접촉자 비율이 여성에 비해 높은 것으로 나타남, 연령별로는 10대의 접촉자 비율이 가장 높게 나타났고, 20대, 30대 등의 순서로 나타남
 ㉢ PC의 경우 대부분 불법 토렌트 파일을 공유하는 웹사이트였던 것에 반해, 모바일은 음란정보 및 성매매 정보를 다루는 웹사이트들이 많아짐

개념더하기 ▌ 청소년 유해매체물 이용 실태

• 매체이용률 및 주로 사용하는 기기에 대한 변화
• 성인용 영상물 및 간행물을 이용하는 청소년 연령의 하향화
• 성인용 영상물 및 간행물 이용경로의 다양화
• 성인용 영상물 및 간행물 이용 시 성인 인증의 강화
• 집에 있는 기기 이용 증가에도 불구하고 여전히 낮은 유해사이트 차단 프로그램 설치율
• 인터넷게임 이용 시 타인의 정보 도용 경험률 지속적으로 감소

※ 출처 : 2020년 청소년 매체이용 및 유해환경 실태조사(여성가족부)

(3) 저작권 침해와 불법복제
① 저작권 침해 : 법률상 저작권 행사가 제한되는 경우를 제외하고 "저작권자의 허락 없이 저작물을 이용하거나 저작자의 인격을 침해하는 방법으로 저작물을 이용하는 것"
 ㉠ 저작권의 개념 : 시, 소설, 음악, 미술, 영화, 연극, 컴퓨터 프로그램 등과 같은 '저작물'에 대하여 창작자가 가지는 권리
  예 소설가가 소설작품을 창작한 경우에 그는 원고 그대로 출판 · 배포할 수 있는 복제 · 배포권과 함께 그 소설을 영화나 번역물 등과 같이 다른 형태로 저작할 수 있는 2차적 저작물 작성권, 연극 등으로 공연할 수 있는 공연권, 방송물로 만들어 방송할 수 있는 방송권 등을 가짐

확인문제

01 성인용 콘텐츠를 이용하는 연령이 낮아지고 있다.
 (O / X)

02 PC, 스마트폰 사용 인구의 증가와 기술의 발달로 인해 유해사이트 차단 프로그램 설치 · 사용률이 급격히 증가하고 있다. (O / X)

정답 01 O 02 X

해설
02 집에 있는 기기 이용 증가에도 불구하고 유해사이트 차단 프로그램 설치율은 여전히 낮은 상황이다.

ⓛ 저작권의 종류

저작재산권	• 소유권과 같이 배타적인 권리로 누구라도 저작권자의 허락 없이는 그 저작물을 이용할 수 없게 하는 효력 → 저작권의 경제적 측면 • 허락 없이 타인의 저작물을 사용한 경우 민사상의 손해배상을 청구를 할 수 있고, 침해자에 대하여 형사상 처벌 요구(고소) 가능 • 매매 · 상속할 수 있고, 다른 사람에게 빌려 줄 수도 있음
저작인격권	• 저작자의 인격을 보호하고자 하는 측면에서 주어진 권리 • 예를 들어 저작자인 소설가가 여러 형태로 저작물이 이용되는 과정에서 제목 · 내용 등의 동일성유지권과 함께 출판된 소설책에 자신의 성명을 표시할 수 있는 성명표시권, 소설을 출판할 것인지의 공표권을 가짐

ⓒ 보호되는 저작물

어문저작물	단순히 서적, 잡지, 팜플렛 등만이 여기에 해당되는 것이 아니라, 문자화된 저작물과 연술 등과 같은 구술적인 저작물이 모두 여기에 포함
음악저작물	• 클래식, 팝송, 가요 등 음악에 속하는 모든 저작물 • 악곡 외에 언어를 수반하는 오페라, 뮤지컬 등도 모두 포함 • 즉흥음악과 같이 악곡이나 가사가 고정되어 있지 않은 것도 독창성이 인정되면 보호 가능
연극저작물	• 연극, 무용, 무언극 등과 같이 인간의 사상이나 감정을 신체의 동작으로 표현한 것은 모두 포함 • 연극이나 무용 그 자체는 하나의 실연이므로 저작인접권의 보호 대상에 속하지만, 무보(舞譜) 등은 연극저작물로 보호
미술저작물	• 형상 또는 색채에 따라 미적으로 표현된 것을 뜻하며, 회화, 서예, 조각, 공예, 응용미술저작물 등이 포함 • 미술작품의 소유권과 저작권은 구별되어야 함
건축저작물	• 건축물을 건축하기 위한 설계도, 모형과 건축된 건축물을 포함 • 통상적인 형태의 건물이나 공장 등은 건축저작물에 포함되지 않으며, 사회통념상 미적인 가치가 인정되는 것만이 저작권으로 보호
사진저작물	• 사진작가의 사상 · 감정을 창작적으로 표현한 사진으로서 독창적이면서도 미적인 요소를 갖춘 것이어야 함 • 인물사진의 경우 초상권과 경합하여 일부 권리가 제한됨
영상저작물	연속적인 영상이 수록된 창작물로서, 기계 또는 전자장치에 의하여 재생하거나 볼 수 있는 것 → 통상적으로 영화, 드라마 등이 이 범주에 포함됨
도형저작물	• 지도, 도표, 약도, 모형, 그 밖에 도형에 의해 표현되는 저작물 • 소재의 선택이나 표현 방법에 있어 작성자의 창작성이 발휘될 여지가 적은 경우가 많아 보호가 미치는 범위가 다른 저작물에 비해 좁은 편

▼ 공표권

저작물을 작성했을 때 저작자는 자기의 저작물을 공연·방송 또는 전시, 그 밖의 방법으로 일반공중에게 공개하거나 발행할 수 있는 공표권을 가짐(제11조), 이 공표권은 공표할 권리와 공표하지 아니할 권리를 포함하기 때문에, 저작자 본인이 공표를 원하지 않는 경우 이 의사에 반하여 타인이 그 저작물을 공표하는 것은 저작인격권의 침해가 됨

▼ 성명표시권

저작자는 저작물의 원작품이나 그 복제물에, 또는 저작물을 공표할 때 그 저작물의 저작자임을 주장할 수 있는데 즉, 저작자로서의 성명을 표시할 권리가 있음(제12조), 실명 여부와 상관없이 저작자의 자유의사에 따라 표시할 수 있고, 성명을 표시하지 않을 권리도 포함

01 저작권법에서 저작물은 인간의 (　　) 또는 (　　)을/를 표현한 창작물로 정의하고 있다.

02 소설을 영화로 만든 것은 1차적 저작물, 외국 소설을 한국어로 번역한 번역물은 2차적 저작물로 보호받는다.

(O / X)

정답 01 사상, 감정 02 X

해설

02 모두 2차적 저작물로 보호받는다.

컴퓨터 프로그램 저작물	• 컴퓨터 프로그램이란 특정한 결과를 얻기 위하여 컴퓨터 등 정보처리능력을 가진 장치 내에서 직접 또는 간접으로 사용되는 일련의 지시나 명령으로 표현되는 창작물 • 2009년 개정에서 저작권법으로 보호하게 됨 → 컴퓨터 프로그램의 특수성을 고려하여 저작재산권 제한 규정 등에 대하여 일부 특례 규정을 두고 있음
2차적 저작물	• 기존의 원저작물을 번역·편곡·변형·각색·영상제작, 그 밖의 방법으로 작성한 창작물 • 소설을 영화로 만드는 경우 그 영화는 2차적 저작물이 되며, 외국 소설을 한국어로 번역하는 경우에는 그 번역물이 2차적 저작물이 됨
편집저작물	• 편집물로서 그 소재나 구성 부분의 저작물성 여부와 관계없이 소재의 선택 또는 배열에 창작성이 있는 저작물 • 편집물에는 논문, 수치, 도형, 기타 자료의 집합물로서 이를 정보처리장치를 이용하여 검색할 수 있도록 체계적으로 구성한 것(데이터베이스) 포함 • 편집저작물의 대표적인 예로 백과사전이나 명시선집 등이 있음

개념더하기　**저작인접권의 보호대상**

• 개념 : 저작물을 직접적으로 창작하는 것은 아니지만 저작물의 해설자, 매개자, 전달자로서 역할을 하는 자에게 부여되는 권리를 말하는 것으로, 저작권의 '이웃에 있다'라는 의미로 영어로는 'Neighboring Rights'라고도 함

• 보호대상

실연	우리나라 국민이 행하는 실연, 우리나라 법률에 의하여 설립된 법인이나 우리나라에 주된 사무소가 있는 외국 법인이 행하는 실연, 우리나라가 가입 또는 체결한 조약에 따라 보호되는 실연, 보호되는 음반에 고정된 실연, 보호되는 방송에 의하여 송신되는 실연
음반	우리나라 국민을 음반제작자로 하는 음반, 음이 맨처음 우리나라에서 고정된 음반, 우리나라가 가입 또는 체결한 조약에 따라 보호되는 음반으로서 그 조약에 가입한 나라 내에서 고정된 음반
방송	우리나라 국민인 방송사업자의 방송, 우리나라에 있는 방송설비로부터 행하여지는 방송, 우리나라가 가입 또는 체결한 조약에 따라 보호되는 방송으로서 그 조약에 가입한 나라의 국민인 방송사업자가 그 나라 내에 있는 방송설비로부터 행하는 방송

* 외국인의 경우, 종전에는 저작인접권 중 음반만을 보호해 왔으나, 1996년 7월 1일부터는 외국인의 실연 및 방송까지도 보호(TRIPs협정의 이행)

ㄹ 보호받지 못하는 저작물

저작권법 제7조	• 헌법 · 법률 · 조약 · 명령 · 조례 및 규칙 • 국가 또는 지방자치단체의 고시 · 공고 · 훈령, 그 밖에 이와 유사한 것 • 법원의 판결 · 결정 · 명령 및 심판이나 행정심판절차, 그 밖에 이와 유사한 절차에 의한 의결 · 결정 등 • 국가 또는 지방자치단체가 작성한 것으로서 제1호부터 제3호까지에 규정된 것의 편집물 또는 번역물 • 사실의 전달에 불과한 시사보도

ㅁ 저작자의 권리(무방식주의)

저작인격권	공표권, 성명표시권, 동일성유지권
저작재산권	복제권, 공연권, 공중송신권(방송권, 전송권, 디지털음성송신권), 전시권, 배포권, 대여권, 2차적 저작물작성권

개념더하기 저작권 침해 관련 구체적인 사례

• 공연권 침해 : 백화점이 시중 음반을 구매하여 백화점 건물 구내에서 고객을 상대로 음악방송을 한 경우
• 공중송신권 침해 : 블로거 개인이 구매한 음악 CD에서 음원을 추출하여 자신의 블로그 배경음악으로 사용한 경우
• 2차적 저작물작성권 침해 : 만화 작품을 바탕으로 영화를 제작하면서 해당 만화가의 동의를 받지 않은 경우

ㅂ 저작권의 보호기간

보호기간의 원칙 (저작권법 제39조)	• 저작재산권은 이 관에 특별한 규정이 있는 경우를 제외하고는 저작자가 생존하는 동안과 사망한 후 70년간 존속 • 공동저작물의 저작재산권은 맨 마지막으로 사망한 저작자가 사망한 후 70년간 존속
무명 또는 이명 저작물의 보호기간 (저작권법 제40조)	• 무명 또는 널리 알려지지 아니한 이명이 표시된 저작물의 저작재산권은 공표된 때부터 70년간 존속하지만, 이 기간 내에 저작자가 사망한 지 70년이 지났다고 인정할만한 정당한 사유가 발생한 경우에는 그 저작재산권은 저작자가 사망한 후 70년이 지났다고 인정되는 때에 소멸한 것으로 봄 • 적용 예외 : 위의 기간 이내에 저작자의 실명 또는 널리 알려진 이명이 밝혀진 경우, 위의 기간 이내에 저작자의 실명등록이 있는 경우
업무상저작물의 보호기간 (저작권법 제41조)	공표한 때부터 70년간 존속 → 단, 창작한 때부터 50년 이내에 공표되지 아니한 경우에는 창작한 때부터 70년간 존속

용어해설

▼ 동일성유지권

저작물은 저작자의 인격의 표현물이라고 할 수 있는바, 저작자는 자기 저작물의 내용 · 형식 및 제호를 원래의 상태대로 유지할 권리가 있음(제13조), 다른 사람이 함부로 어떤 저작물의 내용이나 형식, 제호를 변경하는 것은 저작자의 동일성유지권을 침해하는 것이 되고 저작자는 자기 저작물의 내용 · 형식 · 제호를 변경할 수 있음

▼ 복제권

저작권 가운데서도 가장 기본적인 권리의 하나로, 단순한 복사라는 의미를 넘어서 인쇄, 사진, 녹음, 녹화 등의 방법으로 유형물을 다시 제작하는 것, 건축물의 경우에는 그 건축을 위한 모형 또는 설계도서에 따라 시공하는 것도 복제의 개념에 포함, 공연 · 방송 또는 실연을 녹음하거나 녹화하는 것도 복제에 포함

▼ 배포권

저작물의 원작품 또는 그 복제물을 판매, 대여, 대출, 점유 이전, 기타의 방법으로 일반공중에게 제공하는 권리로, 저작권자가 일단 어느 원작품 또는 그의 복제물을 공중에게 배포한 때에는 그 배포권이 소멸(최초 판매의 원칙 또는 권리소진 이론), 누구든 정당하게 취득한 저작물의 원작품 또는 그 복제물을 저작권자의 허락 없이 다른 사람에게 판매 · 대여 기타의 방법으로 양도 가능

영상저작물의 보호기간 (저작권법 제42조)	영상저작물의 저작재산권은 제39조 및 제40조에도 불구하고 공표한 때부터 70년간 존속 → 단, 창작한 때부터 50년 이내에 공표되지 아니한 경우에는 창작한 때부터 70년간 존속
보호기간의 기산 (저작권법 제44조)	저작재산권의 보호기간을 계산하는 경우에는 저작자가 사망하거나 저작물을 창작 또는 공표한 다음 해부터 기산

저작인접권의 보호기간 (저작권법 제86조)		• 저작인접권은 다음에 해당하는 때부터 발생하며, 어떠한 절차나 형식의 이행을 필요로 하지 아니함 : 실연의 경우에는 그 실연을 한 때, 음반의 경우에는 그 음을 맨 처음 음반에 고정한 때, 방송의 경우에는 그 방송을 한 때 • 저작인접권(실연자의 인격권은 제외)은 다음에 해당하는 때의 다음 해부터 기산하여 70년(방송의 경우에는 50년)간 존속
	실연의 경우	그 실연을 한 때. 다만, 실연을 한 때부터 50년 이내에 실연이 고정된 음반이 발행된 경우에는 음반을 발행한 때
	음반의 경우	그 음반을 발행한 때. 다만, 음을 음반에 맨 처음 고정한 때의 다음 해부터 기산하여 50년이 지난 때까지 음반을 발행하지 아니한 경우에는 음을 음반에 맨 처음 고정한 때
	방송의 경우	그 방송을 한 때

데이터베이스 제작자의 권리 보호기간 (저작권법 제95조)	• 데이터베이스의 제작을 완료한 때부터 발생하며, 그 다음 해부터 기산하여 5년간 존속 • 데이터베이스의 갱신 등을 위하여 인적 또는 물적으로 상당한 투자가 이루어진 경우에 해당 부분에 대한 데이터베이스 제작자의 권리는 그 갱신 등을 한 때부터 발생하며, 그 다음 해부터 기산하여 5년간 존속

확인문제

01 저작자가 자신의 저작물을 공연·방송 또는 전시, 그 밖의 방법으로 일반공중에게 공개하거나 발행할 수 있는 권리를 무엇이라 하는가?
( )

02 저작재산권은 저작자가 생존하는 동안과 사망한 후 30년간 존속한다. (O / X)

정답 01 공표권 02 X

해설

02 저작재산권은 특별한 규정을 제외하고 저작자가 생존하는 동안과 사망한 후 70년간 존속한다.

개념더하기 저작권 보호기간의 만료(저작권법 제39조부터 제41조)

저작물의 종류	만료기간 산정 기산점	보호기간
단독 저작물	저작자 사망 해의 다음 해	70년
공동 저작물	최후 저작자 사망 해의 다음 해	
무명 또는 이명 저작물(작자 미상)	저작물 공표 해의 다음 해	
업무상 저작물	저작물 공표 해의 다음 해	

◈ 저작권의 제한

저작재산권의 제한 (저작권법 제4절 제2관)	• 재판절차, 입법, 행정 자료를 위한 저작물의 복제(제23조) • 공개적으로 행한 정치적 연설, 법정·국회·지방의회에서의 진술 등의 이용(제24조) • 공공저작물의 자유이용(24조의2) • 학교 교육 목적 등에의 이용(제25조) • 시사보도를 위한 이용(제26조) • 시사적인 기사 및 논설의 복제 등(제27조) • 공표된 저작물의 인용(제28조) • 영리를 목적으로 하지 아니하는 공연·방송(제29조) • 사적 이용을 위한 복제(제30조) • 도서관 등에 보관된 자료의 복제 등(제31조) • 시험문제로서의 복제(제32조) • 시각장애인 등을 위한 점자에 의한 복제 등(제33조) • 방송사업자의 자체방송을 위한 일시적 녹음·녹화(제34조) • 미술저작물 등의 일정한 장소에서의 전시 또는 복제(제35조) • 저작물 이용과정에서의 일시적 복제(제35조의2) • 저작물의 공정한 이용(제35조의3) • 컴퓨터 프로그램저작물에 대한 특례(제101조의3부터 제101 조의5까지) : 프로그램 기능의 조사·연구·시험 목적의 복 제, 컴퓨터의 유지·보수를 위한 일시적 복제, 프로그램코드 역분석, 정당한 이용자에 의한 보존을 위한 복제 등
법정허락에 의한 제한 (저작권법 제5절)	• 저작재산권자가 불명하거나 그의 거소를 알 수 없어 협의가 불가능한 경우의 이용 • 저작물의 방송이 공익상 필요하나 저작재산권자와 협의가 성 립하지 못한 경우 • 판매용 음반의 국내 판매 3년 후 다른 판매용 음반에 수록하 고자 하나 협의가 성립되지 아니하는 경우

개념더하기 저작물의 공정한 이용

• 저작권법에 따라 저작재산권이 제한되는 경우 외에 저작물의 일반적인 이용방법과 충돌하지 않고 저작자의 정당한 이익을 부당하게 해치지 않는 경우에는 저작권자의 허락 없이 저작물을 이용할 수 있음(저작권법 제35조의5 제1항)
• 저작물을 이용하는 것이 공정한 이용에 해당하는지를 판단할 때 고려사항(저작권법 제35조의5 제2항) : 이용의 목적 및 성격, 저작물의 종류 및 용도, 이용된 부분이 저작물 전체에서 차지하는 비중과 그 중요성, 저작물의 이용이 그 저작물의 현재 시장 또는 가치나 잠재적인 시장 또는 가치에 미치는 영향

◎ 저작물 이용허락표시(CCL ; Creative Commons License)
- 개념 : 자신의 창작물에 대해 일정한 조건하에 모든 사람이 자유롭게 이용하도록 허락하는 내용의 라이선스
- 이용허락 조건

표시	이용허락 조건
	저작자 표시(Attribution) • 저작자의 이름, 출처 등 저작자를 반드시 표시 • 라이선스에 반드시 포함하는 필수조항
	비영리(Noncommercial) • 저작물을 영리 목적으로 이용할 수 없음 • 영리목적의 이용을 위해서는 별도의 계약이 필요함
	변경금지(No Derivative Works) 저작물을 변경하거나 저작물을 이용한 2차적 저작물 제작을 금지함
	동일조건변경허락(Share Alike) 2차적 저작물 제작을 허용하되, 2차적 저작물에 원 저작물과 동일한 라이선스를 적용해야 함

- 라이선스

라이선스	이용조건	문자표기
 저작자표시	저작자의 이름, 저작물의 제목, 출처 등 저작자에 관한 표시를 해주어야 함	CC BY
 저작자표시-비영리	저작자를 밝히면 자유로운 이용이 가능하지만, 영리목적으로 이용할 수 없음	CC BY-NC
 저작자표시-변경금지	저작자를 밝히면 자유로운 이용이 가능하지만, 변경 없이 그대로 이용해야 함	CC BY-ND
 저작자표시-동일조건 변경허락	저작자를 밝히면 자유로운 이용이 가능하고 저작물의 변경도 가능하지만, 2차적 저작물에는 원 저작물에 적용된 것과 동일한 라이선스를 적용해야 함	CC BY-SA
 저작자표시-비영리- 동일조건변경허락	저작자를 밝히면 이용이 가능하며 저작물의 변경도 가능하지만, 영리목적으로 이용할 수 없고 2차적 저작물에는 원 저작물과 동일한 라이선스를 적용해야 함	CC BY- NC-SA

저작자표시-비영리-변경금지	저작자를 밝히면 자유로운 이용이 가능하지만, 영리목적으로 이용할 수 없고 변경 없이 그대로 이용해야 함	CC BY-NC-ND

※ 출처 : CCKorea 홈페이지

② 불법복제 : 다른 사람이 만들어 놓은 소프트웨어나 정보 등을 무단으로 복제하여 사용하는 것으로 주로 소프트웨어의 무단사용을 의미함

③ 저작권 침해와 불법복제 실태

 ㉠ 불법복제물 이용 경험자 비율이나 이용률, 이용량 등에 있어서는 각기 차이가 존재하지만, 새로운 유형의 불법복제물 이용경로가 계속 등장·확산되고 있어 보다 적극적인 대응 필요

 ㉡ 콘텐츠 분야별 특성에 따라 불법복제물로 인한 피해의 양상 또한 달라, 분야별로 특화된 저작권 보호 대책 마련이 중요함

 ㉢ 불법복제물 이용행위는 '10대'나 '20대', 또는 학생집단만의 문제가 아니라 콘텐츠를 이용하는 일반적 계층에서 나타나는 보편적인 현상

(4) 사이버 범죄

① 정의 : 정보통신망에서 일어나는 범죄를 뜻하는 것으로 크게 **정보통신망 침해범죄**와 **정보통신망 이용범죄**, **불법콘텐츠 범죄**로 구분되기도 하고 일반 사이버 범죄와 사이버 테러형 범죄로 분류하기도 함

② 분류

 ㉠ 정보통신망 침해범죄

해킹	• 의미 : 정당한 접근권한 없이 또는 허용된 접근권한을 초과하여 정보통신망에 침입하는 행위(정보통신망법 규정-협의의 해킹과 계정도용 포함) → 컴퓨터 또는 네트워크와 같은 자원에 대한 접근제한(Access Control) 정책을 비정상적인 방법으로 우회하거나 무력화시킨 뒤 접근하는 행위(사이버 범죄 매뉴얼의 정의) • 종류 : 계정도용, 단순침입, 자료유출, 자료훼손
서비스 거부공격 (DDoS 등)	정보통신망에 대량의 신호, 데이터를 보내거나 부정한 명령을 처리하도록 하여 정보통신망에 장애(사용불능, 성능저하)를 야기한 경우
악성프로그램	정당한 사유 없이 정보통신 시스템, 데이터 또는 프로그램 등을 훼손, 멸실, 변경, 위조하거나 그 운용을 방해할 수 있는 프로그램을 전달 또는 유포하는 경우
기타 정보통신망 침해형 범죄	정보통신망 침해형 범죄 중에서, 위 중분류 3개 항목(해킹, 서비스거부공격, 악성프로그램) 어디에도 유형별로 분류되지 아니하거나, 이전에는 없었던 신종 수법으로 정보통신망을 침해하는 범죄인 경우

- 정의 : 사이버 공간에서 일정한 목적을 가지고 계획적으로 정보시스템을 공격하는 행위
- 유형

해킹	• 정보시스템의 취약점을 이용하여 인가되지 않은 자가 무단으로 정보통신기반에 접속한 후 자료를 유출, 위·변조 및 삭제하거나, 시스템에 장애를 유발시키는 불법행위로서 다양한 기법이 사용 • 전자우편폭탄(E-mail Bomb), 서비스거부(Denial of Service), 논리폭탄(Logic Bomb), 트로이 목마(Trojan Horse), 인터넷 웜(Internet Worm)
컴퓨터 바이러스	프로그램을 변형시키거나 삭제하여 주변기기에 오동작을 일으키거나 파일을 손상시키며 자기 자신을 복제하는 등의 행위를 하는 프로그램
새로운 위협	HERF Gun(High Energy Radio Frequency Gun), Chipping, Nano Machine, Microbes, EMP(Electro Magnetic Pulse) Bomb, 전파방해

- 급증 이유 : 정보시스템의 활용도가 높아졌으며 인터넷 등 네트워크를 통하여 서로 연결되면서 시공간의 제약 없이 내부시스템에 불법적으로 접근할 가능성이 높아짐, 인터넷을 통한 해커들 간의 자유로운 정보교환, 사이버 테러에 대한 인식 부족에 따른 미흡한 대책

ⓒ 정보통신망 이용범죄

사이버 사기	의미	• 정보통신망(컴퓨터 시스템)을 통하여, 이용자들에게 물품이나 용역을 제공할 것처럼 기망하여 피해자로부터 금품을 편취(교부행위)한 경우 • 온라인을 이용한 기망행위가 있더라도, 피해자와 피의자가 직접 대면하여 거래한 경우 등은 사이버 범죄 통계에서 제외 • 대면하여 기망행위 후, 온라인에서 대금을 송금 편취한 경우는 통계에서 제외
	종류	직거래 사기, 쇼핑몰 사기, 게임 사기, 기타 사이버 사기
사이버 금융 범죄	의미	• 정보통신망을 이용하여 피해자의 계좌로부터 자금을 이체받거나, 소액결제가 되게 하는 신종 범죄 • 전기통신금융사기 피해방지 및 피해금 환급에 관한 특별법에 의거 지급정지 가능 • 재화의 공급 또는 용역의 제공 등을 가장한 행위는 제외한다고 규정
	종류	피싱 (Phishing)	개인정보(Private Data)와 낚시(Fishing)의 합성어이며, 금융기관으로 위장하여 사용자로 하여금 허위 홈페이지로 접속하도록 유도하여 개인정보를 빼내거나 금전을 갈취하는 수법

	종류	파밍 (Pharming)	피싱(Phishing)과 조작하다(Farming)의 합성어로, 악성 코드에 감염된 PC를 조작해 이용자가 정상적인 금융회사 홈페이지에 접속하여도 피싱(가짜)사이트로 유도되어 금융정보 및 금전을 부당하게 인출하는 수법
		스미싱 (Smishing)	문자메시지(SMS)와 피싱(Phishing)의 합성어로, 문자메시지를 이용하여 소액결제를 하도록 유도하거나 스마트폰에 악성 프로그램을 받도록 하여 개인정보를 갈취하는 수법
		메모리해킹	피해자 PC 메모리에 상주한 악성 코드로 인하여 정상 은행사이트에서 보안카드번호 앞, 뒤 2자리만 입력해도 금전이 부당 인출되는 수법
		몸캠피싱	음란화상채팅(몸캠) 후, 영상을 유포하겠다고 협박하여 금전을 갈취하는 행위
		기타 전기통신 금융사기	위 유형 외에 피해자의 컴퓨터, 스마트폰, 정보통신망을 통하여 피해자의 계좌로부터 자금을 이체받거나, 소액결제가 발생한 경우(메신저 피싱 등)
개인 ·위치 정보 침해			• 정보통신망(컴퓨터 시스템)을 통하여, 디지털 자료화되어 저장된 타인의 개인정보를 침해, 도용, 누설하는 범죄 • 정보통신망(컴퓨터 시스템)을 통하여, 이용자의 동의를 받지 않거나 속이는 행위 등으로 다른 사람의 개인, 위치정보를 불법적으로 수집, 이용, 제공한 경우도 포함 • 속이는 행위(피싱)로 타인의 개인정보를 수집한 경우에도 사기의 실행의 착수에 나아가지 않은 경우 개인정보 침해에 해당
사이버 저작권 침해			정보통신망(컴퓨터 시스템)을 통하여, 디지털 자료화된 저작물 또는 컴퓨터 프로그램 저작물에 대한 권리를 침해한 경우
사이버 스팸 메일			• 정보통신망(컴퓨터 시스템)을 통하여, 법률에서 금지하는 재화 또는 서비스에 대한 광고성 정보를 전송하는 경우 및 이와 관련 허용되지 않는 기술적 조치 등을 행한 경우 • 속이는 행위(피싱)로 타인의 개인정보를 수집한 경우에도 사기의 실행의 착수에 나아가지 않은 경우 개인정보 침해에 해당 • 법률에서 금지하는 재화, 서비스 전송의 경우이나, 이에 관련하여 허용되지 않는 기술적 조치에 대한 처벌 규정도 있는 점을 감안하여 불법 콘텐츠 범죄항목이 아닌 정보통신망 이용 범죄로 포섭
기타 정보 통신망 이용형 범죄			정보통신망(컴퓨터 시스템)을 이용하여 행하여진 범죄 구성요건의 본질적인 부분이 컴퓨터 시스템 또는 정보통신망(컴퓨터 시스템)에서 행해진 범죄 중, 위 분류에 해당하지 않는 경우

- 심부름센터를 사칭하거나 인터넷을 이용한 성매매를 한다고 하고 돈만 가로채는 행위
- 쇼핑몰 사이트에서 물건을 구매하였는데 물건을 받지 못하고 사이트가 폐쇄된 경우
- 중고장터, 카페, 블로그, 기타 커뮤니티 사이트 게시판 및 댓글을 이용해 직거래한 후 물품을 받지 못하는 등의 피해를 입은 경우

ⓒ 불법콘텐츠 범죄

사이버 성폭력	의미	• 정보통신망(컴퓨터 시스템)을 통하여, 음란한 부호, 문언, 음향, 화상 또는 영상을 배포, 판매, 임대하거나 공공연하게 행해지는 성폭력 • 정보통신망법상 금지 규정만 있고 처벌 규정이 없으나, 심각성에 따른 정책적 고려에 따라 사이버 범죄에 포함
	종류	불법 성(性)영상물, 아동 성 착취물, 불법촬영물 유포
사이버 도박	의미	• 정보통신망(컴퓨터 시스템)을 통하여, 도박사이트를 개설하거나 도박행위(또는 사행행위)를 한 경우 • 정보통신망법상 금지 규정만 있고 처벌 규정이 없으나, 심각성에 따른 정책적 고려에 따라 사이버 범죄에 포함
	종류	스포츠토토, 경마 · 경륜 · 경정, 기타 인터넷 도박
사이버 명예훼손 · 모욕, 사이버 스토킹		• 사이버 명예훼손 : 정보통신망(컴퓨터 시스템)을 통하여, 다른 사람의 명예를 훼손하는 경우 • 모욕 : 정보통신망(컴퓨터 시스템)을 통하여, 공연히 사람을 모욕하는 경우 • 사이버 스토킹 : 정보통신망(컴퓨터 시스템)을 통하여, 공포심이나 불안감을 유발하는 부호, 문언, 음향, 화상 또는 영상을 반복적으로 상대방에게 도달하도록 하는 경우
기타 불법 콘텐츠 범죄		정보통신망(컴퓨터 시스템)을 통하여, 법률에서 금지하는 재화, 서비스 또는 정보를 배포, 판매, 임대, 전시하여 성립하는 범죄 중 위 유형별 분류에 포함되지 아니하는 경우
사이버 스팸메일		알지 못하는 사용자에게서 받는 원치 않는 광고성 또는 해로운 이메일 또는 메시지를 총칭

피싱(Phishing)

- 금융기관을 가장한 이메일 발송
- 이메일에서 안내하는 인터넷주소 클릭, 가짜 은행사이트로 접속 유도
- 보안카드번호 전부 입력 요구 등의 방법으로 금융정보 탈취
- 피해자 계좌에서 범행계좌로 이체

파밍(Pharming)

- 피해자 PC가 악성 코드에 감염
- 정상 홈페이지에 접속하여도 피싱(가짜) 사이트로 유도
- 보안카드번호 전부 입력 요구 등의 방법으로 금융정보 탈취
- 피해자 계좌에서 범행계좌로 이체

스미싱(Smishing)

- '무료쿠폰 제공' 등 문자메시지 내 인터넷주소를 클릭하면, 악성 코드가 스마트폰에 설치
- 피해자가 모르는 사이에 소액결제 피해 발생 또는 개인, 금융정보 탈취

메모리해킹

- 피해자 PC가 악성 코드에 감염
- 정상적인 인터넷 뱅킹 절차(보안카드 앞, 뒤 2자리) 이행 후, 이체 클릭
- 오류 반복 발생(이체정보 미전송)
- 일정 시간 경과 후, 범죄자가 동일한 보안카드 번호 입력, 범행계좌로 이체

몸캠피싱

- 타인의 사진을 도용하여 이성으로 가장한 범죄자가 랜덤채팅 앱 또는 모바일 메신저를 통해 접근
- 미리 준비해둔 이성의 동영상을 보여주며, 상대방에게 얼굴이 나오도록 음란행위 유도
- 화상채팅에 필요한 앱이라거나, 상대방의 목소리가 들리지 않는다는 등의 핑계로 특정 파일 설치 요구 → 스마트폰의 주소록이 범죄자에게 유출
- 지인의 명단을 보이며, 상대방의 얼굴이 나오는 동영상을 유포한다며 금전 요구

③ 사이버 범죄의 실태

　㉠ 사이버 공간에서 발생하는 범죄이므로 추적의 어려움과 익명성 등 특수성으로 인해 일반 범죄 유형에 비해 사이버 범죄의 암수율이 높을 것으로 추정

　㉡ 해킹이나 바이러스 등의 테러형 범죄에서 사이버 공간의 일상화로 일반 사이버 범죄 급증

　㉢ 인터넷 사용이 저연령화되면서 10대와 20대의 사이버 범죄 발생률도 급증 → 예방교육이 절실하고 제도적 노력이 필요한 상황

확인문제

사이버 범죄는 시공간에 제약이 없고 익명을 전제로 하기 때문에 일반 범죄에 비해 추적과 감시가 어렵다. (O / X)

정답 O

(5) 사이버 폭력

① 개념 : 누군가를 대상으로 사이버 공간 안에서 이루어지는 폭력적인 언어·행동을 포함하여 상대가 불쾌감을 느끼게 하는 모든 행위

② 원인

익명성	개인의 신분이 노출되지 않아 사이버 폭력이 용이함
가상성	현실 세계의 구속 없이 자신의 욕구를 충족시킬 수 있는 초현실적 공간
전문성	인터넷 사용 편의성을 도모하기 위해 개발된 인터넷 기술을 사이버 폭력에 악용
비대면성	인터넷에서 타인과 대화를 나누거나 글을 게시함에 있어서 상대의 존재를 덜 의식하게 됨
비감독성	인터넷 사용자에 대한 실시간 감시와 적발이 어려움
인터넷 윤리의 부재	인터넷 윤리 교육의 부족, 보편적인 가치규범의 부재로 인해 규제로부터 자유로움
정보의 집약화	엄청난 양의 정보가 빠르게 확산되면서 확인되지 않은 정보로 인한 명예훼손 등의 부작용 초래
기회의 용이성	인터넷은 누구나 접근이 가능하고 시공간의 제한이 없어 육체적 노력 없이 클릭만으로 일탈 가능

③ 대표적 유형

사이버 언어폭력	게시판이나 이메일 및 채팅방, 모바일 메신저에서 욕설을 하거나 상대를 비하하고 거짓된 사실이나 비방하는 글을 올리는 행위
사이버 명예훼손	사이버 공간에서 상대를 비하할 목적으로 사실 또는 거짓을 말하여 상대방의 명예를 떨어뜨리거나 인격을 침해하는 행위
사이버 성폭력	성적인 묘사나 성적으로 비하하는 것 또는 성차별적인 내용을 포함하여 인터넷이나 SNS에 글을 올리거나 유포하는 행위
사이버 스토킹	사이버 공간에서 원치 않는 문자, 사진, 동영상을 반복적으로 보내 상대방에게 점차 불안함과 두려움을 주는 모든 행위
사이버 따돌림 (왕따)	인터넷 대화방, SNS 단체 채팅방 등에서 상대방을 퇴장하지 못하게 한 뒤 놀리고 욕하거나 대화에 참여하지 못하게 하는 행위
신상정보 유출	사이버 공간에서 다른 사람의 개인적인 정보를 동의 없이 함부로 유출하거나 유포하는 행위

④ 사이버 폭력의 실태

    ㉠ 10명 중 3명은 사이버 폭력 가해 또는 피해 경험이 있음

    ㉡ 성인의 사이버 폭력 경험률 지속적으로 증가

    ㉢ 학생과 성인 모두 언어폭력 유형의 피해가 가장 많지만, 성인은 명예훼손, 스토킹, 신상정보 유출 등까지 유형이 광범위함

    ㉣ 학생들은 익명 관계, 성인은 지인 관계에서 주로 발생

    ㉤ 1인 크리에이터의 자극적인 인터넷 개인방송이 학생들의 사이버 폭력에 가장 부정적인 영향을 준다고 인식

    ㉥ 학생들의 디지털 성범죄에 대한 문제의식이 낮은 것으로 나타나 이에 대한 제고 필요

확인문제

사이버 폭력 피해 유형은 학생과 성인 모두 '언어폭력'에서 가장 높게 나타난다. (O / X)

정답 O

01 다음의 설명에 해당하는 용어는?

> 한 개인 또는 기업이 인터넷상에서 사회적인 관심을 끌게 될 때, 네티즌들의 무차별적인 개인 사생활 폭로와 집중적인 비방, 집단적인 공격이 가해지는 온라인 폭력으로 일명 '마녀사냥'이라고도 부른다.

(   )

> **해설** 네카시즘은 '네티즌(Netizen)'과 체제에 반대하는 사람을 공산주의자로 몰아 처벌하려는 경향이나 태도를 뜻하는 '매카시즘(McCarthyism)'의 합성어이다.

02 다음과 같은 현상을 무엇이라고 하는가?

> 정보와 전염병의 합성어로, 추측이나 루머와 같이 부정확하고 잘못된 정보가 인터넷이나 휴대전화를 통해 확산되어 경제, 정치, 안보 등에 치명적인 영향을 미치는 현상

① 네카시즘

② 게이트키핑

③ 옐로우 저널리즘

④ 인포데믹스

> **해설** ① 네카시즘 : 네티즌(Netizen)과 매카시즘(McCarthyism)의 합성어로 인터넷상에서 익명으로 어떤 이슈에 대해 무차별적으로 가해지는 '온라인 폭력'으로, 일명 '마녀사냥'이라고 일컬어지기도 함
> ② 게이트키핑 : 신문이나 방송 등의 언론 미디어에서 기사화되기 전에 결정권자에 의해 내용의 정확성, 윤리성, 건전성 등을 검토하는 총체적인 과정
> ③ 옐로우 저널리즘 : 독자를 끌어들이기 위해 선정적이고 비도덕적인 기사들을 과도하게 취재, 보도하는 경향

03 사이버 공간에서의 스토킹, 명예훼손, 모욕 등은 인터넷 역기능의 유형 중 어디에 해당하는가?

① 사이버 테러　　　　　　　　　　② 권리 침해
③ 판단 장애　　　　　　　　　　　④ 사이버 폭력

해설 인터넷 역기능의 유형

미디어 중독	게임, 채팅, 쇼핑, 주식, 음란물, 정보검색, SNS
유해 콘텐츠	웹 사이트나 매체 → 음란물 유포, 청소년 유해매체, 불법·유해 사이트
사이버 폭력	모욕, 명예훼손, 스토킹, 언어폭력, 학대, 인간소외, 성폭력
권리 침해	초상권, 저작권, 개인정보, 행태정보
사이버 테러	해킹, 악성 코드
판단 장애	인포데믹스, 여론조작, 선동행위, 네카시즘, 온라인 옐로우 저널리즘

04 다음의 인터넷 역기능 항목 중 유형이 다른 것은?

① 청소년 유해매체　　　　　　　　② 불법 사이트
③ 음란물 유포　　　　　　　　　　④ 저작권 침해

해설 ①, ②, ③은 '유해 콘텐츠', ④는 '권리 침해'에 해당한다.

05 킴벌리 영이 분류한 인터넷 중독 유형에 해당하지 않는 것은?

① 네트워크 강박증(Net compulsions)　　　② 사이버 관계 중독(Cyber-relationship addiction)
③ 정보 과부하(Information overload)　　　④ 사이버 속도 중독(Cyber-speed addiction)

해설 킴벌리 영(Kimberly Young)의 인터넷 중독 유형

사이버 섹스 중독	섹스·포르노 내용의 음란채팅, 인터넷 사이트 등을 강박적으로 드나드는 경우
사이버 관계 중독	온라인을 통한 채팅, 동호회에 과도하게 몰두하여 현실에서의 인간관계를 등한시하는 경우
네트워크 강박증	온라인 쇼핑·도박, 주식 매매 충동을 억제하지 못하는 경우
정보 중독(과부하)	자신에게 필요한 정보 이상의 자료 수집에 집착하여 강박적으로 검색하는 경우
컴퓨터 중독	청소년과 20~30대 성인에게 자주 관찰되는 유형으로 온라인 게임에 지나치게 몰두하는 경우

06 다음은 인터넷 중독 중 어느 유형에 해당하는가?

> A기업 마케팅팀 박서준 대리는 3분기 해외진출 계획 보고를 위한 자료 조사를 시작하였다. 평소 완벽주의 성격이 강한 박 대리는 원하는 자료를 찾기 위해 일주일간 인터넷 검색만 반복하다가 보고 기일을 하루 앞두고 마지못해 보고서 작성을 시작했다.

① 정보 중독
② 컴퓨터 중독
③ 네트워크 강박증
④ 사이버 속도 중독

해설 ① '정보 중독'은 자신에게 필요한 정보보다는 자료 '수집'에 집착하여 강박적인 검색을 하는 인터넷 중독 유형이다.

07 다음과 관련된 증상을 바르게 짝지은 것은?

> ㉠ 주변에서 게임을 많이 하는 것에 대해 지적을 받아도 게임으로 인한 어떤 문제도 없다고 거짓말을 하며 속이기 시작한다.
> ㉡ 가족과 학교에서의 인간관계가 소원해지거나 갈등이 많아지고 사이버상에서 친구를 만들려고 한다.

① ㉠ 부정   ㉡ 관계의 변화
② ㉠ 내성   ㉡ 불규칙한 생활
③ ㉠ 금단   ㉡ 취미생활의 상실
④ ㉠ 집착   ㉡ 소모적 행동

해설 게임 중독의 진단
- 부정 : 주변에서 게임을 많이 하는 것에 대해 지적을 받아도 게임으로 인한 어떤 문제도 없다고 거짓말을 하며 속이기 시작하는 경우
- 내성 : 만족감을 느끼기 위해 점점 더 많은 시간 동안 게임을 하는 경우
- 금단 : 게임을 하지 않거나 갑자기 게임시간을 줄이면 불안감, 짜증, 초조, 불쾌감 등을 느끼는 경우
- 집착 : 게임이 자신의 삶에서 매우 중요한 위치를 차지한 것처럼 느끼는 경우, 게임에 대해서만 생각하고 그것을 계속하기 위해 노력하는 경우, 게임을 하지 않을 때에도 항상 다음번에 그 게임을 어떻게 할지에 대해서 생각하는 경우
- 관계의 변화 : 가족과 학교에서의 인간관계가 소원해지거나 갈등이 많아지고 사이버상에서 친구를 만들려고 하는 경우
- 불규칙한 생활 : 게임으로 생활이 불규칙해져 지각과 결석이 잦아진 경우, 더 나아가 늦은 귀가, 외박, 가출 등의 문제행동을 하게 되는 경우
- 취미생활의 상실 : 게임 외에 운동과 같은 취미생활이 없어진 경우
- 소모적 행동 : 게임을 하기 위해 더 많은 시간과 에너지, 돈을 사용하게 되는 경우

08 다음 게임 중독 증상 중 '금단'으로 인한 것은?

① 만족감을 느끼기 위해 점점 더 많은 시간 동안 게임을 한다.

② 게임을 하지 않는 동안에도 게임에 대해서만 생각한다.

③ 게임을 중단하면 불안감, 초조함 등을 느낀다.

④ 짜증과 충동적인 행동이 많아지고 반항심이 증가한다.

> **해설** ①은 '내성', ②은 '집착', ④은 '충동성 증가'에 해당하는 게임 중독 증상이다.

09 인터넷 중독의 과정 중 1단계에서 나타나는 증상은?

① 현실 세계의 모든 질서를 부정한다.

② 정기적으로 접속하면서 친구들과 정보를 교류한다.

③ 가상 세계의 환상에 사로잡혀 현실인식에 장애가 생긴다.

④ 게임의 고수로서 가상 세계에서 존경받는다.

> **해설** ④는 '2단계(대리만족)', ①, ③은 '3단계(현실탈출)'에 해당한다.
>
> **인터넷 중독의 단계**
>
> | 1단계
호기심 | • 채팅룸, 게임에 호기심으로 참여
• 정기적으로 접속하면서 친구들과 정보 교류 |
> | --- | --- |
> | 2단계
대리만족 | • 현실에 없는 즐거움을 인터넷으로 만끽
• 폭력성, 사행성, 음란성의 내재적 본성 발휘
• 게임의 고수로서 그 세계에서 존경받음
• 익명성은 음란성과 결합되어 더욱 발휘됨 |
> | 3단계
현실탈출 | • 오직 접속 상태만을 갈구함
• 실제 세계의 모든 질서를 부정함
• 가상 세계의 환상에 사로잡혀 현실인식에 장애가 생김
• 사회적 사건의 주인공이 됨 |

10 다음 중 인터넷 중독의 단계를 순서대로 나열한 것은?

① 현실탈출 → 호기심 → 대리만족

② 대리만족 → 현실탈출 → 호기심

③ 호기심 → 현실탈출 → 대리만족

④ 호기심 → 대리만족 → 현실탈출

> **해설** 인터넷 중독은 '호기심 → 대리만족 → 현실탈출'의 단계로 진행된다.

11 다음 중 저작재산권의 종류에 해당하지 않는 것은?

① 복제권   ② 배포권

③ 공표권   ④ 공연권

> **해설** 저작자의 권리
>
> | 저작인격권 | 공표권, 성명표시권, 동일성유지권 |
> |---|---|
> | 저작재산권 | 복제권, 공연권, 공중송신권(방송권, 전송권, 디지털음성송신권), 전시권, 배포권, 대여권, 2차적 저작물작성권 |

12 저작권의 보호기간에 대한 설명으로 옳지 않은 것은?

① 데이터베이스의 권리는 제작을 완료한 때부터 발생하며, 그 다음 해부터 기산하여 5년간 존속한다.

② 영상저작물의 저작재산권은 창작한 때부터 50년 이내에 공표되지 아니한 경우에는 창작한 때부터 70년간 존속한다.

③ 저작재산권은 저작권자가 생존하는 동안에만 보호된다.

④ 저작인접권은 방송의 경우 50년간 존속한다.

> **해설** 저작권 보호기간의 원칙(저작권법 제39조)
> - 저작재산권은 특별한 규정이 있는 경우를 제외하고는 저작자가 생존하는 동안과 사망한 후 70년간 존속한다.
> - 공동저작물의 저작재산권은 맨 마지막으로 사망한 저작자가 사망한 후 70년간 존속한다.

13 다음 중 저작권 침해에 해당하는 것은?

> ㉠ 민수는 문제집을 복사해서 자신만의 오답노트를 만들었다.
> ㉡ 강수는 좋아하는 가수를 홍보하기 위해 음악 CD를 MP3로 변환하여 친구들에게 공유했다.
> ㉢ 영희는 '우리나라 문화재의 종류' 숙제에 인터넷에서 찾은 사진을 첨부하여 제출했다.
> ㉣ 철수는 도서관에서 대여한 책을 스캔해서 인터넷에 유료로 판매했다.

① ㉠, ㉡

② ㉠, ㉡, ㉢

③ ㉡, ㉢, ㉣

④ ㉡, ㉣

해설 ㉠ 영리의 목적이 아닌 개인적인 학업의 목적으로 출판물을 복사하여 소장하는 행위는 사적 복제에 해당하여 저작권 침해가 아니다.
㉢ 학교 또는 교육기관 수업 목적으로 이용하는 경우에는 공표된 저작물을 복제하여 사용할 수 있다.

14 다음 저작권의 보호기간에 대한 내용 중 빈칸에 들어갈 내용으로 바람직한 것은?

> • 공동저작물의 저작재산권은 맨 마지막으로 사망한 저작자가 사망한 후 (㉠)년간 존속한다.
> • 데이터베이스제작자의 권리는 데이터베이스의 제작을 완료한 때부터 발생하며, 그 다음 해부터 기산하여 (㉡) 년간 존속한다.

① ㉠ 50　㉡ 5

② ㉠ 50　㉡ 10

③ ㉠ 70　㉡ 5

④ ㉠ 70　㉡ 10

해설 ㉠ 보호기간의 원칙(저작권법 제39조)
• 저작재산권은 이 관에 특별한 규정이 있는 경우를 제외하고는 저작자가 생존하는 동안과 사망한 후 70년간 존속한다.
• 공동저작물의 저작재산권은 맨 마지막으로 사망한 저작자가 사망한 후 70년간 존속한다.
㉡ 데이터베이스제작자의 권리 보호기간(저작권법 제95조)
• 데이터베이스의 제작을 완료한 때부터 발생하며, 그 다음 해부터 기산하여 5년간 존속한다.
• 데이터베이스의 갱신 등을 위하여 인적 또는 물적으로 상당한 투자가 이루어진 경우에 해당 부분에 대한 데이터베이스 제작자의 권리는 그 갱신 등을 한 때부터 발생하며, 그 다음 해부터 기산하여 5년간 존속한다.

15 다음 중 보호받지 못하는 저작물은 무엇인가?

① 신문의 칼럼

② 건축 설계도

③ 웹툰을 각색한 영화

④ 사실을 전달하는 시사보도

> **해설** ④ 사실의 전달에 불과한 시사보도는 저작물로서 보호받지 못한다.
>
> **보호받지 못하는 저작물(저작권법 제7조)**
> • 헌법 · 법률 · 조약 · 명령 · 조례 및 규칙
> • 국가 또는 지방자치단체의 고시 · 공고 · 훈령, 그 밖에 이와 유사한 것
> • 법원의 판결 · 결정 · 명령 및 심판이나 행정심판절차, 그 밖에 이와 유사한 절차에 의한 의결 · 결정 등
> • 국가 또는 지방자치단체가 작성한 것으로서 제1호 내지 제3호에 규정된 것의 편집물 또는 번역물
> • 사실의 전달에 불과한 시사보도

16 다음에서 설명하는 용어로 바람직한 것은?

> 저작물 등의 원본 또는 그 복제물을 공중에게 대가를 받거나 받지 아니하고 양도 또는 대여하는 것

① 복제

② 배포

③ 발행

④ 공표

> **해설** ① 복제 : 인쇄 · 사진촬영 · 복사 · 녹음 · 녹화 그 밖의 방법으로 일시적 또는 영구적으로 유형물에 고정하거나 다시 제작하는 것을 말하며, 건축물의 경우에는 그 건축을 위한 모형 또는 설계도서에 따라 이를 시공하는 것을 포함한다.
> ③ 발행 : 저작물 또는 음반을 공중의 수요를 충족시키기 위하여 복제 · 배포하는 것을 말한다.
> ④ 공표 : 저작물을 공연, 공중송신 또는 전시 그 밖의 방법으로 공중에게 공개하는 경우와 저작물을 발행하는 경우를 말한다.

17 다음 중 보호받지 못하는 저작물로만 구성된 것은?

> 법원 판결, 시사보도, 편곡, 조례, 컴퓨터 프로그램, 백과사전

① 시사보도, 백과사전, 편곡

② 법원 판결, 시사보도, 조례

③ 조례, 컴퓨터 프로그램, 법원 판결

④ 백과사전, 조례, 시사보도

> **해설** 보호받지 못하는 저작물(저작권법 제7조)
> • 헌법·법률·조약·명령·조례 및 규칙
> • 국가 또는 지방자치단체의 고시·공고·훈령, 그 밖에 이와 유사한 것
> • 법원의 판결·결정·명령 및 심판이나 행정심판절차, 그 밖에 이와 유사한 절차에 의한 의결·결정 등
> • 국가 또는 지방자치단체가 작성한 것으로서 제1호 내지 제3호에 규정된 것의 편집물 또는 번역물
> • 사실의 전달에 불과한 시사보도

18 다음 중 저작권에 대한 설명으로 옳지 않은 것은?

① 저작권은 저작물이 창작된 때부터 발생한다.

② '저작물'은 인간의 사상 또는 감정을 표현한 창작물을 말한다.

③ 저작권 표시를 하지 않으면 저작권법에 의해 보호받지 못한다.

④ 저작재산권은 저작자가 생존하는 동안과 사망한 후 70년간 존속한다.

> **해설** ③ 우리나라는 베른협약이 정하는 바에 따라 '무방식주의'를 채택하여 따르고 있기 때문에 저작물의 저작권은 창작된 때부터 자동으로 발생하며, 저작권 표시인 ⓒ, (C) 또는 (c)를 사용하지 않아도 저작권상의 보호를 받는 데 아무런 지장이 없다.

19 EU위원회에서 불법 또는 유해한 정보를 보호법익에 따라 분류한 것으로 잘못된 것은?

	불법 · 유해정보	보호법익
①	부정판매행위, 폭력, 포르노	미성년자 보호
②	인종차별	개인존엄성의 확보
③	비합법적인 개인정보 유통	프라이버시 보호
④	저작물의 무단 배포	정보의 안전, 신뢰성

해설 ④ 소프트웨어, 음악 등의 저작물 무단 배포는 보호법익 중 '지적 소유권'에 대한 예이다.

불법 또는 유해한 콘텐츠(EU위원회)

보호법익	불법 · 유해정보의 예
국가안전보장	폭탄제조, 위법의 약품제조, 테러
미성년자 보호	부정판매행위, 폭력, 포르노
개인존엄성의 확보	인종차별
경제의 안정, 신뢰성	사기, 신용카드 도용
정보의 안전, 신뢰성	악의의 해킹
프라이버시 보호	비합법적인 개인정보 유통, 전자적 피해통신
명예, 신용의 보호	중상, 불법, 비교 광고
지적 소유권	소프트웨어, 음악 등 저작물의 무단 배포

20 다음 사례는 사이버 폭력 유형 중 어디에 해당하는가?

> A씨는 같은 직장 동료 B씨와 헤어진 후 이에 앙심을 품고 B씨와 그의 직속 상사 유부녀 C씨가 불륜관계에 있지 않음에도 불구하고, 1년째 불륜관계를 지속하고 있다는 글을 사내 게시판에 올렸다.

① 사이버 테러
② 사이버 성폭력
③ 사이버 언어폭력
④ 사이버 명예훼손

해설 특정인에 대한 구체적인 사실 또는 거짓 정보를 사이버 공간에 올려 명예를 훼손시키는 행위를 '사이버 명예훼손'이라고 한다.

사이버 폭력의 유형

사이버 언어폭력	게시판이나 이메일 및 채팅방, 모바일 메신저에서 욕설을 하거나 상대를 비하하고 거짓된 사실이나 비방하는 글을 올리는 행위
사이버 명예훼손	사이버 공간에서 상대를 비하할 목적으로 사실 또는 거짓을 말하여 상대방의 명예를 떨어뜨리거나 인격을 침해하는 행위
사이버 성폭력	성적인 묘사나 성적으로 비하하는 것 또는 성차별적인 내용을 포함하여 인터넷이나 SNS에 글을 올리거나 유포하는 행위
사이버 스토킹	사이버 공간에서 원치 않는 문자, 사진, 동영상을 반복적으로 보내 상대방에게 점차 불안함과 두려움을 주는 모든 행위
사이버 따돌림 (왕따)	인터넷 대화방, SNS 단체 채팅방 등에서 상대방을 퇴장하지 못하게 한 뒤 놀리고 욕하거나 대화에 참여하지 못하게 하는 행위
신상정보 유출	사이버 공간에서 다른 사람의 개인적인 정보를 동의 없이 함부로 유출하거나 유포하는 행위

21 다음 빈칸에 들어갈 용어로 바람직한 것은?

> • (㉠)은 금융기관 및 정부기관으로 위장하여 사용자로 하여금 허위 홈페이지로 접속하도록 유도하여 개인정보를 빼내거나 금전을 갈취하는 수법으로 홈페이지 주소를 주의 깊게 살펴보면 예방이 가능하다.
> • (㉡)은 피해자 컴퓨터를 악성 프로그램에 감염시켜 공식 홈페이지 주소를 입력하더라도 허위 사이트로 접속되어 개인정보 및 금전을 빼내는 수법으로 (㉠)과는 다르게 홈페이지 주소를 주의 깊게 살펴보더라도 속기 쉽다.

① ㉠ 피싱   ㉡ 파밍
② ㉠ 피싱   ㉡ 스미싱
③ ㉠ 파밍   ㉡ 피싱
④ ㉠ 파밍   ㉡ 메모리해킹

해설 **정보통신망 범죄**
• 피싱(Phishing) : 개인정보(Private Data)와 낚시(Fishing)의 합성어로, 금융기관으로 위장하여 사용자로 하여금 허위 홈페이지로 접속하도록 유도하여 개인정보를 빼내거나 금전을 갈취하는 수법
• 파밍(Pharming) : 피싱(Phishing)과 조작하다(Farming)의 합성어로, 악성 코드에 감염된 PC를 조작해 이용자가 인터넷 '즐겨찾기' 또는 포털사이트를 통해 금융회사 홈페이지에 접속하여도 피싱(가짜)사이트로 유도되어 금융정보를 탈취하여 금전을 부당하게 인출하는 수법
• 스미싱(Smishing) : 문자메시지(SMS)와 피싱(Phishing)의 합성어로, 문자메시지를 이용하여 소액결제를 하도록 유도하거나 스마트폰에 악성 프로그램을 받도록 하여 개인정보를 갈취하는 수법
• 메모리해킹 : 피해자 PC 메모리에 상주한 악성 코드로 인하여 정상 은행사이트에서 보안카드번호 앞, 뒤 2자리만 입력해도 금전이 부당 인출되는 수법

22 신문, TV, 인터넷 등의 미디어가 제공하는 정보를 객관적으로 판단하고 분석 및 활용할 수 있는 능력은 무엇인가?

① 미디어 리터러시
② 스마트 리터러시
③ 예술형 리터러시
④ 복합형 리터러시

해설 미디어 리터러시(Media Literacy)는 다양한 정보를 단순하게 받아들이는 것에 그치지 않고 미디어의 특성이나 사회적 의미를 이해하여 정보를 비판적으로 해석하고 선별하여 받아들이고 재창조하는 것을 의미한다.

23 다음에서 설명하는 용어로 바람직한 것은?

> 인터넷을 통해 창의적으로 자신의 생각을 표현하고, 인터넷에서 찾은 자료를 올바르게 이해하고 자신의 목적에 맞게 활용할 수 있는 능력

① 사이버 리터러시
② 인터넷 리터러시
③ 온라인 리터러시
④ 멀티 리터러시

해설 인터넷 리터러시(Internet Literacy)란 단순히 컴퓨터를 사용할 수 있는 능력이 아니라, 인터넷을 통해 창의적으로 자신의 생각을 표현하고 인터넷에서 찾은 자료를 올바르게 이해하고 자신의 목적에 맞는 새로운 정보로 조합하여 활용할 수 있는 능력을 의미한다.

24 인터넷 중독의 원인 중 '사회환경적 요인'에 해당하는 것은?

① 낮은 자아존중감
② 핵가족화
③ 익명성
④ 대인관계 능력 부족

해설 ①, ④는 '개인적 특성', ③은 '인터넷 자체의 속성'에 대한 인터넷 중독 원인이다.

인터넷 중독의 원인

사회환경적 요인	건전한 놀이문화의 부재, 핵가족화 및 가정해체, 접근의 용이성
인터넷 자체의 속성	끊임없는 재미와 호기심의 충족, 새로운 인격창출, 익명성과 탈억제, 시간 왜곡 현상, 강한 친밀감
개인적 특성	낮은 자아존중감과 우울, 대인관계 능력 부족, 스트레스 대처 능력 부족, 문제의식의 부재

25 다음 인터넷 중독의 원인 중 개인의 심리적 특성과 관련된 것은?

① 우울증
② 익명성
③ 핵가족화
④ 재미와 호기심

해설 ②, ④는 '인터넷 자체의 속성', ③은 '사회환경적 요인'에 대한 인터넷 중독 요인이다.

26 다음 빈칸에 들어갈 말로 바람직한 것은?

> • 사이버 명예훼손은 특정인에 대한 구체적인 (㉠)를 사이버 공간에 올려 명예를 훼손시키는 행위를 말한다.
> • 사이버 명예훼손죄는 일반 명예훼손죄에 비해 그 형이 (㉡).

① ㉠ 거짓 정보   ㉡ 가중된다.

② ㉠ 거짓 정보   ㉡ 가중되지 않는다.

③ ㉠ 사실 또는 거짓 정보   ㉡ 가중된다.

④ ㉠ 사실 또는 거짓 정보   ㉡ 가중되지 않는다.

 사이버 명예훼손은 사이버 공간에서 상대를 비하할 목적으로 사실 또는 거짓을 말하여 상대방의 명예를 떨어뜨리거나 인격을 침해하는 행위를 말하는 것으로 일반 명예훼손죄보다 형이 가중된다.

27 다음 중 사이버 폭력의 발생 원인으로 옳지 않은 것은?

① 인터넷 실명제

② 정보의 집약과 파급성

③ 시간과 공간의 비제약성

④ 인터넷 윤리 교육의 부재

 사이버 공간은 개인의 신분이 노출되지 않는 익명성이 보장되기 때문에 타인을 대면하고 실명을 사용하는 환경에서보다 사이버 폭력이 더 쉽게 이루어진다.

사이버 폭력의 원인

익명성	개인의 신분이 노출되지 않아 사이버 폭력이 용이함
가상성	현실 세계의 구속 없이 자신의 욕구를 충족시킬 수 있는 초현실적 공간
전문성	인터넷 사용 편의성을 도모하기 위해 개발된 인터넷 기술을 사이버 폭력에 악용
비대면성	인터넷에서 타인과 대화를 나누거나 글을 게시함에 있어서 상대의 존재를 덜 의식하게 됨
비감독성	인터넷 사용자에 대한 실시간 감시와 적발이 어려움
인터넷 윤리의 부재	인터넷 윤리 교육의 부족, 보편적인 가치규범의 부재로 인해 규제로부터 자유로움
정보의 집약화	엄청난 양의 정보가 빠르게 확산되면서 확인되지 않은 정보로 인한 명예훼손 등의 부작용 초래
기회의 용이성	인터넷은 누구나 접근이 가능하고 시공간의 제한이 없어 육체적 노력 없이 클릭만으로 일탈 가능

28 다음 중 인터넷 사기의 발생 요인이 아닌 것은?

① 개인정보의 유출이 용이하다.

② 거래 대상을 실물로 확인하기 어렵다.

③ 판매자와 구매자의 익명성이 보호된다.

④ 인터넷 거래는 대부분 선배송, 후결제 방식으로 이루어진다.

> **해설** 인터넷 거래는 대부분 비대면 형식으로 이루어지고 구매자가 물건을 받기 전에 대금을 결제하는 방식이기 때문에 금품 편취 사기에 취약하다.

29 다음의 노력을 해야 하는 인터넷 중독 사용자군은?

> • 인터넷 과다사용의 위험을 깨닫고 스스로 조절하고 계획적으로 사용하도록 노력해야 한다.
> • 인터넷 중독에 대한 주의가 요망되며, 학교 및 관련 기관에서 제공하는 건전한 인터넷 활용 지침을 따라야 한다.

① 일반 사용자군

② 잠재적위험 사용자군

③ 표면적위험 사용자군

④ 고위험 사용자군

> **해설** 인터넷 중독 사용자군에 따른 노력
> • 일반 사용자군 : 인터넷의 건전한 활용에 대하여 자기 점검을 지속적으로 수행
> • 잠재적위험 사용자군 : 인터넷 과다사용의 위험을 깨닫고 스스로 조절하고 계획적으로 사용하도록 노력
> • 고위험 사용자군 : 인터넷 중독 성향이 매우 높아 관련기관의 전문적인 지원과 도움요청 필요

30 다음 중 인터넷 중독 증상 중에서 '고위험 사용자군'에 해당하는 사람은?

> ⊙ 하루에 약 2시간 인터넷에 접속한다.
> ⓒ 대인관계를 기피하고 우울증을 겪는다.
> ⓒ 가상 세계와 현실 세계의 구분이 명확하다.
> ② 인터넷 금단현상을 보이며 충동적이다.

① ⊙, ②
② ⓒ, ⓒ
③ ⓒ, ②
④ ⓒ, ②

해설 **고위험 사용자군**
• 인터넷 접속시간은 중·고생의 경우 1일 약 4시간 이상, 초등생 약 3시간 이상
• 심리적으로 불안정감 및 대인관계 기피, 우울한 기분을 느끼는 경우가 흔하며, 성격적으로 자기조절에 심각한 어려움을 보이며, 충동성도 높은 편
• 해킹 등 비도덕적 행위와 막연한 기대가 크고, 일상생활에서도 인터넷에 접속하고 있다는 착각을 함
• 인터넷 사용으로 인하여 일상생활에서 심각한 장애를 보이면서 내성 및 금단현상이 나타남

31 다음 빈칸에 들어갈 내용으로 바람직한 것은?

> 미국의 인터넷 중독 척도인 (⊙)를 우리나라 실정에 맞게 재개발·발전시킨 '한국형 인터넷 과의존 척도', 일명 (ⓒ)가 청소년과 성인의 인터넷 중독 여부를 판별하는 데 많이 활용되고 있다.

① ⊙ S-척도   ⓒ K-척도
② ⊙ A-척도   ⓒ F-척도
③ ⊙ Young-척도   ⓒ K-척도
④ ⊙ Young-척도   ⓒ US-척도

해설 K-척도는 한국형 인터넷 중독 척도로, 2002년 당시 정보통신부와 한국정보문화진흥원, 서울대학교 연구팀이 미국의 Young-척도를 우리나라 실정에 맞게 수정·개선하여 발표한 지표이다.

32 다음은 한국지능정보사회진흥원의 2020년 '(학생)사이버 폭력 실태조사' 결과이다. 다음 표를 바르게 해석한 것은?

[표1] 2018~2020년 사이버 폭력 경험

(단위 : %)

구분	사례수	가해 또는 피해 경험률	가해 경험률	피해 경험률	가해 및 피해 모두 경험률
2020년	4,958	22.8	9.5	19.7	6.4
2019년	4,779	26.9	18.0	19.0	10.1
2018년	4,662	29.5	20.8	20.8	12.2

[표2] 2020년 사이버 폭력 피해 경험

(단위 : %)

구분	사례수	전체	언어폭력	명예훼손	스토킹	성폭력	신상정보 유출	따돌림	갈취	강요
전체	4,958	19.7	16.2	6.6	4.0	2.9	3.1	3.0	2.4	1.7
남성	2,568	22.0	18.4	6.7	3.7	3.2	3.7	3.5	3.7	2.2
여성	2,390	17.2	13.9	6.4	4.2	2.5	2.4	2.3	1.0	1.1
초등학교	1,738	25.8	21.5	7.7	3.6	2.6	3.3	5.1	1.4	2.1
중학교	1,645	18.1	15.0	6.9	4.3	3.4	3.5	2.1	2.1	1.7
고등학교	1,575	14.7	11.7	4.9	4.1	2.6	2.5	1.5	1.0	1.1

※ 출처 : 한국지능정보사회진흥원

① 2020년 사이버 폭력 '가해 또는 피해 경험률'은 전년 대비 증가했다.
② 2020년 사이버 폭력 '가해 경험률'과 '피해 경험률'은 모두 감소했다.
③ 사이버 폭력 피해 유형은 '언어폭력'에서 가장 높게 나타난다.
④ 사이버 폭력 피해 경험률은 '남학생'보다 '여학생'에게서 더 높게 나타난다.

해설 ① 2020년 사이버 폭력 가해 또는 피해 경험률(22.8%)은 전년(26.9%) 대비 감소했다.
② 2020년 사이버 폭력 가해 경험률(9.5%)은 전년(18.0%) 대비 감소했지만 피해 경험률(19.7%)은 전년(19.0%) 대비 오히려 증가했다.
④ 2020년 사이버 폭력 피해 경험률은 여학생(17.2%)보다 남학생(22.0%)에게서 더 높게 나타난다.

| 기출 키워드 |

1 개인정보 보호의 개념 : 개인정보 유형, 개인정보 생명주기, 개인정보 수집 · 저장 · 이용 · 제공 · 파기, 개인정보 보호 원칙, 정보주체의 동의, 정보주체의 권리, 개인정보 수집 · 이용 목적, 개인정보보호 적용 범위, 개인정보보호 적용 예외, OECD 개인정보 보호원칙, EU 개인정보 처리원칙

2 정보보안과 해킹 · 악성 코드 : 정보 보안의 3요소, 위조 · 변조 · 유출 · 훼손, 해킹 기법, 디도스 공격, 파밍, 스미싱, 피싱, 악성 코드의 종류, 스파이웨어, 백도어, 애드웨어, 조크, 혹스, 바이러스 감염 증상

3 정보의 침해 실태 : 개인정보 생명주기별 침해 유형, 개인정보 침해 원인

용어해설

▼ **가명 처리**
개인정보의 일부를 삭제하거나 일부 또는 전부를 대체하는 등의 방법으로 추가 정보가 없이는 특정 개인을 알아볼 수 없도록 처리하는 것

---

① **개인정보 보호의 개념**

1 개인정보의 정의와 유형

(1) 개인정보의 정의

① 성명, 주민등록번호 및 영상 등을 통하여 개인을 알아볼 수 있는 정보

② 해당 정보만으로는 특정 개인을 알아볼 수 없더라도 다른 정보와 쉽게 결합하여 알아볼 수 있는 정보

③ ① 또는 ②를 가명 처리함으로써 원래의 상태로 복원하기 위한 추가 정보의 사용 · 결합 없이는 특정 개인을 알아볼 수 없는 정보(가명 정보)

개념더하기 | **개인정보의 구체적 예**

- 신분관계 : 성명, 주민등록번호, 주소, 본적, 가족관계, 본관 등
- 내면의 비밀 : 사상, 신조, 종교, 가치관, 정치적 성향 등
- 심신의 상태 : 건강상태 · 신장 · 체중 등 신체적 특징, 병력, 장애 정도 등
- 사회경력 : 학력, 직업, 자격, 전과 여부 등
- 경제관계 : 소득규모, 재산보유상황, 거래내역, 신용정보, 채권채무관계 등
- 기타 새로운 유형 : 생체인식정보(지문, 홍채, DNA 등), 위치정보 등

(2) 개인정보의 성립 요건

생존하는 개인에 관한 정보	사망했거나 실종 선고 등 법적으로 사망한 것으로 간주되는 자에 대한 정보는 해당하지 않음
개인을 식별할 수 있는 정보	다른 정보와 결합하여 개인을 식별할 수 있는 정보

(3) 개인정보의 유형

유형	항목
일반정보	이름, 주민등록번호, 운전면허번호, 주소, 전화번호, 생년월일, 출생지, 본적지, 성별, 국적
가족정보	가족구성원들의 이름, 출생지, 생년월일, 주민등록번호, 직업, 전화번호
교육 및 훈련정보	학교출석사항, 최종학력, 학교성적, 기술 자격증 및 전문 면허증, 이수한 훈련 프로그램, 동아리활동, 상벌사항
병역정보	군번 및 계급, 제대유형, 주특기, 근무부대
부동산정보	소유주택, 토지, 자동차, 기타소유차량, 상점 및 건물 등
소득정보	현재 봉급액, 봉급경력, 보너스 및 수수료, 기타소득의 원천, 이자소득, 사업소득
기타 수익정보	보험(건강, 생명 등) 가입현황, 회사의 판공비, 투자프로그램, 퇴직프로그램, 휴가, 병가
신용정보	대부잔액 및 지불상황, 저당, 신용카드, 지불연기 및 미납의 수, 임금압류 통보에 대한 기록
고용정보	현재의 고용주, 회사주소, 상급자의 이름, 직무수행평가기록, 훈련기록, 출석기록, 상벌기록, 성격테스트 결과, 직무태도
법적정보	전과기록, 자동차 교통 위반기록, 파산 및 담보기록, 구속기록, 이혼기록, 납세기록
의료정보	가족병력기록, 과거의 의료기록, 정신질환기록, 신체장애, 혈액형, IQ, 약물테스트 등 각종 신체테스트 정보
조직정보	노조가입, 종교단체가입, 정당가입, 클럽회원
통신정보	전자우편(E-mail), 전화통화 내용, 로그파일(Log file), 쿠키(Cookies)
위치정보	GPS나 휴대폰에 의한 개인의 위치정보
신체정보	지문, 홍채, DNA, 신장, 가슴둘레 등
습관 및 취미정보	흡연, 음주량, 선호하는 스포츠 및 오락, 여가활동, 비디오 대여기록, 도박성향

※ 출처 : 개인정보분쟁조정위원회

개인정보 관련 개념

- 개인정보의 처리 : 개인정보의 수집, 생성, 연계, 연동기록, 저장, 보유, 가공, 편집, 검색, 출력, 정정, 복구, 이용, 제공, 공개, 파기, 그 밖에 이와 유사한 행위를 말함
- 정보주체 : 처리되는 정보에 의해 알아볼 수 있는 사람으로서 그 정보의 주체가 되는 사람을 말함
- 개인정보처리자 : 업무를 목적으로 개인정보파일을 운용하기 위하여 스스로 또는 다른 사람을 통하여 개인정보를 처리하는 공공기관, 법인, 단체 및 개인 등을 말함
- 개인정보 파일 : 개인정보를 쉽게 검색할 수 있도록 일정한 규칙에 따라 체계적으로 배열하거나 구성한 개인정보의 집합물을 말함

2 개인정보 생명주기(Life Cycle)

(1) 개념

① 개인정보는 사람의 일생처럼 일련의 생명주기를 가지고 있음

② 개인정보처리자가 개인정보 소유자(정보 주체)의 개인정보를 수집하고 이를 저장, 관리 및 제3자에게 제공

③ 개인정보를 수집하여 이용한 후 개인정보 보유기간이 끝나면 해당 개인정보를 파기하는, 일련의 개인정보의 처리 과정을 말함(수집 – 저장·이용 – 제공 – 파기)

(2) 개인정보 생명주기 4단계

생명주기	의미	주요 준수 사항
수집	민원인(정보주체)이 서비스 이용을 위해 웹 사이트 또는 신청서 등을 이용하여 기업 또는 기관에 제공하는 단계	• 수집 시 동의 획득(고유식별정보 별도 동의) • 개인정보 처리방침 수립 및 고지 • 만14세 미만 아동의 개인정보 수집 절차 • 정보주체의 권리 보장
저장·이용	민원인이 서비스 이용을 위해 제공한 정보를 저장하고, 이를 통해 조회 등의 업무를 수행하는 단계	• 개인정보 취급자 관리 • 내부관리계획의 수립, 이행, 점검, 개선 • 안전조치 이행(개인정보 취급자에 의한 유출, 오남용 방지)
제공	업무 제휴, 대국민 서비스를 위한 부처간 정보 공유 단계	• 제공 시 별도의 동의 획득 • 위탁자에 대한 관리감독(개인정보 보호 서약서) • 기술적·관리적 보호조치
파기	민원 해소 등으로 인해 민원인의 정보가 더 이상 필요하지 않아, 정보를 삭제하는 단계	• 파기 방법 및 시기 • 기술적·관리적 보호조치

3 개인정보 보호의 원칙과 필요성

(1) 개인정보 보호의 원칙(개인정보 보호법 제3조)

① 개인정보처리자는 개인정보의 처리 목적을 명확하게 하여야 하고 그 목적에 필요한 범위에서 최소한의 개인정보만을 적법하고 정당하게 수집하여야 함

② 개인정보처리자는 개인정보의 처리 목적에 필요한 범위에서 적합하게 개인정보를 처리하여야 하며, 그 목적 외의 용도로 활용하여서는 안 됨

③ 개인정보처리자는 개인정보의 처리 목적에 필요한 범위에서 개인정보의 정확성, 완전성 및 최신성이 보장되도록 하여야 함

④ 개인정보처리자는 개인정보의 처리 방법 및 종류 등에 따라 정보주체의 권리가 침해받을 가능성과 그 위험 정도를 고려하여 개인정보를 안전하게 관리하여야 함

⑤ 개인정보처리자는 개인정보 처리방침 등 개인정보의 처리에 관한 사항을 공개하여야 하며, 열람청구권 등 정보주체의 권리를 보장하여야 함

⑥ 개인정보처리자는 정보주체의 사생활 침해를 최소화하는 방법으로 개인정보를 처리하여야 함

⑦ 개인정보처리자는 개인정보를 익명 또는 가명으로 처리하여도 개인정보 수집목적을 달성할 수 있는 경우 익명처리가 가능한 경우에는 익명에 의하여, 익명처리로 목적을 달성할 수 없는 경우에는 가명에 의하여 처리될 수 있도록 하여야 함

⑧ 개인정보처리자는 법령에서 규정하고 있는 책임과 의무를 준수하고 실천함으로써 정보주체의 신뢰를 얻기 위하여 노력하여야 함

(2) 개인정보 보호의 필요성

① 전자상거래, 전자 정부 등 사이버 공간에서의 활동 증가로 안전 신뢰성 해결의 필요성

② 개인 프라이버시 보장에 대한 필요성

③ 정보 범죄 차단의 필요성

④ 글로벌화에 따른 국내 정보의 유출 우려로 인한 필요성

⑤ 국제 해커 및 적으로 간주될 수 있는 국가에 의한 정보 테러 차단의 필요성

⑥ 정보화된 국가 중요 기반에 대한 보호의 필요성

⑦ 개인정보의 보호는 국가 및 사회 안전, 기업 발전의 필수 요소

4 개인정보의 수집 · 이용 · 제공

(1) 개인정보 수집 범위 및 이용(개인정보 보호법 제15조 제1항)
① 정보주체의 동의를 받은 경우
② 법률에 특별한 규정이 있거나 법령상 의무를 준수하기 위해 불가피한 경우
③ 공공기관이 법령 등에서 정하는 소관 업무의 수행을 위하여 불가피한 경우
④ 정보주체와 체결한 계약을 이행하거나 계약을 체결하는 과정에서 정보주체의 요청에 따른 조치를 이행하기 위하여 필요한 경우
⑤ 명백히 정보주체 또는 제3자의 급박한 생명, 신체, 재산의 이익을 위하여 필요하다고 인정되는 경우
⑥ 개인정보처리자의 정당한 이익을 달성하기 위하여 필요한 경우로서 명백하게 정보주체의 권리보다 우선하는 경우(개인정보처리자의 정당한 이익과 상당한 관련이 있고 합리적인 범위를 초과하지 아니하는 경우에 한함)
⑦ 공중위생 등 공공의 안전과 안녕을 위하여 긴급히 필요한 경우

(2) 동의 받을 시(변경 시) 정보주체에게 알려야 하는 사항(개인정보 보호법 제15조 제2항)
① 개인정보의 수집 · 이용 목적
② 수집하려는 개인정보의 항목
③ 개인정보의 보유 및 이용 기간
④ 동의를 거부할 권리가 있다는 사실 및 동의 거부에 따른 불이익이 있는 경우에는 그 불이익의 내용

> **개념더하기** **개인정보를 제공받은 자의 이용 · 제공 제한**
>
> 정보주체로부터 별도의 동의를 받은 경우와 다른 법률에 특별한 규정이 있는 경우를 제외하고는 목적 외의 용도로 이용하거나 제3자에게 제공해서는 안 됨

(3) 개인정보의 제공(개인정보 보호법 제17조 제1항)
① 개인정보처리자가 정보주체의 동의를 받은 경우 개인정보를 제3자에게 제공할 수 있음
② 개인정보처리자가 개인정보를 수집한 목적 범위에서 개인정보를 제공하는 경우 개인정보를 제3자에게 제공할 수 있음

> **개념더하기** **제3자 제공**
>
> • 개인정보처리자 외의 제3자에게 개인정보의 지배 · 관리권이 이전되는 것
> • 개인정보 수기문서 전달, 데이터베이스 파일 전달, 데이터베이스 시스템 접속 권한 허용(열람 · 복사 가능) 등

확인문제

01 법률상 특별한 규정이 있더라도 정보주체의 동의를 받지 않으면 개인정보를 목적 외의 용도로 이용할 수 없다.
(O / X)

02 정보주체에게 개인정보 이용에 대한 동의를 받을 때 거부에 따른 불이익이 있다면 그 내용을 알려야 한다.
(O / X)

정답 01 X 02 O

해설

01 법률에 특별한 규정이 있거나 법령상 의무를 준수하기 위해 불가피한 경우 개인정보를 동의 없이 이용할 수 있다.

5 개인정보의 정보주체가 가질 권리(개인정보 보호법 제4조)

① 개인정보의 처리에 관한 정보를 제공받을 권리

② 개인정보의 처리에 관한 동의 여부, 동의 범위 등을 선택하고 결정할 권리

③ 개인정보의 처리 여부를 확인하고 개인정보에 대한 열람(사본의 발급) 및 전송을 요구할 권리

④ 개인정보의 처리 정지, 정정·삭제 및 파기를 요구할 권리

⑤ 개인정보의 처리로 인하여 발생한 피해를 신속하고 공정한 절차에 따라 구제받을 권리

⑥ 완전히 자동화된 개인정보 처리에 따른 결정을 거부하거나 그에 대한 설명 등을 요구할 권리

개념더하기 | 개인정보 자기결정권

- 자신에 관한 정보를 보호받기 위하여 자신에 관한 정보를 자율적으로 결정하고 관리할 수 있는 권리
- 개인정보 보호 대책의 핵심 키워드
- 자신의 정보에 대한 통제권이라는 점에서 우리 헌법이 이미 명시하고 있는 사생활의 비밀과 자유를 침해받지 않을 권리에 근거하는 기본권

---

6 개인정보의 권리 보장

(1) 개인정보의 열람(개인정보 보호법 제35조)

① 정보주체는 개인정보처리자가 처리하는 자신의 개인정보에 대한 열람을 해당 개인정보처리자에게 요구할 수 있음

② 정보주체가 자신의 개인정보에 대한 열람을 공공기관에 요구하고자 할 때에는 공공기관에 직접 열람을 요구하거나 **개인정보보호위원회**를 통하여 열람을 요구할 수 있음

③ 개인정보처리자는 열람을 요구받았을 경우 10일 내에 정보주체가 해당 개인정보를 열람할 수 있도록 해야 함

(2) 열람의 제한·거절(개인정보 보호법 제35조 제4항)

① 법률에 따라 열람이 금지되거나 제한되는 경우

② 다른 사람의 생명·신체를 해할 우려가 있거나 다른 사람의 재산과 그 밖의 이익을 부당하게 침해할 우려가 있는 경우

③ 공공기관이 다음 어느 하나에 해당하는 업무를 수행할 때 중대한 지장을 초래하는 경우

  ㉠ 조세의 부과·징수 또는 환급에 관한 업무

  ㉡ 「초·중등교육법」 및 「고등교육법」에 따른 각급 학교, 「평생교육법」에 따른 평생교육시설, 그 밖의 다른 법률에 따라 설치된 고등교육기관에서의 성적 평가 또는 입학자 선발에 관한 업무

© 학력·기능 및 채용에 관한 시험, 자격 심사에 관한 업무

　　© 보상금·급부금 산정 등에 대해 진행 중인 평가 또는 판단에 관한 업무

　　© 다른 법률에 따라 진행 중인 감사 및 조사에 관한 업무

(3) 개인정보의 정정·삭제(개인정보 보호법 제36조)

① 자신의 개인정보를 열람한 정보주체는 개인정보처리자에게 그 개인정보의 정정 또는 삭제를 요구할 수 있음(다른 법령에서 그 개인정보가 수집 대상으로 명시되어 있는 경우 제외)

② 개인정보처리자는 정보주체의 요구를 받았을 때 지체 없이 그 개인정보를 조사하여 정보주체의 요구에 따라 정정·삭제 등 필요한 조치 후 그 결과를 정보주체에게 알려야 함

③ 개인정보처리자가 개인정보를 삭제할 때에는 복구 또는 재생되지 않도록 조치해야 함

④ 개인정보처리자가 조사할 때 해당 정보주체에게 정정·삭제 요구사항의 확인에 필요한 증거자료를 제출하게 할 수 있음

7 개인정보 보호의 적용 범위 및 예외

(1) 적용 대상
공공·민간 부문의 모든 개인정보처리자

(2) 보호 범위
컴퓨터 등에 의해 처리되는 정보뿐만 아니라 종이 문서에 기록된 수기 문서도 포함

(3) 고유식별정보의 처리
고유식별정보인 주민등록번호, 여권번호, 운전면허의 면허번호, 외국인 등록번호는 처리할 수 없음

(4) 적용 예외(개인정보 보호법 제58조)

① 국가안전보장과 관련된 정보 분석을 목적으로 수집 또는 제공 요청되는 개인정보

② 언론, 종교단체, 정당이 각각 취재·보도, 선교, 선거 입후보자 추천 등 고유 목적을 달성하기 위하여 수집·이용하는 개인정보

8 국제 개인정보 지침

(1) OECD 정보보호 가이드라인

① 개념 : 1980년 OECD 회원국에 의하여 만장일치로 채택된 것으로, 프라이버시와 개인정보보호에 관한 원칙의 표준으로 대표되고 있음

② 내용

인식	참여자는 정보시스템 및 네트워크 보호의 필요성과 그 안전성을 향상하기 위하여 취할 수 있는 사항을 알고 있어야 함
책임	모든 참여자는 정보시스템과 네트워크의 보호에 책임이 있음
대응	참여자는 정보보호 사고를 예방·탐지·대응하기 위하여 적기에 협력하여 행동해야 함
윤리	참여자는 타인의 적법한 이익을 존중해야 함
민주성	정보시스템과 네트워크의 보호는 민주주의 사회의 근본적인 가치에 부합해야 함
위험평가	참여자는 위험평가를 시행해야 함
정보보호의 설계와 이행	참여자는 정보보호를 정보시스템과 네트워크의 핵심요소로 수용해야 함
정보보호 관리	참여자는 정보보호 관리에 대하여 포괄적인 접근방식을 채택해야 함
재평가	참여자는 정보시스템과 네트워크의 보호를 검토하고 재평가하여, 정보보호 정책·관행·조치·절차를 적절히 수정해야 함

(2) OECD 개인정보 보호 원칙

① 개념 : 경제협력개발기구(OECD) 주도하에 작성되어 회원국과 비회원국이 채택하고 있는 원칙

② 원칙과 내용

원칙	내용
수집제한의 원칙 (Collection Limitation Principle)	개인정보의 수집은 합법적이고 공정한 절차에 의해야 하며, 가능한 한 정보주체에게 고지하거나 동의를 얻은 후에 수집되어야 함
정보 정확성의 원칙 (Data Quality Principle)	개인정보는 그 이용 목적에 부합하는 것이어야 하고, 이용 목적에 필요한 범위 내에서 정확하고 완전하며 최신의 상태로 유지해야 함
목적의 명확화 원칙 (Purpose Specification Principle)	개인정보의 수집 시 목적이 명시되어야 하며, 이를 이용할 경우에도 수집 목적에 부합해야 하고 목적이 변경될 때마다 이를 명확히 해야 함

이용제한의 원칙 (Use Limitation Principle)	개인정보는 정보주체의 동의가 있는 경우나 법률의 규정에 의한 경우를 제외하고는 명확화된 목적 이외의 용도로 공개되거나 이용되어서는 안 됨
안전성 확보의 원칙 (Security Safeguards Principle)	개인정보의 분실, 불법적인 접근, 훼손, 사용, 변조, 공개 등의 위험에 대비하여 합리적인 안전보호장치를 마련해야 함
공개의 원칙 (Openness Principle)	개인정보의 처리와 정보처리장치의 설치, 활용 및 관련 정책은 일반에게 공개해야 함
개인 참가의 원칙 (Individual Participation Principle)	정보주체인 개인은 자신과 관련된 정보의 존재 확인, 열람 요구, 이의 제기 및 정정, 삭제, 보완 청구권을 가짐
책임의 원칙 (Accountability Principle)	개인정보 관리자는 위에서 제시한 원칙들이 지켜지도록 필요한 제반조치를 취해야 함

(3) EU 개인정보 처리 원칙(GDPR ; General Data Protection Regulation)

① 개념 : EU 회원국 간 개인정보의 자유로운 이동을 보장하는 동시에 정보주체의 개인정보보호 권리를 강화하기 위해 제정한 통합 규정으로, 모든 EU 회원국에 직접 적용되는 개인정보 보호법이며 법적 구속력을 가짐

② 원칙과 내용

원칙	내용
합법성, 공정성, 투명성의 원칙	개인정보는 정보주체와 관련하여 합법적이고, 공정하며, 투명한 방식으로 처리되어야 함
목적 제한의 원칙	개인정보는 특정되고 명시적이며 적법한 목적으로 수집되어야 하며, 그러한 목적과 양립하지 않는 방식으로 처리되지 말아야 함
최소 처리의 원칙	개인정보는 처리되는 목적과 관련하여 적정하고 관련성이 있으며 필요한 범위로 제한되어야 함
정확성의 원칙	개인정보는 정확해야 하고, 필요한 경우 최신성을 유지해야 함
보유기간 제한의 원칙	개인정보는 처리목적을 위해서 필요한 기간 내에서 정보주체를 식별할 수 있는 형태로 보유되어야 함
무결성 및 기밀성의 원칙	개인정보는 적정한 기술적 또는 관리적 조치를 이용하여 개인정보의 적정한 보안을 보장하는 방식으로 처리되어야 함
책임성의 원칙	컨트롤러는 개인정보 보호원칙에 대하여 책임성을 갖춰야 하며, 그에 대한 준수 여부를 증명할 수 있어야 함

1 정보보안

(1) 정보보안의 정의

정보 및 정보 시스템을 허가되지 않은 접근, 사용, 공개, 손상, 변경, 파괴 등으로부터 보호하는 것이다.

(2) 정보보안의 목표

정보 보안의 3요소	기밀성 (Confidentiality)	• 허가받지 않은 사용자(조직)가 정보의 내용을 알 수 없도록 하는 것 • 허가받은 사용자만 정보를 볼 수 있도록 보호하는 것 • 권한 인증, 접근 제어, 암호화 등을 통한 기밀성 유지 • 위험요소 : 도청, 사회공학
	무결성 (Integrity)	• 허가받지 않은 사용자가 정보를 수정하거나 위 · 변조할 수 없도록 하는 것 • 허가받은 사용자만 정보를 수정할 수 있도록 보호하는 것 • 위 · 변조 발생 시 확인이 가능해야 함 • 접근제어, 메시지 인증, 침입 탐지, 백업 등의 방법으로 무결성 유지 • 위험요소 : 백도어, 바이러스
	가용성 (Availability)	• 허가된 자 또는 접근 권한이 있는 자에게 필요할 때 언제든지 정보 사용이 보장되는 것 • 백업 기술이나 중복 운영 기술 사용 등으로 가용성 유지 • 위험요소 : 서비스 거부 공격(DDoS 공격 ; Distributed Denial of Service Attack), 자연재해(화재 등)
실제 보안 실무에서 의 목표	인증성 (Authentication)	• 정보교환에 의해 실체의 식별을 확실하게 하거나 임의 정보에 접근하는 객체의 자격 · 내용 등을 검증하는 데 사용하는 것 • 패스워드 방식, 스마트카드, 공개키 이용 방식, 생체 인식도구 등
	책임추적성 (Accountability)	• 보안사고 발생 시 누구에 의해 어떤 방법으로 발생하였는지를 확인할 수 있어야 하는 것 • 개체의 행동을 추적하여 찾아내는 성질 • 식별, 인증, 권한부여, 접근통제, 감사 등
	부인 방지 (Non- Repudiation)	• 어떤 행위나 이벤트의 발생을 증명하여 데이터 송수신자가 송수신 사실을 부인하지 못하도록 방지하는데 사용함 • 부인방지 기술 : 디지털 서명, 포렌식, 인증서, 핑거프린팅, 디지털 워터마킹 등

용어해설

▼ **사회공학**

인간 사이의 깊은 신뢰를 통하여 사람들을 속여 정상적인 컴퓨터 보안 절차를 깨뜨리기 위한 비기술적인 침입 수단

▼ **포렌식**

범죄를 밝혀내기 위한 수사에 쓰이는 과학적 수단이나 방법 · 기술 등을 말하며, '범죄과학'을 의미함. 그 중 디지털 포렌식은 현장에서 입수한 컴퓨터나 외장하드, 메모리, 핸드폰 등으로부터 추출한 동영상, 문자메시지, 사진 등 각종 데이터를 복원하여 분석하는 것을 말함

▼ **핑거프린팅**

통상, 불법 유통 디지털 콘텐츠를 식별하기 위한 기술로, 디지털 콘텐츠를 구매할 때 구매자의 정보를 삽입하여 불법 배포를 발견했을 때 최초로 누가 배포했는지 추적할 수 있게 함

확인문제

정보보안의 3요소로 기밀성, 무결성, 부인 방지가 있다. (O / X)

 정답 X

 해설

기밀성, 무결성, 가용성이다.

(3) 정보보안의 특성

① 100% 완벽하게 달성할 수 없음
② 정보보안 대책을 설치할 경우 필요성의 확신이 불가능함
③ 정보보안 대책의 효과성은 실패율에 의해 측정
④ 두 가지 이상의 대책을 동시에 사용하면 위험을 크게 줄일 수 있음

(4) 보안 위협의 분류

분류		내용
인간에 의한 위협	비의도적 위협	• 사람의 실수 · 태만 • 비밀번호 공유, 데이터 백업 부재 등으로 발생
	의도적 위협	컴퓨터 바이러스 · 해커 · 사이버 테러리스트로 인한 도청 · 불법 접근, 정당한 정보에 대한 부인, 악의적 시스템 장애 유발 등
자연에 의한 위협		• 화재, 홍수 등에 의한 위협으로부터 발생 • 화재경보기, 온도계 등을 설치하여 피해 최소화

(5) 정보보안 관리

물리적 보안 관리	자연재해 및 적의 파괴로부터 정보처리시설을 보호
기술적 보안 관리	• 정보시스템, 통신망, 정보를 보호하기 위한 가장 기본적 관리 • 접근통제, 암호기술, 백업시스템 등
관리적 보안 관리	• 보안계획의 수립과 위험분석 및 보안감시를 실시하여 정보시스템의 안전성과 신뢰성 확보 • 정보 시스템 보안 설정 및 관리 • 내부인의 보안 규정 및 역할 교육 • 내부 관리자에 대한 윤리의식 함양 및 인식전환 노력

> **개념더하기** 정보보안 위협 형태
>
> • 위조 : 허위자료를 내부의 정상적인 정보자료처럼 만듦
> • 변조 : 정보의 내용 일부 또는 전부를 다른 내용으로 바꿈
> • 유출 : 정보를 허가받지 않은 사용자가 내용을 확인할 수 있거나 정보내용을 복제 또는 외부로 반출할 수 있음
> • 훼손 : 내부의 정보자료 · 특정 소프트웨어 또는 컴퓨터 오퍼레이팅 시스템의 일부 또는 전부를 변경 · 파괴하여 보안에 위험을 주는 작동을 하게 하거나 정상적인 작동을 못하게 함

2 해킹(Hacking)

(1) 해킹의 정의와 특징

① 해킹의 정의

넓은 의미	해커들이 저지르는 모든 불법적인 행위
좁은 의미	정보시스템 전산망에서의 보안 침해사고를 발생시키는 행위

② 해킹의 특징

ㄱ 정보 시스템에 침입하여 정보를 빼내거나 삭제함

ㄴ 접근을 허가받지 않은 컴퓨터 시스템에 불법으로 침입함

ㄷ 이미 알려진 공격 방법을 활용하여 컴퓨터 시스템에 해를 끼치는 기능을 만듦

> **개념더하기** 핵티비즘(Hacktivism)
>
> • 해킹(Hacking)과 행동주의(Activism)의 합성어
> • 정치·사회적 목적을 이루기 위해 대상 서버를 해킹하여 시스템을 무력화하는 행위
> • 핵티비즘을 추구하는 사람들을 해킹(Hacking)과 행동주의자(Activism)의 합성어인 핵티비스트(Hacktivist)라고 부름

(2) 해커의 역사

시대	특징
1세대(1960년대)	정보 개방과 공유에 대한 윤리 주장
2세대(1970년대)	전화 사용료 세금 부과를 반대하며 프릭(phreak ; 공짜 전화 사용법) 유통을 통해 전화 사용료 거부 운동 전개
3세대(1980년대)	• 컴퓨터 보급의 확산으로 비윤리적이거나 불법 행동을 하는 해커 증가 • 제3세대 해커를 크래커(불법 활동을 하는 컴퓨터 해커를 지칭)라고 부르게 됨
4세대(1990년대)	• 정치적 이념을 가진 해커들이 사이버 테러 감행 • 4세대 해커들을 정치해커라고 부르게 됨

(3) 해킹의 사고 유형

불법 침입	인가받지 않은 다른 정보시스템에 불법으로 접근
불법 자료 열람	허가되지 않은 불법접근을 통해 주요 정보를 열람
불법 자료 유출	개인이나 조직의 주요 정보를 불법으로 유출
불법 자료 변조	시스템 내의 자료나 개인의 자료를 변조
불법 자료 파괴	시스템의 자료를 불법으로 파괴하는 행위
정상 동작 방해	시스템의 정상적인 동작을 방해하거나 정지

확인문제

01 (   )은/는 정보시스템 전산망에서 보안 침해사고를 발생시키는 행위를 말한다.

02 3세대 해커로, 불법 활동을 하는 컴퓨터 해커를 (   )(이)라고 부른다.

정답 01 해킹 02 크래커

▼ **버퍼 오버플로우(Buffer Overflow) 공격**

메모리에 할당된 버퍼의 크기보다 더 큰 데이터를 덮어씀으로써 호출 프로그램으로의 복귀오류 등을 일으켜 정상적인 프로그램의 실행을 방해하는 대표적인 공격기법

▼ **스택 오버플로우(Stack Overflow) 공격**

스택 영역에 할당된 버퍼의 크기를 초과하는 데이터를 기록하고 저장된 복귀주소를 변경하여 공격자가 임의의 코드를 실행하는 공격기법

▼ **힙 오버플로우(Heap Overflow) 공격**

힙 영역에 할당된 버퍼의 크기보다 더 큰 데이터를 기록하거나 저장된 데이터와 주소를 변경하여 임의의 코드를 실행하는 공격기법

(4) 해킹 기법

시스템 공격	• 접근 권한이 없는 컴퓨터의 자원에 대해 접근하거나 정보를 유출하는 모든 기법 • 공격의 종류 : 경쟁 조건(Race Condition) 공격, 버퍼 오버플로우(Buffer Overflow) 공격, 스택 오버플로우(Stack Overflow) 공격, 힙 오버플로우(Heap Overflow) 공격, 포맷 스트링(Format String) 공격 등
악성프로그램 (Malicious Codes) 공격	컴퓨터 시스템에 악성프로그램을 설치하게 유도하거나 고의로 감염시키는 해킹기법으로 주로 백도어 등을 이용하여 상대방의 주요 정보를 빼내기 위한 목적으로 이용함
서비스거부(DoS) 공격(Denial of Service Attack)	• 과도한 네트워크트래픽을 발생시켜 공격 대상 네트워크를 마비시키거나 정상적인 서비스를 하지 못하도록 하는 것 • 대표적 공격 기법 : SYN Flooding 공격, UDP Flooding 공격, Teardrop 공격, Smurf 공격, LAND 공격 등
분산 서비스 거부(DDoS) 공격(Distributed Denial of Service Attack)	• 네트워크에서 다수의 시스템이 동시다발적으로 하나의 공격대상 시스템을 공격함으로써, 정상적인 서비스를 하지 못하도록 하는 공격 • 대표적 공격 기법 : Trinoo, TFN(Tribe Flood Network), TFN2K, Stacheldraht 등
APT(Advanced Persistent Threat) 공격	• 지능적인 방법을 사용하여 지속적으로 특정 대상을 공격하는 기법으로 하나의 대상을 목표로 정한 후에, 내부로 들어갈 때까지 여러 보안 위협을 생산하여 공격을 멈추지 않음 • 내부 시스템의 취약점을 지속해서 침투하여 주요정보를 유출하거나 시스템을 무력화함 • 대표적 공격 기법 : 제로데이 익스플로잇 드로퍼, 백도어 등
기타 공격	• 제로데이(Zero Day) 공격 : 취약점에 대한 패치가 나오지 않은 시점에서 이루어지는 공격 • 사회공학적 공격 : 사람 간 기본적인 신뢰를 기반으로 속여 비밀정보를 얻는 방법 • 피싱(Phishing) : 패스워드 및 신용카드 정보와 같은 기밀을 요구하는 정보를 부정하게 얻는 방법 • 파밍(Pharming) : 사용자가 자신의 웹브라우저에서 정확한 웹주소를 입력하였더라도 가짜 웹사이트로 접속을 유도하여 개인정보를 도용하는 것 • 스미싱(Smishing) : 악성 앱 주소가 포함된 휴대전화 문자(SMS)를 대량으로 전송한 후, 이용자가 악성 앱을 설치하도록 유도하여 금융정보 등을 탈취하는 신종 사기 수법 • 사용자도용 : 정보통신망에 침입하기 위해서 다른 사람의 사용자 계정과 비밀번호를 몰래 사용하는 것 • 파일삭제 : 침입이 이루어진 이후에 파일을 삭제하여 서비스를 거부하도록 하는 것 • 폭탄메일 : 메일 서버가 담당할 수 있는 한계를 넘어서는 많은 양의 메일을 일시에 보내 장애가 일어나게 하는 것 • 침입 : 비정상적인 방법으로 정보통신망에 접근하여 권한을 얻는 것

| 개념더하기 | 기존 악성 코드와 APT의 비교 |
| | |

구분	기존 악성 코드	APT
공격 분포	무차별하게 대량으로 살포	조직적이고 치밀한 계획
공격 목표	무작위로 다수에게	정부기관이나 기업 등 단체
공격 빈도	일회성	지속성
공격 기법	악성 코드 디자인	제로데이 익스플로잇 드로퍼, 백도어

3 악성 코드

(1) 악성 코드의 개념

① 사용자 컴퓨터에 악의적인 영향을 끼칠 수 있는 모든 소프트웨어

② 의도적으로 피해를 주고자 만든 악의적인 프로그램

(2) 악성 코드의 종류

컴퓨터 바이러스 (Computer virus)	정상적인 파일이나 시스템 영역을 침범하여 자신의 코드를 삽입하거나 설치하는 프로그램
웜(Worm) 바이러스	• 네트워크를 통해 자신을 복제·전파할 수 있는 프로그램 • 감염 대상을 갖고 있지 않음 • 번식을 위해 메일 발송 시 스스로 자신을 첨부함 • 컴퓨터 시스템을 파괴하거나 작업을 지연·방해
트로이 목마 (Trojan Horse)	• 악성 루틴이 숨어 있는 프로그램으로, 겉보기에는 정상적인 프로그램으로 보이지만 실행하면 악성 코드를 실행함 • 자료삭제, 정보탈취 등 사이버 테러를 목적으로 사용되는 악성 프로그램 • 사용자가 누른 자판정보를 외부에 전달하여 신용카드 번호나 비밀번호 등이 유출될 수 있음 • 해킹 기능이 있어 인터넷을 통해 감염된 컴퓨터의 정보를 외부에 유출하는 것이 특징 • 바이러스처럼 다른 파일을 전염시키지 않아 해당 파일만 삭제하면 치료 가능
랜섬웨어 (Ransomware)	• 사용자 컴퓨터 시스템에 침투하여 시스템에 대한 접근을 제한하고 금품을 요구하는 악성 프로그램 • 이메일, 웹사이트, P2P 서비스 등을 통해 주로 퍼지며, 걸렸을 경우 컴퓨터 포맷은 가능하나 파일을 열거나 복구하기 어려움

확인문제

01 웜 바이러스는 정상적인 파일에 침범하여 자신의 코드를 삽입하거나 설치하는 프로그램이다. (O / X)

02 트로이 목마는 다른 파일을 전염시키지 않아 해당 파일만 삭제하면 치료할 수 있다. (O / X)

정답 01 X 02 O

해설

01 웜 바이러스는 네트워크를 통해 자신을 복제, 전파할 수 있는 프로그램으로 번식을 위해 메일 발송 시 스스로 자신을 첨부한다.

스파이웨어 (Spyware)	• 사용자 몰래 웹브라우저의 홈페이지 설정이나 검색 설정을 변경하여 정상 프로그램의 운영을 방해하거나 중지 또는 삭제하며, 컴퓨터 키보드 입력 내용과 화면표시 내용을 수집 · 전송하는 등의 행위를 하는 프로그램 • 팝업 광고를 반복해서 띄우거나 특정 홈페이지로 사용자를 유도하는 상업적 용도로 사용되며, 컴퓨터의 설정을 변경하기도 함 • 스스로 복제하지는 않음
백도어 (Backdoor)	• 시스템 보안이 제거된 비밀 통로 • 서비스 기술자가 액세스 편의를 위해 고의로 만들어놓은 시스템의 보안 구멍으로 트랩 도어(Trap Door)라고도 함
애드웨어 (Adware)	상업용 광고를 목적으로 사용자 동의 없이 시스템에 광고를 표시하는 프로그램
조크 (Joke)	악의적인 목적이 없이, 악성 바이러스 흉내를 내어 사용자의 심리적인 동요나 불안을 조장하는 가짜 컴퓨터 바이러스
혹스 (Hoax)	이메일 · 메신저 · 문자메시지 · 웹 사이트 등의 통신 수단에 공신력 있는 기관을 사칭하거나 복잡한 기술 용어를 사용하면서 사용자의 시스템에 큰 위험이 있음을 경고하기도 하고 정상적인 윈도우 파일을 바이러스라고 속이는 등, 실제 피해는 없지만 동작하는 것처럼 속여 불안감을 조성함

(3) 악성 코드 감염 경로

① USB 등 저장 매체를 통한 감염
② 홈페이지 방문 · 링크 클릭 등 웹페이지 검색으로 인한 감염
③ P2P 서비스 · 셰어웨어 등을 사용할 때 감염
④ 불법 복제 프로그램을 사용할 때 감염
⑤ 전자우편 첨부파일 또는 메신저 파일을 열 경우 감염
⑥ 공유 폴더 사용이나 네트워크 드라이브 공유 때 감염
⑦ 악성 코드 배포 주소(URL)의 접근

(4) 악성 코드 감염의 주요 증상

① 컴퓨터 부팅 속도가 늦거나 안 될 때
② 브라우저 실행 시 특정 웹사이트로 이동
③ 시스템의 실행 속도가 늦거나 시스템이 아무 이유 없이 다운될 때
④ 프로그램 실행 속도가 느려졌거나 실행이 되지 않을 때
⑤ 이상한 윈도우 박스가 나타나 사용자 계정과 비밀번호 등을 알려달라고 할 때
⑥ 많은 양의 메모리 용량을 요구하거나 메모리 용량이 감소할 때
⑦ Outlook 등의 프로그램과 사용자 PC 간의 네트워크 속도가 갑자기 느려질 때
⑧ 익스플로러 시작 페이지가 변경되지 않거나 강제로 변경될 때
⑨ 파일 용량이 갑자기 늘어나거나 디스크의 불량 섹터가 갑자기 증가할 때
⑩ 파일이 갑자기 삭제되거나 모르는 파일이 늘어날 때

4 컴퓨터 바이러스의 발전 단계와 감염 대상

(1) 컴퓨터 바이러스의 발전 단계

1세대 원시형	• 프로그램 구조가 단순하고 분석하기 쉬운 바이러스 • 코드 변형·변화 없이 고정된 크기를 가지며, 기존의 DOS용 바이러스 대부분이 여기에 해당 • 돌(Stoned) 바이러스, 예루살렘(Jerusalem) 바이러스 등이 있음
2세대 암호형	• 백신 프로그램이 진단할 수 없도록 암호화시켜 저장 • 암호화 방식이 일정하여 암호 해독 방법도 일정함 • 폭포(Cascade) 바이러스, 느림보(Slow) 바이러스 등이 있음
3세대 은폐형	• 스스로 은폐하고 사용자나 백신 프로그램을 속이기 위해 다양한 기법을 사용 • 백신 프로그램이 감염된 부분을 진단하려 하면 감염 전의 내용을 보여 줌으로써 사용자를 속임 • 맥가이버(McGyver) 바이러스, 브레인(Brain) 바이러스 등이 있음
4세대 갑옷형	• 어떠한 백신 프로그램으로도 진단할 수 없도록 하기 위해 만들어져 다양한 암호화, 은폐 기법이 적용된 컴퓨터 바이러스 • 컴퓨터 바이러스를 분석하고 백신 프로그램을 만들기 어렵게 함으로써 개발을 지연시키는 것이 목적 • 다형성(Polymorphic) 바이러스 등이 있음
5세대 매크로형	• 엑셀이나 워드처럼 매크로 명령을 사용하는 프로그램의 데이터에 감염되는 컴퓨터 바이러스 • 운영체제와 상관 없이 응용 프로그램 내부에서 동작함 • 누구라도 약간의 관심만 있으면 쉽게 만들 수 있음 • 매크로 바이러스 중 하나인 와즈(Wazz)는 주로 워드의 문서 파일에 감염되어 새로 작성되는 모든 문서 파일을 감염시킴

(2) 감염 대상에 따른 분류

부트 바이러스	• 디스크의 가장 처음 부분인 부트 섹터에 자리잡아 부팅에 영향을 주는 바이러스 • 플로피 디스켓의 경우 도스 부트 섹터에, 하드 디스크의 경우 주 부트 섹터에 감염 • 브레인 바이러스 또는 미켈란젤로 바이러스 등이 있음
파일 바이러스	• 일반 프로그램의 파일에 감염되는 바이러스로 전체 바이러스의 90% 이상 차지 • 실행 프로그램에 감염되는 바이러스
부트/파일 바이러스	• 부트 섹터와 파일 모두에 감염되는 바이러스 • 데킬라, 나타스, 침입자 바이러스 등이 있음
매크로 바이러스	• 새로운 파일 바이러스의 일종으로 실행 파일이 아닌 엑셀과 워드 프로그램에서 사용하는 문서 파일이 감염 대상임 • 응용 프로그램에서 사용하는 매크로 사용을 통해 감염되는 형태

(3) 컴퓨터 바이러스 감염 증상

① 시스템(또는 프로그램)의 실행 속도가 현저하게 느려짐
② 특정 응용 프로그램 실행 시 에러가 발생(예 압축파일 해제 등)
③ 이상한 에러 메시지나 그림이 뜨거나 소리가 남(예 글자 쓸 때 일본어로만 써짐)
④ 디스크(또는 메모리)의 용량이 이유 없이 계속 감소함
⑤ 파일의 작성 일자가 임의로 변경됨
⑥ 시스템이 이유 없이 자주 다운(Down)됨
⑦ 사용자 의사와 상관없이 엉뚱한 프로그램이 실행됨
⑧ 시스템을 부팅할 때 시스템 관련 파일을 찾을 수 없다는 메시지가 뜸

3 정보의 침해 실태

1 개인정보 침해의 유형과 실태

(1) 개인정보 생명주기별 침해 유형

수집	• 개인정보 수집 시 미동의 및 수집 시 고지사항 불이행 • 서비스 이용과 관계없는, 한도를 넘어선 개인정보의 수집 • 과도하고 민감한 개인정보 수집 • 불법적인 주민등록번호 수집 • 법정 대리인의 동의 없이 아동 개인정보 수집 • 해킹 등 불법 수단과 기망 등 사기적 수단에 의한 개인정보 수집 • 예시 　– 웹 사이트의 100% 경품 당첨 이벤트에 주민등록번호와 핸드폰 번호를 입력했는데 경품이 안 왔음 　– 포털 서비스에서 제공하는 거리뷰나 스트리트뷰를 통해 개인 얼굴이 공개됨
저장 및 관리	• 개인정보의 기술적 · 관리적 조치 미비로 인한 개인정보 유출 • 외부의 제3자의 불법적인 접근에 의한 개인정보 유출 · 훼손 · 변경 • 취급자의 인식 부족, 과실 등으로 인한 개인정보의 공유
이용 및 제공	• 개인정보를 동의 받은 목적과 다르게 이용 • 정보 주체의 동의 없는 제3자 제공 · 공유 • 개인정보의 이용 동의 철회 및 회원 가입 탈퇴 불응 • 처음 수집 때 고지한 이용 목적 이상의 개인정보 이용
파기	• 정당한 이유 없이 수집 목적 달성 이후 개인정보 미파기 • 개인정보 삭제 요구에 협조하지 않음

(2) 개인정보 침해 원인

① 사회 전반적으로 개인정보보호에 관한 중요성이 약화되었음
② 정보주체가 정보의 가치 인식을 갖고 있지 못해 개인정보 자기결정권을 행사하지 못하고 있음
③ 사업자의 개인정보 관련 법률에 대한 인식과 사회적 책임이 부족
④ 개인정보보호의 실천이 부족하여 외면하거나 방치함
⑤ 주민등록번호 수집이 관행화되어 있고, 기술적 · 관리적 조치가 미흡
⑥ 불필요한 개인정보를 추가로 수집

(3) 개인정보 침해의 종류

① 개인정보 유출 : 법령이나 처리자의 자유로운 의사에 의하지 않고, 정보주체의 개인정보에 대하여 처리자가 통제를 상실하거나 권한 없는 자의 접근을 허용한 것을 말함

  예 A정유사 회원정보 관리를 담당하는 자회사 직원이 개인정보 판매 목적으로 고객정보 1,125만 건 유출, C교육청 장학사가 교육의원에 출마한 후배를 위해 관내 교직원 3,000명의 이름 · 전화번호 등 유출

② 개인정보 불법유통 : 다양한 경로를 통해 수집한 개인정보가 이용 및 관리 과정에서 관리 부주의 및 실수, 악의적인 유출, 해킹 등으로 인해 유출된 후 금전적 이익 수취를 위해 불법적인 방법을 통해 거래되는 경우

  예 E택배회사 영업소장이 자사와 거래하던 홈쇼핑 업체의 고객정보 2백만 건을 빼돌려 텔레마케팅 업체에 판매

③ 개인정보 오남용 : 다양한 경로를 통해 수집한 개인정보가 이용 및 관리 과정에서 관리 부주의 및 실수, 악의적인 유출, 해킹 등으로 인해 유출된 후 불법 스팸, 마케팅, 보이스피싱 등에 악용되어 개인정보 침해가 발생하는 경우

  예 차량등록시스템에 있는 차량번호, 주민번호, 이름 등 150명의 정보를 다른 공무원으로부터 건네받아 개인적 목적으로 사용

④ 홈페이지 노출 : 관리 부주의로 인하여 개인정보가 웹페이지의 게시물, 파일, 소스코드 및 링크(URL)에 포함되어 노출되는 경우를 말함

  예 민원인 수백 명의 이름, 주민번호, 주소 등 개인정보가 포함된 보도자료를 인터넷 홈페이지에 공개

⑤ 허술한 관리/방치 : 개인정보 처리자는 개인정보를 처리함에 있어서 개인정보가 분실, 도난, 유출, 위조, 변조 또는 훼손되지 아니하도록 안전성 확보에 필요한 기술적, 관리적 및 물리적 안전조치를 취하여야 하나 안전 조치가 미비한 경우

  예 G은행 직원의 부주의로 고객의 개인정보가 포함된 리스트를 상품안내 이메일에 첨부하여 발송

(4) 개인정보 유출로 인한 2차 침해 유형

① 명의 도용 : 회원 가입 자격 도용, 오프라인 서비스 명의 도용
② 불법 유통 유포 : 개인정보 불법 유통(영업, 스팸, TM 등에 활용), 인터넷 유포
③ 스팸, 피싱 : 불법 스팸, 보이스피싱
④ 금전적 이익 수취 : 신분증 위조, 금융 범죄
⑤ 사생활 침해 : 사생활 정보 유출

개념더하기 　침해사고 유형

- 과실로 인한 개인정보 침해 : 정보주체의 동의 없이 또는 법규를 위반하여 개인정보를 제3자에게 제공하는 등 수집·저장·이용·파기 등의 개인정보 관리가 부실하여 정보주체에게 침해를 입히는 경우
- 과실로 인한 개인정보 유·노출 : 개인정보가 들어 있는 휴대용 컴퓨터, 이동식 저장장치를 분실했거나 도난당한 경우와 권한이 없는 사람에게 개인정보를 잘못 전달한 경우
- 오·남용으로 인한 개인정보 유출 : 개인정보를 부당으로 이용하거나 사적으로 유용하는 것을 목적으로 유출하는 경우
- 외부 침투에 의한 개인정보 유출 : 홈페이지 해킹 등 외부 침투에 의해 정보주체의 개인정보가 유출되는 경우

(5) 개인정보 침해에 따른 피해

① 개인 : 정신적 피해뿐만 아니라 명의도용, 보이스피싱에 의한 금전적 손해, 유괴 등 각종 범죄에 노출
② 기업 : 기업의 재화 또는 서비스를 이용하는 고객의 신뢰와 기업의 이미지 훼손, 다수 피해자에 대한 집단적 손해배상 시 기업 경영에 큰 타격
③ 국가 : IT산업의 해외수출 애로, 전자정부의 신뢰성 하락, 국가 브랜드 가치 하락

(6) 개인정보 침해의 영향

① 금융정보, 인사정보 유출은 개인의 사회·경제적 활동 지장 초래
② 이름, 주민등록번호 등의 정보는 범죄 오용 시 개인 안전 위협
③ 금융정보 유출 시 경제적 피해 발생
④ 기업과 소비자 사이에 힘의 불균형 초래
⑤ 공공기관 등의 DB통합작업은 오남용 시 심각한 사회문제 발생
⑥ 정보 수집 등은 개인의 사회적 배제 등에 악용될 수 있음

2 해킹 · 악성 코드의 유포 실태

(1) MS IE의 VB스크립트 엔진 취약점을 악용한 악성 코드 유포

① 램닛(Ramnit), 가상통화 채굴 등 별도의 악성 코드 설치 없이 홈페이지에 삽입된 악성스크립트 실행만으로 기기 · 계정정보 탈취 등의 악성행위를 하는 취약점 악용 악성 코드 삽입 사례가 지속적으로 나타나고 있음

② 해당 취약점을 이용하는 리그 익스플로잇 킷(Rig Exploit Kit) 유포 사례도 지속 탐지되고 있음

(2) 보안 관리가 부실한 홈페이지의 게시물을 통한 악성 코드 유포

① 최근 홈페이지 메인 페이지보다 하위 페이지(문의, 공지사항 등)를 통한 악성 코드 유포 사례가 증가하고 있음

② 접근 권한이 필요하지 않은 문의/익명 게시판을 악용하여 해외 단축 URL(u6.gg, u7.gg, c6.gg 등)을 이용한 악성 스크립트 유포 사례가 지속적으로 탐지되고 있음

(3) 이메일 첨부파일(문서 파일) 및 링크를 통한 악성 코드 유포

① 최근 신규 탐지된 악성 코드 유포지의 대부분은 이메일 내 링크 혹은 이메일 첨부파일을 통해 탐지되고 있음

② 악성 코드 감염을 예방하기 위해서는 출처가 불분명한 이메일의 첨부파일 및 링크 실행에 주의가 필요함

(4) 유명 콘텐츠(영화, 음악, 게임 등) 파일을 사칭한 악성 코드 유포

① 유명 콘텐츠를 무료로 다운받을 수 있는 것처럼 사용자를 현혹시켜 악성 코드를 다운로드 · 설치하여 감염시키는 사례가 지속적으로 확인됨

② 악성 코드 감염을 예방하기 위해서는 공식 홈페이지를 이용하고 출처를 알 수 없는 파일은 내려받지 않도록 주의가 필요함

용어해설

▼ VB스크립트(VBScript)
마이크로소프트가 개발한 액티브 스크립트 언어로, 윈도우 운영 체제에 기본으로 설치되어 있음

▼ 램닛(Ramnit)
다양한 종류의 악성 코드를 아우르는 말로, 다른 컴퓨터나 파일에 악성 파일을 넣어 전염시키며 정보유출 등을 초래함. 컴퓨터 바이러스, 트로이 목마, 웜 기능 수행이 가능함

▼ 리그 익스플로잇 킷(Rig Exploit Kit)
다양한 취약점을 이용하여 악성 프로그램을 유포하는 공격 툴

01 다음 개인정보의 유형 중 통신정보에 속하지 않는 것은?

① 전자우편(E-mail)

② 로그파일(Log file)

③ GPS나 휴대폰에 의한 개인의 위치정보

④ 전화 통화 내용

 ③ GPS나 휴대폰에 의한 개인의 위치정보는 위치정보에 해당한다. 통신정보로는 전자우편(E-mail), 전화 통화 내용, 로그파일(Log File), 쿠키(Cookies) 등이 있다.

02 개인정보 생명주기 4단계 과정으로 옳은 것은?

① 수집 – 제공 – 저장 · 이용 – 파기

② 제공 – 수집 – 저장 · 이용 – 파기

③ 수집 – 저장 · 이용 – 제공 – 파기

④ 제공 – 저장 · 이용 – 수집 – 파기

해설 ③ 개인정보 생명주기는 개인정보를 수집하여 이용 후 개인정보 보유기간이 끝나면 해당 개인정보를 파기하는, 일련의 개인정보의 처리 과정을 말하며 '수집 – 저장 · 이용 – 제공 – 파기'의 4단계로 이루어진다.

03 개인정보처리자가 개인정보 수집을 위해 정보주체의 동의를 받을 때 알려야 하는 사항이 아닌 것은?

① 개인정보의 수집 및 이용 목적

② 개인정보의 보유 및 이용 기간

③ 수집 동의에 대해 거부할 권리가 있다는 사실

④ 개인정보 사용 완료 후의 처리 방법

04 다음은 'OECD 정보보호 가이드라인' 중 무엇에 대한 설명인가?

> 참여자는 정보시스템 및 네트워크 보호의 필요성과 그 안전성을 향상하기 위하여 취할 수 있는 사항을 알고 있어야 한다.

① 책임   ② 윤리
③ 인식   ④ 정보보호 관리

해설 ③ '인식'에 대한 내용이다.

05 다음은 'OECD 개인정보 보호 원칙' 중 무엇에 대한 설명인가?

> 개인정보는 그 이용 목적에 부합하는 것이어야 하고, 이용 목적에 필요한 범위 내에서 정확하고 완전하며 최신의 상태로 유지해야 한다.

① 수집제한의 원칙   ② 정보 정확성의 원칙
③ 목적의 명확화 원칙   ④ 안전성 확보의 원칙

해설 ① 수집제한의 원칙 : 개인정보의 수집은 합법적이고 공정한 절차에 의해야 하며, 가능한 한 정보주체에게 고지하거나 동의를 얻은 후에 수집되어야 함
③ 목적의 명확화 원칙 : 개인정보의 수집 시 목적이 명시되어야 하며, 이를 이용할 경우에도 수집 목적에 부합해야 하고 목적이 변경될 때마다 이를 명확히 해야 함
④ 안전성 확보의 원칙 : 개인정보의 분실, 불법적인 접근, 훼손, 사용, 변조, 공개 등의 위험에 대비하여 합리적인 안전보호장치를 마련해야 함

06 다음은 정보보안의 목표 중 무엇에 대한 설명인가?

> • 허가받지 않은 사용자가 정보를 수정하거나 위 · 변조할 수 없도록 하는 것
> • 위 · 변조 발생 시 확인이 가능해야 한다는 것

① 기밀성

② 무결성

③ 가용성

④ 부인 방지

해설 ② 제시문은 무결성(Integrity)에 대한 내용이다.

무결성
• 허가받지 않은 사용자가 정보를 수정하거나 위 · 변조할 수 없도록 하는 것
• 허가받은 사용자만 정보를 수정할 수 있도록 보호하는 것
• 위 · 변조 발생 시 확인이 가능해야 함
• 접근제어, 메시지 인증, 침입 탐지, 백업 등의 방법으로 무결성 유지

07 접근을 허가받지 않은 컴퓨터 시스템에 불법으로 침입하여 정보를 빼내거나 삭제하는 등 해를 끼치는 행위를 무엇이라고 하는가?

① 악성 코드

② 해킹

③ 스미싱

④ 컴퓨터 바이러스

해설 ① 악성 코드 : 사용자 컴퓨터에 악의적인 영향을 끼칠 수 있는 모든 소프트웨어
③ 스미싱 : 악성 앱 주소가 포함된 휴대전화 문자(SMS)를 대량으로 전송 후, 이용자가 악성 앱을 설치하도록 유도하여 금융정보 등을 탈취하는 신종 사기 수법
④ 컴퓨터 바이러스 : 정상적인 파일이나 시스템 영역을 침범하여 자신의 코드를 삽입하거나 설치하는 프로그램

08 다음 중 개인정보 보호 적용 범위의 예외에 해당하지 않는 것을 모두 고른 것은?

> ㉠ 공공기관이 처리하는 개인정보 중 통계법에 따라 수집되는 개인정보
> ㉡ 국가안전보장과 관련된 정보 분석을 목적으로 수집 또는 제공 요청되는 개인정보
> ㉢ 공중위생 등 공공의 안전과 안녕을 위하여 긴급히 필요한 경우로서 영구 보관되는 개인정보
> ㉣ 언론, 종교단체 등에서 취재·보도, 선교 등 고유 목적을 달성하기 위하여 수집·이용하는 개인정보

① ㉠, ㉡

② ㉠, ㉣

③ ㉠, ㉢

④ ㉡, ㉣

해설 ㉡·㉣ 개인정보 보호법 제58조 제1항

09 OECD 정보보호 가이드라인의 원칙과 그 내용이 올바르게 연결되지 않은 것은?

① 책임 : 모든 참여자는 정보시스템과 네트워크의 보호에 책임이 있다.

② 윤리 : 참여자는 타인의 적법한 이익을 존중해야 한다.

③ 민주성 : 정보시스템과 네트워크의 보호는 민주주의 사회의 근본적인 가치에 부합해야 한다.

④ 정보보호 관리 : 참여자는 정보보호 사고를 예방·탐지·대응하기 위하여 적기에 협력하여 행동해야 한다.

해설 ④ '대응'에 대한 내용이다. '정보보호 관리'란 참여자는 정보보호 관리에 대하여 포괄적인 접근방식을 채택해야 한다.

10 다음 내용은 OECD 개인정보 보호 원칙 중 무엇에 속하는가?

> 개인정보는 정보주체의 동의가 있는 경우나 법률의 규정에 의한 경우를 제외하고는 명확화된 목적 이외의 용도로 공개되거나 이용되어서는 안 된다.

① 이용제한의 원칙

② 수집제한의 원칙

③ 안전성 확보의 원칙

④ 책임의 원칙

정답 08 ③ 09 ④ 10 ①

원칙	내용
수집제한의 원칙 (Collection Limitation Principle)	개인정보의 수집은 합법적이고 공정한 절차에 의해야 하며, 가능한 한 정보주체에게 고지하거나 동의를 얻은 후에 수집되어야 함
정보 정확성의 원칙 (Data Quality Principle)	개인정보는 그 이용 목적에 부합하는 것이어야 하고, 이용 목적에 필요한 범위 내에서 정확하고 완전하며 최신의 상태로 유지해야 함
목적의 명확화 원칙 (Purpose Specification Principle)	개인정보의 수집 시 목적이 명시되어야 하며, 이를 이용할 경우에도 수집 목적에 부합해야 하고 목적이 변경될 때마다 이를 명확히 해야 함
이용제한의 원칙 (Use Limitation Principle)	개인정보는 정보주체의 동의가 있는 경우나 법률의 규정에 의한 경우를 제외하고는 명확화된 목적 이외의 용도로 공개되거나 이용되어서는 안 됨
안전성 확보의 원칙 (Security Safeguards Principle)	개인정보의 분실, 불법적인 접근, 훼손, 사용, 변조, 공개 등의 위험에 대비하여 합리적인 안전보호장치를 마련해야 함
공개의 원칙 (Openness Principle)	개인정보의 처리와 정보처리장치의 설치, 활용 및 관련 정책은 일반에게 공개해야 함
개인 참가의 원칙 (Individual Participation Principle)	정보주체인 개인은 자신과 관련된 정보의 존재 확인, 열람 요구, 이의 제기 및 정정, 삭제, 보완 청구권을 가짐
책임의 원칙 (Accountability Principle)	개인정보 관리자는 위에서 제시한 원칙들이 지켜지도록 필요한 제반조치를 취해야 함

11 EU 개인정보 처리 원칙 중 '무결성 및 기밀성의 원칙'에 대한 내용으로 옳은 것은?

① 개인정보는 정보주체와 관련하여 합법적이고, 공정하며, 투명한 방식으로 처리되어야 한다.

② 개인정보는 적정한 기술적 또는 관리적 조치를 이용하여 개인정보의 적정한 보안을 보장하는 방식으로 처리되어야 한다.

③ 개인정보는 처리되는 목적과 관련하여 적정하고 관련성이 있으며 필요한 범위로 제한되어야 한다.

④ 개인정보관리자는 개인정보보호원칙에 대하여 책임성을 갖춰야 하며, 그에 대한 준수 여부를 증명할 수 있어야 한다.

해설
① 합법성, 공정성, 투명성의 원칙
③ 최소처리의 원칙
④ 책임성의 원칙

11 ② **정답**

12 보안 위협의 분류 중 컴퓨터 바이러스, 해커로 인한 불법 접근은 무엇에 속하는가?

① 인간에 의한 비의도적 위협

② 인간에 의한 의도적 위협

③ 자연에 의한 위협

④ 원인 불명의 위협

> **해설** ② 인간에 의한 위협 중 의도적 위협으로는 컴퓨터 바이러스 · 해커 · 사이버 테러리스트로 인한 도청 · 불법 접근, 정당한 정보에 대한 부인, 악의적 시스템 장애 유발 등이 있다.

13 다음 내용은 정보보안 관리의 분류 중 무엇에 속하는가?

접근통제, 암호기술, 백업시스템

① 물리적 보안 관리

② 기술적 보안 관리

③ 관리적 보안 관리

④ 가용적 보안 관리

> **해설** 정보보안 관리
>
> | 물리적 보안 관리 | 자연재해 및 적의 파괴로부터 정보처리시설을 보호 |
> | --- | --- |
> | 기술적 보안 관리 | 정보시스템, 통신망, 정보를 보호하기 위한 가장 기본적 관리(접근통제, 암호기술, 백업시스템 등) |
> | 관리적 보안 관리 | • 보안계획의 수립과 위험분석 및 보안감시를 실시하여 정보시스템의 안전성과 신뢰성 확보
• 정보시스템 보안 설정 및 관리
• 내부인의 보안 규정 및 역할 교육
• 내부 관리자에 대한 윤리 의식 함양 및 인식전환 노력 |

14 설명에 해당하는 용어가 모두 바르게 연결된 것은?

> ㉠ 네트워크를 통해 자신을 복제 전파할 수 있는 프로그램으로, 감염 대상을 갖고 있지 않으며 번식을 위해 메일 발송 시 스스로 자신을 첨부한다.
> ㉡ 사용자 몰래 웹브라우저의 홈페이지 설정이나 검색 설정을 변경하여 정상 프로그램의 운영을 방해하거나 중지 또는 삭제하며, 컴퓨터 키보드 입력 내용과 화면표시 내용을 수집·전송하는 등의 행위를 하는 프로그램이다.
> ㉢ 상업용 광고를 목적으로 사용자 동의 없이 시스템에 광고를 표시하는 프로그램이다.

① ㉠ 트로이 목마(Trojan Horse) ㉡ 랜섬웨어(Ransomware) ㉢ 스파이웨어(Spyware)

② ㉠ 트로이 목마(Trojan Horse) ㉡ 스파이웨어(Spyware) ㉢ 백도어(Backdoor)

③ ㉠ 웜(Worm) 바이러스 ㉡ 백도어(Backdoor) ㉢ 애드웨어(Adware)

④ ㉠ 웜(Worm) 바이러스 ㉡ 스파이웨어(Spyware) ㉢ 애드웨어(Adware)

> **해설**
> • 트로이 목마(Trojan Horse) : 악성 루틴이 숨어 있는 프로그램으로, 겉보기에는 정상적인 프로그램으로 보이지만 실행하면 악성 코드를 실행하는 악성 프로그램이며, 자료삭제 및 정보탈취 등 사이버 테러를 목적으로 사용된다.
> • 랜섬웨어(Ransomware) : 사용자 컴퓨터 시스템에 침투하여 시스템에 대한 접근을 제한하고 금품을 요구하는 악성 프로그램이다.
> • 백도어(Backdoor) : 시스템 보안이 제거된 비밀 통로이자 서비스 기술자가 액세스 편의를 위해 고의로 만들어놓은 시스템의 보안 구멍으로, 트랩 도어(Trap Door)라고도 한다.

15 다음 내용이 설명하는 악성 코드는 무엇인가?

> • 악성 루틴이 숨어 있는 프로그램으로, 겉보기에는 정상적인 프로그램으로 보이지만 실행하면 악성 코드를 실행한다.
> • 사용자가 누른 자판정보를 외부에 전달하여 신용카드번호나 비밀번호 등이 유출될 수 있다.
> • 해킹 기능이 있어 인터넷을 통해 감염된 컴퓨터의 정보를 외부에 유출하는 것이 특징이다.
> • 바이러스처럼 다른 파일을 전염시키지 않아 해당 파일만 삭제하면 치료 가능하다.

① 웜(Worm) 바이러스 ② 트로이 목마(Trojan Horse)

③ 랜섬웨어(Ransomware) ④ 백도어(Backdoor)

> **해설**
> ① 웜(Worm) 바이러스 : 네트워크를 통해 자신을 복제·전파할 수 있는 프로그램으로, 감염 대상을 갖고 있지 않다.
> ③ 랜섬웨어(Ransomware) : 사용자 컴퓨터 시스템에 침투하여 시스템에 대한 접근을 제한하고 금품을 요구하는 악성 프로그램이다.
> ④ 백도어(Backdoor) : 시스템 보안이 제거된 비밀 통로이자 서비스 기술자가 액세스 편의를 위해 고의로 만들어 놓은 시스템의 보안 구멍으로, 트랩 도어(Trap Door)라고도 한다.

기출 키워드

1 인터넷 윤리 교육 이론 : 인터넷 윤리 교육의 원칙, 인터넷 역기능 대처방안

2 인터넷 윤리 교육의 교수 설계 모형 : 딕과 캐리의 수업설계 모형, 실즈와 리치(Seels & Richy)의 애디(ADDIE) 모형, 하이니히 (Heinich)의 ASSURE 모형, Kemp 모형

3 교수 설계 이론 : 켈러(Keller)의 동기설계(ARCS) 이론, 브루너(Bruner)의 발견학습 이론, 캐롤(Carroll)의 학교학습모형

4 인터넷 윤리 교육의 교수 방법 : 설명형 지도법, 시범형 지도법, 탐구형 지도법, 활동형 지도법, 인터넷 윤리 교육의 교수자 역할, 상황에 따른 교수-학습 방법, 헤르바르트의 교수 4단계, 레인의 교수 5단계, 강의법, 토의법, 문제중심학습, 협동학습

5 콜버그(Kohlberg)의 도덕 발달에 따른 인터넷 윤리 교육 : 전인습적 수준, 인습적 수준, 후인습적 수준

6 사이버 공간 : 사이버 공간의 특징, 일탈의 원인, 익명성, 자아정체성, 탈억제, 사이버 공동체, 집단극화, 집단사고

7 생활지도의 기초 및 활동 : 생활지도의 개념, 생활지도의 목표, 생활지도의 올바른 방향, 생활지도의 영역, 생활지도의 활동

8 인터넷 윤리 상담 : 상담의 기본 원리, 상담의 기본 요건, 상담의 단계, 상담구조화, 라포

---

1 인터넷 윤리 교육 이론

1 인터넷 윤리 교육의 개념 및 원칙

(1) 인터넷 윤리 교육의 개념

① 정보통신 기술의 급격한 발달로 여러 가지로 나타나고 있는 역기능 현상에 대해 인간이 가져야 할 기본적인 도리 및 행동 양식을 가르치는 것

② 인터넷 공간에서 건전한 네티즌으로 활동하는데 반드시 필요한 도덕적 품성이나 태도를 함양하게 하기 위한 교육을 말함

(2) 인터넷 윤리 교육의 원칙

① 기본 교육(Basic Education) : 인터넷 윤리 교육은 모든 교육 과정에서 다루어져야 할 기본 교육이어야 함

② 균형 교육(Balanced Education) : 인터넷 윤리 교육은 아는 것, 믿는 것, 행동하는 것의 조화를 추구하고, 정보화의 긍정적인 면과 부정적인 면을 균형 있게 다루어야 함

③ 공동체 교육(Education for Community) : 인터넷 윤리 교육은 전통적인 공동체와 가상 공동체의 일원으로 바르게 존재하는 방법을 동시에 가르쳐 주는 공동체 교육이어야 함

확인문제

01 인터넷 윤리 교육은 모든 교육 과정에서 다루어져야 할 (　　) 교육이어야 한다.

02 인터넷 윤리 교육은 전통적인 공동체와 가상 공동체의 일원으로 바르게 존재하는 방법을 동시에 가르쳐 주는 (　　) 교육이어야 한다.

정답 01 기본 02 공동체

---

④ **다문화 교육(Multicultural Education)** : 인터넷 윤리 교육은 서로 다른 가치관과 생활방식을 가진 네티즌들이 참여하므로 차이와 다양성을 인정하는 다문화 교육이 이루어져야 함

⑤ **정체성 교육(Education for Identity)** : 인터넷 윤리 교육은 현실 세계와는 다른 자아 형성이 가능한 사이버 세계에서도 자신의 정체성을 지키고 자아와 인성의 고결함을 유지해나가도록 도와줄 수 있는 정체성 교육이어야 함

⑥ **기술에 바탕을 둔 교육(Technology-based Education)** : 인터넷 윤리 교육은 정보 사회의 윤리적 문제에 대한 네티즌들의 이해를 돕기 위한 다양한 테크놀로지에 바탕을 두는 교육이어야 함

2 인터넷 윤리 교육의 필요성

① 21세기의 정보통신기술은 정보화의 여러 가지 역기능으로 많은 피해가 증가하고 있으므로 인터넷에 대한 올바른 이해가 필요함

② 정보사회에 가장 기본이 되는 가치관을 교육하여 정보화의 역기능 피해를 감소시키고자 함

③ 사이버 범죄, 인터넷 중독, 저작권 침해, 불법 사이트 등의 역기능을 예측하고 분석하여 이를 최소화하고 능동적으로 대처하기 위해 교육이 필요함

④ 교육을 통하여 지속 가능한 자율적 대응 능력 함양과 다음 세대에게 올바른 인터넷 문화 전수를 위해 교육이 필요함

⑤ 법과 기술의 대응은 한계가 있으므로 윤리 교육이 필요함

⑥ 인터넷 역기능 증가에 따른 시민의식 함양을 위해 교육이 필요함

⑦ 인터넷 윤리의식 함양을 위한 사회적 분위기 조성 및 자발적 참여 가능을 위해 교육이 필요함

3 인터넷 윤리 교육의 목표

① 가상공간에서 건전한 통신 문화 조성을 위한 기본 예절 습득

② 불건전 정보로부터 사용자를 보호하고 건전한 가치관 확립

③ 우리 고유의 한글을 아름답게 유지하고 발전시키기 위해 올바른 언어 사용 습관 함양

④ 다른 사람의 개인정보를 존중하는 문화 정착

⑤ 사기 · 도박으로부터 보호하여 건전한 인터넷 문화 정착

⑥ 인터넷 전산 자원의 공공성을 유지 · 발전시키기 위해 해킹 행위를 금지하는 문화 정착

⑦ 바이러스 유포에 따른 피해의 심각성을 인식시켜 올바른 컴퓨터 활용 문화 정착

⑧ 저작자의 재산권을 보호하고 창의력을 발전시키기 위해 저작권 존중 정신 함양

4 인터넷 윤리 교육의 통합적 도덕성

① 1단계 인지적 영역 : 문제와 관련된 정보를 정확히 파악(문제 정의, 피해와 심각성, 관련 법규와 대응 방안)
② 2단계 정의적 영역 : 문제해결을 위한 의지와 신념을 내면화(왜, 또는 얼마나 나쁜 것인지 느끼기, 반드시 해결하겠다는 의지, 자신의 다짐 선언)
③ 3단계 행동적 영역 : 문제해결을 위한 구체적 실천과 경험(개인적 차원 또는 사회적 차원의 연대 · 실천, 상호작용)

> **개념더하기** | **통합적 도덕성**
>
> • 인격의 구성요소를 인지적 · 정의적 · 행동적 측면으로 보고 세 가지 구성요소가 통합적으로 이루어지는 교육을 의미한다.
> • 어떤 것이 선인 것을 알고 선을 행하고자 하는 마음이 있어야 하고, 선을 행동으로 옮길 수 있어야 인격적인 사람이다.

5 인터넷 역기능에 대한 대처방안

(1) 교육적 대처방안

① 법률에 의하여 강제로 제재하거나 통제에 의하여 인터넷 사용을 제한하는 데 한계가 있어, 교육을 통하여 정확한 인식을 가지고 스스로를 통제하는 능력을 기르도록 함
② 가장 근본적이며 장기적인 효과를 가져올 수 있음
③ 인터넷 폭력, 개인정보 · 저작권 침해 등 인터넷 역기능에 대한 정보를 정확히 파악함
④ 역기능 피해 사례 영상을 보여주고 정의적인 부분과 공감적 정서의 반응을 유도

(2) 법적 대처방안

① 국가 공권력을 동원하여 제재하거나 조치하는 것으로, 가장 강력한 대응 방법
② 법률에 따라 구속, 벌금형 등으로 처벌
③ 모든 행위를 법으로만 규제하는 것은 불가능하며, 법은 최후 수단이어야 함

(3) 기술적 대처방안

① 인터넷 정보 등급제를 실시하여 인터넷 콘텐츠에 연령별로 접근이 가능하도록 함
② 유해정보차단 소프트웨어를 이용하여 청소년 유해 정보 차단 및 접근 금지함

확인문제

01 인터넷 윤리 교육의 도덕성 영역으로는 인지적 · 정의적 · 행동적 영역이 있다.
(O / X)

02 인터넷 역기능에 대한 대처방안 중 가장 근본적이며 장기적인 효과를 가져오는 것은 법적 대처방안이다.
(O / X)

정답 01 O 02 X

해설

02 교육적 대처방안이 가장 근본적이며 장기적인 효과를 가져올 수 있다.

　　① 민간 조직을 만들어 자체적으로 정화 활동을 추진하거나, 관련 업체에 압력 행사
　　② 시민 단체의 자발적인 문제 해결을 위한 노력 필요

> **개념더하기** | **인터넷 역기능**
>
> 인터넷 중독, 개인정보 침해, 저작권 침해, 불법 정보 유포, 사이버 폭력, 사이버 사기, 해킹, 바이러스 유포 등

② 인터넷 윤리 교육의 교수 설계 모형

1 딕과 캐리의 수업설계 모형

(1) 절차

요구분석(①)	학습자의 목표 결정, 학습자에게 바라는 수준과 실제 수준의 차이 분석
교수분석(②)	• 최종 학습목적을 성취하기 위해 학습자가 배워야 할 학습 유형 파악 • 학습목표와 관련된 하위기능 및 필요한 학습절차 등을 분석
학습자 및 환경 분석(③)	구체적 목표 식별 후 학습자 및 교수–학습 환경 분석
수행목표 진술(④)	명세적 수행목표 진술, 학습해야 할 지식 및 성취 조건, 준거 등을 명시
평가도구 설계(⑤)	목표와 반드시 일치, 성취여부를 알아볼 수 있는 검사문항 개발
교수전략 수립(⑥)	• 수업을 전개할 방법과 절차를 개발하고 교수매체의 활용에 대해 계획함 • 교수전략에는 동기 유발 전략, 학습내용 제시 전략, 연습, 피드백이 고려됨
교수자료 개발(⑦)	• 실제로 교육 및 훈련 프로그램 제작 • 학습자용 활용지침서, 교사용 지도서, 교수매체 등의 모든 자료
형성평가(⑧)	• 교수자료의 개선을 위해 보완점 및 효과성 평가 • 학습자 일대일 평가, 소집단 평가, 개발 프로그램의 현장 시범실시 등
프로그램 수정 (피드백) (⑨)	교수 체제 설계의 각 단계별 수정 및 보완
총괄평가(⑩)	교수설계에 관한 학습효과를 확인

확인문제

01 딕과 캐리의 수업설계 모형에서 가장 먼저 이루어지는 것은 교수분석이고 가장 마지막에 이루어지는 것은 형성평가이다. (O / X)

02 딕과 캐리의 수업설계 모형에서 실제로 교육 및 훈련 프로그램을 만드는 단계는 평가도구설계 단계이다. (O / X)

정답 01 X 02 X

해설

01 가장 먼저 이루어지는 것은 요구분석이고 가장 마지막에 이루어지는 것은 총괄평가이다.
02 교수자료 개발 단계에 대한 설명이다.

(2) 모형

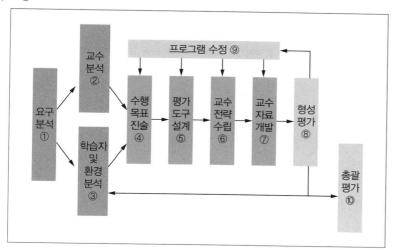

용어해설

▼ 수업사태

수업상황에서 학습에 영향을 미치는 외적인 환경 자극을 말한다. 가네는 단위 수업에서 주제나 목표를 달성하기 위하여 활용할 수 있는 9가지 자극 활동(교수방법)을 제시하였다.

개념더하기   가네(Gagne)의 9가지 수업사태

1. 주의력을 획득하기
2. 학습자에게 수업목표 알리기
3. 선수학습의 회상 자극하기
4. 자극 제시하기
5. 학습 안내 제시하기
6. 수행 유도하기
7. 피드백 제공하기
8. 수행 평가하기
9. 파지와 학습의 전이 증진하기

2 실즈와 리치(Seels & Richy)의 애디(ADDIE) 모형

(1) 개념

① 교육적 요구를 분석하여 대안을 찾아내고, 이를 실행하기 위한 교육과정을 설계 및 개발하여 실행한 후에 결과를 평가하는 수업설계 모형

② 교수 체제 설계 및 개발 시 일반적으로 가장 널리 활용되는 기본 모형

(2) 절차

분석(Analysis)	요구분석, 학습자 분석, 환경분석, 과제(내용)분석
설계(Design)	수행목표 설계, 평가도구 개발, 학습내용의 계열화, 교수전략 및 매체 선정
개발(Development)	교수자료 개발 및 프로그램 제작, 형성평가를 통한 수정 및 보완

확인문제

01 딕과 캐리의 수업설계 모형에서 설계의 각 단계별 수정과 보완 작업은 프로그램 수정 과정에서 이루어진다.

(O / X)

02 실즈와 리치의 ADDIE 모형은 교수 체제 설계와 개발 시 가장 일반적으로 활용되는 모형이다. (O / X)

정답 01 O 02 O

실행 (Implementation)	사용 및 설치, 유지 및 관리, 지원체제 강구
평가 (Evaluation)	총괄평가 및 교육성과 평가, 교수 프로그램의 효율성 평가

(3) 모형

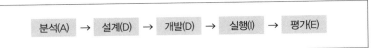

3 하이니히(Heinich)의 ASSURE 모형

(1) 개념

① 교육에 있어 교수매체와 자료를 효과적이고 체계적으로 활용하기 위한 절차를 제시한 모형

② 개별 교사가 매체와 공학을 학급에서 사용할 때 적용하기 알맞은 수업모형

(2) 절차

학습자 분석(Analyze Learner)	학습자의 특성 파악 · 분석
목표진술(State Objective)	학습자가 달성해야 할 목표를 진술
교수방법 · 매체 · 자료 선정 (Select method, media and materials)	학습자의 특성과 목표진술을 가지고 적합한 자료를 선정
매체와 자료의 활용 (Utilize media and materials)	자료 사전 검토 및 연습, 수업준비, 장비 · 시설 준비
학습자 참여 유도 (Require learner participation)	학습자의 적극적 반응 유도, 즉각적 피드백
평가와 수정 (Evaluate and Revise)	학습자의 성취도 평가, 수업 수정

(3) 모형

A 학습자 분석	S 목표진술	S 교수방법 · 매체 · 자료 선정	U 매체와 자료의 활용	R 학습자 참여 유도	E 평가와 수정

확인문제

01 ADDIE 모형의 절차는 '분석 → 설계 → 개발 → 실행 → 평가' 순으로 이루어진다.
(O / X)

02 하이니히의 ASSURE 모형의 절차에서 교수방법과 매체, 자료를 선정한 다음에는 학습자 분석이 이루어진다.
(O / X)

정답 01 O 02 X

해설

02 '학습자 분석 → 목표진술 → 교수방법 · 매체 · 자료선정'의 순으로 진행된다.

4 Kemp 모형

(1) 개념

① 지속적인 계획, 설계, 개발 및 평가를 도입하였으며 요소들이 정해진 순서에 따라 진행되는 것이 아니라 실제 수업상황에 맞추어 융통성 있게 변화하여 사용할 수 있음

② 다른 모형과 달리 '지원체제'가 포함되어 있음

(2) 절차

학습요구, 목적, 우선순위/제한요소 확인	수업 요구 자료 수집과 포괄적 목적 설정, 제한요소와 우선순위 고려
주제 및 과제, 일반목표 설정	일련의 주제 설정과 주제에 적절한 목표 진술
학습자 특성 분석	학습자의 연령, 배경, 선수학습정도, 흥미, 동기, 학습능력, 학습방식 분석
교과내용 및 과제분석	보다 논리적이고 구조적으로 세분화
학습목표 진술	학습목표를 명확히 진술
교수-학습활동 선정	실제 수업상황에 맞추어 사용할 수 있는 교수-학습활동을 효율적으로 구성
수업자원 선정	수업주제, 목표, 내용에 가장 적절한 교수-학습자료를 선정하고 수업설계 전체 과정의 관계를 세심하게 고려
수업지원체제 확립	그해 필요한 지원을 예산, 시설, 기자재, 시간, 인원 측면에서 검토해본 후 그에 따른 대책 마련
학습성과 평가	의도된 학습목표에 근거하여 학습자가 획득한 지식 및 기능을 평가하여 타당성과 적절성 확인
사전검사(예비평가)	수업설계 자체의 효과성 및 적절성을 검토하기 위해서 맨 마지막에 다룸

(3) 모형

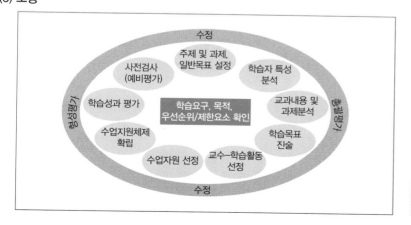

확인문제

01 Kemp 모형에서 가장 마지막에 다루는 것은 사전검사이다. (O / X)

02 Kemp 모형에서는 학습자의 특성으로 학습자의 신체적인 능력, 성격, 친화력 등을 분석한다. (O / X)

정답 01 O 02 X

해설

02 학습자의 연령, 배경, 선수학습정도, 흥미, 동기, 학습능력, 학습방식을 분석한다.

5 윌리스(Willis)의 R2D2 모형

(1) 개념

① 다양한 저작도구와 소프트웨어를 활용하여 다양한 대안들을 실험하고 탐구함
② 수업모형의 다각적 검토와 학습자에 대한 지속적인 피드백을 통해 수업 내용에 변화를 줌
③ 순환(Recursive), 반복(Reflective), 설계(Design)와 개발(Development)의 요소를 중시
④ 수업모형 설계에 있어 순환적이고 비선형적인 과정을 추구함
⑤ 세 초점(정의, 설계와 개발, 확산) 간에 지속적인 상호작용이 일어남

(2) 초점과 과제

초점	과제
정의	• 교수자, 학습자 등 수업모형 사용자들을 전체 설계과정에 참여시킴 • 전–단 분석(Front–End Analysis), 학습자 분석, 과제 및 개념 분석
설계와 개발	• 수업모형 사용자들의 참여 및 성찰을 최대화하고 형성평가를 통해 최종적 산출물을 완성해나가는 데 초점 • 매체와 형태 선정, 개발환경의 선정, 산출물 설계와 개발, 원형 개발(Rapid Prototyping)과 형성평가 중심의 평가전략 수립
확산	• 최종적 산출물의 포장, 보급 및 채택

(3) 모형

1 켈러(Keller)의 동기설계(ARCS) 이론

(1) 개념

① 켈러(Keller)는 학습 환경에서 학습자들의 동기를 유발하고, 유발된 동기를 계속 유지시키기 위한 전략을 ARCS 이론으로 발전시킴

② ARCS 이론은 수년에 걸친 경험적 연구의 결과로 수정·보완되었으며, 여러 가지 다른 수업 상황에 적용하면서 구체화됨

③ 켈러의 ARCS 이론은 3가지 결과 변인인 효과성, 효율성, 매력성 중에서 특히 '매력성'과 관련하여 학습자의 동기를 유발시키는 전략을 제공하고 있음

(2) 학습동기를 유발하고 유지시키는 변인

주의 (Attention)	주의는 동기의 요소인 동시에 학습의 선행조건으로, 동기적 관심은 주의를 획득하고 유지하는 것임
관련성 (Relevance)	가르칠 내용의 방식에서 나오는 것으로서, 내용 자체로부터 나오는 것이 아니라 학습자들이 현재 부딪히고 있는 문제들을 적절히 활용하는 것에서 나옴
자신감 (Confidence)	학습에서는 적정 수준의 도전감을 주면서 노력에 따라 성공할 수 있다는 자신감을 심어 주는 것이 중요함
만족감 (Satisfaction)	학습자로 하여금 자신의 수행에 대해 적절한 보상을 하도록 함

(3) 특징

① 인간의 동기를 결정지을 수 있는 여러 가지 다양한 변인들과 그에 관련된 구체적 개념을 통합한 4가지 개념적 범주(주의, 관련성, 자신감, 만족감)를 포함

② 교수·학습 상황에서 동기를 유발하고 유지하기 위한 구체적이고 처방적인 전략들을 제시

③ 교수 설계 모형들과 병행하여 활용될 수 있는 동기설계의 체계적 과정을 소개

2 브루너(Bruner)의 발견학습 이론

(1) 의의

① 인간의 인지구조와 지식구조와의 적합한 연결, 배합에 기초하도록 교육과정을 재구성한 것

② 피아제의 인지발달 단계설을 계승하여 발달단계에 적합한 인지구조가 있다는 것을 인정하여, '행동적 표상', '심상적 표상', '기호적 표상'으로 설정

(2) 특징

① 지식의 구조가 다양한 사실적 지식을 파생시키는 근원이 됨

② 지식의 구조는 그 구조가 먼저 존재하고, 그 구조가 각각의 요소들의 의미를 결정함

③ 경험의 새로운 영역을 개척하는 것도 가능함

④ 적절한 형태로만 학습 내용이 제공되면 아동은 항상 학습할 수 있음

⑤ 학습자가 정보의 구조를 파악하기 위해서는 능동적이어야 하고, 스스로 핵심적 원리를 파악해야 함

⑥ 중심 개념과 기본요소로 구성된 교재의 기본 구조에 대한 철저한 학습을 요구하며, 학습의 결과보다는 방법을 중요시함

3 캐롤(Carroll)의 학교학습모형

(1) 개념

① 완전학습의 이론적 토대를 제공

② 학습자의 학습 정도는 주어진 과제 학습에 필요한 시간에 대해 실제 학습에 사용한 시간의 비율에 따라 결정됨

(2) 내용

① $학습의 정도 = f\left(\dfrac{학습에 사용한 시간}{학습에 필요한 시간}\right) = f\left(\dfrac{학습지속력, 학습기회}{적성, 수업이해력, 수업의 질}\right)$

② 변인

구분		내용
학습에 필요한 시간	적성	• 최적의 학습조건 하에서 주어진 학습과제를 일정한 수준으로 성취하는 데 필요한 시간(적성이 높으면 시간이 줄어든다) • 학습자 변인
	능력 (수업 이해력)	• 수업내용이나 수업에서 사용되는 여타 자료나 학습절차를 이해하는 학습자의 능력(지능이 높을수록 학습에 필요한 시간은 줄어든다) • 학습자 변인
	교수의 질 (수업의 질)	• 학습과제의 제시, 설명 및 구성이 학습자에게 최적의 상태로 접근된 정도 • 수업(교수)변인
학습에 사용한 시간	학습지속력	• 학습자가 인내심을 발휘하여 학습에 더욱 많은 시간을 보내려고 하며, 학습과정에서의 불편과 고통을 이겨내고 실제로 학습하는 데 사용한 시간 • 학습자 변인
	학습기회	• 어떤 과제의 학습을 위해 학생에게 실제로 주어지는 시간량 • 수업(교수)변인

4 블룸(Bloom)의 완전학습이론

(1) 의의

① 캐롤(Carroll)의 학교학습모형에 그 이론적 기반을 두고 있음
② 학생들의 대부분(약 95%)이 수업의 내용을 약 90% 이상 학습하는 것을 완전학습이라고 보고, 이를 이룰 수 있는 방법을 찾고자 함

(2) 구성

개인차의 문제를 해결하기 위해 '수업 전 단계, 수업 활동 단계, 수업 후 단계'의 총 10단계로 구성

단계		내용
1	수업 전 단계	기초학습 결함 진단 : 선행학습 정도를 진단하여 학습 결손 유무 파악
2		기초학력의 보충 : 기초학력 진단을 통해 발견된 학습 결손을 보충, 해당 학생들에게만 실시
3	수업 활동 단계 (본 수업 단계)	수업 목표 제시
4		수업 활동 : 본 수업 활동
5		수업 보조 활동 : 본 수업과 연습, 실험, 실습, 시범 등을 병행
6		형성평가 실시 : 교과과정과 수업방법 개선이 목적
7		보충학습 : 형성평가 결과에 따라 학습이 부진한 학생에게 실시
8		심화학습 : 형성평가 결과에 따라 정상적인 진전을 보인 학생에게 실시
9		2차 학습기회 제공
10	수업 후 단계	종합평가 : 수업 종결 후 학생들의 학업 성취도를 종합적으로 평가하여 수업활동의 효율성에 대해 판단

(3) 한계점

① 완전학습 성취기준에 도달하려면 교사 부담이 커져 실패할 가능성이 높음
② 구체적인 목표 진술에 대한 합의가 부족함
③ 완전학습전략 수행에 요구되는 시간이 학교체제 내에서의 교육과정 구성이나 수업시간 배정상 어려움
④ 인지적인 학습과제에 국한되어 운동적 과제, 정의적 과제에 대한 배려가 부족함
⑤ 이론의 초점을 학습자, 학습과제, 수업조건에 둠으로써 기타 교육적 조건과 사회적 상황에 대한 고려가 없음
⑥ 교정 및 치료적 수업방법 및 자료가 부족함
⑦ 진단평가 및 형성평가를 위한 정교한 검사도구가 부족함

확인문제

01 캐롤의 학교학습모형에서 학습에 필요한 시간을 결정하는 데 중요한 변인으로는 적성, 능력, 교수의 질 등이 있다. (O / X)

02 블룸의 완전학습이론에 따르면 학생들의 90% 이상이 수업의 내용을 약 95% 이상 학습하는 것을 완전학습이라고 본다. (O / X)

정답 01 O 02 X

해설

02 학생 약 95% 이상이 수업의 내용을 약 90% 이상 학습하는 것을 완전학습이라고 본다.

▼ 프리맥의 원리
새로운 행동A는 그 행동에 이어 옛 행동B가 제시될 때, 즉 행동B가 행동A와 관련성이 있을 때 학습이 증진됨. 예를 들어 축구를 좋아하는 학생에게 숙제를 마치면 축구를 할 수 있게 해주겠다고 하는 것임

5 가네(R. M. Gagné)의 학습조건이론

(1) 의의

① 가네(Gagné)의 학습조건이론은 행동주의 관점과 정보처리이론 관점을 절충한 것으로 볼 수 있음

② 학습이란 인간의 성향(Disposition)이나 능력(Capability)의 변화가 일정 기간 지속적으로 유지되는 상태를 말하며, 단순한 성장 과정에 따른 행동 변화는 포함하지 않음

③ 하위요소를 먼저 학습하지 않고는 상위요소를 학습할 수 없다는 학습위계를 제안

④ 새로운 기능을 습득하기 위한 내적 조건과 내적 과정을 지원하는 환경적 자극을 강조

⑤ 기본적으로 해당 학습과제를 획득하기 위해서는 본질적인 내적 조건으로서 선수 학습이 되어 있어야 하며, 보조적인 내적 조건으로서 학습동기가 준비되어 있어야 함

⑥ 내적 조건과 함께 교수 방법으로서의 외적 조건이 조화를 이룰 때 성공적인 학습이 발생함

(2) 학습조건

내적 조건	선행학습	학습이 이루어지기 위해서 이전에 학습한 여러 가지 종류의 내적 상태가 필요함(필수적 선행학습 요소)
	학습동기	학습이 시작되는 단계에서는 학습하려는 자세를 가지도록 하고, 일단 학습이 시작된 후에도 학습에 대한 동기(과제동기, 성취동기 등)가 계속되도록 해야 함
	자아개념	학습에 대한 자신감이 있어야 학습이 시작되고 잘 진행되며, 긍정적인 자아개념은 학습동기와 더불어 학습의 필수조건임 (보조적 선행학습 요소)
외적 조건	접근의 원리	학습자가 반응해야 할 자극과 적절한 반응이 시각적으로 접근되어 있을 때 학습이 잘 됨
	반복의 원리	학습을 증진시키고 파지를 확실히 하기 위해 같은 내용을 반복하여 되풀이하거나 연습을 하는 것임
	강화의 원리	• 보상이 따르는 반응은 반복되는 경향이 있음 • 행동주의자들이 강조하는 학습조건의 하나로서, 가네의 경우 특히 프리맥의 원리를 강조

01 가네의 학습조건이론은 행동주의 관점과 인지발달이론의 관점을 절충한 것이다. (O / X)

02 가네의 학습조건이론에서 강화의 원리는 같은 내용을 되풀이하거나 연습을 하는 것이다. (O / X)

정답 01 X 02 X

해설

01 행동주의 관점과 정보처리이론 관점을 절충한 것이다.
02 반복의 원리에 대한 설명이다.

(3) 학습영역

구분	학습된 능력	성취 행동
언어정보	저장된 정보의 재생(사실, 명칭, 정보)	어떤 식으로 정보를 진술, 전달하기
지적기능	개인이 환경을 개념화하는 데 반응하도록 하는 정신적 조작	상징을 사용하여 환경과 상호작용하기
인지전략	학습자의 사고와 학습을 지배하는 통제 과정	기억, 사고, 학습을 효율적으로 관리하는 것
운동기능	일련의 신체적 움직임을 수행하기 위한 능력 및 실행 계획	신체적 계열이나 행위 시범 보이기
태도	어떤 사람, 사건에 관해 긍정적이거나 부정적인 행위를 하려는 경향	어떤 대상, 사건, 사람에 대해 가까이 하거나 멀리 하려는 개인적 행위 선택하기

(4) 학습의 9단계

단계		기능
학습을 위한 준비	1. 주의집중	학습자로 하여금 자극에 경계하도록 함
	2. 기대	학습자에게 학습 목표의 방향을 설정하도록 함
	3. 작동기억으로 재생	선수 학습력의 재생을 제공함
획득과 수행	4. 선택적 지각	중요한 자극 특징을 작동기억 속에 일시적으로 저장하도록 함
	5. 의미론적 부호화	자극 특징과 관련 정보를 장기기억으로 전이시킴
	6. 재생과 반응	개인의 반응 발생기로 저장된 정보를 재현시켜 반응행위를 하도록 함
	7. 피드백 및 강화	학습 목표에 대해 학습자가 가졌던 기대를 확인시켜 줌
재생과 전이	8. 재생을 위한 암시	이후의 학습력 재생을 위해 부가적 암시를 제공
	9. 일반화	새로운 상황으로의 학습 전이력을 높임

1 인터넷 윤리 교육 교수 방법의 종류

(1) 설명형 지도 방법

① 전통적인 교수 중심의 방법으로 교사가 직접 강의를 전달하는 방법

② 가장 일반적으로 사용하는 형태이며 대표적으로는 강의법이 있음

③ 사실적인 내용 전달과 주제 소개·개념 정의 등 어려운 내용을 설명하는 데 효과적임

④ 전달하는 메시지를 표정이나 몸동작 등으로 표현, 제한된 시간 내에 사실적 정보와 개념을 명확하게 전달함

⑤ 지루함으로 학습자의 학습 의욕이 상실될 수 있는 단점이 있음

⑥ 인터넷 윤리 교육 적용방법 : 인터넷 윤리에 대한 기초 지식과 정보를 강연식으로 전달

⑦ 유의 사항

의미성	학습수준에 적합하고 내용과 관련성이 명백해야 함
명료성	설명 또는 제시하는 예가 명료해야 함
다양성	학습자의 이해를 돕기 위해 여러 유형의 사례 사용이 필수
흥미성	주의를 끌 수 있는 자극적인 요소가 있어야 함
간결성	복잡한 내용일수록 간단하게 표현해야 함
구체성	구체적 사례들이 사용되어야 함
논리적 계열성	설명 또는 제시의 순서는 논리적이어야 함
포괄성	내용 전반을 포괄할 수 있는 사례를 사용해야 함

(2) 시범형 지도 방법

① 실습을 통해 지도하는 방법으로 학습해야 할 내용을 제시하고 학습자가 관찰함

② 시범내용의 관찰을 통해 동감하고 행동의 성취를 강화함

③ 교수자의 통제 하에 학습자가 실제 학습해보는 것이 효과적임

④ 교수자의 언어적 설명에 제한점이 있을 경우 효과적임

⑤ 필름, 슬라이드, 비디오, 신문기사 등 다양한 매체 활용

⑥ 인터넷 윤리 교육 적용방법 : 인터넷 윤리 관련 시청각 자료 제시, 관련 연구 사례 제시, 시범과 실습, 상담센터 방문 등

(3) 탐구형 지도 방법

① 탐구영역 속에서 교사와 학습자가 함께 지식을 발견해나가는 방법
② 탐구할 주제를 학습자 스스로 결정함
③ 교수자는 주제를 안내해주는 역할
④ 인터넷 윤리 교육 적용방법 : 인터넷 실명제에 관한 토론, 인터넷 역기능 실태 및 해결방안에 대한 토론, 사이버 테러 예시를 설정하고 해결 방법을 위한 결론 도출, 정보 보안 실태 탐구

(4) 활동형 지도 방법

① 학습자 주도성을 인정
② 교수자는 다양한 체험 및 활동 학습의 기회를 제공
③ 인터넷 윤리 교육 적용방법 : 인터넷 윤리에 대한 포트폴리오 제작, 컴퓨터 범죄 관련 기사 스크랩과 기사의 문제점 분석, 역할놀이와 토론 등의 활동, 불법 복제 소프트웨어 사용금지 약속 활동

2 인터넷 윤리 교육에서 교수자의 역할

① 탁월성(Excellence) : 인터넷 윤리 교육을 통해 학습자가 가져야 할 도덕적 탁월성이나 인격 특성을 명료하게 설정해주어야 함
② 환경(Environment) : 도덕적 탁월성이 중요시되는 교육 환경을 조성해야 함
③ 경험(Experience) : 학습자에게 다양한 경험과 실천의 기회를 통해서 자연스럽게 네티즌십을 습득할 수 있게 해야 함
④ 기대(Expectations) : 학습자가 도덕적 탁월성의 기준에 도달하려는 의욕을 갖도록 해주고, 기대수준에 도달하기 위해 도전할 수 있는 동기부여를 해주어야 함
⑤ 설명(Explanation) : 학습자의 이해를 높여주기 위해 교수자가 존중, 책임감, 자율성, 공동체 의식의 개념과 중요성을 설명해주어야 함
⑥ 조사(Examination) : 학습자에게 다양한 기회를 부여하여 타당한 결정을 내리게 하고, 의사결정을 정당화할 수 있는 윤리적 근거를 제시할 수 있도록 해주어야 함
⑦ 공감(Empathy) : 사이버 공간의 특성에 맞는 윤리 규범이 학습자에게 정립될 수 있도록 하고, 학습자가 공감능력을 키울 수 있도록 도와주어야 함

개념더하기 　도덕적 품성(도덕적 탁월성)

- 네티즌십(Netizenship) : 사이버 공간에서 건전한 네티즌으로 갖추어야 할 도덕적 품성
- 네티즌십의 구성요소 : 존중, 자율성, 책임감, 공동체 의식 등

확인문제

01 탐구형 지도 방법에서 주제는 교수자가 선택하여 학습자에게 제시한다. (O / X)

02 활동형 지도 방법의 예로는 포트폴리오 제작, 기사 스크랩, 역할놀이 등이 있다. (O / X)

정답 01 X 02 O

해설

01 탐구할 주제를 학습자 스스로 결정하고 교수자는 주제를 안내하는 역할을 맡는다.

▼ **팀 티칭**
전문성을 지닌 여러 명의 교사가 팀을 이루어 협력하여 함께 수업을 진행하는 방식으로 교수자들 간의 팀워크가 중요

▼ **동료교수법**
학습자 간에 가르치고 배우면서 학습하는 방법으로, 또래 친구들끼리 상호작용을 하며 서로 학습내용을 전달. 동료교수법에서는 학습자들이 서로 결과를 공유하고, 결과를 얻기까지의 과정도 협력하며 진행

▼ **CAI(컴퓨터 보조 수업)**
수업 활동에서 컴퓨터의 도움을 받는 것으로, 수업 내용이 소프트웨어에 담겨 있어서 교사가 학생들에게 수업 내용을 전달하기 위한 방법으로 컴퓨터를 이용

▼ **WBI(웹 기반 수업)**
비대면 온라인 수업으로, 수업 목표를 달성하기 위해 교실에서 사람에게 배우는 것이 아니라 인터넷의 웹을 주로 이용하여 공부하는 학습자 중심의 활동

확인문제

01 50명 이상의 학습 집단의 교수-학습 방법은 설명식 강의법이 적당하다. (O / X)

02 20명 이하 학습 집단일 경우, 역할극이나 모의실험, 게임, 토론법 등의 교수-학습 방법을 사용할 수 있다.
(O / X)

03 헤르바르트의 교수 4단계에서 (   ) 안에 들어갈 말은 '연합'이다.

| 명료-(   )-계통-방법 |
(O / X)

정답 01 O 02 O 03 O

3 교수-학습 방법의 선택 기준

① **학습자** : 학습 성향(수동성, 능동성, 논리성, 실용성), 학습 경험 정도, 인원 수, 흥미
② **학습 내용** : 유형(지적, 정의적, 심리적 영역), 목적 수준(암기, 이해, 분석, 종합, 문제해결)
③ **교육환경** : 활용 가능한 교수 매체 종류, 교실 공간 크기, 학습자 사이의 관계, 교수자와 학습자 간의 심리적 관계
④ **교수자의 교육관** : 교육철학, 교수-학습에 관한 지식, 교수 매체 선호도 등

4 상황에 따른 교수-학습 방법

교수-학습 상황				교수-학습 방법
인원	공간	내용	특징	
50명 이상의 학습 집단	전형적 교실 공간	개념, 원리 학습	새로운 지식 습득 중심	설명식 강의법, 팀 티칭
30~40명 정도 학습 집단	융통성 있는 학습 공간	심리적 영역	새로운 지식의 습득 및 숙달	동료교수법, 시범·실습
30~40명 정도 학습 집단(소집단 형성 가능)	융통성 있는 학습 공간	인지적 영역	새로운 지식 창출	소집단 협동학습, 문제중심학습, 사례기반 학습
20명 이하 학습 집단	전형적 교실 공간	태도 영역	임시 습득한 지식 강화	역할극, 모의실험, 게임, 토론법
개별 학습 가능	융통성 있는 학습 공간	개념 원리, 절차 학습	새로운 지식 습득 중심	CAI(컴퓨터 보조수업), WBI(웹 기반 수업)

5 교수 4단계와 5단계

(1) 헤르바르트(Herbart)의 교수 4단계 : 효과적으로 교수가 이루어지기 위한 과정

명료	학습해야 할 주제를 명료하게 제시하는 단계
연합	과거 배운 내용과 새롭게 배울 내용을 연관지어 해석하고 이해할 수 있게 돕는 단계
계통(체계)	기존 지식체계 안에서 새롭게 배운 내용을 자리 잡도록 하는 단계
방법	새롭게 배운 지식을 가지고 새로운 문제에 적용할 수 있도록 능력을 기르는 단계, 즉 새롭게 배운 내용을 확인하는 과정

(2) 레인(Rein)의 교수 5단계 : 헤르바르트의 제자로, 교수 4단계를 발전시켜 5단계로 제시

예비	학습자의 이해와 흥미를 촉진하기 위한 준비과정(동기유발)
제시	새로운 내용이 학습자에게 쉽게 동화될 수 있도록 구체적 사물 제시(내용 제시)
비교	새로운 내용과 이전의 내용을 비교하는 과정
총괄	비교를 통해 새로운 개념을 체계화하는 과정
응용	일반화한 법칙을 실제에 활용하는 과정

6 교수학습원리

① **개별화의 원리** : 학습자 각각의 특성을 고려한 학습 기회 제공
② **놀이중심의 원리** : 놀이를 통해 학습자의 생각과 의도를 파악, 내용에 적합한 놀이 제시
③ **생활화의 원리** : 일상생활 속에서 직접 경험을 통한 학습
④ **자발성의 원리** : 학습자의 흥미나 요구와 같은 내적 동기로 능동적인 학습에 몰입
⑤ **구체성의 원리** : 학습자가 실제 관찰하고 만지는 직접적인 학습
⑥ **통합성의 원리** : 학습자 발달의 영역들이 골고루 발달할 수 있도록 통합교육 지향
⑦ **융통성의 원리** : 다양한 학습의 가능성을 열어두고 학습자 스스로 활동하고 탐구하도록 하는 학습
⑧ **사회화의 원리** : 사회적 존재로서의 개인 발달을 위한 원리

7 교육 방법의 유형

(1) 강의법(Lecture Method)

① **개념** : 가장 오래된 전통적인 교수방법으로, 주로 언어에 의한 설명과 해설을 통하여 학생들을 지도하는 교수유형
② **장 · 단점**

장점	• 많은 인원에게 단시간에 많은 내용 전수 • 사실적 정보나 개념을 논리적이고 객관적으로 분명하게 전달 • 교사의 언어적 표현 능력에 따라 학습자를 용이하게 이해시킴 • 교사의 의지에 따라 학습량과 학습 환경을 자유롭게 바꿀 수 있음
단점	• 학습자의 능동적 참여가 어려움 • 교사–학습자 간 또는 학습자들 간 상호작용을 기대하기 어려움 • 교사의 능력이나 준비 부족이 학습자에게 미치는 영향이 큼

(2) 토의법(Discussion)

① 개념 : 정보, 의견, 아이디어 등을 나누는 상호작용을 통해 문제를 해결해 나가는 방법

② 유형 : 배심토의(Panel Discussion), 버즈토의(Buss Discussion), 공개토의, 심포지엄, 브레인스토밍

③ 장·단점

장점	• 학습자가 적극적으로 참여하여 학습 동기와 흥미를 유발 • 민주적인 태도 함양에 적합 • 상호 의견 교환 및 집단적인 문제 해결 과정을 학습
단점	• 집단의 크기가 클 경우 원활한 토론이 어려움 • 토론이 소수의 토론자에 의해 끌려갈 수 있음 • 많은 시간이 소요됨

(3) 문제중심학습(PBL ; Problem Based Learning)

① 개념 : 실제적인 문제를 협력적으로 해결하면서 학습이 이루어지는 학습자 중심의 교수–학습 방법

② 특징 : 비구조적 문제를 해결, 자기주도적 학습, 협동학습, 실제성

③ 장·단점

장점	• 학습자의 창의성과 능동적인 능력을 기를 수 있음 • 전인적인 발달을 통한 학습활동 유도 • 학습 주제에 대한 본질적인 흥미와 자기조절 학습 능력 향상 • 학습자의 정의적 영역의 학습활동 기대
단점	• 체계적인 기초학력을 기르기 어렵고, 학습의 노력에 비해 능률이 떨어질 수 있음 • 필요한 자료 수집에 대한 대안이 필요하며, 문제와 관련된 자료 탐색 능력이 부족할 때 비효율적임 • 자료를 찾는 데 많은 시간이 필요

(4) 협동학습(Cooperative Learning)

① 개념 : 학습 능력이 각기 다른 학습자들이 동일한 학습 목표를 향해 소집단 내에서 함께 활동하는 수업 방법

② 특징 : 적대감 해소, 전체적 학습자가 공동의 목표를 위해 상호작용하고 협력하는 태도와 능력을 향상시킴

③ 장·단점

장점	• 적극적인 태도, 타인에 대한 책임감과 존경심, 동료 간의 우정 등이 나타남 • 문제 해결 능력과 의사결정 능력 향상 • 긍정적 자아개념 유도
단점	• 구성원 간 갈등이 있을 경우 학습 효과 저하 • 구성원 일부의 책임 부족으로 구성원 간 분열 발생 • 능력 부재 시 학습자의 상호작용 기회 상실로 자아존중감 손상

5 콜버그(Kohlberg)의 도덕 발달에 따른 인터넷 윤리 교육

1 개념

① 콜버그의 도덕 발달 이론은 도덕적 사고가 여섯 가지의 발달 단계로 이루어진다는 이론으로 도덕성의 기준을 개인의 도덕적 판단 능력에 따라 구분
② 도덕 발달 단계를 크게 '전인습 – 인습 – 후인습' 수준으로 구분

2 단계 이론과 교육 내용

도덕 발달 단계			인터넷 윤리 교육 내용
전인습적 수준 (4~10세)	제1단계 – 타율적 도덕성	처벌과 복종 지향	• 인터넷 공간에서의 예의 및 규칙 교육 • 안전을 위한 위협상황과 대처 방법
	제2단계 – 개인적 · 도구적 도덕성	상대적 쾌락주의에 의한 욕구충족을 지향	
인습적 수준 (10~13세)	제3단계 – 대인관계적 도덕성	좋은 인간관계의 조화로운 도덕성을 강조하며, 착한 소년 · 소녀를 지향	• 사이버 폭력이나 저작권 침해 등 다른 사람에게 피해 주는 내용 교육 • 네티즌의 올바른 의식이나 인터넷 공간에서 바람직한 행동에 대한 교육 • 정보 보호 법률 교육
	제4단계 – 법 · 질서 · 사회 체계적 도덕성	사회질서 유지를 위해 법에 복종해야 한다는 점 강조	
후인습적 수준 (13세 이상)	제5단계 – 민주적 · 사회계약적 도덕성	민주적 절차로 수용된 법을 존중하는 한편, 상호합의에 의한 변경가능성을 인식	• 개인의 권리와 사회적 안전이 갈등하는 상황에서 어떤 것이 우선인지에 대한 토론 • 여러 가지 인터넷 윤리 현안의 실질적 해결책 강구에 대한 토론
	제6단계 – 보편윤리적 도덕성	개인의 양심과 보편적인 윤리원칙에 따라 옳고 그름을 인식	

6 사이버 공간

1 사이버 공간의 특징

(1) 등장 배경

개인용 컴퓨터 보급과 초고속 인터넷 망의 확산

(2) 특징

① **익명성** : 자신의 정체가 드러나지 않는 익명성의 특징을 지니므로 더욱 솔직하게 의견을 주고받으며 활발하게 활동함

② **개방성** : 성별, 국적, 연령과 무관하게 누구든지 접근 가능한 개방된 공간으로 시간적 · 공간적 제약이 없음

③ **다양성** : 수많은 정보가 넘쳐나는 공간으로 검색만 하면 내가 원하는 다양한 정보를 얻을 수 있음

④ **자율성** : 누군가의 강요가 아니라 자발적으로 자신이 원하는 활동에 참여하여 다양한 지식과 정보를 공유함

⑤ **수평적 공간** : 인터넷 카페의 회원들이 나이나 직업에 관계없이 서로 관심사를 나누고 좋은 정보를 공유하는 등 대등한 관계에서 의사소통함

⑥ **참여 공간** : 누구에게나 개방되어 있고 전통적인 권력이라도 독점 불가함

⑦ **출현적 공간** : 정적인 공간이 아니며, 새로운 규범이나 가치를 생성하는 공간임

⑧ **가상공간** : 현실을 뛰어넘은 공간임

2 사이버 공간에서의 일탈의 원인

① **탈육체의 비대면성** : 상대의 존재를 덜 의식, 사회실재감의 상실

② **익명성** : 개인 신분이 노출되지 않는 익명적, 탈억제 공간

③ **가상성** : 현실에 대한 구속 없이 자신의 욕구를 충족시킬 수 있는 초현실적 공간

④ **가치규범의 부재성** : 보편적 가치규범의 부재, 모든 규제로부터 자유로움

⑤ **재미와 호기심** : 오락을 목적으로 한 놀이 공간

⑥ **새로운 자아의 구현성** : 현실의 사회 위치와 역할로부터 자유로운 탈구조적 공간, 이상적이고 유동적이며 다양한 자아의 모습 구현 가능, 다중자아로 인한 정체성의 혼란과 불안정한 분절적 자아 경험

⑦ **기회의 용이성** : 누구나 접근이 가능, 시공간의 무제한, 육체적 노력 없이 한 번의 클릭만으로도 일탈이 가능

확인문제

01 사이버 공간은 시간적 · 공간적 제약이 있다. (O / X)

02 사이버 공간은 수직적인 공간으로, 수직적 관계로 의사소통을 한다. (O / X)

03 가상성은 사이버 공간에서의 일탈의 원인 중 하나이다. (O / X)

04 사이버 공간에서는 다양한 자아의 모습 구현이 가능하며, 이는 일탈의 원인이 되기도 한다. (O / X)

정답 01 X 02 X 03 O 04 O

해설

01 시간적 · 공간적 제약이 없다.
02 사이버 공간은 수평적 공간이다.

3 사이버 공간에서의 공격성

(1) 개념

사이버 공간에서 다양한 형태로 다른 사람에게 가해지는 괴롭힘

(2) 특징

① 본능적으로 공격적 충동을 가지고 있을 수 있음

② 폭력적인 게임을 통해 공격 행위가 학습되고, 폭력물을 오래 볼 경우 점점 폭력적인 것에 둔해짐

③ 사회규범이나 도덕, 윤리 등의 이유로 표출되지 못한 감정이 축적되어 나타남

④ 목표 달성이 좌절되었거나 목표 도달 방법이 차단되었을 때 나타남

⑤ 공격 행위에 대한 학습과 모방이 그 원인 중 하나임

4 사이버 공간이 인간 심리에 끼치는 영향

익명성	새로운 성격 창조, 다양한 자아 탐색 → 사람의 말과 행동이 급변할 수 있음
몰입의 체험	인터넷 채팅, 게임, 동호회 활동 → 몰입 체험을 통해 행복감을 느끼고 성장할 수 있음
집단행동의 논리	동호회 등 군중 속의 개인 → 자신의 언행에 대한 도덕적 심사숙고의 가능성이 적음
정서적 유대	자유로운 의사소통과 평등관계를 유지 → 정서적으로 유대감을 느낌
일회적 인간관계에 집착	충동적 행동 성향을 보이기 쉽고, 지속적인 인간관계가 어려움
현실도피 가능성	사이버 공간의 자아로 끝까지 살고 싶어함

5 사이버 공간에서의 자아정체성

(1) 사이버 공간에서의 자아정체성 문제

① 현실의 자아와 사이버 공간에서의 자아를 착각

② '나'라는 동일성과 연속성을 유지하기 힘듦

③ 일회적인 인간관계로 인한 충동적 행동 성향 표출

(2) 바람직한 자아정체성을 위한 노력

① 사이버 공간에 적응할 수 있도록 다양한 정체성의 표현

② 가상공간의 익명성과 자유로움을 활용함

③ 자아정체성에 대한 탐색을 통해 신념과 가치관을 찾을 수 있도록 함

④ 사이버 자아를 현실 자아의 한 모습으로 인식함

⑤ 사이버 공간에서도 반드시 책임이 요구됨을 인식함

용어해설

▼ 자아정체성

'나는 누구인가'에 대한 해답으로, 자기를 다른 사람과 구별되는 독특하고 고유한 개인으로 자각하고 이에 부합된 자기 일관성 내지 연속성을 유지하고자 함

확인문제

01 폭력적인 게임이나 폭력물을 통해 공격 행위가 학습될 수 있다. (O / X)

02 사이버 공간은 인간관계에 대한 집착으로 지속적인 인간관계를 유지하게 한다. (O / X)

03 바람직한 자아정체성 확립을 위해 사이버 공간의 자아와 현실 자아는 분리해서 인식해야 한다. (O / X)

정답 01 O 02 X 03 X

해설

02 일회적 인간관계에 집착하고 지속적인 인간관계가 어렵다.

03 사이버 자아를 현실 자아의 한 모습으로 인식한다.

- 다양한 자기 연출 : 사이버 공간에서 자기가 원하던 것을 역할이나 위치를 변화하여 자기 변신의 욕구를 충족시키는 것
- 복합정체성의 형성(유동적 자아정체성) : 개인이 속한 사회와 공동체가 점차 다변화, 확대되고 이에 따라 환경도 복잡해지면서 사이버 공간에서 자신이 상대방에게 영향을 주는 동시에 영향을 받게 되고 이를 통해 자아는 유동적이 됨

6 사이버 공간에서의 표현의 자유와 한계

(1) 사이버 공간에서의 표현의 자유

① 표현의 자유는 헌법상 기본권의 하나임
② 표현의 자유는 참여와 연대로 이어져 민주주의 사회의 기반이 됨
③ 자신의 생각을 자유롭게 표현할 수 있어 자아실현이 가능

(2) 표현의 자유에 대한 한계

① 스스로 정화되는 능력이 부족하여 발생하는 문제점 : 무책임한 정보의 홍수, 불건전한 정보의 유통, 은밀하게 훔쳐보고 싶은 욕망
② 표현의 자유가 허용될 수 있는 범위 : 다른 사람의 권리를 침해하지 않고, 사회 질서를 지키는 범위 내에서 배려하고 존중하는 마음이 중요

(3) 사이버 공간에서 가져야 하는 도덕적 책임

① 상호존중 : 나 자신이 소중하듯 상대방도 소중한 사람으로 대하는 상호존중의 태도를 가져야 함
② 정의 : 모든 사람에게 사이버 공간이 주는 혜택과 이익을 공정하게 배분하도록 하는 정의를 이루어야 함
③ 책임감 : 자신의 정체가 드러나지 않는 사이버 공간에서는 더욱 책임감 있는 행동을 해야 함

7 사이버 교류 과정에서의 탈억제 효과

(1) 탈억제의 개념

① 현실세계보다 긴장이 적고 개방적으로 표현하는 현상
② 새로 사귄 사람이나 자신보다 힘이 센 사람에 대해서도 자신을 빠르게 노출하고 개방하는 것

(2) 탈억제의 역기능과 순기능

역기능	• 타인에 대한 배려보다는 자기중심적 활동 • 무례한 언행이나 증오 등
순기능	• 개인적인 내용의 공유 • 현실에서 드러내기 어려운 비밀 등의 표현이 보다 용이함

(3) 사이버 공간에서의 탈억제 요인

비동시성	의사소통 과정에서 실시간으로 상호작용하지 않을 수 있고, 타인의 즉각적인 반응을 다룰 필요가 없음
유아적 투사	다른 사람의 메시지를 자신이 자의적으로 해석하고, 자신의 소망이나 욕구 등을 상대에게 비추어 보는 경향이 있음
분열현상	온라인 세상을 현실세계의 요구와 책임에서 분리되어 있는 거짓 또는 가상의 차원에 살고 있다고 생각
지위 중립성	온라인 속 지위는 상대에게 알려지지 않거나 현실 공간에서의 지위가 영향을 미치지 못함
결과의 무시 또는 왜곡	자신의 이익을 위해 타인에게 피해를 줄 때 부정적 결과를 회피하거나 축소하려는 경향, 자신의 이득만 고려
익명성	사이버 공간에서 이름을 노출하지 않고 숨긴 채 행동
비가시성	상대가 당사자를 파악하기 어렵기 때문에 평소 하기 힘든 행동을 할 수 있음

8 사이버 윤리의 기본 원칙

① 존중의 원칙 : 자신에 대한 존중과 타인에 대한 존중으로, 자신에 대한 존중이란 스스로를 본래적 가치를 지닌 것으로 대우하는 것이고 타인에 대한 존중은 타인의 인격과 사생활, 지적 재산권 등을 존중하는 것임

② 책임의 원칙 : 정보 제공자 및 이용자는 자신의 행동이 가져올 결과를 신중히 생각하고 책임있게 행동해야 함

③ 정의의 원칙 : 정보의 진실성과 공정성, 완전성을 추구하며 다른 사람의 기본적 자유와 권리를 침해하지 않아야 함

④ 해악 금지의 원칙 : 사이버상에서의 비도덕적 행동을 지양하고 타인에게 피해를 끼치지 않아야 함

9 사이버 공동체

(1) 개념

인터넷에서 공통의 관심사를 기반으로 형성된 가상적인 공동체

집단에서 의사를 결정할 때 개인이 의사결정을 할 때보다 더 극단적인 의사결정을 하게 되는 현상. 개인으로서는 위험 부담을 느껴 그렇게까지 극단적으로 주장할 수 없는 내용에 대해 집단이 되면 혼자 부담지지 않아도 된다는 심리로 인해 더욱 과격한 주장과 극단적인 결정을 할 수 있게 됨

▼ 집단사고
집단에서 의사결정을 할 때 나타나는 집단착각 현상으로, 집단에서 의사결정 시 대안의 분석과 이의 제기를 억제하고 쉽게 합의하며 그 대안이 최선이라 믿고 합리화하려는 것을 말함. 특히 '우리' 의식이 강한 집단일수록 만장일치를 추구하고 반대 의견을 배척하여 집단사고의 발생가능성이 높아짐

01 인터넷에서 형성된 가상적인 공동체를 사이버 공동체라고 한다. (O / X)

02 사이버 공동체는 자유로운 가입과 탈퇴로 조직에 대한 강한 책임감을 갖는다. (O / X)

정답 01 O 02 X

해설

02 자유로운 가입과 탈퇴로 책임감이 부족하다.

(2) 특징
① 참여와 상호작용, 자발적인 커뮤니케이션이 중심이 됨
② 가입과 탈퇴가 자유로우며, 현실 세계보다 상대적으로 평등함
③ 지역적, 계층적, 시간적 한계를 초월함
④ 익명성을 띰
⑤ 호혜적이고 쌍방향적인 선물 경제의 형태를 취하고 있음
⑥ 공동체 내에서의 소통이 대부분 텍스트를 통해 이루어짐

(3) 문제점
① 권위적인 사람에게 맹목적으로 복종하는 경향이 있음
② 한 문제에 대해서 집단이 결정하는 경우 극단적인 결정을 하게 되는 **집단극화** 현상이 생김
③ 집단의 행동과 신념이 자신의 본래 태도와 다르더라도 집단의 행위와 태도를 따라함
④ 왜곡되고 비합리적인 **집단사고**의 문제가 발생함
⑤ 자유로운 가입과 탈퇴로 책임감이 부족함

7 생활지도의 기초 및 활동

1 생활지도의 개념 및 목표, 올바른 방향

(1) 생활지도의 개념
① 학습자 스스로 자아정체성을 파악하여 자신의 능력에 맞게 지도하여 스스로 해결할 수 있도록 돕는 것
② 개인이 자기 자신과 자신의 세계를 이해할 수 있도록 돕는 과정(쉐르처와 스톤)

(2) 생활지도의 목표
① 자신에 대한 올바른 이해 : 개인의 존엄성과 가치에 중요한 기초를 둠
② 잠재능력의 개발 : 개인이 가지고 있는 잠재능력을 최대한 개발하여 성장·발달할 수 있는 경험을 제공하는 것
③ 자율적인 문제 해결 능력 신장 : 혼자의 힘으로 해결할 수 있는 능력을 길러줌
④ 전인적 인간 발달 : 지적인 발달은 물론, 사회적·정서적·신체적 발달이 골고루 이루어져야 함
⑤ 현명한 선택과 적응 : 자신의 처지에 맞는 현명한 선택을 하도록 하는 것
⑥ 민주시민의 육성 : 사회구성원을 민주시민으로 육성하는 역할 중 큰 부분을 담당

(3) 생활지도의 올바른 방향

① 모든 연령층을 대상으로 함 : 개인의 성장·발달의 도모가 목표이므로 어느 연령층에 국한되는 것이 아님

② 전인적 발달에 초점 : 지적 발달뿐 아니라 신체·사회·정신적 발달을 포함하는 전인적 발달이 이루어져야 함

③ 개인의 존엄성과 개인 발달에 초점 : 개성을 존중하며 독특한 개성이 개발될 수 있도록 도와야 함

④ 치료보다는 예방에 역점 : 발생 후의 치료가 아니라, 발생 전 예방에 역점을 두어야 함

⑤ 처벌이나 제지보다 성장 촉진에 역점 : 처벌이 아닌, 개인의 성장·발달을 촉진하는 데 역점을 두어야 함

⑥ 과학적인 근거에 기초 : 과학적으로 검증된 객관적 자료를 활용함

2 생활지도의 원리와 영역

(1) 생활지도의 원리

① 개인의 존중과 수용의 원리 : 모든 개인이 한 인간으로 존중받아야 한다는 원리(인간의 존엄성 인정)

② 자율성 존중의 원리 : 어떤 문제를 해결하는 것은 본인 스스로 문제의 핵심을 파악하고 가능한 방안을 탐색하여 본인이 최종적으로 결정을 내리는 것

③ 적응의 원리 : 개인의 생활에 대한 적응을 도와주며 개인의 능력과 인성 형성에 있어서 능동적이고 적극적인 면을 강조

④ 인간관계의 원리 : 태도와 가치관의 변호나 인성적 감화와 같은 정의적인 학습과 관련

⑤ 자아실현의 원리 : 모든 개인의 자아실현을 성취하게 하는 것이 목적

> **개념더하기** 쉐르처와 스톤의 생활지도 원리(1981)
>
> • 개인의 발달 과정에 초점 : 자신 스스로에 대해 이해하고 탐구할 수 있도록 지도함
> • 협력을 지향 : 강제 및 강압이 아닌, 상호가 동의한 긍정적인 분위기여야 본인이 대처해야 하는 문제에 대한 이해 및 해결 능력을 기를 수 있음
> • 연속적·지속적·교육적인 과정 : 학교나 하나의 현장에 국한된 것이 아닌, 개인이 자아를 발견하고 성숙해질 때까지 지속적이고 연속적으로 이루어져야 함
> • 자기 발달에 대한 능력치 배양 : 개인 스스로 자아를 개척할 수 있도록 기회를 주어야 하며, 자아 실현을 할 수 있는 능력을 갖출 수 있게 해야 함
> • 인간의 권리 및 존엄성, 가치 인정 : 인간의 존엄성에 대한 믿음을 바탕으로, 민주주의에 입각한 평등과 자유를 실현하기 위해 노력해야 함

(2) 생활지도의 실천원리

① **전인적 원리** : 지·덕·체의 조화를 통한 전인적인 인격 발달을 위해 노력해야 함

② **균등의 원리** : 문제를 일으킨 몇 명의 대상에게만 하는 것이 아닌 전체 대상을 향해 이루어져야 함

③ **적극성의 원리** : 처벌보다는 예방하고 지도하는 사전 활동에 초점

④ **과학적 기초의 원리** : 주관적 판단이 아니라 구체적이고 객관적인 근거로 실시

⑤ **계속 지도의 원리** : 일회성이 아니라 계속되어야 함

⑥ **협동성의 원리** : 가정-학교-사회가 유기적으로 연대하고 협력하는 체제 구축 필요

(3) 생활지도의 영역

① **인성지도** : 개인의 정서, 대인관계, 가족관계, 가치관 등의 문제에서 개인의 성격을 올바르게 하고 원만한 인격적 소질을 육성하기 위한 지도활동

② **사회성 지도** : 개인의 사회에 대한 바람직한 적응으로 사회적 가치를 높이는 것. 즉 사회에서 충실히 생활할 수 있도록 사회적 생활 태도나 기술·자질을 기르기 위한 조력활동으로서, 인성과 협동심의 함양, 대인 관계 유지, 봉사정신 발휘 등을 강조

③ **교육지도** : 학습자의 개인·능력·흥미 등에 초점을 맞춰 교육함으로써 학습자 스스로를 최대한 발전시키기 위한 활동

④ **건강지도** : 신체적 건강뿐만 아니라 정신적 건강을 위한 지도도 포함

⑤ **직업 및 진로지도** : 학습자의 직업이나 진로를 위한 적성과 흥미를 조사, 직업 정보의 제공, 직업이 요구하는 태도·지식·기능을 개발하여 올바른 직업관을 갖도록 하는 활동

⑥ **여가지도** : 학습자가 여가를 즐겁고 보람되게 보낼 수 있도록 돕는 활동

⑦ **성 교육 지도** : 학습자의 성에 대한 올바른 지식과 태도 습득, 성 문화에 대한 건전한 태도 형성 및 올바른 성 역할 행동의 실천에 대해 지도

3 생활지도의 활동

① **학습자 조사활동** : 학습자들을 정확하게 이해하고 지도하는 데 필요한 각종 자료를 수집하는 활동

② **정보제공활동** : 학습자들이 필요로 하는 여러 가지 정보 및 자료를 제공하여 개인적 성장과 사회적 적응을 돕기 위한 활동

③ **상담활동** : 생활지도 중 가장 중요한 활동으로 학습자의 자율성과 문제해결력을 키우며, 정신건강 함양을 적극 돕는 활동

④ **정치활동** : 학습자의 능력과 적성에 알맞게 배치하는 활동으로 상담활동을 마친 학습자가 스스로 직업이나 진로의 선택을 할 수 있게 도와주는 활동, 학교·학과·과목의 선택이나 학급활동·동아리 활동의 선택 등과 같은 교육적 정치와 직업 및 진로와 직업의 선택 등과 같은 직업적 정치가 있음

⑤ **추수활동** : 생활지도 후 학습자의 추후 적응 상태를 파악하고 선택한 일에 잘 적응하도록 돕는 활동

⑧ 인터넷 윤리 상담

1 상담의 정의 및 목표

(1) 상담의 정의
① 전문적 지식을 가지고 있는 상담자가 도움이 필요한 내담자의 심리적 고통 및 삶의 당면한 문제를 해결하도록 도움
② 내담자와 안전하고 친밀한 관계 형성으로 합리적 의사결정을 내릴 수 있도록 돕는 전문적인 활동

(2) 상담의 일반적인 목표
① 문제행동의 바람직한 방향으로의 전환
② 문제 증상의 제거
③ 정신건강의 증진 및 인간관계의 개선
④ 생활 장면에서의 적응기술 증진 및 합리적 의사결정기술 함양
⑤ 내담자의 잠재력 발현 및 개인적 효율성 증진

> **개념더하기** **상담의 기능**
>
> • **교육 및 발달적 기능** : 상담은 내담자가 바람직한 방향으로 행동을 변화시키고 심리적 성장·발달을 촉진하는 기능을 함
> • **진단 및 예방적 기능** : 내담자의 문제와 부적응 원인을 올바르게 진단한 다음, 이에 적절한 개입과 예방하는 기능을 함
> • **교정적 기능** : 내담자의 바람직하지 못한 행동이나 생각 등을 바르게 수정하고 해결하도록 조력하는 기능을 함
> • **치료적 기능** : 내담자의 심리적 고통이나 부적응 증상이 제거·치유되도록 돕는 기능을 함

확인문제

01 생활지도의 활동 중 정치활동은 학급활동·동아리 활동 등의 선택을 포함한다.

(O / X)

02 상담은 내담자와 안전하고 친밀한 관계 형성으로 합리적인 의사결정을 내릴 수 있게 돕는 전문적인 활동이라 할 수 있다. (O / X)

03 상담의 일반적인 목표 중 내담자를 관찰하고 문제 증상을 발견하는 것이 가장 중요하다. (O / X)

정답 01 O 02 O 03 X

해설

03 문제 증상을 제거하거나 바람직한 방향으로 전환하는 것이 더욱 중요하다.

2 상담의 기본 원리

① **개별화의 원리** : 내담자 각 개인의 독특한 특성을 이해하고 그에 적합한 방법을 활용하여 개입하는 원리

② **수용의 원리** : 가치 있는 개인으로 인정받고 싶은 욕구를 말하며, 이에 따라 내담자를 한 인격체로 존중하는 것

③ **자기결정의 원리** : 내담자의 자기선택과 결정을 존중하고, 이를 인식하도록 다양한 인적·물적·사회적 지원을 연계하여 돕는 것

④ **비판적 태도의 금지 원리(비심판적 태도의 원리)** : 사람은 남에게 심판받지 않으려는 욕구를 가지고 있으므로, 내담자의 특성 및 가치관을 비난하지 않아야 된다는 원리

⑤ **비밀보장의 원리** : 내담자에 대한 비밀정보의 보호를 의미하는 것으로 내담자 정보를 부득이한 경우를 제외하고는 비공개하는 것이 원칙

⑥ **의도적 감정표현의 원리** : 내담자가 자신의 감정을 자유롭게 표현할 수 있도록 상담자가 이를 격려하고 촉진하는 것(부정적 감정 포함)을 말함

⑦ **통제된 정서적 관여의 원리** : 내담자의 감정표현을 위해 상담자가 통제된 수준에서 정서적으로 관여하는 것을 말함

개념더하기 | **비밀보장의 한계**

다음과 같은 경우 상담자는 내담자의 비밀을 사전 동의 없이 관련자에게 공개할 수 있다.
• 내담자나 내담자 주변인에게 닥칠 위험이 분명하고 위급한 경우
• 법원의 명령이 있는 경우
• 내담자의 생명이나 사회의 안전을 위협하는 경우(약물 남용 등)
• 내담자에게 감염성이 있는 치명적인 질병이 있을 경우

3 상담의 기본 요건

① **공감적 이해** : 상대방이 경험하고 있는 것에 관하여 정확하게 지각하고, 그 지각에 관해서 의사전달을 할 수 있는 능력

② **존중** : 내담자를 그들의 행동과 분리시켜서 인간 그 자체의 가치를 순수하고 깊게 수용해주어야 함

③ **따뜻한 태도** : 내담자에 대한 관심과 애착을 긍정적으로 표현함으로써 가능

④ **솔직한 태도** : 언어적 행동과 비언어적 행동이 일치하게 행동해야 함

⑤ **구체성을 지닌 태도와 유머의 사용** : 태도를 구체적으로 하며 적당한 유머를 사용함

⑥ **직면** : 상대방의 말과 행동이 서로 모순되는 점을 지적하는 것으로, 즉각적인 직면은 위험하며 내담자와 좋은 관계가 형성된 후에 해야 함

⑦ **피드백을 통한 점검** : 상담자가 말한 것을 내담자가 이해하고 있는지 피드백을 통해 점검함

4 상담 이론의 종류와 목표

종류	목표
정신분석 상담	• 과거에 내담자 자신이 효과적으로 직면할 수 없었던 장면에 적절히 대처하도록 함 • 무의식의 내용을 의식 수준으로 끌어올려 각성하도록 함 • 현재 행동의 적절성 및 부적절성을 탐색할 수 있도록 함 • 문제행동의 원인을 통찰하고 새로운 행동을 가능하게 함 • 자아 기능을 강화함
개인심리 상담	• 어떤 징후의 제거가 아닌, 내담자 자신의 기본적인 과오를 인정하고 자신의 자아 인식을 증대시키도록 함 • 상담자는 내담자로 하여금 열등 콤플렉스와 생활양식의 발달과정을 이해하도록 하며, 그것이 현재 내담자가 가진 생활과제의 해결에 어떠한 영향을 미치는지 살피도록 함 • 상담자는 내담자가 스스로의 생활목표와 생활양식을 사회적 관심에 부합하도록 도움
행동주의 상담	• 바람직하지 못한 행동을 소거시키고, 효과적이고 바람직한 새로운 적응행동을 학습·유지시킴 • 행동수정의 바람직한 정적 행동은 더욱 증가시키고, 바람직하지 못한 부적 행동은 감소시킴으로써 이상행동자의 적응력을 높이도록 도움 • 상담목표는 명료하고 구체적이며, 이해하기 쉽고, 내담자와 상담치료자에 의해 합의된 것이어야 함 • 본래 현실적인 공포나 불안의 제거 및 학습을 통한 행동수정이 중요한 목표였으나, 최근에는 자기지도를 강조하는 추세임
실존주의 상담	• 내담자가 인생에서의 의미를 발견하고 발전시키도록 돕는 것임 • 인간이 의식적으로 자신에 대한 책임감을 수용하도록 하는 것이며, 용기 있고 진실된 삶을 살아가도록 도움을 줌 • 자신의 존재와 제한된 조건 안에서 자유와 선택과 책임 능력에 대한 인식(자각)과 수용을 증진시켜 자신의 가능성을 최대한 실현하도록 도와줌
인간중심 상담	• 인간중심 상담의 궁극적 목적은 내담자로 하여금 '완전히 기능하는 사람(Fully Functioning Person)'이 되도록 돕는 것 • 상담자는 상담과정에서 내담자가 방어적인 행동을 하게 하는 가치조건들을 해제하도록 조력함 • 상담자는 내담자가 유기체적 경험에의 개방성을 증대시킬 수 있도록 하며, 자아와 경험 간의 일치의 정도를 높일 수 있도록 원조함

개념더하기 　상담의 구성

• 이론 : 정신분석적 상담, 행동주의적 상담, 실존주의적 상담, 개인심리적 상담, 인간
중심 상담 등
• 대상 : 아동 상담, 청소년 상담, 성인 상담, 노인 상담
• 형태 : 개인 상담, 집단 상담, 진로 상담, 가족 상담
• 목적 : 발달 상담, 치료 상담, 예방 상담
• 방식 : 대면 상담, 인터넷이나 전화 등의 통신 상담

5 상담의 단계

(1) 상담의 초기단계

① 상담구조화

ㄱ 상담자가 상담이 어느 방향으로 전개될 것이며 최종목표에 도달하기 위해 얼마나 오랜 시간이 걸릴 것인지 등을 내담자에게 알리고 내담자의 기대를 조정하는 과정

ㄴ 상담의 초기단계에서 가장 먼저 진행

ㄷ 상담자가 내담자에게 상담절차나 조건, 비밀보장 등에 대해 설명

ㄹ 상담자와 내담자의 역할, 책임, 가능한 약속 등의 윤곽을 명백히 함

ㅁ 심리적 조력관계의 본질, 제한점 등을 규정

ㅂ 상담자와 내담자가 상담목표 및 진행방식에 합의

ㅅ 내담자가 상담에 대한 비현실적 기대를 갖고 있을 경우 중요성이 더욱 높아짐

② 라포 형성 : 상호 원활한 의사소통이 가능하도록 하며 촉진적 상담관계 형성

③ 내담자의 문제 이해 및 평가

ㄱ 호소문제(내담자가 호소하는 문제), 현재 및 최근의 주요 기능 상태, 스트레스 원인

ㄴ 호소문제와 관련된 개인사 및 가족관계, 외모 및 행동 등

④ 상담계획 수립

ㄱ 상담 초기과정 순서 : 구조화 → 관계형성 → 문제진단 → 사례개념화 → 목표설정 → 상담계획

ㄴ 첫 회 상담에서 상담자가 수행해야 할 사항 : 상담신청서 정보 확인, 접수면접 정보 확인, 상담구조화, 라포 형성

(2) 상담의 중기단계

① 과정적 목표 설정

② 문제해결을 위한 대안 모색

③ 직면을 통한 내담자의 변화 촉진

④ 상담과정에서 얻은 통찰을 실행에 옮기도록 도움

⑤ 호소문제와 관련된 감정, 사고, 행동 등을 인식하도록 도움

⑥ 상담기법 : 심층적 공감, 감정의 반영, 재진술, 자기개방, 피드백, 직면, 해석 등

01 상담구조화는 상담의 초기단계에 가장 먼저 진행한다. (O / X)

02 라포 형성은 상담의 중기단계에 이루어진다. (O / X)

정답 01 O 02 X

해설

02 상담의 초기단계에 형성된다.

(3) 상담의 종결단계

① 종결 시기 정하기

② 내담자의 정서적 반응 다루기(상담종결에 대한 불안 등)

③ 내담자가 상담과정에서 무엇을 얻었는지 확인

④ 내담자가 사용했던 효과적인 대처행동 검토

⑤ 내담자가 앞으로 사용할 수 있는 가용자원과 행동목록 점검

⑥ 변화 또는 효과의 유지 및 강화

⑦ 의존성 감소시키기 및 미래에 대한 계획 수립

⑧ 평가 및 정리하기

01 인터넷 윤리 교육의 원칙 중 아래 내용은 무엇인가?

> 인터넷 윤리 교육은 아는 것 · 믿는 것 · 행동하는 것의 조화를 추구하고, 정보화의 긍정적인 면과 부정적인 면을 골고루 잘 다루어야 한다.

① 균형 교육
② 기본 교육
③ 공동체 교육
④ 다문화 교육

해설 ① 제시문은 인터넷 윤리 교육의 원칙 중 균형 교육(Balanced Education)에 대해 설명하고 있다.

02 하이니히(Heinich)의 ASSURE 모형에서 학습자의 특성과 목표 진술을 가지고 적합한 자료를 선정하는 절차는 무엇인가?

① 학습자 분석
② 매체와 자료의 활용
③ 평가와 수정
④ 교수 방법 · 매체 · 자료선정

해설 ① 학습자 분석 : 학습자 특성을 파악 · 분석
② 매체와 자료의 활용 : 자료 사전 검토 및 연습, 수업준비, 장비시설 준비
③ 평가와 수정 : 학습자의 성취도 평가, 수업 수정

03 다음 이론은 무엇인가?

> • 다양한 저작도구와 소프트웨어를 활용하여 다양한 대안들을 실험하고 탐구한다.
> • 수업모형의 다각적 검토와 학습자에 대한 지속적인 피드백을 통해 수업 내용에 변화를 준다.
> • 순환(Recursive), 반복(Reflective), 설계(Design)와 개발(Development)의 요소를 중시한다.
> • 수업 모형 설계에 있어 순환적이고 비선형적인 과정을 추구한다.

① 실즈와 리치(Seels & Richy)의 애디(ADDIE) 모형
② 윌리스(Willis)의 R2D2 모형
③ Kemp 모형
④ 블룸(Bloom)의 완전학습이론

해설 ② 제시문은 윌리스(Willis)의 R2D2 모형에 대한 설명이다.

04 설명형 지도 방법에 대한 내용으로 틀린 것은?

① 가장 일반적이고 전통적인 교수 중심의 방법이다.
② 대표적인 예로는 강의법이 있다.
③ 교수자의 언어적 설명에 제한점이 있을 경우 효과적이다.
④ 지루함으로 학습자의 학습 의욕이 상실될 수도 있다.

해설 ③ 언어적 설명에 제한점이 있을 경우 효과적인 지도 방법은 시범형이다.

05 강의법에 대한 설명으로 잘못된 것은?

① 가장 오래된 전통적인 교수 방법이다.
② 많은 인원에게 단시간에 많은 내용을 전수하는 데 유리하다.
③ 학습자의 창의성과 능동적인 능력을 기를 수 있다.
④ 교사의 준비 부족이 학습자에게 미치는 영향이 크다.

해설 ③ 강의법은 교사의 언어에 의한 설명과 해설을 통해 학생들을 지도하는 교수유형이므로 학습자의 능동적인 참여가 어렵다. 창의성과 능동성을 기를 수 있는 대표적인 교수법으로는 문제중심학습이 있다.

06 사이버 공간의 특징에 대한 설명으로 옳은 것은?

① 자신의 정체가 드러나지 않는 익명성이 있어 솔직한 의견을 주고받기 힘들다.
② 사이버 공간에 접근하는 데는 시간적, 공간적인 제약이 있다.
③ 자발적으로 자신이 원하는 활동에 참여하는 자율성이 있다.
④ 사이버 공간은 수직적 공간이다.

 ① 자신의 정체가 드러나지 않는 익명성의 특징을 지니므로 더욱 솔직하게 의견을 주고받으며 활발하게 활동한다.
② 누구든지 접근 가능한 개방된 공간으로 시간적, 공간적 제약이 없다.
④ 인터넷 공간은 수평적 공간으로, 모든 사람들이 대등한 관계에서 의사소통한다.

07 사이버 공간에서의 자아정체성에 대한 설명으로 잘못된 것은?

① 현실의 자아와 사이버 공간에서의 자아를 착각할 수 있다.
② 환경이 복잡해지면서 유동적 자아정체성을 형성한다.
③ 사이버 자아와 현실 자아를 분리하여 생각해야 한다.
④ 사이버 공간에 적응할 수 있도록 다양한 정체성의 표현이 필요하다.

해설 ③ 사이버 자아를 현실 자아의 한 모습으로 인식한다.

08 상담의 기본 요건에 대한 설명 중 잘못된 것은?

① 내담자를 그들의 행동과 분리시켜 인간 그 자체의 가치를 순수하고 깊게 수용해주어야 한다.
② 언어적 행동과 비언어적 행동을 구분하여 일치하지 않게 주의한다.
③ 상담 시 태도를 구체적으로 하며 적당한 유머를 사용한다.
④ 상담자가 말한 것을 내담자가 이해하고 있는지 피드백을 통해 점검한다.

해설 ② 솔직한 태도를 가지고 언어적 행동과 비언어적 행동이 일치하게 행동해야 한다.

09 인터넷 상담의 목표로 적절하지 않은 것은?

① 문제 행동을 바람직한 방향으로 전환시킨다.

② 내담자의 신체건강을 증진시킨다.

③ 합리적 의사결정기술을 함양한다.

④ 내담자의 잠재력을 발현시키며 개인적 효율성을 증진시킨다.

해설 ② 정신건강을 증진시킨다.

10 Kemp모형에서 (   ) 안에 들어갈 단어로 옳은 것은?

주제 및 과제, 일반목표 설정 → 학습자 특성 분석 → 교과내용 및 과제 분석 → 학습목표 진술 → (   )
→ 수업자원 선정 → 수업지원체제 확립 → 학습성과 평가

① 교수–학습활동 선정

② 학습자 참여 유도

③ 평가와 수정

④ 매체와 자료 활용

해설 ① 교수–학습활동 선정은 실제 수업상황에 전개시키는 데 필요한 교수–학습활동을 효율적으로 구성하는 과정으로, 학습목표 진술 과정 후에 이루어진다. 교수–학습활동을 선정한 후에는 이에 필요한 수업자원을 선정한다.

11 다음은 켈러(Keller)의 동기설계(ARCS) 이론 중 무엇에 대한 설명인가?

• 가르칠 내용의 방식에서 나오는 것이다.
• 내용 자체로부터 나오는 것이 아닌, 학습자들이 현재 부딪치고 있는 문제들을 적절히 활용하는 것에서 나온다.

① 주의(Attention)

② 관련성(Relevance)

③ 자신감(Confidence)

④ 만족감(Satisfaction)

주의(Attention)	주의는 동기의 요소인 동시에 학습의 선행조건으로, 동기적 관심은 주의를 획득하고 유지하는 것임
관련성(Relevance)	가르칠 내용의 방식에서 나오는 것으로서, 내용 자체로부터 나오는 것이 아닌 학습자들이 현재 부딪히고 있는 문제들을 적절히 활용하는 것에서 나옴
자신감(Confidence)	학습에서는 적정 수준의 도전감을 주면서 노력에 따라 성공할 수 있다는 자신감을 심어 주는 것이 중요함
만족감(Satisfaction)	학습자로 하여금 자신의 수행에 대해 적절한 보상을 하게 함

12 **사이버 공동체의 특징으로 잘못된 것은?**

① 호혜적이고 쌍방향적인 선물 경제의 형태를 취하고 있다.

② 공동체 내에서의 소통이 대부분 텍스트를 통해 이루어진다.

③ 집단의 의사결정 시 집단극화 현상이 약화된다.

④ 권위적인 사람에게 맹목적으로 복종하는 경향이 있다.

해설 ③ 한 문제에 대해서 집단이 결정하는 경우 극단적인 결정을 하게 되는 집단극화 현상이 생긴다.

13 **생활지도에 대한 설명으로 잘못된 것은?**

① 학습자 스스로 자아정체성을 파악하고 자신의 능력에 맞게 지도하여 스스로 해결할 수 있도록 돕는 것을 말한다.

② 생활지도는 개인의 존엄성과 가치에 중요한 기초를 둔다.

③ 인간 발달의 여러 영역 중 특히 지적 영역의 발달을 중요한 가치로 둔다.

④ 사회구성원을 민주시민으로 육성하는 역할을 한다.

해설 ③ 지적 영역의 발달은 물론, 사회적 · 정서적 · 신체적인 발달이 골고루 이루어져야 한다.

14 상담의 기본 원리와 그 설명이 잘못 연결된 것은?

① 개별화의 원리 : 내담자 각 개인의 독특한 특성을 이해하고 적합한 방법을 활용하여 개입하는 원리이다.

② 수용의 원리 : 사람은 남에게 심판받지 않으려는 욕구를 가지고 있으므로, 내담자의 특성 및 가치관을 비난하지 않아야 된다는 원리이다.

③ 자기결정의 원리 : 내담자의 자기선택과 결정을 존중하고, 이를 인식하도록 다양한 인적 · 물적 · 사회적 지원을 연계하여 돕는 것이다.

④ 의도적 감정표현의 원리 : 내담자가 자신의 감정을 자유롭게 표현할 수 있도록 상담자가 이를 격려하고 촉진하는 것이다.

> **해설** ② 비판적 태도의 금지 원리에 대한 설명이다. 수용의 원리는 가치 있는 개인으로 인정받고 싶은 욕구를 말하며, 내담자를 한 인격체로 존중하는 것이다.

15 실즈와 리치의 애디(ADDIE) 모형의 절차 중 ㉠과 ㉡ 안에 들어갈 단어는?

| 분석 | → | ㉠ | → | 개발 | → | ㉡ | → | 평가 |

㉠ _____

㉡ _____

> **해설** **실즈와 리치(Seels & Richy)의 애디(ADDIE) 모형의 절차**
>
> | 분석(Analysis) | 요구분석, 학습자 분석, 환경분석, 과제(내용)분석 |
> | --- | --- |
> | 설계(Design) | 수행목표 설계, 평가도구 개발, 학습내용의 계열화, 교수전략 및 매체 선정 |
> | 개발(Development) | 교수자료개발 및 프로그램 제작, 형성평가를 통한 수정 및 보완 |
> | 실행(Implementation) | 사용 및 설치, 유지 및 관리, 지원체제 강구 |
> | 평가(Evaluation) | 총괄평가 및 교육성과 평가, 교수프로그램의 효율성 평가 |

정답 14 ② 15 ㉠ 설계, ㉡ 실행

인생이란 결코 공평하지 않다. 이 사실에 익숙해져라.

− 빌 게이츠 −

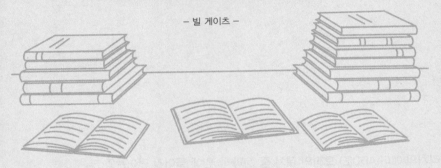

PART

02

실무편

| 기출 키워드 |

1 인터넷 · 신기술 트렌드 : AI 기술, 자율주행, 얼굴인식, 블록체인, 드론, 집단지성, BYOD, 스마트오피스, 스마트워크

2 정보공급자와 수용자 윤리 : 정보생산자, 정보제공자, 정보관리자, 정보공급자의 윤리적 쟁점, 네티켓, 모티켓, SNS

3 인터넷 · 신기술 활용 : 오픈마켓, 프로슈머, 트윈슈머, 결제대금예치제도(Escrow), i-PIN, 인터넷뱅킹, 정부24, 인터넷등기소, 홈택스

---

1 인터넷 · 신기술 트렌드

1 포브스(Forbes)가 선정한 2020년을 주도할 7가지 기술

(1) PaaS(Platform as a Service)

① 개념 : 단순한 클라우드 기반의 앱 및 정교한 응용 프로그램의 설계 · 개발 · 실행 · 배포에 필요한 하드웨어와 소프트웨어 등의 모든 리소스를 제공하는 플랫폼 환경

② 주요 내용 : 사용자가 AI 알고리즘이나 컴퓨팅 자원 서비스를 이용한 만큼만 비용을 지불하는 방식으로, 점차 AI를 이용한 애플리케이션과 플랫폼 제공 업체가 증가할 것으로 예상

(2) 5G 데이터 네트워크(5G Data Networks)

① 개념 : 5세대 모바일 네트워크를 의미하는 것으로, 네트워크의 데이터 전송 속도가 기가비트급 또는 최대 20Gbps에 이르며 대기 시간이 대폭 단축될 뿐 아니라 커버리지를 원격 영역까지 확장할 수 있음

② 주요 내용 : 5G 네트워크는 초고속 다운로드와 업로드 기능뿐만 아니라 보다 안정적으로 인터넷에 접속할 수 있으며, 대중화되면서 보다 저렴한 데이터 요금제의 제공 및 서비스가 확대될 것으로 예상

(3) 자율주행(Autonomous Driving)

① 개념 : AI 기반의 기술로서, GPS, 카메라, 센서 등을 이용해 운전자를 보조하거나 운전자 조작 없이 자율적으로 운전하는 기능

② 주요 내용 : 승용차에만 국한되지 않고 트럭 및 다른 분야에도 자율주행이 도입될 전망이고 차량 내 시스템의 다양한 기능들이 자동화될 것으로 예상

확인문제

과거보다 AI(Artificial Intelligence) 기술 활용범위 및 시장이 침체 · 감소하고 있다. (O / X)

정답 X

해설

AI를 이용한 시장이 확대 · 증가하고 있다.

(4) 개인화 및 예측 치료(Personalized and Predictive Medicine)

① 개념 : 유전자나 단백질 등의 개인 생체 정보를 활용하여 예방 및 치료 활동을 제공하는 제품이나 서비스

② 주요 내용

　㉠ 스마트워치 같은 웨어러블 기기에서 개인의 건강 데이터를 수집 · 분석하여 예측 치료 가능, 의사가 환자에게 더 정확하게 약을 처방하고 치료할 수 있는 정밀 의학 구현 가능

　㉡ 게놈(Genomics)과 AI 분야의 획기적 발전으로 질병 예방, 새로운 약물 치료에 관한 활발한 연구 · 개발

개념더하기 | 미래 헬스케어 산업의 '4P'

- Personalized : 개인의 유전적 특성(Profile) 고려
- Predictive : 건강상의 문제나 의약품에 대한 반응 등을 미리 예측
- Preventive : 질환에 이르는 것을 예방하기 위해 미리 건강관리에 집중
- Participatory : 헬스케어의 제반활동에 환자나 건강한 일반인 참여 강화

---

(5) 컴퓨터 비전(Computer Vision)

① 개념 : 컴퓨터가 시각적 세계를 해석하고 이해할 수 있도록 학습시키는 인공지능(Artificial Intelligence) 분야

② 주요 내용

　㉠ 컴퓨터 비전을 통해 카메라 · 센서로부터 수집한 이미지에서 사람 · 사물 · 장소 등을 정확하게 식별하여 광범위한 적용이 가능

　㉡ 자율주행 자동차는 주위 위험 요소를 파악하고, 보안 카메라는 24시간 모니터링하는 대신 특이 사항이 포착되면 관리자에게 전송하는 시스템 등으로 적용

　㉢ 컴퓨터 비전의 핵심기술은 얼굴인식이며 이에 따른 개인 사생활 보호 논란도 증가할 것으로 전망

(6) 현실 확장(Extended Reality)

① 개념

　㉠ 혼합현실(Mixed Reality, 현실 세계와 가상 세계가 상호작용할 수 있는 환경), 또는 혼합현실을 가능하게 하는 기술

　㉡ 3차원 공간에서의 상호작용 · 경험을 가능하게 하여 비대면 서비스에서의 현실적인 몰입도를 증대시킬 수 있는 기술로 주목 받음

② 주요 내용 : 기업 직원 훈련, 작업 가상 시뮬레이션, 증강현실 게임 등에 기술 적용

확인문제

01 컴퓨터 비전의 핵심은 얼굴인식 기술이며, 이에 따른 개인 사생활 보호 문제가 발생할 수 있다. (O / X)

02 현실 세계 배경에 3차원 가상의 이미지를 겹쳐서 하나의 영상으로 보여주는 기술을 '홀로그램'이라고 한다.
(O / X)

정답 01 O 02 X

해설

02 증강현실에 대한 설명이다.

---

(7) 블록체인 기술(Blockchain Technology)

① 개념 : 네트워크 사용자가 관리대상이 되는 모든 데이터를 분산하여 저장하는 데이터 분산처리 기술

② 주요 내용 : 블록체인 분야에 투자했던 다수의 글로벌 기업이 결실을 맺을 것으로 전망

2 포브스가 선정한 2020년 사람에게 가장 위협적인 7가지 기술

기술	주요 내용
드론 군단 (Drone Swarms)	• 군사 작전에 무인 항공기(드론) 사용 • 수색 및 구조 작업 효율성을 높이는 긍정적 기능도 있지만 대량살상무기를 장착한 경우 위협적
스마트홈 기기 감시 (Spying Smart Home Devices)	• 사용자 습관 · 행동 정보 추적 • 거실에 위치한 AI 스피커를 통해 가족 간 대화 내용을 수집, 구글맵을 통한 개인의 이동 정보 취득 등 개인정보 유출 가능성을 배제할 수 없음
얼굴인식 (Facial Recognition)	• 유용한 응용 프로그램이 개발되면서 서비스 적용 분야도 다양해졌지만, 악용의 소지도 높아짐 • 일부 국가에서 국민 감시, 위험인물 스캔 등의 용도로 얼굴인식 기술사용
AI를 이용한 복제 (AI Cloning)	• AI를 이용하여 음성은 물론 사진 · 동영상을 기초 데이터로 원본과 동일 · 유사한 복제 비디오 제작 가능 • 최근 개인 이미지나 동영상을 올리는 인터넷 SNS가 보편화되면서 일반인 피해 발생
랜섬웨어, 스피어피싱 (Ransomware, Spear Phishing)	• 컴퓨터 시스템 접근을 차단하고 금전적 요구를 강요하는 랜섬웨어 공격 증가 → AI는 이러한 범죄행위에 효율성을 더해줌 • 공공기관 또는 주변인을 사칭한 이메일 또는 문자를 통해 개인이나 기관을 공격하는 피싱 범죄
스마트 더스트 (Smart Dust)	• 최첨단 무선 네트워크를 통해 온도 · 빛 · 진동뿐 아니라 주변 물질 성분까지 감지하고 분석할 수 있는 초소형 센서 • 건강관리, 군사적 용도 등의 다양한 분야에 사용 가능한 첨단기술이지만 사생활 염탐 · 침범 우려가 큼
가짜뉴스 로봇 (Fake News Bots)	• 인간이 작성한 것보다 더 사실적 묘사를 구사하는 AI 기반 가짜뉴스 플랫폼 등장 • 가짜뉴스를 홍보 · 공유하여 개인 · 기업 · 정부에 심각한 불안 조성

3 기타 인터넷 · 신기술 관련 의미

① 집단 지성 : 다수의 컴퓨터 이용자 간의 상호 협동적인 참여와 소통으로 만들어내는 결과물. 인터넷으로 서로의 생각을 나누고 공유하는 데서 한 걸음 더 나아가 현실에서의 집합행동으로 연결되기도 함

② BYOD : 개인 소유의 노트북, 태블릿 PC, 스마트폰과 같은 단말기를 업무의 보조 수단으로 활용하는 것
③ 빅 데이터 : 디지털 환경에서 생성되는 수치와 문자, 영상 데이터를 포함하는 대규모 데이터
④ 스마트홈(Smart Home) : 가전제품을 비롯해 에너지 장치(수도, 전기, 냉난방 등), 보안기기 등을 통신망으로 연결해 모니터링, 제어할 수 있는 기술
⑤ 스마트오피스(Smart Office) : 도심에 있는 사무실로 출퇴근하는 대신 원격근무할 수 있도록 주거지 인근에 마련한 IT기반의 사무실
⑥ 스마트워크(Smart Work) : 시간과 장소에 얽매이지 않고 언제 어디서나 정보통신기기를 이용하여 일할 수 있는 근무 형태

2 정보공급자와 수용자 윤리

1 정보공급자의 의미

(1) 정보공급자의 개념
① 인터넷 공간상에서 문자, 이미지, 영상 등 정보를 제공하는 자
② 포털 사이트를 운영하는 인터넷사업자, 게임이나 동영상, 음원 등의 콘텐츠를 생산하는 콘텐츠사업자, 정보가 전달되는 통신망과 서버를 관리하는 통신망사업자 등

(2) 정보공급자의 분류(직무 유형)
① 정보생산자 : 실제 콘텐츠를 만들어 제공
② 정보제공자 : 콘텐츠가 실리는 공간을 제공
③ 정보관리자 : 이들 정보를 정보제공자와 정보이용자 간에 통신망을 통해 전달

정보생산자	정보제공자	정보관리자
• 각종 콘텐츠의 개발 · 생산 • 기존 콘텐츠의 가공처리를 통한 재생산	각종 콘텐츠의 배포 및 공급	각종 콘텐츠의 유통을 위한 서버 및 통신망 관리, 운영
• 게임 · 모바일 등의 개발자 • 신문이나 방송 등의 인터넷 사업자 • 블로그나 트위터 등의 SNS 정보게시자	• 포털사업자 • 모바일 앱스토어 • 콘텐츠 ISP, SNS 사업자	• 호스팅업체 • 인터넷 데이터센터 • ISP(KT, LG U⁺, SK브로드밴드)

2 정보공급자와 수용자의 윤리적 쟁점

(1) 정보생산자의 윤리적 쟁점

① **정보 보안** : 안전한 데이터베이스의 설계·관리, 접근제어기술의 개발
② **저작권 보호** : 정보생산자에 의해 생산된 소프트웨어, 게임, 그래픽, 웹페이지 등의 모든 결과물 포함
③ **표현의 자유** : 유해정보로 인한 역기능을 최소화하는 기본적인 행동지침에 따라 제한
④ **안전한 소프트웨어 개발** : 정보생산자는 자신이 개발한 소프트웨어에 대해 품질 안전성을 보장하여야 함
⑤ **기밀 유지** : 정보생산자가 자신의 직무수행 과정 중 취득한 지식이나 기업의 중요정보에 대해 기밀을 유지해야 함
⑥ **기타 윤리적 갈등** : 사업적 수익성과 도덕적 책무 간의 갈등, 고의적 악성 소프트웨어의 유포, 서비스를 빙자한 불법 개인정보의 취득

(2) 정보제공자의 윤리적 쟁점

① **프라이버시의 보호** : 댓글 및 게시물, 가입자 개인정보 노출, 스팸메일, 인터넷 중독
② **표현의 자유** : 불법유해정보의 유통을 방지하기 위한 여러 정책 시행
③ **저작권 침해** : 정보제공자는 자신이 제공하는 콘텐츠가 불법으로 배포되지 않도록 지속적으로 관리·감독해야 함 → 대부분의 포털이나 콘텐츠 ISP들은 저작권에 대한 책임한계를 고지하고 있으나, 이러한 일방적 책임고지에 의한 정보제공자의 윤리적 책임까지도 회피할 수 있을 것인지는 논의의 대상
④ **오픈마켓 유통구조에 대한 책임한계** : 관련 사업자 단체를 통해 엄격한 윤리강령 및 행동원칙 제시

(3) 정보관리자의 윤리적 쟁점

① **해킹 및 바이러스에 대한 대응** : 해킹과 바이러스로부터 고객의 정보를 안전하게 유지, 방화벽·IDS 등의 각종 보안장치를 설치·운영, 백신 및 패치 자동설치 프로그램에 의한 바이러스 차단 등
② **개인정보 보호** : 고객의 정보 유출 방지, 안전한 고객 정보의 전송, 암호화 프로토콜의 채용, VPN이나 웹 보안 등 다양한 보안장치의 기술적 대책, 개인정보보호정책과 같은 제도적 대책 강구
③ **장애발생 대응** : 서버나 통신망의 안정성과 신뢰성 보장

3 네티켓

(1) 네티켓

① 정의

ⓐ 통신(Network)과 예의(Etiquette)의 합성어로서 인터넷 사용자들이 인터넷 공간에서 지켜야 할 예의나 규칙, 즉 네티즌이 지켜야 할 규약

ⓑ 법적 제재에 의존하는 타율적 해결보다는 네티즌 스스로 자율적으로 사이버 공간의 문제를 미리 방지하고 이성적으로 해결해나가자는 적극적 의미를 지닌 자율적인 규범

개념더하기 네티켓의 10가지 원칙 및 네티즌 윤리강령

네티켓의 10가지 원칙

1. 가상공간에서 만나는 상대방도 나와 같은 인간이다.
2. 실제 생활과 똑같은 기준과 행동을 고수하라.
3. 현재 자신이 어떤 곳에 접속해 있는지 알고, 그곳 문화에 어울리게 행동하라.
4. 다른 사람의 시간을 존중하라.
5. 온라인상의 자신을 근사하게 만들어라.
6. 전문적인 지식을 공유하라.
7. 논쟁은 감정을 절제하고 행하라.
8. 다른 사람의 사생활을 존중하라.
9 다른 사람의 권력을 남용하지 마라.
10. 다른 사람의 실수를 용서하라.

네티즌 윤리강령

• 네티즌 기본정신
　1. 사이버 공간의 주체는 인간이다.
　2. 사이버 공간은 공동체의 공간이다.
　3. 사이버 공간은 누구에게나 평등하며 열린 공간이다.
　4. 사이버 공간은 네티즌 스스로 건전하게 가꾸어 나간다.

• 네티즌 행동강령
　1. 우리는 타인의 인권과 사생활을 존중하고 보호한다.
　2. 우리는 건전한 정보를 제공하고 올바르게 사용한다.
　3. 우리는 불건전한 정보를 배격하며 유포하지 않는다.
　4. 우리는 타인의 정보를 보호하며, 자신의 정보도 철저히 관리한다.
　5. 우리는 비속어나 욕설 사용을 자제하고, 바른 언어를 사용한다.
　6. 우리는 실명으로 활동하며, 자신의 ID로 행한 행동에 책임을 진다.
　7. 우리는 바이러스 유포나 해킹 등 불법적인 행동을 하지 않는다.
　8. 우리는 타인의 지적재산권을 보호하고 존중한다.
　9. 우리는 사이버 공간에 대한 자율적 감시와 비판 활동에 적극적으로 참여한다.
　10. 우리는 네티즌 윤리강령 실천을 통해 건전한 네티즌 문화를 조성한다.

　　※ 출처 : 방송통신심의위원회(구 정보통신윤리위원회) 네티즌 윤리강령(2000)

확인문제

01 네티켓은 Network와 Etiquette의 합성어로 인터넷 공간에서 사용자가 지켜야 할 예의나 규칙을 의미한다.
(O / X)

02 네티즌 윤리강령에 따라 사이버 공간은 정보관리자가 건전하게 가꾸어 나가야 한다.
(O / X)

정답 01 O 02 X

해설

02 사이버 공간은 네티즌 스스로 건전하게 가꾸어 나간다.

② E-Mail 사용 네티켓

    ㉠ 날마다 메일을 체크하고, 중요하지 않은 메일은 즉시 지우기

    ㉡ 수신한 메일을 발신자의 허가 없이 재전송하는 것은 예의에 벗어나므로 하지 않기

    ㉢ 자신의 비밀번호를 타인에게 절대 공개하지 않기

    ㉣ 메일을 보내기 전에 주소가 올바른지 확인하기

    ㉤ 답변할 때 상대방의 의견을 직접 인용하여 본문 내에 넣는 것은 삼가고 동의 여부만 간결하게 회신하기

    ㉥ 제목은 메시지 내용을 함축하여 간략하게 쓰기

    ㉦ 가능한 메시지 끝에 Signature(성명, 직위, 단체명, 메일주소, 전화번호 등)를 포함하되 간결하게 쓰기

    ㉧ 메일로 타인에 대해 말할 때는 정중함을 지키기

    ㉨ 타인에게 피해를 주는 언어(비방이나 욕설)에 각별히 유의하기

    ㉩ 행운의 편지, 메일폭탄 등에 절대 말려들지 않도록 하기

    ㉪ 말머리 제도를 이용하며(예 [긴급], [제안], [잡담] 등), 건전하지 않은 제목은 쓰지 않기

③ 웹문서 작성 네티켓

    ㉠ 문서상에 큰 그래픽 이미지를 넣지 않기. 불가피하게 넣어야 할 때는 그림명과 크기를 표시하고, 이를 선택할 경우만 볼 수 있도록 하기

    ㉡ 비디오나 오디오 파일을 포함할 경우 파일 크기를 미리 알려 사용자가 다운로드 시간을 예측할 수 있도록 배려하기

    ㉢ URL은 표준 표기를 따르도록 하고, 자주 바꾸지 않기

    ㉣ HTML 문서 하단에 작성자의 이메일 주소를 넣어, 사용자와 대화의 창 열어두기

    ㉤ 문서는 최소한 일주일에 한 번 이상은 갱신되어야 하며, 항상 최신 수정일을 문서 내에 포함하여 그 문서가 계속 운영되고 있음을 알려주기

    ㉥ 자신의 고유한 저작물에 대해서는 상표나 저작권을 기재하도록 하며, 사용자가 원하는 정보에 접근하기 위해 너무나 많은 화면을 거치지 않도록 하기

④ 게시판 네티켓

    ㉠ 게시판의 글은 명확하고 간결하게 쓰기

    ㉡ 게시물의 내용을 잘 설명할 수 있는 알맞은 제목을 사용하기

    ㉢ 문법에 맞는 표현과 올바른 맞춤법을 사용하기

    ㉣ 다른 사람이 올린 글에 대해 지나친 반박은 삼가기

    ㉤ 사실로 확인되지 않은 내용을 올리지 않도록 하기

    ㉥ 자기의 생각만을 고집함으로써 상대방에게 불쾌감을 주지 않도록 하기

⑤ 공개자료실 네티켓

    ㉠ 상업용 소프트웨어는 올리지 않기

    ㉡ 음란물은 올리지 않기

    ㉢ 공개용 소프트웨어를 올리기 전에는 반드시 바이러스 감염여부를 점검한 후 올리기

    ㉣ 유익한 프로그램이나 자료를 받았을 때는 자료를 올린 사람에게 감사함을 전하기

    ㉤ 공개자료실에 등록할 자료는 되도록 압축하여 올리기

⑥ 채팅 네티켓

    ㉠ 마주보고 이야기하는 마음가짐으로 말하며 만나고 헤어질 때는 인사하기

    ㉡ 대화방에 처음 들어가면 진행된 대화의 내용과 분위기를 경청하기

    ㉢ 엔터키를 치기 전에 한 번 더 생각하기

    ㉣ 동시에 몇 사람과 이야기할 때에는 상대방을 혼동하지 않도록 조심해야 하며 지극히 개인적인 논조는 피하기

    ㉤ 유언비어, 속어와 욕설 게재는 삼가고, 상호비방의 내용이나 타인의 명예를 훼손시킬 우려가 있는 내용은 금하기

    ㉥ 이모티콘이나 기호들을 적절히 사용하여 센스 있고 미소를 자아내는 대화를 유도하기

(2) 모바일 네티켓(모티켓)

① 개념

    ㉠ 모바일(Mobile)과 예절(Etiquette)의 합성어로 모바일에서 서로 간에 지켜야 할 기본예절

    ㉡ 모바일 세상에 사는 사람들이 모바일 네트워크를 포함한 온라인·오프라인 네트워크를 사용하면서 서로 간에 지켜야 할 기본예절

② 형태

실생활 모티켓	• 마주보고 이야기하는 느낌으로 통화하기 • 타인의 인격과 사생활을 존중하고 보호하며, 자신의 정보도 철저히 관리하기 • 건전한 정보를 제공하고 올바르게 사용하기 • 전화를 잘못 건 경우 반드시 사과하고 통화 실수에 대해 친절을 베풀기 • 지나친 휴대전화 꾸미기나 이벤트 참여는 자제하기 • 휴대전화의 디자인이나 기능으로 상대를 평가하지 않기
공공장소 모티켓	• 도서관, 강의실, 수업시간, 회의, 병원, 연주회 장소에서는 전원을 끄기 • 반드시 통화를 해야 할 경우에는 밖에 나가서 하기 • 통화는 간단히 하고, 다음 통화시간을 약속하고 끊기 • 대중교통 안에서는 주위 사람에게 피해가 가지 않도록 사용하기

③ 사용지침

청소년의 경우	• 통화할 때 고운 말 사용하기 • 수업시간이나 늦은 시간에는 문자 메시지를 보내거나 통화하지 않기 • 공공장소에서는 진동모드로 설정하며 큰 소리로 통화하지 않기 • 병원, 비행기에서는 안전을 위해 전원 끄기 • 카메라 폰으로 촬영할 경우 먼저 동의받기 • 부모님께 고가의 스마트폰 구입을 조르거나 자주 교체하려고 하지 않기 • 인터넷을 통해 불건전 정보에 접속하지 않기 • 계획성 있는 휴대전화 사용으로 요금 절약하기
학부모의 경우	• 스마트폰 구입의 목적을 명확하게 인지시키기 • 자녀의 명의로 휴대전화 서비스에 가입하기 • 부모가 먼저 휴대전화 사용예절 지키기 • 휴대전화를 사용함에 있어 경제 감각을 가지도록 지도하기 • 필요한 경우 전문가의 도움받기

(3) SNS 네티켓

① 소셜 네트워크 서비스(SNS ; Social Network Service)
  ㉠ 인터넷상에서 새로운 인맥을 쌓으며 폭넓은 인적 네트워크(인간관계)를 형성할 수 있도록 해주는 서비스
  ㉡ 인터넷에서 개인의 정보를 공유할 수 있게 하고, 의사소통을 도와주는 1인 미디어이자 1인 커뮤니티

② SNS의 특징
  ㉠ 짧은 텍스트를 사용하여 이용자 간에 소식을 주고받기 때문에 실시간으로 정보가 업데이트됨
  ㉡ 블로그와 메신저를 결합한 것과 같은 형태로 사용자들은 채팅하는 것과 유사하게 느낌
  ㉢ 초기에는 친목도모나 엔터테인먼트 용도로 활용
  ㉣ 현재는 비즈니스 마케팅, 각종 정보공유 등의 생산적 용도로 활용
  ㉤ 최근에는 인터넷 검색보다 소셜 네트워크 서비스를 통하여 최신 정보를 검색하고 활용하는 경향이 강함 → 일반 검색을 통한 정보보다 정보에 대한 신뢰성이 더 강력하게 전달되기 때문

③ SNS 네티켓 사용지침
  ㉠ 팔로워는 전파된 글을 사용할 경우 출처를 밝히고, 글을 가져간다는 사실을 알림
  ㉡ 팔로잉할 때 해당 사람에게 인사 메시지를 보내어 해당 사실을 알림
  ㉢ 인사 글이나 가입 추천이 있을 때 원하지 않는 경우라도 거절 의사를 밝히는 답글을 보냄
  ㉣ 상대방 동의 없이 해당 정보와 리스트를 광고나 홍보 등의 용도로 악용하지 않음

확인문제

01 SNS는 정보의 생산과 소비에 많은 시간이 소요된다.
(O / X)

02 SNS 팔로워는 전파된 글을 사용할 경우 출처를 밝히고 글을 가져간다는 사실을 알려야 한다. (O / X)

정답 01 X 02 O

해설

01 SNS는 짧은 텍스트를 사용하여 정보를 실시간으로 주고받는다.

ⓜ 여러 사람이 볼 수 있으므로 이에 적합한 표현을 사용해야 함

ⓗ 사생활이 침해되거나 불필요한 내용은 전송하지 않음

3 인터넷 · 신기술 활용

1 인터넷 경제활동

(1) 인터넷 쇼핑몰

① **개념** : 인터넷을 통해 상품을 판매할 수 있도록 설정된 가상의 영업장, 사이버몰이라고도 함

② **특징** : 전자문서로 거래가 되는 전자상거래에 해당, 비대면으로 청약을 받아 판매하므로 통신판매에 해당

③ **유형**

  ㉠ 목적에 따른 분류 : 단순광고, 판매증진, 특정 상품 판매, 일반 상품 판매

  ㉡ 판매형태에 따른 분류 : 자사몰(단일몰), 오픈마켓, 종합몰, 전문몰 등

종류	특징
자사몰 (단일몰)	• 자사의 정책 및 사정에 따라 가격 및 정책 등 변경 가능 • 특별한 혜택(프로모션, 이벤트) 제공 가능 • 광고비 지출 및 효율적인 마케팅을 위한 투자 필요
오픈마켓	• 온라인 채널에 입점해 판매하는 쇼핑몰로 별도의 판매 채널 없이 사용 가능 • 판매자는 소정의 상품등록 수수료와 판매 수수료를 해당 쇼핑몰 업체에 납부 • 인터넷을 통해 싼 가격에 물건을 구매하려는 소비자가 늘어나면서 저렴한 오픈마켓 방식의 쇼핑몰 시장 확대 • G마켓, 옥션, 11번가, 쿠팡, 티몬, 위메프 등
종합몰	• 백화점, 홈쇼핑 등과 연계되는 대형 쇼핑몰 • 입점하기 어렵고 수수료가 높은 단점 • 구매력 있는 고객 보유 → 높은 가격의 상품 판매 가능
전문몰	• 특정 상품을 전문적으로 판매 • 특정 상품에 대한 구매의사를 가진 고객 보유

확인문제

'플리마켓'이란 판매자와 구매자를 직접 연결하여 저렴한 가격으로 거래하는 인터넷 장터를 말한다. (O / X)

정답 X

해설

오픈마켓에 대한 설명이다.

ⓒ 설치형태에 따른 분류

종류		특징
복합 쇼핑몰	독 립 형	• 쇼핑몰의 구축, 운영, 홍보 등은 입점업체가 공동으로 하되 제 품의 품질보증과 제품 배달에 대해서는 직접적인 책임 없음 • 판매대금은 전자신용카드 등으로 직접 수령, 부가가치세 및 소비 세 납부 등은 입점점포가 개별적으로 책임짐(예 용산전자상가)
	종 속 형	• 제품의 판매를 쇼핑몰 운영자가 직접 담당하는 방식 • 쇼핑몰의 구축, 운영, 홍보, 물품의 배달뿐만 아니라 물품의 거 래에 따른 대금지불, 부가가치세 및 소비세 납부와 같은 일들을 쇼핑몰 운영자 측에서 처리함(예 가자주류판매, 종로서적 등)
	연 계 형	• 종속형의 특정 인터넷 쇼핑몰이 독립형의 다른 인터넷 쇼핑몰 에 독립형으로 입점하는 경우, 독립적으로 운영하고 있는 특정 쇼핑몰이 다른 쇼핑몰에 종속적인 관계를 가지는 경우, 특정 인터넷 쇼핑몰과 다른 인터넷 쇼핑몰이 단순 링크의 관계를 맺 는 경우 등 여러 가지 관계가 혼재하는 경우
단일 쇼핑몰		단일품목 혹은 연관성 있는 다수의 품목을 단일 점포가 운영하는 형태

④ 관련 법령
　　㉠ 전자상거래 등에서의 소비자보호에 관한 법률
　　㉡ 정보통신망 이용촉진 및 정보보호 등에 관한 법률
　　㉢ 전자문서 및 전자거래 기본법
　　㉣ 소비자기본법, 약관의 규제에 관한 법률

(2) 인터넷 경매
　① 개념 : 웹사이트를 통해 제공되는 사이버 거래 장소에서 회원 간에 물품 매
　　　매 거래가 이루어질 수 있도록 한 매매 방식(이베이(eBay), 야후 옥션 등)
　② 유형

일반경매	최고 입찰자에게 낙찰
즉시구매	판매자가 표시한 즉시구매가격에 입찰하여 즉시 낙찰 이루어짐
고정가판매	판매자가 단일하게 지정한 판매가에 입찰함으로써 낙찰이 이루어짐
특가경매	구매 수량이 늘어남에 따라 구매가격이 낮아지는 공동경매, 기업의 신상품 등을 경매로 판매

(3) 인터넷 소비자층의 분화

① 프로슈머(Prosumer)

ㄱ 신개념의 소비족 탄생을 촉발시킨 최초의 파생어로 앨빈 토플러(Alvin Toffler)가 '제3의 물결'에서 프로듀서(Producer)와 소비자(Consumer)의 조합어인 프로슈머를 처음 사용

ㄴ 대량생산에 의해 획일적으로 제조된 제품을 일정하게 소비하면서도 기업의 제품 생산과 유통, 판매 등에 직접 관여하여 자신의 취향에 맞게 제품 개발이나 서비스를 유도하는 소비자들

② 크리슈머(Creasumer)

ㄱ 스스로 신제품을 만들거나 새로운 서비스를 선보이는 소비족으로 창조적인(Creative) 소비자(Consumer)라는 의미

ㄴ 기존 제품을 평가하고 개선하는 수준에 머무르는 프로슈머에서 한 단계 더 진화하여 신제품 개발은 물론 파격적인 디자인 등을 기업보다 먼저 도입하여 기존에 없던 제품 개발에 기여

③ 트윈슈머(Twinsumer)

ㄱ 생각, 취미, 취향, 반응, 소비 등의 성향이 유사한 소비자로 트윈(Twin)과 소비자를 의미하는 컨슈머(Consumer)의 합성어

ㄴ 다른 사람들의 제품 사용 후기를 중요하게 여겨 물건을 구매할 때 참고하여 결정을 내리는 소비족으로 특히 인터넷으로 상품을 구매할 때 나타나는 새로운 소비 흐름을 의미

④ 모디슈머(Modisumer)

ㄱ 수정하다(Modify)와 소비자(Consumer)의 합성어

ㄴ 제조업체에서 제시하는 표준화된 방식이 아닌 소비자가 생각하는 방식으로 재창조하여 제품을 활용하는 소비자들

(4) 올바른 인터넷 경제 활동

① 인터넷 쇼핑몰 사이트에 사업자의 상호, 주소, 전화번호, 사업자등록번호, 이용약관 등의 정보가 정확하게 기재되어 있는지 반드시 확인

② 결제대금예치제도를 채택하고 있는 오픈마켓 또는 보증보험에 가입한 오픈마켓 선택

③ 신용카드로 대금을 결제하고 물건을 받는 즉시 이상 유무 확인

④ 무료 서비스, 지나치게 저렴한 가격, 사행성 이벤트 등을 동원한 판매는 품질에 하자가 있거나 사후 서비스를 받지 못할 우려가 있으니 각별히 주의함

⑤ 분쟁이 발생하였을 때 증거자료로 활용할 수 있도록 계약정보를 출력해 두고 문제가 있으면 공정거래위원회, 경찰청 사이버테러대응센터, 한국소비자원, 전자거래분쟁조정위원회 등에 신고하여 신속하게 대응하도록 함

⑥ 인터넷 쇼핑몰을 창업하는 경우 신뢰를 바탕으로 고객에게 물품을 판매하도록 함

확인문제

01 다른 사람의 소비 경험을 참고하여 물품을 구매하는 인터넷 소비자층을 무엇이라 하는가? (   )

02 인터넷 거래 분쟁 발생 시 증거자료로 활용할 수 있도록 계약정보를 출력해 둔다.
(O / X)

정답 01 트윈슈머 02 O

결제대금예치제도
제3자가 소비자의 결제대금을 맡아두고 있다가 인터넷 쇼핑몰 사업자의 상품배송이
완료된 뒤 사업자에게 대금을 지급하는 거래안전장치를 말하는 것으로 에스크로
(Escrow)라고도 함

소비자피해보상보험계약
소비자가 대금 결제를 한 뒤 상품을 받지 못했을 경우 그 피해를 보상해 주기 위해서
사업자가 보험사 등과 체결하는 계약

채무지급보증계약
사업자가 거래 과정에서 소비자에게 지급할 채무를 금융기관이 보증해 주는 제도

e-Trust
안전한 전자상거래를 위해 상업 웹사이트에 소비자보호 및 개인정보 보호정책과 구매
전 과정을 평가한 인증마크를 부여하는 제도

2 인터넷 금융거래

(1) 아이핀(i-PIN ; Internet Personal Identification Number)
　① 개념 : 인터넷상에서 주민등록번호 대신 사용할 수 있는 본인확인 수단
　② 발급기관 : 현재는 코리아크레딧뷰로, NICE평가정보, SCI평가정보 등의
　　　민간업체 홈페이지를 통해 신규 발급 가능
　③ 특징
　　　㉠ 이용자는 주민등록번호 유출과 오남용에 대한 위험을 크게 줄일 수 있음
　　　㉡ 사업자는 자체적인 주민등록번호의 수집ㆍ보관ㆍ관리에 대한 부담을
　　　　덜 수 있음

(2) 인터넷뱅킹
　① 개념 : 인터넷을 이용하여 자금이체, 송금 등과 같은 결제업무를 자동화하
　　　고 금융서비스의 네트워크화를 구현하는 것
　② 이용방법 : 공동인증서(구 공인인증서)로만 인증할 수 있었으나 현재 다양
　　　한 본인인증 수단을 통해 인증 가능
　③ 문제점 : 개인정보 보안 유지에 상대적으로 취약 → 보이스피싱 사건

공인인증서의 도입

• 개념 : 인터넷상에서 신원을 증명하기 위해 사용하는 전자정보로, 1999년 시행된 전자서명법에 의해 도입
• 특징 : 일련번호와 소유자 실명, 전자서명 검증키(공개키), 발행기관 식별명칭, 인증서 유효기간, 발행기관의 인증서 정책과 전자서명 값 등의 정보 포함 → 이를 통해 거래 당사자의 신원을 확인하며 문서의 위조나 변조 방지

오늘날의 공인인증서

• 도입 초기에는 전자상거래 활성화 등에 기여했으나 이후 시장독점을 초래하고 전자서명 기술과 서비스 발전을 저해하고 있다는 문제점 제기
• 2018년 9월 정부는 공인인증제도를 폐지하고 다양한 전자서명 수단을 활성화하는 내용의 전자서명법 개정안을 2020년 12월 10일부터 시행
• 기존의 공인인증서 제도는 폐지, 시장에서는 보다 다양한 전자서명수단 이용
• 일부 업체에서는 공인인증서를 공동인증서로 명칭을 변경하여 서비스 제공

(3) 인터넷 결재 및 거래

① 전자금융거래 관련 개념

㉠ 전자금융거래 : 금융회사 또는 전자금융업자가 전자적 장치를 통하여 금융상품 및 서비스를 제공(전자금융업무)하고, 이용자가 금융회사 또는 전자금융업자의 종사자와 직접 대면하거나 의사소통하지 않고 자동화된 방식으로 이를 이용하는 거래

㉡ 전자지급거래 : 자금을 주는 자(지급인)가 금융회사 또는 전자금융업자로 하여금 전자지급수단을 이용하여 자금을 받는 자(수취인)에게 자금을 이동하게 하는 전자금융거래

㉢ 전자지급수단 : 전자자금이체, 직불전자지급수단, 선불전자지급수단, 전자화폐, 신용카드, 전자채권, 그 밖에 전자적 방법에 따른 지급수단

② 특징

㉠ 이용 편의의 증대 : 영업점 방문이 필요했던 전통적인 금융거래의 시간적·공간적 제약을 극복할 수 있어 고객으로서는 금융서비스 이용 편의가 크게 증대

㉡ 금융기관의 수익성 제고 : 금융거래에 필요한 종이 사용량이 크게 감소하여 관리비용과 거래건당 처리 비용을 크게 낮출 수 있고 다양한 전자금융 전용 상품 및 서비스의 개발이 가능하여 높은 부가가치 창출 가능

확인문제

01 기존의 공인인증서 제도가 폐지되고 금융인증서 등의 다양한 전자서명수단이 이용되고 있다. (O / X)

02 전자금융거래의 발달로 고객의 이용 편의는 크게 증대되었지만, 금융기관의 거래 건당 처리 비용이 높아졌다. (O / X)

정답 01 O 02 X

해설

02 거래에 필요한 종이 사용량이 크게 감소하여 관리비용과 거래건당 처리 비용을 크게 낮출 수 있다.

③ 대표적인 은행 전자금융서비스

인터넷뱅킹	고객이 인터넷을 통해 각종 은행 업무를 원격지에서 편리하게 처리할 수 있는 새로운 형태의 금융서비스
모바일뱅킹	휴대전화나 스마트기기 등 이동통신기기를 수단으로 무선인터넷으로 금융기관의 사이트에 접속, 금융서비스를 이용할 수 있는 전자금융서비스
텔레뱅킹	고객이 은행창구에 나가지 않고 가정이나 사무실 등에서 전자식 전화기를 통하여 자동응답 서비스를 이용하거나 은행직원과 통화함으로써 자금이체, 조회, 분실신고 및 팩스통지 등을 할 수 있는 금융서비스
CD/ATM	고객이 금융기관 창구에 방문하지 않고도 24시간 365일 은행의 현금자동지급기(CD) 또는 현금자동입출금기(ATM)를 이용하여 현금인출, 계좌이체, 잔액조회 등을 이용할 수 있는 서비스
전자화폐	전자적인 매체(IC카드, 컴퓨터 등)에 저장된 화폐적 가치(Monetary Value)로서 상품 및 서비스 구매 대금결제에 사용될 수 있는 지급수단

개념더하기 | 주요 금융서비스의 특성 비교

구분	인터넷뱅킹	모바일뱅킹	텔레뱅킹	CD/ATM
매체	PC, 인터넷	휴대전화, 스마트기기	전화	CD/ATM
취급가능정보	문자, 화상, 음성	문자	음성	문자, 화상, 음성
이용 가능 장소	주로 가정과 직장	제약 없음	제약 없음	주로 번화가
시각성	화면이 커서 보기 쉬움	화면이 작아 정보표시에 한계	–	화면이 커서 보기 쉬움
통신료 부담	고객	고객	금융기관 (수신자부담)	금융기관

④ 문제점 및 개선방안
  ㉠ 전산화된 금융서비스들은 IT시스템에서 발생한 문제들로 인하여 운영이 중단될 수 있음 → 안정적인 전력 및 통신망 제공, 항온항습 등 IT시스템이 원활하게 작동할 수 있는 환경을 제공하고 운영에 필요한 전문인력 양성 및 장애에 대비한 업무지속계획의 수립·준수 필요
  ㉡ 비대면·공개 네트워크로 이루어져서 해킹 등 악의적인 접근으로 인한 금융정보 유출 혹은 비정상 고객의 부정거래 발생 빈도 증가 → IT시스템의 정보보호에 많은 관심과 투자 필요

© 내부 직원에 대한 정보보호, 윤리 교육을 강화하여 내부자로 인한 정보
유출 사고 예방 중요

3 생활 속 인터넷 활용

(1) 전자민원(전자민원G4C)

① 개념

㉠ PC, 태블릿PC, 휴대전화 등 다양한 기기를 이용하여 시민들이 원하는
민원 행정서비스를 이용하고 기관별 행정정보도 얻게 하는 것을 목표로
하는 대한민국 정부의 사업

㉡ 사무실 또는 가정에서 직접 민원을 신청하거나 증명서를 발급할 수 있
어 행정업무의 효율성과 투명성 향상에 긍정적 영향

② 특징

㉠ 중앙행정기관, 공공기관, 지방자치단체의 서비스를 한곳에서 안내

㉡ 주민등록등본, 토지대장 등 민원사무를 포함하여 다른 기관에서 제공하
는 서비스 1,300여 종을 정부24에서 바로 신청·조회·발급 가능

| 개념더하기 | 정부24의 주요 메뉴 |

구분	내용
민원서비스	대한민국 중앙행정기관, 공공기관, 지방자치단체 서비스에 대한 안내와 정부24가 각 기관과 연계하여 신청·조회·발급할 수 있는 서비스를 통합으로 제공 → 약 1만 2천 개의 서비스가 제공되고 있으며, 약 1천 3백여 개의 서비스 신청·발급이 가능
보조금24	중앙부처, 지자체, 공공기관에서 현금, 현물, 바우처 이용권 등 약 1만여 개의 수혜서비스를 안내하고 이 중 맞춤안내가 가능한 약 6천 2백 여종의 서비스를 대상으로 나와 가족이 받을 수 있는 정부혜택을 한 번에 확인하고 신청할 수 있는 맞춤형 서비스를 제공
정책정보	정부 기관들의 분야별 정책정보와 정부/지자체 조직도, 정부/지자체 누리집, 지자체 소식 등의 정보를 확인

확인문제

정부24에서는 정부에서 제공하는 나에게 맞는 보조금 혜택 및 정책정보를 확인할 수 있다.

(O / X)

정답 O

(2) 인터넷등기소

① 개념

㉠ 언제 어디서나 쉽고 편리하게 등기서비스를 이용할 수 있도록 대한민국 법원 인터넷 등기소에서 다양한 등기서비스를 실시

㉡ 2002년 9월 이후 전국의 모든 등기소에 대한 전산화 완료

② 주요 기능

열람 · 발급	온라인을 통한 부동산 및 법인등기부의 열람 · 발급 서비스
전자신청	등기소를 방문하지 않아도 온라인을 통해 쉽고 편리하게 등기 신청
e-form신청	온라인으로 등기신청서를 작성하여 출력 후, 등기소에서 제출할 수 있는 전자양식
전자납부 신청	온라인으로 등기신청수수료 영수필확인서를 작성하여 출력 후, 등기소에서 제출할 수 있는 전자수납
확정일자	온라인상으로 주택임대차계약서에 확정일자 부여를 신청하고, 확정일자를 열람하거나 계약증서 발급
기타 기능	영구보존문서와 보정처리문서를 조회 · 등록 · 수정 · 삭제 가능

개념더하기 열람 · 발급 서비스 개요

- 사용시간 : 열람 발급 서비스의 제공시간은 365일 24시간을 원칙으로 함. 금융기관 계좌이체는 금융기관의 서비스 시간을 기준으로 결제 가능
- 발급과 열람의 차이

등기사항증명서 (제출용)	등기사항증명서 제목란에 "[제출용]"의 문구와 2D바코드, 복사방지 마크가 출력된 등기사항증명서로 법적인 효력이 있으므로 공문서로 제출 가능
등기사항증명서 (열람용)	법적인 효력이 없으므로 기본적으로 제출 불가능(단, 법무사 등이 확인한 열람 출력물은 제출 가능)

(3) 국세청 홈택스

① 개념 : 세무서 방문 없이 언제 어디서나 인터넷을 통해 세금 신고 · 납부, 민원증명 발급, 현금영수증 조회, 전자세금계산서 조회 · 발급 등을 편리하게 이용할 수 있는 종합 국세서비스

② 주요 기능

구분	내용
전자(세금)계산서 · 현금영수증 · 신용카드	• 홈택스로 전자(세금)계산서를 발급할 수 있으며 사업자등록번호로 발급된 인증서 또는 전자세금계산서용 보안카드로 발급 가능 • 현금영수증 사용내역 조회 · 수정, 현금영수증 전용카드 신청 • 신용카드사로부터 사업용 신용카드 사용내역을 수집하여 홈택스를 통해 조회 서비스를 제공 • 사업자는 부가가치세 등 세금 신고 시 사업용 신용카드 사용내역에 대해 매입공제를 받을 수 있음
국세증명 · 사업자등록 · 세금관련 신청/신고	• 국세증명을 발급받고 출력 가능 • 즉시발급 증명은 신청 즉시 발급 가능하며, 사실확인 후 발급 증명은 신청 후 세무서 담당자의 확인을 거쳐 3시간 이내에 발급 • 개인 또는 법인의 사업자등록 신청, 사업자등록 정정신고, 휴폐업 신고 • 신고 · 납부 기한연장, 송달장소 (변경)신고, 계좌 개설 신고, 사업장현황 신고, 주사업장 총괄납부 변경/승인 신청, 소득내역 확인 · 부인신청 등 세금관련 신청/신고 가능
세금신고	• 국세를 전자적으로 신고(정기신고, 기한후 신고, 수정 · 경정 청구) 가능 • 홈택스로 신고하면 세금 종류에 따라 전자신고 세액공제* 혜택을 받을 수 있음 * 부가가치세 1만 원, 종합소득세 2만 원, 양도소득세 2만 원, 법인세 2만 원
납부 · 고지 · 환급	• 홈택스를 통해 계좌이체 · 신용카드 · 간편결제 방식으로 국세를 납부할 수 있음 • 세금납부는 공동인증서, 금융인증서, 간편인증을 사용하여만 납부 가능하며 개인사업자의 경우 대표자의 인증서로도 납부 가능
지급명세서 · 자료제출 · 공익법인	• 원천징수의무자(국가 · 사업자 · 비사업자 등)가 근로 · 퇴직 · 이자 · 배당 소득 등을 지급하고 소득자로부터 세금을 미리 징수(원천 징수)하는 경우 홈택스를 통해 그 내역(지급명세서)를 제출 가능 • 국세의 부과 · 징수와 납세의 관리에 직접적으로 필요한 자료에 대한 제출 의무자는 과세자료 제출법 또는 세법에 따라 정해진 기한내에 홈택스를 통해 제출 가능 • 공익법인 결산서류 등 공시, 출연재산 및 의무이행 보고 등을 제출 가능

확인문제

홈택스에서는 세금을 신고하고 그 증명서를 발급받을 수 있다.

(O / X)

정답 O

장려금 · 연말정산 · 전자기부금	• 홈택스를 통해 근로 · 자녀장려금을 신청하고 그 내역을 확인 가능 • 국세청이 증명서류 발급기관으로부터 소득 · 세액공제 증명서류를 수집하여 홈택스 연말정산간소화 서비스를 통해 근로자에게 제공 • 회사가 홈택스의 편리한 연말정산서비스 이용을 신청한 경우 근로자는 홈택스에서 연말정산 공제신고서를 작성하고 회사는 이를 활용하여 간편하게 지급명세서를 작성 · 제출 가능 • 기부금 단체로부터 영수증을 발급받지 못한 경우 홈택스를 통해 전자기부금 영수증을 발급 가능
상담 · 불복 · 고충 · 제보 · 기타	• 이용 관련 상담, 특정 개인이나 법인의 탈세사실 제보 • 세무관서장의 처분이 완료된 사항으로서, 위법 또는 부당한 처분을 받았거나 필요한 처분을 받지 못하여 납세자의 권리 · 이익이 침해되었거나 불편 또는 부담을 준 사항에 관한 민원을 신청 • 세무조사, 세원관리 및 체납처분 등 국세행정 집행(예정) 과정에서 국세공무원의 재량 남용 등으로 납세자의 권리가 부당하게 침해되고 있거나 권리침해가 현저히 예상되는 경우 홈택스에 접속하여 권리보호를 요청

개념더하기 | 홈택스에서 발급 가능한 사실증명서

- 체납내역
- 주택자금 등 소득공제사실여부
- 사업자등록사실여부
- 사업자등록변경내역
- 대표자등록내역
- 공동사업자내역
- 사업자단위과세 승인시 지점사업자등록번호 직권말소
- 전용계좌개설여부
- 폐업자에 대한 업종 등의 정보내역
- 개별소비세(교통, 에너지, 환경세) 환급사실여부
- 총사업자등록내역

01 | 적중예상문제

01 KT, LG U⁺, SK브로드밴드와 같은 정보관리자의 윤리적 쟁점에 해당하지 않는 것은?

① 저작권 보호

② 장애발생 대응

③ 개인정보 보호

④ 해킹 및 바이러스에 대한 대응

해설 ① 저작권 보호는 정보생산자의 윤리적 쟁점에 해당한다.

정보공급자의 윤리적 쟁점

정보생산자	• 정보 보안 • 표현의 자유 • 기밀 유지	• 저작권 보호 • 안전한 소프트웨어 개발 • 기타 윤리적 갈등
정보제공자	• 프라이버시 보호 • 저작권 침해	• 표현의 자유 • 오픈마켓 유통구조에 대한 책임한계
정보관리자	• 해킹 및 바이러스에 대한 대응 • 개인정보 보호 • 장애발생 대응	

02 정보제공자의 윤리적 쟁점이 아닌 것은?

① 스팸메일로부터 이용자의 프라이버시를 보호해야 한다.

② 제공 콘텐츠가 불법 배포되지 않도록 관리·감독해야 한다.

③ 해킹과 바이러스로부터 고객의 정보를 안전하게 유지해야 한다.

④ 오픈마켓 유통구조에 대한 엄격한 윤리강령 및 행동원칙을 제시해야 한다.

해설 ③ 해킹 및 바이러스에 대응하는 것은 정보관리자가 고려해야 할 쟁점이다.

03 블로그나 트위터 등의 SNS 정보게시자의 윤리적 쟁점에 해당하는 것은?

① 저작권 보호

② 장애발생 대응

③ 해킹 및 바이러스에 대한 대응

④ 오픈마켓 유통구조에 대한 책임한계

> **해설** SNS에 정보를 게시하거나 게임을 개발하는 직무를 행하는 자는 '정보생산자'로 분류되며, ② · ③은 '정보관리자', ④는 '정보제공자'의 윤리적 쟁점에 해당한다.

04 다음의 태도는 어느 분야의 네티켓에 해당하는가?

- 건전한 정보를 제공하고 올바르게 사용하기
- 대중교통 안에서는 주위 사람에게 피해가 가지 않도록 하기
- 도서관, 강의실, 수업시간, 회의, 병원, 연주회 장소에서는 전원을 끄기
- 타인의 인격과 사생활을 존중하고 보호하며, 자신의 정보도 철저히 관리하기

① 채팅 네티켓

② SNS 네티켓

③ 모바일 네티켓

④ 게시판 네티켓

> **해설** 모바일 네티켓(모티켓)은 모바일(Mobile)과 예절(Etiquette)의 합성어로, 모바일 네트워크를 포함한 온라인 · 오프라인 네트워크를 사용하면서 서로 간에 지켜야 할 기본예절을 의미한다.

05 E-Mail 사용 예절로 바람직한 것은?

① 제목은 메시지 내용을 함축하여 간략하게 쓴다.

② 성명, 전화번호 등의 Signature는 본문보다 위에 쓴다.

③ 답변 내용은 1. 2. 또는 가. 나. 등의 기호를 사용하여 길고 자세하게 작성한다.

④ 답변할 때 공감과 동의를 표현하기 위해 상대방의 의견을 직접 인용하여 본문에 넣는다.

> **해설** ② 메시지 끝에 Signature(성명, 직위, 단체명, 메일주소, 전화번호 등)를 포함하되 간결하게 쓴다.
> ③ 답변을 할 때 동의하는지 여부만 간결하게 회신한다.
> ④ 답변을 할 때 상대방의 의견을 직접 인용하여 본문 내에 넣는 것은 삼간다.

06 다음의 사항은 어느 분야의 네티켓에 해당하는가?

> • 여러 사람이 볼 수 있으므로 이에 적합한 표현을 사용한다.
> • 팔로잉할 경우 당사자에게 인사 메시지를 보내어 해당 사실을 알린다.
> • 사생활 침해가 되는 내용이나 불필요한 내용은 전송하지 않는다.
> • 팔로워는 전파된 글을 사용할 때 출처를 밝히고, 글을 가져간다는 사실을 알린다.

① 채팅 네티켓
② SNS 네티켓
③ 공개자료실 네티켓
④ E-Mail 사용 네티켓

해설 SNS 네티켓
• 팔로워는 전파된 글을 사용할 경우 출처를 밝히고, 글을 가져가는 메인 글에 가져간다는 사실을 알림
• 팔로잉할 경우 해당 사람에게 인사 메시지를 보내어 해당 사실을 알림
• 인사글이나 가입 추천이 있을 때 원하지 않는 경우라도 거절 의사를 밝히는 답글을 보냄
• 상대방 동의 없이 해당 정보와 리스트를 광고나 홍보 등의 용도로 악용하지 않음
• 여러 사람이 볼 수 있으므로 이에 적합한 표현을 사용해야 함
• 사생활 침해가 되는 내용이나 불필요한 내용들은 전송하지 않음

07 인터넷 쇼핑몰에서 물건을 구매할 때 다른 사람들의 제품 사용 후기를 참고하여 결정을 내리는 소비자를 무엇이라 하는가?

① 프로슈머
② 모디슈머
③ 블랙슈머
④ 트윈슈머

해설 ① 프로슈머 : 제품을 소비하면서도 제품 생산과 유통, 판매 등에도 영향력을 행사하여 자신의 취향에 맞는 제품 개발, 서비스를 유도하는 전문적이고 참여적인 소비자
② 모디슈머 : 제조업체에서 제시하는 표준화된 방식이 아닌 소비자가 생각하는 방식으로 재창조하여 제품을 활용하는 청개구리 같은 소비자
③ 블랙슈머 : 기업 등을 상대로 부당한 이익을 챙기기 위해 의도적으로 악성민원을 제기하는 소비자

08 다음에서 설명하는 구매 안전 서비스 제도를 쓰시오.

> 구매자의 결제대금을 제3자가 안전하게 예치하고 있다가 배송이 정상적으로 완료된 후 대금을 판매자에게 전달하는 거래안전장치이다.

(   )

해설 '결제대금예치제도'란 구매자와 판매자 간 신용관계가 불확실할 때 제3자가 상거래가 원활히 이루어질 수 있도록 중계하는 매매 보호 서비스로 에스크로(Escrow)라고도 한다.

---

09 창조적인 소비자를 일컫는 말로, 신제품 개발은 물론 파격적인 디자인의 도입 등 기존에 없던 제품 개발에 적극적으로 개입하는 소비자를 무엇이라 하는가?

① 트윈슈머　　　　　　　　　　　　② 크리슈머
③ 블랙슈머　　　　　　　　　　　　④ 모디슈머

해설 ① 트윈슈머 : 다른 사람들의 제품 사용 후기를 중요하게 여겨 물건을 구매할 때 참고하여 결정을 내리는 소비자
③ 블랙슈머 : 기업 등을 상대로 부당한 이익을 챙기기 위해 의도적으로 악성민원을 제기하는 소비자
④ 모디슈머 : 제조업체에서 제시하는 표준화된 방식이 아닌 소비자가 생각하는 방식으로 재창조하여 제품을 활용하는 청개구리 같은 소비자

---

10 다음 중 IC카드, 컴퓨터 등의 전자적인 매체에 화폐적 가치를 전자기호로 저장하였다가 지급하는 수단은 무엇인가?

① i-PIN　　　　　　　　　　　　　② 에스크로
③ 전자화폐　　　　　　　　　　　　④ 인터넷뱅킹

해설 ① i-PIN : 인터넷상에서 주민등록번호 대신 사용할 수 있는 본인확인 수단
② 에스크로 : 구매자의 결제대금을 제3자가 안전하게 예치하고 있다가 배송이 정상적으로 완료된 후 대금을 판매자에게 전달하는 거래안전장치
④ 인터넷뱅킹 : 고객이 인터넷을 통해 각종 은행 업무를 원격지에서 편리하게 처리할 수 있는 새로운 형태의 금융서비스

11 다음 중 '홈택스'를 통해서 할 수 없는 업무는?

① 현금영수증 사용내역을 조회할 수 있다.

② 법인사업자를 신청 또는 변경할 수 있다.

③ 주민등록등본(초본)을 발급 신청할 수 있다.

④ 체납자의 은닉재산을 신고할 수 있다.

해설 ③ 주민등록등본(초본) 발급은 '정부24'를 통해서 신청할 수 있다.

12 다음 중 '정부24'를 통해서 할 수 없는 업무는?

① 새로 이사한 주소로 전입신고를 할 수 있다.

② 내가 받을 수 있는 정부혜택을 확인할 수 있다.

③ 개인사업자를 신청 또는 변경할 수 있다.

④ 건축물대장을 발급 또는 열람할 수 있다.

해설 ③ 개인 또는 법인사업자 신청 · 변경은 '홈택스'를 통해서 할 수 있는 업무이다.

13 다음 중 '인터넷등기소'를 통해서 할 수 없는 업무는?

① 부동산등기부등본을 열람할 수 있다.

② 법인등기부등본을 열람 · 발급할 수 있다.

③ 내가 받을 수 있는 정부혜택을 확인할 수 있다.

④ 새로운 주소로 이사한 날에 확정일자를 받을 수 있다.

해설 ③ '정부24'에서는 중앙부처가 제공하는 수혜서비스(현금, 현물, 지원금, 서비스 등)를 대상으로 본인이 받을 수 있는 혜택을 확인할 수 있다.

│ 기출 키워드 │

1 인터넷 역기능의 사전 대응방안 : 인터넷·스마트폰 중독 예방, 게임물 관련사업자의 예방조치, 1시간마다 3초 이상, 청소년 출입시간 제한, 오전 9시~오후 10시, 게임시간 선택제, 스마트쉼센터, 1388, 청소년 유해정보등급, 내용선별 소프트웨어, Safenet, 유해동영상 차단 기술, 저작권 침해, 워터마킹, DRM, 베른협약, 사이버 범죄 예방수칙, 사이버캅, 통신판매사업자
2 인터넷 역기능의 사후 대응방안 : 방송통신심의위원회(1377), 유해정보 시정요구, 저작권 침해-친고죄, 6개월 내 고소, 피싱, 파밍, 스미싱, 메모리해킹, 2차적 피해, 지급정지 신청

① 인터넷 역기능의 사전 대응방안

1 인터넷 중독 예방·대응방안

(1) 인터넷 중독 예방지침

① 특별한 목적 없이 컴퓨터를 켜지 않기
② 컴퓨터 사용시간을 가족들과 협의하여 결정하기
③ 컴퓨터 사용시간과 내용을 사용일지에 기록하는 습관을 들이기
④ 컴퓨터 옆에 알람시계를 두어 사용시간을 수시로 확인하기
⑤ 인터넷 사용 이외에 운동이나 취미활동 시간을 늘리기
⑥ 인터넷 때문에 식사나 취침시간을 어기지 않기
⑦ 스스로 인터넷 사용조절이 어려울 경우 시간관리 소프트웨어를 설치하기

(2) 스마트미디어 중독 예방 가이드라인

① 유아 학부모의 경우
　㉠ 아이가 스마트미디어를 사용하는 경우 반드시 함께하기
　㉡ 최대한 스마트미디어를 접하는 시기를 늦추기
　㉢ 가정에서 스마트미디어가 허용되는 장소와 시간을 정하기
　㉣ 아이 스스로 스마트미디어 사용을 끝낼 수 있도록 도와주기
　㉤ 스마트미디어를 지나치게 사용하면 위험하다는 것을 아이에게 가르쳐 주기
　㉥ 아이와 스마트미디어 사용시간을 정할 때는 아이의 나이와 수준을 고려하여 '30분까지만 하자~!'보다는 '한 번(게임)만 더 하자'라고 구체적으로 약속하기
　㉦ 스마트미디어를 끄고 나면 아이가 좋아하는 활동이나 재밌는 놀이를 부모님이 함께하기

확인문제

자녀의 스마트미디어는 학부모가 시간을 정해서 강제 종료해 주어야 한다. (O / X)

정답 X

해설

자녀 스스로 끌 수 있도록 유도한다.

② 청소년의 경우

　　㉠ 스마트미디어를 목적에 맞게, 가치 있게 사용하기

　　㉡ 메시지 답장이 늦게 와도 집착하지 않기

　　㉢ 의심스러운 애플리케이션 다운 금지하기

　　㉣ 스트레스를 풀기 위한 도구로 이용하지 않기

　　㉤ 자신의 스마트폰 사용량 확인하기

　　㉥ 일상생활의 중요한 상황들을 스마트미디어 때문에 놓치지 않도록 하기

　　㉦ 손에서 놓을 수 없을 정도로 집착한다면 스마트미디어 중독 테스트하기

③ 청소년 학부모의 경우

　　㉠ 스마트미디어 사용을 자제해야 하는 시간과 장소 정하기

　　㉡ 스마트미디어를 끌 때는 반드시 자녀 스스로 끌 수 있도록 유도하기

　　㉢ 자녀와 스마트미디어 과다 사용의 유해성에 대해 의견 나누기

　　㉣ 스마트폰을 건전하게 사용할 수 있도록 도와주는 앱 설치하기

　　㉤ 자녀가 스마트미디어로 무엇을 하는지 관심 갖기

　　㉥ 평소 자녀의 학교생활과 친구관계는 어떤지, 최근에 느끼고 있는 어려움이나 스트레스는 무엇인지 등 마음상태에 관심 기울이기

　　㉦ 스마트미디어 사용 외에 가족이 함께 할 수 있는 활동이나 취미 즐기기

④ 성인의 경우

　　㉠ 불필요한 습관적 사용을 줄이기

　　㉡ 운전 중에는 스마트미디어(스마트폰/태블릿PC) 사용을 금지하고, 보행 중이거나 회의 중에도 사용 절제하기

　　㉢ 정기적으로 스마트미디어 사용습관 점검하기

　　㉣ 사용하기 전에 무엇을 하려 했는지 다시 한번 생각해 보고 사용하기

　　㉤ 앱은 꼭 필요한 것만 다운로드하기

　　㉥ 채팅이나 메신저로 온 메시지는 바로바로 답장하지 않아도 된다는 것 기억하기

　　㉦ 스마트미디어 중독이 의심되면 테스트 받기

개념더하기　스마트미디어 중독 예방 가이드라인(일반)

• 메시지 답장이 늦게 와도 집착하지 않기
• 계단이나 횡단보도에서는 사용하지 않기
• 수업 중이나 운전 중에는 꺼 두기
• 앱은 꼭 필요한 것만 다운로드하기
• 아이에게 스마트폰보다는 부모의 사랑을 경험하도록 하기
• 스마트폰을 사용하기보다는 오프라인 활동을 즐길 수 있도록 하기
• 스마트미디어 사용을 자제하고 소중한 사람과 함께하는 시간을 우선하기

확인문제

01 자녀 스스로 스마트미디어 사용을 자제하기 어렵다면 도움을 주는 앱을 설치하는 것도 좋은 방법이다. (O / X)

02 자녀가 없는 성인도 '스마트쉼센터'에서 스마트폰 과의존 예방 및 상담에 대한 서비스를 받을 수 있다. (O / X)

정답 01 O 02 O

(3) 스마트폰 · 인터넷 과의존 예방 및 해소 기본계획 − 제5차(2022~2024)

① 맞춤형 과의존 예방 교육 강화

　㉠ 부모−자녀 간 소통역량 강화

　㉡ 청소년 자율적인 조절 역량 강화

　㉢ 고령층 · 성인 예방교육 프로그램 확충

② 일상 속 건전한 디지털 이용여건 조성

　㉠ 가정, 학교, 사회 간 연계를 통한 인식 전환

　㉡ 메타버스를 활용한 건전한 정보 이용 실천

　㉢ 민간이 주도하는 바른 사용문화 조성

③ 위험군 상담 · 치유 체계 고도화

　㉠ 위험군 조기 발견 · 상담 지원 체계 강화

　㉡ 고위험군 치유프로그램 운영 및 치료지원

　㉢ 회복자 관리 강화로 건강한 사회참여 지원

④ 과의존 대응력 기반 강화

　㉠ 과의존 환경 변화 대응 고도화

　㉡ 전문인력 양성 및 상담역량 강화

　㉢ 법 · 제도의 효율적 운영

　㉣ 국민의 정책 참여 기회 확대

⑤ 주요 추진 과제

전략	세부 내용	추진 과제
맞춤형 과의존 예방 교육 강화	부모−자녀 간 소통역량 강화	• 자녀의 디지털 생활을 지도하는 부모교육 확대 • 어린이집, 유치원 등 과의존 예방 교육 내실화 • 자녀와 소통을 위한 부모역량 강화
	청소년 자율적인 조절 역량 강화	• ICT 진로 탐색 등 청소년 자율 조절력 향상 교육 강화 • 과의존 주요 원인별 촘촘한 예방 교육 강화
	고령층 성인 예방 교육 프로그램 확충	• 고령층 스마트폰 사용 교육 강화 • 성인 · 군장병 예방 교육 기반 확충
일상 속 건전한 디지털 문화 확산	가정 · 학교 · 사회 간 연계를 통한 인식 전환	• 가정 내 스마트폰 바른 사용 실천수칙 보급 • 전 국민 대상 인식개선 캠페인 전개 • 학교−지역사회 연계 디지털 선용 프로그램 운영
	메타버스를 활용한 건전한 정보이용 실천	• 실감형 미래진로, 정보활용 체험센터 운영 • 메타버스 기반 공동체 문제 해결 과제 공모 지원
	민간이 주도하는 바른 사용문화 조성	• 지역 내 '사회적 소통' 형성을 위한 협력적 거버넌스 확대 • 민간의 자율적 대응 노력 강화

위험군 상담·치유 체계 고도화	위험군 조기 발견·상담 지원 체계 강화	• 위험군 조기발견 체계 강화 • 위험군 전문상담 지원 강화
	고위험군 치유프로그램 운영 및 치료 지원	• 청소년 치유캠프 및 상설 인터넷 치유학교 운영 • 공존질환 검사 및 치료 협력병원 연계
	회복자 관리 강화로 건강한 사회참여 지원	• 상담 회복자 모니터링 및 재발 방지 프로그램 강화 • 민간의 자율적 대응 노력 강화
과의존 대응력 기반 강화	과의존 환경 변화 대응 고도화	• 과의존 진단척도 고도화 및 기초조사 강화 • AI 기반 스마트폰 과의존 예방기술 개발
	전문인력 양성 및 상담역량 강화	• 디지털 역기능 지원 전문인력 양성 • 스마트폰 과의존 상담사 역량 강화
	법·제도의 효율적 운영	• 스마트폰 과의존 예방 교육 이행률 제고 및 지원 강화 • 건강한 게임 이용을 위한 게임시간 선택제 내실화
	국민의 정책 참여 기회 확대	• 스마트폰 과의존 시민참여형 과제 운영 • 국민이 주도하는 정책 기획 기회 강화 • 국제 동향 모니터링 및 협력 강화

용어해설

▼ **스마트폰 과의존**

스마트폰을 과도하게 이용해 일상에서 스마트폰이 가장 우선시되고, 이용량을 조절하는 능력이 감소하며, 이에 따라 신체·심리·사회적 문제를 겪는 상태

▼ **디지털 역기능**(negative effect of digital technologies)

디지털 기술과 그 응용 서비스 활용에서 발생하는 부작용을 통칭하는 개념

⑥ 스마트폰 · 인터넷 과의존 전문기관 협력 체계

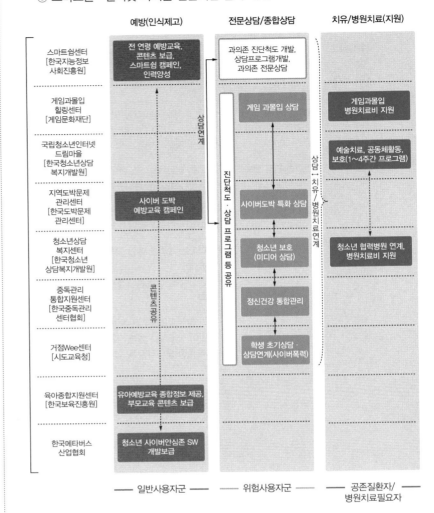

(4) 게임 중독 관련 대응방안

① 게임물 관련사업자의 게임과몰입 · 중독 예방조치(게임산업진흥에 관한 법률 제12조의3 제1항)

ⓐ 게임물 이용자의 회원가입 시 실명 · 연령 확인 및 본인 인증

ⓑ 청소년의 회원가입 시 친권자 등 법정대리인의 동의 확보

ⓒ 청소년 본인 또는 법정대리인의 요청 시 게임물 이용방법, 게임물 이용시간 등 제한

ⓓ 제공되는 게임물의 특성 · 등급 · 유료화정책 등에 관한 기본적인 사항과 게임물 이용시간 및 결제정보 등 게임물 이용내역의 청소년 본인 및 법정대리인에 대한 고지

ⓔ 과도한 게임물 이용 방지를 위한 주의문구 게시

ⓑ 게임물 이용화면에 이용시간 경과 내역 표시

ⓐ 그 밖에 게임물 이용자의 과도한 이용 방지를 위하여 대통령령으로 정하는 사항

개념더하기 게임산업진흥에 관한 법률

예방조치의 대상이 되지 않는 게임물(게임산업진흥에 관한 법률 시행령 제8조의3 제2항)
- 중앙행정기관의 장이 추천하는 게임대회 또는 전시회 등에 이용 · 전시할 목적으로 제작 · 배급하는 게임물
- 교육 · 학습 · 종교 또는 공익적 홍보활동 등의 용도로 제작 · 배급하는 게임물로서 대통령령이 정하는 것
- 게임물 개발과정에서 성능 · 안전성 · 이용자 만족도 등을 평가하기 위한 시험용 게임물로서 대통령령이 정하는 대상 · 기준과 절차 등에 따른 게임물
- 영리를 목적으로 하지 아니하고 제작 · 배급하는 게임물로서 대통령령으로 정하는 것. 다만, 청소년이용불가 등급의 기준에 해당하는 내용을 포함하는 게임물은 제외
- 영상, 방송통신 및 정보서비스 업종의 중소기업이 제공하는 게임물(전년도 연간 매출액이 50억 원 이상인 중소기업이 제공하는 게임물은 규정한 예방조치 대상으로 한정하여 제외한다)
- 무료로 제공되는 게임물로서 이용자의 개인정보를 수집 · 이용하지 않는 게임물

과도한 게임물 이용 방지를 위한 주의문구 게시(게임산업진흥에 관한 법률 시행령 제8조의3 제7항)
게임물 관련사업자는 "과도한 게임이용은 정상적인 일상생활에 지장을 줄 수 있습니다."라는 주의문구를 게임물 이용 1시간마다 3초 이상 게임물 이용화면에 게시하여야 한다.

게임물 이용화면에 이용시간 경과 내역 표시(게임산업진흥에 관한 법률 시행령 제8조의3 제8항)
게임물 관련사업자는 게임물 이용에 장애를 주지 않는 범위에서 게임물 이용시간 경과 내역을 게임물 이용 1시간마다 3초 이상 게임물 이용화면에 알아보기 쉽게 표시하여야 한다.

② 게임사이트 가입 및 게임시간 제한
ⓐ 게임사이트 가입 : 인터넷 게임사이트에 가입하려는 사람이 16세 미만의 청소년일 경우에는 부모님(법정대리인)의 동의 필요(청소년 보호법 제24조 제1항)
ⓑ 연령에 맞는 게임등급 이용 : 인터넷 게임사이트에 가입하기 전 게임물의 등급 확인 · 이용 → 게임물의 등급구분을 위반하고 청소년이 게임물을 이용할 수 있도록 제공한 사이트 운영자는 1년 이하의 징역 또는 1천만 원 이하의 벌금(게임산업진흥에 관한 법률 제46조 제3호)

- 전체이용가 : 누구나 이용할 수 있는 게임물
- 12세이용가 : 12세 미만은 이용할 수 없는 게임물
- 15세이용가 : 15세 미만은 이용할 수 없는 게임물
- 청소년이용불가 : 청소년은 이용할 수 없는 게임물

ⓒ 청소년의 출입시간 제한 : 청소년은 게임을 이용할 수 있는 오락실, PC 방 등에 오전 9시부터 오후 10시까지만 출입 가능(게임산업진흥에 관한 법률 시행령 제16조 제2호 가목 본문) → 청소년의 출입시간을 위반해 청소년을 PC방 등에 출입시킨 사람은 1년 이하의 징역 또는 1천만원 이하의 벌금(게임산업진흥에 관한 법률 제46조 제2호)

ⓔ 게임시간 선택제 : 18세 미만의 청소년이나 부모님(법정대리인)이 게임 사이트에 일정 시간이나 기간 동안 이용을 제한해 주도록 신청하면 그에 맞게 접속이 제한되는 제도(게임산업진흥에 관한 법률 제12조의3 제1항 제3호 및 게임산업진흥에 관한 법률 시행령 제8조의3 제5항)

(5) 인터넷 중독 관련 정책

① 국립 청소년 인터넷 드림마을

ⓐ 인터넷 · 스마트폰 과다사용 청소년을 대상으로 치료 · 상담 등 특화된 치유 프로그램을 제공하기 위한 '상설 치유학교'

ⓑ 인터넷 · 스마트폰에 과몰입하는 것을 해소하여, 신체적 · 정신적으로 건강한 성인으로의 성장을 지원하는 프로그램 제공

ⓒ 주요 프로그램 내용 : 상담(개인, 집단, 부모, 가족), 치료(음악, 미술, 영화, 원예 등), 동아리활동, 자치활동, 봉사활동, 생활습관 및 사회적 응 행동, 대인관계 기술습득 등의 프로그램 실시

② 인터넷 · 스마트폰 중독 이용습관 진단

ⓐ 한국청소년상담복지개발원에서 교육부와 협력하여 전국 초등학생 4학년, 중학생 1학년, 고등학생 1학년 등 학령전환기 청소년을 대상으로 인터넷 · 스마트폰 이용습관 진단조사를 실시

ⓑ 이용습관 진단은 온라인 진단시스템을 통한 자가진단 방식으로 진행

ⓒ 진단결과 주의/위험군으로 나타난 청소년에게 보호자의 동의를 얻어 상담 · 치료 등의 사후조치 서비스 제공

③ 인터넷 · 스마트폰 중독 상담 · 치료

ⓐ 한국청소년상담복지개발원에서는 인터넷 · 스마트폰 이용습관 진단결과를 통해 중독 위험 단계별로 상담 · 치료 서비스를 지원하는 지역 협력망을 구축하고, 이를 통해 청소년들의 인터넷 · 스마트폰 중독을 예방하고 해소할 수 있도록 지원

확인문제

01 청소년은 게임을 이용할 수 있는 오락실, PC방 등에 오전 (　　)시부터 오후 (　　)시까지만 출입이 가능하다.

02 18세 미만의 자녀를 두고 있는 학부모가 게임물 관련 사업자에게 일정 기간 게임 사이트에 접속이 제한되도록 신청할 수 있는 제도는 (　　)이다.

정답 01 9, 10 02 게임시간 선택제

ⓛ 인터넷·스마트폰 과다사용 문제만 있는 청소년의 경우 개인상담 및 집단상담 지원

ⓒ 인터넷·스마트폰 과다사용 문제와 함께 우울, ADHD(주의력 결핍장애) 등의 어려움이 있는 청소년의 경우, 치료협력병원 연계 및 치료비/종합심리검사 등 지원

ⓔ 진단조사 대상자 이외에, 인터넷·스마트폰 중독과 관련하여 도움을 받고자 하는 경우 국번 없이 1388로 전화하면 가장 가까운 청소년상담복지센터로 연결되어 도움을 받을 수 있음

④ 인터넷 중독 치유특화 프로그램

인터넷 치유 캠프	• 인터넷 중독으로 인해 어려움을 겪고 있는 청소년들의 문제를 해결하기 위해 인터넷과 단절된 공간에서 11박 12일간의 장기합숙 형태로 운영되는 치료프로그램 • 2007년 최초 개발된 프로그램으로 인터넷 중독 상담사의 전문적인 개인상담과 집단상담, 임상심리 전문가의 심리 진단 및 평가, 수련활동 전문가의 체험적 수련활동을 결합한 기숙형 프로그램 • 참가를 원하는 청소년은 해당 거주지역 청소년상담복지센터로 신청 → 국번없이 1388
인터넷 중독 청소년 가족 치유캠프 및 스마트폰 중독 청소년 가족치유캠프	• 인터넷 중독 및 스마트폰 중독으로 인하여 학업지장이나 건강악화 등의 어려움을 겪는 4학년 이상 초등생(4~6학년)과 보호자를 대상으로 2박 3일간 진행되는 가족중심의 치료프로그램 • 청소년 집단상담, 부모교육, 가족 프로그램, 체험활동 및 대안놀이 문화 등을 결합한 인터넷 중독 치유 프로그램 • 부모와 자녀가 함께 참여하여 가족관계를 개선할 수 있도록 돕고, 가족 치료적 접근을 통해 인터넷 중독 치료 및 예방 지원

⑤ 한국정보화진흥원 인터넷 중독 예방 상담센터

ⓐ 2002년도 설립 이후 인터넷 중독 무료상담 및 예방활동, 매해 인터넷 중독 실태조사 실시, 인터넷 중독 진단척도 개발 등의 사업 진행

ⓑ 유아부터 성인까지 생애주기별 상담치료 프로그램을 개발하여 전국 상담기관에 보급

2 불법 유해정보 예방·대응방안

(1) 청소년 유해매체물의 표시

① 청소년 유해매체물을 제공하는 자는 그 매체물에 19세 미만의 자는 이용할 수 없다는 취지의 내용을 누구나 쉽게 확인할 수 있도록 음성·문자 또는 영상으로 표시하여야 함(정보통신망 이용촉진 및 정보보호 등에 관한 법률 시행령 제24조 관련)

② 유해문구

> 이 정보내용은 청소년유해매체물로서 정보통신망 이용촉진 및 정보보호 등에 관한 법률 및 청소년 보호법에 따라 제19세 미만의 청소년이 이용할 수 없습니다.

③ 유해로고

[유해로고 표시]

  ㉠ 컬러매체의 경우 적색 테두리의 원형마크 안에 '19'라는 숫자를 백색바탕에 흑색으로 표시하여야 한다.
  ㉡ 흑백매체의 경우 흑색이 아닌 바탕에 흑색테두리의 원형마크 안에 '19'라는 숫자를 흑색으로 표시하여야 한다.
④ 전자적 표시 : 청소년에게 유해한 매체물이 청소년 유해매체물 내용선별 소프트웨어를 통해 인식될 수 있도록 하는 PICS(Platform for Internet Content Selection) 기술표준에 의한 전자적 표시

(2) 청소년 유해정보등급 서비스

① 자율등급표시 : 정보제공자가 자신의 사이트 내용을 확인하고 청소년유해정보 등급표시 서비스의 등급기준을 참고하여 자율적으로 표시
② 제3자등급표시 : 관련 인증기관이 해외의 음란·폭력물 등의 인터넷 유해정보를 중심으로 등급을 표시, 구축한 DB를 정보이용자에게 제공
③ 내용선별 소프트웨어 : 정보제공자가 자율적으로 표기한 등급정보나, 제3자가 매긴 등급에 관한 내용을 인식하여 정보이용자들이 설정한 등급에 따라 내용을 선별해주는 프로그램으로, 필터링 S/W를 자녀의 PC에 설치하면, 자녀들이 성인 음란물과 같은 유해 콘텐츠에 접근할 수 없도록 차단

그린 i-Net	www.greeninet.or.kr	• 청소년 유해정보 등급표시 서비스 • 유해정보필터링 지원시스템
사이버가디언	www.cyberguardian.co.kr	• PC 사용시간 관리 • 음란물·유해사이트 차단
엑스키퍼	www.xkeeper.com	• PC 사용시간 관리 • 유해사이트·동영상 차단
맘아이	www.momi.co.kr	• PC 사용시간 관리 • 유해사이트·동영상 차단
소만사	www.somansa.com	• 악성 바이러스 차단 • 청소년 보호 관리 기능
i 안심	www.plantynet.com	• 인터넷 음란물 종합차단 • 게임(P2P 프로그램 등) 차단 설정
아이눈	www.aiyac.com	• 청소년 불법 유해사이트 실시간 차단
아이보호나라	www.ibohonara.com	• PC 사용시간 관리 • 불법 성인광고·동영상 차단

※ 출처 : 청소년정보이용안전망 그린 i-Net

④ 청소년 유해정보 등급기준 : 국제기준을 우리나라 실정에 맞게 재설정한 유해정보등급

구분	노출	성행위	폭력	언어	기타
4등급	성기노출	성범죄 또는 노골적인 성행위	잔인한 살해	노골적이고 외설적인 비속어	1. – 마약사용조장 – 무기사용조장 – 도박 2. – 음주조장 – 흡연조장
3등급	전신노출	노골적이지 않은 성행위	살해	심한 비속어	
2등급	부분노출	착의상태의 성적접촉	상해	거친 비속어	
1등급	노출복장	격렬한 키스	격투	일상 비속어	
0등급	노출없음	성행위 없음	폭력 없음	비속어 없음	

※ 출처 : 청소년정보이용안전망 그린 i–Net

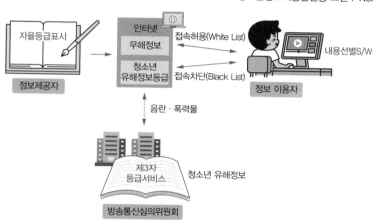

※ 출처 : 청소년정보이용안전망 그린 i–Net

(3) 유해동영상 차단 기술(한국전자통신연구원–인터넷 환경의 유해 정보 차단 기술 동향)

① 키워드 기반 차단 기술
　㉠ 원리 : 미디어 제목에 금칙어(누드, SEX 등)를 포함하는지 검사하여 차단하는 방식
　㉡ 장점
　　• 검사과정에 부하가 적으므로 처리속도가 빠름
　㉢ 단점
　　• 단어의 자음과 모음을 풀어쓰는 등의 변칙을 사용하여 우회 가능
　　• '가슴 통증 클리닉' 등과 같이 의도하지 않은 정보까지 차단할 확률 (과차단율)이 높음

② **해시 목록 기반 차단 기술**

　　㉠ 원리 : 기존 유포된 음란물의 요약정보(해시) 목록과 검사하고자 하는 해시를 비교하여 매칭되는 동영상을 차단하는 방식

　　㉡ 장점

　　　• 음란물을 범주화하여 분류 · 차단할 수 있음

　　　• 사전에 수집한 DB와 매칭되는 유해 음란물에 대해서는 100% 차단 가능

　　㉢ 단점

　　　• 해시값 충돌에 따른 과차단 발생

　　　• 편집된 동영상은 해시값이 변경되어 차단되지 않음

　　　• 지속적인 모니터링 · DB화 작업에 따른 유지관리 비용 발생

③ **특징 기반 차단 기술**

　　㉠ 원리 : 유해 음란물의 고유 특징(오디오 주파수, 색상 · 모션정보, 화면 내 특징점 등)의 DB 목록과 검사 대상 동영상의 고유 특징을 비교하여 차단하는 방식

　　㉡ 장점

　　　• 사전에 수집한 DB목록에 포함된 유해 음란물에 대해서는 100% 차단 가능

　　　• 음란물을 범주(섹스, 누드, 폭력, 성인물 등)화하여 선택적인 차단 가능

　　　• 편집이 어려운 독립적인 특징(코덱, 해상도)을 이용하므로, 해시 기반의 차단 기술과는 달리 변형된 동영상에 대해서도 차단 가능

　　㉢ 단점 : 지속적인 모니터링 · DB화 작업에 따른 유지관리 비용 발생

④ **내용 기반 차단 기술**

　　㉠ 원리 : 현재 유통되고 있는 유 · 무해 동영상 샘플의 대표 특징을 기계 학습하여 자동분류엔진을 통해 검사 대상 동영상을 자동으로 판별하는 기술로, 업 · 다운로드에서 스트리밍으로 전환되고 있는 현대의 동영상 유통 시장에서 가장 최선의 방식으로 판단됨

　　㉡ 장점

　　　• 코덱, 해상도, 내용이 변형된 동영상에도 적용 가능

　　　• 자동분류엔진을 생성한 뒤에는 추가적인 데이터 수집 없이 새로운 유해 동영상 차단 가능

　　㉢ 단점

　　　• 다른 기술에 비해 처리속도가 느림

　　　• 음란물이 아닌 동영상에 대한 과차단율이 높음

⑤ **차단목록 기반의 선별기술(Black List Filtering)** : 등록된 블랙리스트 주소에 접근할 때 접속을 차단하는 방식

⑥ **허용목록 기반의 선별기술(White List Filtering)** : 사전에 안전이 검증된 사이트만 접근을 허용하고 그 외는 모두 차단하는 방식

3 저작권 침해 및 불법복제 대응방안

(1) 저작권 침해

① 저작권 침해의 개념 : 법률상 저작권 행사가 제한되는 경우를 제외하고, 저작권자의 허락 없이 저작물을 이용하거나 저작자의 인격을 침해하는 방법으로 저작물을 이용하는 것

② 저작권 침해로 보는 행위(저작권법 제124조)

권리의 침해	• 수입 시에 대한민국 내에서 만들어졌더라면 저작권 그 밖에 이 법에 따라 보호되는 권리의 침해로 될 물건을 대한민국 내에서 배포할 목적으로 수입하는 행위 • 저작권 그 밖에 이 법에 따라 보호되는 권리를 침해하는 행위에 의하여 만들어진 물건(수입물건 포함)을 그 사실을 알고 배포할 목적으로 소지하는 행위 • 프로그램의 저작권을 침해하여 만들어진 프로그램의 복제물(제1호에 따른 수입 물건을 포함)을 그 사실을 알면서 취득한 자가 이를 업무상 이용하는 행위
저작인격권 침해	저작자의 명예를 훼손하는 방법으로 저작물을 이용하는 행위

(2) 금지행위

① 개념 : 직접적인 저작권 침해행위나 침해행위로 간주되는 것은 아니나, 저작권법에서 일정한 행위를 하지 못하도록 금지하는 것

② 종류 : 기술적 보호조치를 무력화하는 행위, 권리관리정보를 제거하거나 변경하는 행위, 암호화된 방송신호를 무력화하는 행위, 저작물의 라벨을 위조하는 행위, 영화관에서 영화를 몰래 촬영하는 행위, 권한 없이 방송 전 신호를 제3자에게 송신하는 행위 등(저작권법 제6장의2 기술적 보호조치의 무력화 금지 등)

(3) 저작권 보호를 위한 기술의 발달

① 디지털 워터마킹(Digital Watermarking)

ⓐ 멀티미디어 콘텐츠에 소유권자의 저작권 정보를 사람이 인지할 수 없는 워터마크로 삽입하고, 이를 검출기를 통해 식별하는 기술

ⓑ 저작권자 또는 판매권자의 정보를 삽입함으로써 이후 발생하게 될 지적재산권 분쟁에서 정당함을 증명하는 데 이용하기 위한 것

ⓒ Robust 워터마킹, 포렌식 워터마킹, Fragile 워터마킹 등으로 구분되며 이 중 포렌식 워터마킹은 워터마크의 확장기술

② 포렌식 워터마킹(Forensic Watermarking)

ⓐ 워터마크 기술에 구매자 정보 및 유통경로, 사용자 정보 등을 실시간으로 삽입하여 유포자와 배포경로를 추적할 수 있는 기술

ⓑ 디지털 데이터가 불법적으로 무단 복제되었을 경우, 데이터의 판매자로 하여금 복제된 복사본의 원 구매자를 식별할 수 있게 하는 사후 검출

기능을 제공함으로써 구매자가 디지털 데이터를 불법적으로 배포하지 못하게 보호하기 위한 기술

③ 콘텐츠(키워드 · 해시 · 특징점) 필터링(Contents Filtering)
　㉠ 콘텐츠 이용 과정에서 저작권 침해 여부 등을 판단하여 파일 전송을 제어하는 기술
　㉡ 많은 양의 데이터를 조건에 따라 자동으로 필터링하는 시스템

④ DRM(Digital Rights Management)
　㉠ 디지털 저작권 관리로서 콘텐츠를 암호화한 후 배포하여 허가받지 않은 사람이 사용할 수 없도록 보호하는 서비스
　㉡ 다양한 콘텐츠를 제공자로부터 고객에게 안전하게 전달하고, 불법복제와 무단변경을 통해 콘텐츠를 마음대로 유통하지 못하도록 하는 등 콘텐츠의 생성 · 유통 · 관리를 일괄적으로 지원하는 기술

⑤ 탐색엔진(Search Engine) : 불법 복제물을 탐색 · 색출하는 기술

⑥ 복제방지(CCI ; Copy Control Information) : 불법 복제 · 사용을 방지하는 기술

개념더하기　워터마크와 포렌식 워터마킹의 유사점과 차이점

유사점	디지털 데이터의 불법복제를 막기 위해 데이터에 마크를 삽입한다는 점
차이점	• 워터마크 기술 : 콘텐츠의 불법성을 식별하는 것이 한계 • 포렌식 워터마킹 기술 : 배포자 식별 기능까지 제공한다는 점에서 구별

---

(4) 저작권 관련 국제협약

베른협약 (1886)	• 1886년 다자간 협약인 '문화 · 예술 저작물의 보호를 위한 베른협약'이 영국, 프랑스 등 유럽 국가를 중심으로 체결 • 세계 최초의 다자간 협약으로 국제적인 저작권 보호 증진을 위하여 여러 차례 개정 → 저작권 보호에 관한 기본적 국제조약 • 저작권 보호수준이 높고 저작권 보호 요건으로 무방식주의를 채택
세계저작권협약 (UCC)	• UN교육과학문화기구(UNESCO)의 주도하에 베른협약 가입국과 미주 국가와의 협의를 거쳐 서로 다른 문화적 전통을 가진 국가 간의 저작권 보호를 위하여 1952년에 체결 • 1971년 파리에서 전면개정 시 우리나라 가입(1987.10.1. 발효)

확인문제

01 DRM은 디지털 콘텐츠의 불법복제와 무단변경을 막아 저작권자의 이익과 권리를 보호해주는 기술이다. (O / X)

02 '로마협약'은 세계 최초의 다자간 협약으로 무방식주의를 채택했다. (O / X)

정답 01 O 02 X

해설

02 무방식주의를 채택한 세계 최초의 다자간 협약은 '베른협약'이다.

무역관련 지식재산권에 관한 협정 (TRIPs 협정)	• 지식재산권 보호와 관련한 국제기구인 세계지식재산기구(WIPO)와 UNESCO를 통해 저작권을 포함한 지식재산권의 국제적 보호가 이루어짐에 따른 문제점 : 지식재산권 관련 각종 국제협약이 각 가입국의 입장을 고려하여 각국의 국내 입법에 맡기고 있어 권리 침해에 대한 국제적 구제수단 및 제재수단 결여, 급속히 산업화하고 있는 컴퓨터프로그램·데이터베이스·반도체칩 회로설계 및 생명공학 분야의 지식재산권에 대한 보호체계가 마련되지 않아 이에 대한 보호 미흡 • 미국 등 선진국의 강력한 보호 의지에 따라 지식재산권 문제가 세계무역기구(WTO)에 흡수되면서 국제협정 체결 • WTO 체제가 1995년 1월 1일 정식 출범함에 따라 우리나라 역시 WTO 회원국으로서 TRIPs 협정을 준수해야 할 의무 부담 • 원칙적으로 베른협약 수준의 저작권 보호기준 적용	
로마협약 (1961)	실연자, 음반제작자 및 방송사업자 보호를 위한 협약	저작인접권자에 대한 국제적 보호 방안
음반협약 (1971)	음반의 무단 복제로부터 음반제작자를 보호하기 위한 협약	
브뤼셀 협약 (1974)	위성에 의하여 송신되는 프로그램 전달 신호의 배포에 관한 협약	
WCT & WPPT (1996)	• 정보화에 따른 저작권 문제 해결방안 • 1996년 12월에 개최된 제네바 외교회의에서 'WIPO 저작권 조약(WCT)'과 'WIPO 실연 및 음반 조약(WPPT)'을 채택 → 베른협약은 1971년 개정 이후 추가 개정이 어려워 컴퓨터 프로그램이나 데이터베이스 같은 기술의 발전을 수용할 수 없었으나(TRIPs 협정에서 수용), 두 조약이 베른협약 제20조에 의한 특별협정으로써 이를 반영 • 새로운 권리 신설 등 권리관계 재정립, 저작권 보호를 위한 기술적 조치 및 권리관리정보의 보호 등을 포함하여 디지털 기술 발전에 대응한 저작권 보호의 방향을 처음으로 제시했다는 점에서 큰 의의	
베이징 조약 (2012)	• 1997년에 시작된 시청각 실연 보호에 대한 논의 → 2012년 6월 24일 시청각 실연에 관한 베이징 조약에서 채택 • 시청각 실연자에게도 성명표시권, 동일성유지권 등의 저작인격권을 부여하고 고정되지 않은 실연뿐 아니라 고정된 실연에 대해서도 복제권과 배포권 등의 권리를 부여 • 기존 로마협약이 20년의 보호기간을 부여한 것과는 달리 최소 50년의 보호기간을 부여하는 등 시청각 실연의 국제적인 보호를 강화	
마라케시 조약 (2014)	시각장애인 저작물 접근권 개선을 위한 마라케시 조약 체결	

※ 출처 : 문화체육관광부

확인문제

01 위성에 의하여 송신되는 프로그램 전달 신호의 배포에 관한 국제협약은 '마라케시 조약'이다. (O / X)

02 베이징 조약은 최소 (   )년의 보호기간을 부여해 시청각 실연의 국제적인 보호를 강화했다.

정답 01 X 02 50

해설

01 브뤼셀 협약에 대한 설명이다. 마라케시 조약은 시각장애인 저작물 접근권 개선을 위한 조약이다.

- 1987년 세계저작권협약 가입
- 1987년 음반협약 가입
- 1995년 TRIPs 협정 가입
- 1996년 베른협약 가입
- 2004년 WCT 가입
- 2008년 로마협약과 WPPT에 가입
- 2011년 브뤼셀 협약 가입
- 2012년 베이징 조약 성안에 기여 및 적극 참여

4 사이버 범죄 예방 · 대응방안

(1) 사이버 범죄 공통적 예방수칙

이메일 이용시 주의점	• 출처가 불분명한 이메일이나 첨부파일은 열람하지 않고 삭제하기 • 첨부파일 열람 및 저장 전에는 반드시 백신으로 검사하기 • 개인정보제공을 요구하는 서비스의 경우 가급적 이용을 자제하고 만약 이용할 경우 반드시 해당 업체 홈페이지에 접속하여 꼼꼼히 확인한 후 이용하기 • 메일을 자주 확인하고 중요하지 않은 메일은 즉시 지우기 • 이메일 프로그램 또는 이메일 제공서비스의 차단기능 활용하기 • 인터넷 게시판 등에 이메일 주소를 남길 때 신중할 것 • 인터넷 서비스 가입 시 광고메일 수신 여부를 반드시 확인하기
온라인 금융거래시 주의점	• 금융기관 사이트는 즐겨찾기를 이용하거나, 주소를 정확하게 입력하여 이용 • 금융기관에서는 전화나 메일로 개인정보를 확인하지 않으므로 정보를 요청하는 메일은 일단 의심하기 • 공동인증서(구 공인인증서)는 반드시 USB 등 이동식 저장장치에 보관하기 • 보안카드는 반드시 본인이 소지하고, 인터넷상에 기재해 두지 않기 • 온라인 금융거래 내역을 알려주는 휴대폰 문자서비스 이용하기 • 시간이 걸리더라도 금융기관에서 제공하는 보안프로그램은 반드시 설치하기 • 금융 비밀번호는 다른 사이트의 비밀번호와 다르게 설정하기 • 공공장소 PC는 보안에 취약하므로 온라인 금융거래 이용 자제하기
가족의 안전한 사이버 생활을 위한 예방수칙	• 컴퓨터를 개방된 공간에 두고 가족들이 공유할 수 있도록 하기 • 자녀가 가입한 사이트, 카페 및 자녀의 ID가 무엇인지 알아두기 • 자녀가 사이버 공간에서 하는 활동에 대해 항상 대화하기 • 온라인 게임은 규칙을 정해서 이용하도록 하고, 아이템이나 계정 거래 등에 대해 알아두기 • 부모의 주민등록번호, 신용카드번호 및 기타 비밀번호를 공개하지 않기 • 자녀들이 꼭 알아두어야 할 인터넷 수칙 알려주기

(2) 사이버 사기 예방수칙

① 직거래 사기

㉠ 거래 전 경찰청 '사이버캅' 앱을 통해 판매자 전화 · 계좌번호가 사기 피해 신고 이력이 있는지 확인

㉡ 상대방이 실제로 물품을 소지했는지 여부 확인(특정 조건에 맞게 사진 촬영 · 전송 요청)

㉢ 가급적 직접 만나 물건의 상태를 확인하고 대금 지급

㉣ 직거래 시 물건의 상태를 확인할 수 있는 낮 시간에, 사람들의 왕래가 많은 공공장소에서 만날 것

㉤ 택배 거래 시 판매자 정보를 최대한 확인할 것(주요 확인 사항 : 거래 이력, 본인 명의 계좌 여부, 타 피해자 존재 여부, 사이버캅 피해 신고 이력 등)

㉥ 휴일 직전 또는 휴일 거래는 지양(사기 여부 파악에 시간 소요)

㉦ 소액의 수수료를 부담하더라도 가급적 안전결제서비스 이용

㉧ 판매자가 가짜 안전결제사이트 링크를 보내주는 경우도 있으므로, 해당 사이트 URL이 정확한지(변조 여부) 꼭 확인할 것

확인문제

01 직거래 전 '사이버캅'을 통해 판매자 전화와 계좌번호의 사기 피해 신고 이력을 확인할 수 있다. (O / X)

02 직거래를 하는 경우, 직접 만나서 물품을 거래하는 것이 가장 좋다. (O / X)

정답 01 O 02 O

② 쇼핑몰 사기 예방수칙

ⓐ '초특가', '한정상품' 등 지나치게 저렴하게 판매하는 상품에 현혹되지 말 것

ⓑ 쇼핑몰 홈페이지에서 사업자 정보(사업자등록번호, 사업장 주소, 전화번호 등), 고객게시판 운영 여부, 고객 불만 글 등을 확인

ⓒ 대형 오픈마켓이라도 입점판매자의 신뢰성을 보장해 주지 않으므로, 판매자 이력 및 고객 평가 등을 반드시 확인

ⓓ SNS(블로그, 카페 등)를 통해 물건을 구매하는 경우, 구매 전 통신판매사업자 신고 여부, 청약철회 가능 여부 등을 반드시 확인

개념더하기 통신판매사업자 여부 확인 방법

'공정거래위원회' 홈페이지에서 확인 가능
(홈페이지 → 정보공개 → 사업자정보공개 → 통신판매사업자)

ⓔ 거래는 가급적 신용카드를 이용하며 추가할인 등을 미끼로 현금거래를 유도하는 판매자와 거래 금지

ⓕ 해외직구 시 신뢰할 수 있는 사이트인지 사전 점검(해외 업체로부터 피해를 입은 경우, 우리나라 법률 집행이 실질적으로 어려움)

개념더하기 전자상거래 시 사기정보 확인 방법

전자상거래 사기정보 제공처
- 사이버캅 애플리케이션
- 경찰청 사이버수사국(cyberbureau.police.go.kr)
- 서울시 전자상거래센터(ecc.seoul.go.kr)
- 더치트(www.thecheat.co.kr)

신뢰할 수 있는 사이트 여부 확인 방법
- 한국소비자원에서 운영하는 '국제거래 소비자포털' 홈페이지에서 확인 가능
 (홈페이지 → 피해예방정보 → 사기의심사이트에 사기성 전자상거래 사이트를 공표)
- scamadviser.com 등에서 해당 사이트 주소를 검색하여 신뢰도 확인
- 사업자 연락두절, 결제금액 상이, 다른 통화로 결제 유도 등 피해 우려 시 신용카드사의 '해외이용 이의제기 서비스' 활용

(3) 스미싱 예방수칙 및 피해 최소화 방법

예방수칙	• 모바일 백신 설치 및 실시간 감시 기능 설정 • 스마트폰 운영체제를 최신상태로 유지하기 • 문자메시지 내 포함된 인터넷 주소(URL) 중 출처가 불분명한 사이트 주소는 클릭을 지양하고 바로 삭제 • 루팅, 탈옥 등 스마트폰 기본 운영체제 변경 지양 • 스미싱 차단앱 설치 → 이동통신사별로 스미싱 차단앱 기본설치 및 제공 • 비밀번호가 설정되어 있지 않은 무선 공유기(WiFi) 접속 지양 • 앱 다운로드 시, 공식 애플리케이션 마켓 이용 • 의심되는 사이트 주소의 경우 정상 사이트와의 일치여부 확인 • 휴대번호, 아이디, 비밀번호 등 개인정보는 신뢰된 사이트에만 입력 • 인증번호는 모바일 결제로 연계될 수 있으므로 다시 한번 확인 • 스미싱 예방 서비스 가입하기 • 스미싱 의심 문자는 신고하기
피해 최소화 방법	• 휴대폰 공장 초기화(휴대폰 제조사 A/S 센터 이용) • 악성 애플리케이션(APK 파일) 삭제 • 통신사에 소액결제 여부 확인 및 차단 • 개인정보 도용 확인 • 공동인증서(구 공인인증서) 폐기 및 재발급 • 모바일 결제 피해가 발생할 수 있으므로 최근 모바일 결제 내역 확인 및 취소하기 • 경찰서에서 발급받은 '사건사고 사실확인원'을 이동통신사 · 게임사 · 결제대행사 등 관련 사업자에게 제출, 피해사실 신고

> **개념더하기** **개인정보 도용 확인 사이트**
>
> • 주민번호클린센터(www.eprivacy.go.kr)
> • 명의도용방지서비스(www.msafer.or.kr)

(4) 피싱 예방수칙 및 피해 시 행동요령

예방수칙	• 금융거래정보 요구에 일절 응하지 말 것 • 현금지급기로 유인하면 보이스피싱으로 간주 • 자녀납치 보이스피싱에 미리 대비 • 개인 · 금융거래정보를 미리 알고 접근하는 경우에도 내용의 진위를 확인 • 피해를 당한 경우 신속히 지급정지 요청 • 유출된 금융거래정보는 즉시 폐기 • 예금통장 및 현금(체크)카드 양도 금지 • 발신(전화)번호는 조작이 가능함에 유의 • 금융거래 시 정확한 홈페이지 주소 확인 필요 • '전자금융사기 예방서비스' 적극 활용

용어해설

▼ **루팅**

안드로이드 운영체제의 최고 권한 계정인 루트 권한을 획득하는 것을 말하며, 성능향상 등의 장점도 있으나, 시스템오류 및 보안에 취약해져 악성코드가 유입되는 등 단점도 상존

▼ **탈옥**

애플기기의 운영체제인 iOS에 규정된 제한을 풀어 여러 방면으로 사용할 수 있도록 하는 것

▼ **APK 파일**

스마트폰 내 악성파일 확장자명이 *.apk인 파일

피싱피해 시 5대 계명	• 주거래 금융기관 콜센터 대표번호를 미리 저장하기 • 피해발생 시 경찰청(112)에 '지체 없이' 신고하기 • 이미 송금한 경우 은행에 '지급정지' 신청하기 • 개인(신용)정보 도용 시 금융감독원의 '개인정보노출자 사고예방시스템'에 등록하기 • 악성앱을 이미 설치했다면 휴대폰서비스센터에 도움 요청하기

개념더하기　문자금융사기(피싱)로 인한 개인(신용)정보 도용 시 행동요령

• 개인정보 유출에 따른 추가 피해를 막기 위해 금융감독원의 '개인정보노출자 사고예방시스템' 적극 활용
• '계좌정보통합관리서비스'(www.payinfo.or.kr)를 활용하여 본인 모르게 개설된 계좌 또는 대출을 한눈에 확인하기
• 명의도용 피해를 예방하기 위해 한국정보통신진흥협회의 '명의도용방지서비스' (www.msafer.or.kr)에서 '가입사실현황조회' 및 '가입제한' 등의 서비스를 활용
• 출처가 불분명한 악성앱을 설치했다면 ① 모바일 백신앱으로 검사 후 삭제, ② 데이터 백업 후 휴대폰 초기화, ③ 지인이나 휴대폰서비스센터에 도움 요청하기

(5) 파밍 예방수칙

① 사이트 주소가 정상인지 확인하고, 보안카드번호를 전부 입력하라는 요청에 응하지 않기
② 공동인증서(구 공인인증서), 보안카드 사진 등을 컴퓨터나 이메일에 저장하지 말 것
③ OTP(일회성 비밀번호생성기), 보안토큰(비밀번호 복사방지) 등 전자금융사기 예방서비스에 가입하기
④ 스마트폰 문자메시지에 포함된 인터넷주소를 클릭하지 말 것
⑤ 무료 다운로드 사이트의 이용을 자제하고, 출처가 정확하지 않은 파일이나 이메일은 즉시 삭제할 것
⑥ 윈도우, 백신프로그램 등을 최신상태로 유지하기
⑦ 파밍 등이 의심될 때는 신속히 112신고센터와 금융기관 콜센터를 통해 지급정지를 요청할 것

(6) 계정도용 예방수칙

① 자신의 ID와 비밀번호를 타인에게 알려주지 않을 것
② 인터넷 사이트에 무분별한 회원가입 자제하기
③ 회원가입 시 구체적인 개인정보를 요구할 경우 가입여부를 다시 한번 생각하기
④ 인터넷 회원가입 시 서비스 약관에 '제3자에게 정보를 제공할 수 있다'라는 조항이 있는지 확인하기
⑤ 탈퇴가 어렵거나, 탈퇴 절차에 대한 설명이 없는 곳은 가입하지 말 것

ⓖ 탈퇴 신청을 한 뒤 개인정보가 완전히 파기됐는지 재확인하기

ⓗ 비밀번호를 주기적으로 변경하고 전화번호나 생일, 연속된 숫자 등을 사용하지 말 것

ⓘ 공유 PC는 ID, 비밀번호 등 개인정보 입력 시 자동완성 기능을 사용하지 말 것

(7) 악성프로그램 예방수칙

① 음란물 등의 불법 콘텐츠 검색을 자제하고, 기타 불법 사이트에 접속하지 말 것

② 백신프로그램은 최신 버전으로 업데이트하고 실시간 감지 기능 실행하기

③ 다양한 감염경로를 막기 위해 백신과 방화벽을 동시에 사용하기

④ 불법 소프트웨어를 설치ㆍ복사하지 않으며, 정품 소프트웨어 사용을 생활화하기

⑤ 무료 다운로드가 가능한 프로그램도 신뢰할 수 있는 사이트에서 다운받도록 하기

⑥ 중요한 데이터는 반드시 정기적으로 백업하기

(8) 스팸메일ㆍ메시지 예방수칙

① 공개적인 사이트, 게시판에 이메일 주소, 전화번호 등의 개인정보 남기지 않기

② 이동통신사 또는 이메일 프로그램에서 제공하는 다양한 차단 기능 활용하기

③ 불필요한 광고메일, 메시지 수신에 동의하지 않기

④ 광고메일은 열어보거나 응답하지 않고 바로 삭제하기

⑤ 스팸 메시지에 포함된 URL은 접속하지 않기

⑥ 미성년자는 청소년 계정을 이용하기

개념더하기　스팸메일 대처 방안

법률적 방안	광고 사전수신 동의(Opt-in)	광고전송자가 수신자에게 사전에 광고수신 동의를 받아야 광고전송이 가능(적용대상 : 휴대전화, 팩스)
	광고 수신거부 후 재전송 금지 (Opt-out)	수신자가 광고수신 거부의사를 밝힌 경우 해당 수신자에게 광고 재전송 금지(적용대상 : 이메일, 게시판)
기술적 방안	메일 제목에 특정 단어를 지정하여 스팸메일을 필터링하는 방안	
교육적 방안	대응방안 중 가장 근본적이며 장기적인 효과를 기대할 수 있는 방안	

개인이나 기업체에게 인터넷 접속 서비스, 웹사이트 구축 및 웹호스팅 서비스 등을 제공하는 회사

▼ IDC
기업이나 개인 고객의 인터넷 서비스에 필요한 서버 · 전용회선 · 네트워크 관리를 대행하거나, 전산 설비를 임대하는 등의 서비스를 제공해 주는 사업

▼ 펌웨어
하드웨어를 제어하는 가장 기본적인 프로그램

(9) 디도스(DDoS) 공격 예방수칙 및 피해 최소화 방법

개념		• 분산서비스 거부 공격(Distributed Denial of Service) • 특정 시간대 공격명령을 실행하여 공격 대상 컴퓨터에 동시 접속함으로써 시스템을 마비시키는 방식의 사이버 공격
예방수칙		• 운영체제(OS) 및 소프트웨어의 최신 보안 패치 설치 및 버전 업그레이드 • 바이러스 백신 설치 및 실시간 감시 기능 활성화 • 신뢰할 수 있는 웹사이트에서만 프로그램 다운 · 설치 • 출처가 불분명한 이메일, 첨부파일 클릭 금지 • 불법 콘텐츠 공유 사이트 접속 지양 및 불법 파일 다운로드 금지 • 정품 소프트웨어 사용 • 컴퓨터 암호 설정
피해 최소화 방법	기업, 기관	• KISA 사이버대피소 또는 ISP에서 운영하는 DDoS 방어 서비스 신청 • DDoS를 유발하는 IP 접근 차단(ISP에 공격 로그 요청)
	일반 이용자	• 랜선 제거 • 사용하는 회선 사업자(ISP, IDC)에 공격 로그 추출 문의 (수사기관 신고) • 운영체제 최신 버전 업데이트 • 최신 업데이트 백신으로 PC 바이러스 검사 및 치료 • 윈도우 등 운영체제(OS) 재설치 권장 • KISA에서 제공하는 PC 원격 점검 서비스 이용

(10) IoT 해킹 예방수칙 및 피해 최소화 방법

예방수칙	• 제조사에서 배포하는 펌웨어 정기 업데이트 • 기기 설치 후 초기설정 비밀번호 변경 • 공유기 관리자 모드에서 원격 접근 기능 비활성화 및 접근 제어 설정(IP, MAC 주소 인증) • 수시로 기기에 연결된 목록을 점검하여 인가되지 않은 연결 목록이 있는 경우 즉시 차단
피해 최소화 방법	공유기기 초기화(reset), 펌웨어 최신 버전으로 업데이트, 관리자 비밀번호 변경

개념더하기   **안전한 비밀번호 설정 방법**

• 영문자, 숫자, 특수문자로 조합하여 12자 이상으로 설정
• 비밀번호에 생일, 전화번호 등 개인정보 사용하지 않기
• 추측하기 쉬운 단어, 패턴 사용하지 않기(예 abcd, qwer 등)
• 금융기관 등의 중요 계정은 다른 비밀번호와 다르게 설정
• 비밀번호를 인터넷상에 적어두거나 공유하지 않기
• 비밀번호를 주기적으로 변경하기

(11) 게임사기 예방수칙

　① 아이템 등을 통상적 가격에 비해 지나치게 저렴하게 판매하는 경우 주의

　② 상대방의 ID, 이전 활동 내역, 거래 내역, 실명 사용 여부, 전화번호 등 정보를 최대한 확인하고, 안전결제사이트를 통해 거래

　③ 거래 전 상대방 전화 · 계좌번호를 '사이버캅'에서 조회하여 이전 피해 신고 내역 여부 확인

　④ 아이템 거래 사이트를 이용할 때, 사이트 운영자가 공지한 '공식 거래방법', '거래 시 주의사항' 또는 '피해 예방 수칙' 반드시 숙지

　⑤ 타인과 ID, 비밀번호를 공유하여 발생한 문제에 대해서는 보상받기 어려우므로, 절대 ID와 비밀번호를 공유하지 말 것

> **개념더하기　아이템 거래 시 피해 최소화 방법**
>
> • 물품 전달 시 스크린샷 또는 동영상을 찍어 증거 확보
> • 거래 중 문제가 발생하는 경우 거래사이트 고객센터에 확인
> • 상대방 전화번호로 직접 통화해 판매자, 구매자가 맞는지 확인

(12) 사이버 스토킹 예방수칙

　① 지인이라도 개인정보를 주는 것은 자제하되, 꼭 필요한 사람에게는 최소한의 정보만 알려줄 것

　② 온라인상에서 자신의 사적정보(성별, 나이, 직업 등) 비공개 설정

　③ 모르는 사람의 쪽지 또는 대화신청은 가급적 답변하지 말기

　④ 상대방이 계속해서 불안감을 조성하는 행동을 보인다면 거부의사를 분명하게 밝힐 것

　⑤ 피해가 예상되는 경우, 통화 녹취 및 채팅 대화 캡처 등 증거자료를 확보하여 수사기관에 신고

5 사이버 폭력 예방 · 대응방안

(1) 사이버 폭력 예방 · 대처를 위한 10가지 원칙

　① **서로 존중하고 배려하기** : 사이버 공간에서 타인도 자신과 같이 감정과 생각을 가진 사람임을 잊지 않기

　② **개인정보는 스스로 지키기** : 개인정보를 소중히 생각하고 보호하기

　③ **올바르게 이야기하기** : 고운말 바른말 사용하기, 거짓된 내용이나 개인의 사생활에 대한 내용은 올리지 않기, 글을 쓰고 여러 번 읽어보고 올리기

　④ **오해받을 수 있는 행동은 하지 않기** : 타인에게 오해나 불신을 살 만한 행동은 하지 않기

　⑤ **사이버 폭력 정확하게 이해하기** : 사이버 폭력을 이해하기 위한 노력하기

　⑥ **자주 이야기하기** : 평소 사이버 공간에서의 활동과 관련하여 부모님 또는 선생님과 대화의 시간을 자주 갖기

확인문제

01 특정 시간대 공격명령을 실행하여 공격 대상 컴퓨터에 동시 접속함으로써 시스템을 마비시키는 사이버 공격을 (　　)(이)라고 한다.

02 게임 아이템 거래 시 '사이버캅', '더치트' 등에서 상대방 전화 · 계좌번호 사기이력을 조회할 수 있다. (O / X)

정답 01 디도스(DDoS) 02 O

⑦ 정확히 도움을 요청하기 : 사이버 폭력을 당할 경우 학교와 선생님이 든든한 지원자가 되어 주기

⑧ 처음부터 정확히 대처하기 : 분명한 거부의사 표현하기, 보복하지 않기, 무시하거나 차단하기

⑨ 사이버 폭력의 증거는 지우지 않기 : 자신을 비난하거나 욕설 등의 메시지를 받은 경우 삭제하지 말고 증거를 확보하기, 이때 내가 분명히 거부 의사를 표시한 내용을 함께 확보하는 것이 좋음

⑩ 적극적으로 대응하기 : 사이버 폭력을 당했을 때 관련기관에서 상담과 도움 받기, 사이트 관리자에게 사이버 폭력 피해사실을 신고하고 삭제 요청

(2) 기타 관련 도움

에듀넷 티 클리어	www.edunet.net/nedu	사이버 폭력 예방 및 정보윤리교육 제공
학생위기상담 종합서비스	www.wee.go.kr	온라인 고민상담 서비스 제공(익명)
청소년 사이버 상담 센터	www.cyber1388.kr	온라인 고민상담 서비스 제공(비밀상담, 실시간 채팅 등)
경찰청 사이버수사국	cyberbureau.police. go.kr	사이버 범죄 신고 · 상담 서비스 제공
안전 Dream (아동 · 여성 · 장애인 경찰지원센터)	www.safe182.go.kr	학교폭력 및 사이버 폭력 신고 · 상담서비스 제공
청소년폭력예방재단 (푸른나무재단)	www.btf.or.kr	학교폭력 온라인 상담 서비스 제공
스마트쉼센터	www.iapc.or.kr	인터넷 과다사용 관련 상담 제공(게시판, 메신저 등)

② 인터넷 역기능의 사후 대응방안

① 불법 유해정보 유통의 사후 대응방안

(1) 불법 유해정보 차단 및 신고
① 방송통신심의위원회 : 불법 유해정보 사이트 차단(☎1377)
② 게임물관리위원회 : 사행성 · 불법 게임물 신고
③ 사행산업통합감독위원회 불법사행산업감시신고센터 : 도박 및 사행성 사이트 신고
④ KISA 불법스팸대응센터 : 불법광고 스팸문자 신고(☎118)
⑤ 여성가족부 : 청소년 유해매체물 신고

(2) 청소년 유해매체물의 신고 등

① 청소년 유해매체물 신고

ㄱ 청소년에게 유해하다고 생각되는 매체물이 청소년에게 유통되고 있는 것을 발견했을 때는 누구든지 그 사실을 시장·군수·구청장에게 신고해야 함(청소년 보호법 제49조 제1항)

ㄴ 청소년 유해약물·물건은 각 지방자치단체에서 운영하고 있는 청소년 유해환경감시단에 신고(청소년유해감시단이 없는 경우에는 각 지방자치단체 홈페이지에서 신고 가능)

② 유해매체물의 신고 방법

ㄱ 청소년 유해매체물을 신고할 때는 서면·구두 또는 그 밖의 방법으로 할 수 있으며, 일정한 사항(신고인의 성명·주소와 전화번호, 피신고인의 주소 또는 업소의 명칭 및 위치, 피신고인의 위반행위 내용, 그 밖에 위반행위의 내용을 명백히 밝힐 수 있는 사항)이 포함되어야 함(청소년 보호법 시행령 제41조 제1항)

ㄴ 신고를 접수한 공무원은 신고 접수대장에 신고 내용을 기록해야 하며, 신고 내용을 외부에 누설해서는 안 됨(청소년 보호법 시행령 제41조 제2항)

③ 방송통신심의위원회 불법·유해정보 신고(www.kocsc.or.kr) : 방송통신심의위원회에서는 신고된 내용을 확인하여 불법정보는 차단하고 유해정보는 청소년유해성을 심의하여 청소년의 접근을 차단

> **개념더하기** 유해정보의 시정요구
>
> 전기통신회선을 통하여 일반에게 공개되어 유통되는 정보 중 불법정보 및 청소년에게 유해한 정보 등 심의가 필요하다고 인정되는 정보에 대하여 다음과 같은 시정요구를 할 수 있음(방송통신위원회의 설치 및 운영에 관한 법률 제21조, 시행령 제8조)
> • 해당 정보의 삭제 또는 접속차단
> • 이용자에 대한 이용정지 또는 이용해지
> • 청소년유해정보의 표시의무 이행 또는 표시방법 변경 등과 그 밖에 필요하다고 인정하는 사항

④ 국민권익위원회 공익신고센터

ㄱ 공익신고센터를 이용한 청소년유해환경 신고 : 누구든지 공익침해행위가 발생하였거나 발생할 우려가 있다고 인정할 때에는 국민권익위원회에 공익신고 가능(공익신고자 보호법 제6조 제4호)

ㄴ 공익신고 처리 절차 : 국민권익위원회에서는 신고 접수 60일 이내에 사실 확인을 마친 후 지체없이 조사·수사기관에 이첩하고 처리 결과를 신고자에게 통지

⑤ **청소년전화** : 청소년이라면 누구나 전화(국번없이 ☎1388)를 통해 청소년 유해환경을 신고할 수 있으며, 다급한 위기 해결에서부터 근본적인 심리상담까지 종합적인 서비스를 받을 수 있음

⑥ **선도 · 보호조치 대상 청소년의 친권자 등에게 사실 통보**

ㄱ 원인 제공 청소년에 대한 친권자 통보 : 여성가족부장관, 시장 · 군수 · 구청장 및 관할 경찰서장은 청소년 유해매체물 판매 금지 등을 위반하는 행위를 적극적으로 유발하게 하거나 나이를 속이는 등 그 위반행위의 원인을 제공한 청소년에 대하여는 친권자 등에게 그 사실을 통보해야 함(청소년 보호법 제50조 제1항)

ㄴ 선도 · 보호조치 필요청소년에 대한 학교 및 친권자 통보 : 여성가족부장관, 시장 · 군수 · 구청장 및 관할 경찰서장은 위의 청소년 중 그 내용 · 정도 등을 고려하여 선도 · 보호조치가 필요하다고 인정되는 청소년에 대하여는 소속 학교의 장(학생인 경우만 해당함) 및 친권자 등에게 그 사실을 통보해야 함(청소년 보호법 제50조 제2항)

(3) 음란물 등의 유포 및 소지에 대한 처벌 규정

① **음란물을 메일로 보낸 경우** : 자기 또는 다른 사람의 성적 욕망을 유발하거나 만족시킬 목적으로 전화, 우편, 컴퓨터, 그 밖의 통신매체를 통하여 성적 수치심이나 혐오감을 일으키는 말이나 영상 등을 상대방에게 보낸 사람은 2년 이하의 징역 또는 2천만 원 이하의 벌금(성폭력범죄의 처벌 등에 관한 특례법 제13조)

② **음란물을 유포 또는 판매한 경우**

ㄱ 영리를 목적으로 청소년에게 청소년 유해매체물을 판매 · 대여 · 배포하거나 시청 · 관람 · 이용하도록 제공한 사람은 3년 이하의 징역 또는 3천만 원 이하의 벌금(청소년 보호법 제58조 제1호)

ㄴ 음란한 부호 · 문언 · 음향 · 화상 또는 영상을 배포 · 판매 · 임대하거나 공공연하게 전시한 사람은 1년 이하의 징역 또는 1천만 원 이하의 벌금(정보통신망 이용촉진 및 정보보호 등에 관한 법률 제74조 제1항 제2호)

ㄷ 영리를 목적으로 촬영대상자의 의사에 반하여 다른 사람의 신체를 촬영한 촬영물 또는 복제물을 인터넷에 반포하거나, 촬영 당시에는 촬영대상자의 의사에 반하지 않았더라도 촬영대상자의 의사에 반하여 인터넷에 촬영물 또는 복제물을 반포한 사람은 3년 이상의 유기징역(성폭력범죄의 처벌 등에 관한 특례법 제14조 제3항)

③ **아동 · 청소년 이용 음란물을 유포 또는 소지한 경우**

ㄱ 영리를 목적으로 아동 · 청소년 성착취물을 판매 · 대여 · 배포 · 제공하거나 이를 목적으로 소지 · 운반 · 광고 · 소개하거나 공연히 전시 또는 상영한 사람은 5년 이상의 유기징역(아동 · 청소년의 성보호에 관한 법률 제11조 제2항)

ⓛ 아동 · 청소년 이용 음란물을 배포 · 제공하거나 이를 목적으로 광고 · 소개하거나 공공연하게 전시 또는 상영한 사람은 3년 이상의 유기징역(아동 · 청소년의 성보호에 관한 법률 제11조 제3항)

ⓒ 아동 · 청소년 이용 음란물을 구매하거나 이를 알면서 소지 · 시청한 사람도 1년 이상의 유기징역(아동 · 청소년의 성보호에 관한 법률 제11조 제5항)

2 저작권 침해에 대한 사후 대응방안

(1) 저작권 침해에 대한 구제

침해의 정지 등 청구		• 저작권 그 밖에 저작권법에 따라 보호되는 권리를 가진 자는 그 권리를 침해하는 자에 대하여 침해의 정지를 청구할 수 있으며, 그 권리를 침해할 우려가 있는 자에 대하여 침해의 예방 또는 손해배상의 담보를 청구 가능(저작권법 제123조 제1항) • 저작권 그 밖에 이 법에 따라 보호되는 권리를 가진 자는 제1항의 규정에 따른 청구를 하는 경우에 침해행위에 의하여 만들어진 물건의 폐기나 그 밖의 필요한 조치를 청구 가능
손해배상의 청구		저작재산권자는 고의 또는 과실로 저작재산권을 침해한 자에게 그 침해행위로 자기가 받은 손해의 배상을 청구할 수 있음(민법 제750조 및 저작권법 제125조)
명예회복 등의 청구 등	명예회복 등의 청구	저작자 또는 실연자는 고의 또는 과실로 저작인격권 또는 실연자의 인격권을 침해한 자에 대하여 손해배상을 갈음하거나 손해배상과 함께 명예회복을 위하여 필요한 조치를 청구 가능(저작권법 제127조)
	저작자의 사망 후 인격적 이익의 보호	• 저작자가 사망한 후에 그 유족(사망한 저작자의 배우자 · 자 · 부모 · 손 · 조부모 또는 형제자매를 말함)이나 유언집행자는 저작자의 사망 후에 저작자의 저작물을 이용하는 자가 저작자가 생존하였더라면 그 저작인격권의 침해가 될 행위를 하거나 할 우려가 있는 경우에는 침해의 정지 등 청구 가능(저작권법 제128조) • 고의 또는 과실로 저작인격권을 침해하거나 저작자의 사망 후에 그의 저작물을 이용하는 자가 저작자가 생존하였더라면 그 저작인격권의 침해가 될 행위를 한 경우에는 명예회복 등의 청구 가능(저작권법 제128조)
공동저작물의 권리침해		공동저작물의 각 저작자 또는 각 저작재산권자는 다른 저작자 또는 다른 저작재산권자의 동의 없이 침해의 정지 등 청구 및 해당 저작재산권의 침해에 관해 자신의 지분에 관한 손해배상의 청구 가능(저작권법 제129조)

확인문제

01 이익을 위해 아동 · 청소년 이용 음란물을 판매한 사람이 아닌 구입 · 소지 · 시청만 한 사람은 처벌하지 않는다. (O / X)

02 공동저작물이 침해된 경우 저작자는 자신의 지분에 관한 손해배상 청구를 할 수 있다. (O / X)

정답 01 X 02 O

해설

01 아동 · 청소년 이용 음란물을 소지 · 시청한 사람도 1년 이상의 징역에 처한다.

손해와 손해액의 산정
- 손해액 추정 : 저작재산권자가 고의 또는 과실로 저작재산권을 침해한 자에 대해 그 침해행위에 의해 자기가 받은 손해의 배상을 청구하는 경우에 그 권리를 침해한 자가 그 침해행위에 의해 이익을 받은 때에는 그 이익의 액을 저작재산권자 등이 받은 손해의 액으로 추정(저작권법 제125조 제1항)
- 최소배상금의 보장 : 저작재산권자가 고의 또는 과실로 그 권리를 침해한 자에게 그 침해행위로 자기가 받은 손해의 배상을 청구하는 경우에 그 권리의 행사로 일반적으로 받을 수 있는 금액에 상응하는 액을 저작재산권자 등이 받은 손해의 액으로 하여 그 손해배상 청구 가능(저작권법 제125조 제2항)
- 과실의 추정 : 등록되어 있는 저작권을 침해한 자는 그 침해행위에 과실이 있는 것으로 추정(저작권법 제125조 제4항)
- 손해액의 인정 : 법원은 손해가 발생한 사실은 인정되나 손해액을 산정하기 어려운 때에는 변론의 취지 및 증거조사의 결과를 참작하여 상당한 손해액을 인정할 수 있음(저작권법 제126조)

법정손해배상의 청구(저작권법 제125조의2)
- 저작재산권자 등은 고의 또는 과실로 권리를 침해한 자에 대하여 사실심(事實審)의 변론이 종결되기 전에는 실제 손해액이나 저작권법 제125조 또는 저작권법 제126조에 따라 정하여지는 손해액을 갈음하여 침해된 각 저작물 등마다 1천만 원(영리를 목적으로 고의로 권리를 침해한 경우에는 5천만 원) 이하의 범위에서 상당한 금액의 배상 청구 가능
- 둘 이상의 저작물을 소재로 하는 편집저작물과 2차적 저작물은 위 규정을 적용하는 경우에는 하나의 저작물로 봄
- 저작재산권자 등이 위 규정에 따른 청구를 하기 위해서는 침해행위가 일어나기 전에 저작권법에 따라 그 저작물 등이 등록되어 있어야 함
- 법원은 청구가 있는 경우에 변론의 취지와 증거조사의 결과를 고려하여 위 규정에 따른 범위에서 상당한 손해액의 인정 가능

(2) 저작권 위반에 대한 처벌

① 과실에 의한 저작권법 위반과 위반행위의 미수
    ⊙ 형법 총칙은 저작권법에서 정한 죄에 적용함(형법 제8조 본문)
    ⓒ 저작권법에 과실범 처벌에 대한 특별한 규정이 없으므로 과실에 의한 저작권법 위반행위는 처벌되지 않음(형법 제14조)
    ⓒ 저작권법에 미수범 처벌 규정이 없으므로, 저작권법 위반행위에 대한 미수범은 처벌되지 않음(형법 제29조)

② 저작권법 위반행위에 대한 벌칙

벌칙 규정		• 저작권의 침해에 대한 형사상의 벌칙으로 저작재산권 등의 권리를 침해한 경우에는 5년 이하의 징역 또는 5천만 원 이하의 벌금에 처하거나 이를 병과할 수 있도록 규정 • 저작인격권을 침해하여 저작자의 명예를 훼손시키거나 허위등록을 한 경우에는 3년 이하의 징역 또는 3천만 원 이하의 벌금에 처하며, 출처 명시를 위반한 경우에는 5백만 원 이하의 벌금
고소	친고죄	저작권 침해에 대한 공소는 고소가 있어야 함
	비친고죄	• 영리를 목적으로 또는 상습적으로 저작권을 침해한 자, 업으로 또는 영리 목적으로 기술적보호조치 무력화, 권리관리정보 제거 등을 한 자, 저작권 허위등록, 저작자가 아닌 자의 저작자 표시, 저작자 사후의 저작인격권 침해, 무허가 저작권위탁관리업 운영 등 • 프로그램의 저작권을 침해하여 만들어진 프로그램의 복제물을 그 사실을 알면서 취득한 자가 이를 업무상 이용하는 경우에는 피해자의 명시적 의사에 반하여 처벌하지 못하는 반의사불벌죄
	고소기간	• 친고죄는 범인을 알게 된 날부터 6개월을 경과하면 고소하지 못함(형사소송법 제230조 제1항 본문). • 고소할 수 없는 불가항력의 사유가 있는 때에는 그 사유가 없어진 날부터 기산함(형사소송법 제230조 제1항 단서)
양벌 규정		법인의 대표자나 법인 또는 개인의 대리인 · 사용인, 그 밖의 종업원이 그 법인 또는 개인의 업무에 관해 저작권법 제11장의 죄를 저지를 때에는 행위자를 벌하는 외에 그 법인 또는 개인에 대하여도 각 해당조의 벌금형 부과(저작권법 제141조 본문), 단, 법인 또는 개인이 그 위반행위를 방지하기 위해 해당 업무에 관해 상당한 주의와 감독을 게을리하지 않은 경우는 제외(저작권법 제141조 단서)

(3) 불법복제물 등에 대한 조치

① 불법복제물의 수거 · 폐기 · 삭제 : 문화체육관광부장관, 특별시장 · 광역시장 · 특별자치시장 · 도지사 · 특별자치도지사 또는 시장 · 군수 · 구청장(자치구의 구청장을 말함)은 저작권이나 그 밖에 저작권법에 따라 보호되는 권리를 침해하는 복제물(정보통신망을 통하여 전송되는 복제물은 제외함) 또는 저작물 등의 기술적 보호조치를 무력하게 하기 위하여 제작된 기기 · 장치 · 정보 및 프로그램을 발견한 때에는 저작권법 시행령 제69조에서 정한 절차 및 방법에 따라 관계공무원으로 하여금 이를 수거 · 폐기 또는 삭제하게 할 수 있음(저작권법 제133조 제1항)

② 온라인을 통한 불법복제물 유통 시 조치

ㄱ 경고 및 삭제 · 전송중단 명령(저작권법 제133조의2 제1항)

ㄴ 반복적인 복제 · 전송자의 계정 정지 명령(저작권법 제133조의2 제2항)

ㄷ 게시판 서비스 정지 명령(저작권법 제133조의2 제4항 · 제5항)

SKT, KT, LG U+ 등의 이동통신사, 결제대행사 등 9개 업체와 회원으로 하여 결성된 유무선전화결제 민원중재 담당 사단법인

3 사이버 범죄 사후 대응방안

(1) 사이버 범죄 피해자 구제 제도

① 피해자의 개념 및 관련 법률

㉠ 피해자의 개념

1차적 피해 (직접적 피해)	폭행 · 상해 피해자는 육체적 상처 등 신체적 피해를 입고, 절도 · 사기 피해자는 재물이나 재산 손실 등 경제적 피해를 입게 되는데, 이와 같이 범죄에 의해 입게 되는 직접적인 피해
2차적 피해	피해자는 범죄에 의한 직접적인 피해뿐 아니라, 실직 등에 의한 경제적 손해, 수사 · 재판 과정에서의 정신적 · 시간적 부담, 언론의 취재 · 보도에 의한 불쾌감, 대인관계 악화 등 다양한 문제에 직면하게 되는데, 이러한 문제를 통틀어 '2차적 피해'라고 함

㉡ 관련법률 : 형사소송법, 특정범죄신고자 등 보호법 등(피해자에 대한 정보제공), 범죄피해자 보호법(범죄피해자 구조제도), 의사상자 등 예우 및 지원에 관한 법률, 소송촉진 등에 관한 특례법(형사소송절차에 있어서 배상), 특정범죄신고자 등 보호법(보상금 지급 제도), 법률구조법상 법률구조제도

㉢ 범죄 신고자 보호 및 구조 : 특정범죄신고자 등 보호법, 성매매특별법, 범죄신고자 보호 및 보상에 관한 규칙에서 세부절차 등 규정

② 전기통신금융사기(스미싱) 피해구제 절차

㉠ 관련 법령 : 정보통신망 이용촉진 및 정보보호 등에 관한 법률 제58조 (통신과금서비스이용자의 권리 등)에서 규정, 통신과금서비스 이용자는 통신과금서비스가 자신의 의사에 반하여 제공되었음을 안 때에는 통신과금서비스 제공자에게 이에 대한 정정을 요구할 수 있으며(통신과금서비스 이용자의 고의 또는 중과실은 제외), 통신과금서비스 제공자는 이용자의 정정요구가 이유 있을 경우 판매자에 대한 이용 대금의 지급을 유보하고 정정요구를 받은 날부터 2주 이내에 처리 결과를 통지, 스마트폰 금융정보를 탈취하는 경우는 '피싱' 피해구제 관련 법령(전기통신금융사기 피해 방지 및 피해금 환급에 관한 특별법 시행령 제3조)에서 규정

㉡ 유의할 점 : 스미싱에 의한 소액결제 피해구제는 통신요금으로 과금된 소액결제금에 대하여 이의를 제기하였을 때 통신사가 아닌 결제대행사와 콘텐츠 제공사가 협의하여 '결제금 청구 취소 여부'를 결정 → 스미싱에 의한 범죄피해가 아닌 '콘텐츠 구매 후 변심으로 인한 소액결제 환불 요청'이나 '스미싱에 의한 범죄피해가 아닌 경우'에는 구제 불가

㉢ 피해구제 절차 : 방송통신위원회 주재로 사단법인 **한국전화결제산업협회**의 회원사인 이동통신사와 KG모빌리언스 등 결제대행사가 참여한 가운데 개최된 회의에서 소액결제(통신과금) 피해를 보상하기로 결정

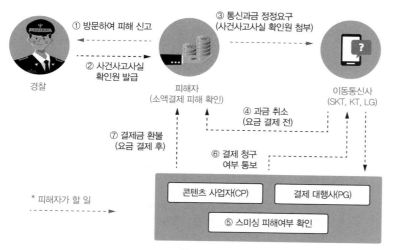

※ 출처 : 경찰청 사이버수사국 사이버 범죄 신고시스템

③ 전기통신금융사기(피싱) 피해구제 절차

 ㉠ 관련 법령

피해구제의 신청	피해자는 피해금을 송금 · 이체한 계좌를 관리하는 금융회사 또는 사기이용계좌를 관리하는 금융회사에 대하여 사기이용계좌의 지급정지 등 전기통신금융사기의 피해구제 신청 가능(전기통신금융사기 피해 방지 및 피해금 환급에 관한 특별법 제3조)
전기통신금융사기 피해 방지 및 피해금 환급에 관한 특별법 시행령 제3조	• 피해자는 피해구제신청서에 신분증 사본을 첨부하여 해당 금융회사에 제출(긴급 · 부득이한 경우 전화 또는 구술로 신청 가능) • 금융회사는 피해자의 인적사항, 피해내역 및 신청사유 등을 확인하여야 하고, 피해자는 신청한 날부터 3영업일 이내에 신청서류를 해당 금융회사에 제출 • 금융회사는 필요한 경우 피해자에게 수사기관의 피해신고확인서 자료의 제출을 요청할 수 있음

 ㉡ 유의할 점 : 피해구제절차를 통한 환급은 범죄에 이용된 계좌에 잔액이 남아 있을 경우에 가능함, 잔액이 남아 있지 않고 전부 인출된 경우에는 피의자를 대상으로 별도의 민사소송을 진행할 수 밖에 없으며, 범죄에 이용된 계좌에 남아 있는 잔액과 비교하여 피해자가 많고 각 피해자 피해금액의 합계가 잔액보다 큰 경우 피해자별로 피해 금액 전부를 환급받지 못할 수 있음

ⓒ 피해구제 절차

피해자가 할 일	• 피해자는 범죄에 이용된 계좌를 관리하는 금융회사에 전화로 지급 정지를 신청. 전화로 하는 경우 3일 이내에 지급정지에 필요한 서 류(사건사고사실확인원, 피해구제신청서)를 제출해야 함 • 피해자는 거주지 관할경찰서(사이버수사팀)에 방문하여 피해사실 신고하기 • 신고를 접수한 경찰관에게 요청하여 '사건사고사실확인원'을 발급 받기 • 피해자는 지급정지를 신청한 금융회사를 방문하여 '피해구제신청 서'를 작성해서 '사건사고사실확인원'과 함께 제출할 것
이후 절차	• 금융회사는 신청된 계좌에 대하여 지급정지 조치를 취하고 금융감 독원에 예금채권 소멸공고를 요청함 • 금융감독원은 2개월간 채권소멸공고를 하고 이 기간 내에 이의신청 이 없으면 채권소멸을 확정하고 환급결정액을 금융회사에 통지함 • 환급결정액이 금융회사에 통지되면 금융회사에서는 피해자에게 해 당 금액을 환급하여 주게 됨(통상 2~3일 소요)

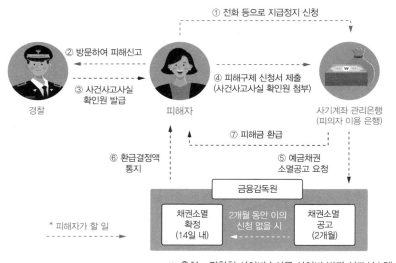

※ 출처 : 경찰청 사이버수사국 사이버 범죄 신고시스템

④ 전기통신금융사기(메모리해킹) 피해구제 절차

　　㉠ 관련 법령 : 전자금융거래법 제9조(금융회사 또는 전자금융업자의 책임)

용어해설

▼ 메모리해킹(Memory Hacking)
피해자의 PC나 스마트폰의 메모리에 상주하면서 금융정보를 빼내거나 조작할 수 있도록 설계된 악성프로그램을 유포시켜, 피해자가 PC나 스마트폰으로 정상적인 금융사이트에 접속해서 보안카드번호 · 계좌번호 등의 금융정보를 빼내거나 조작하는 방법으로 피해자의 돈을 부당하게 탈취하는 수법

개념더하기 　**금융회사 또는 전자금융업자의 책임(전자금융거래법 제9조)**

금융회사 또는 전자금융업자는 다음의 어느 하나에 해당하는 사고로 인하여 이용자에게 손해가 발생한 경우에는 그 손해를 배상할 책임을 짐

• 접근매체의 위조나 변조로 발생한 사고
• 계약체결 또는 거래지시의 전자적 전송이나 처리 과정에서 발생한 사고
• 전자금융거래를 위한 전자적 장치 또는 정보통신망에 침입하여 거짓이나 그 밖의 부정한 방법으로 획득한 접근매체의 이용으로 발생한 사고
• 금융회사 또는 전자금융업자는 사고 발생에 있어서 이용자의 고의나 중대한 과실이 있는 경우로서 그 책임의 전부 또는 일부를 이용자의 부담으로 할 수 있다는 취지의 약정을 미리 이용자와 체결한 경우 그 책임의 전부 또는 일부를 이용자가 부담하게 할 수 있음

　　㉡ 유의할 점 및 피해구제 절차

손해배상 불가의 경우	다음의 경우 피해자의 고의 또는 중과실이 인정되어 손해배상을 받지 못할 수 있음 • 피해자가 전자금융거래를 위한 접근매체를 제3자에게 대여하거나, 제3자가 권한 없이 이용할 수 있음을 쉽게 알 수 있었음에도 접근매체를 누설, 노출하거나 방치한 경우 • 금융회사 또는 전자금융업자가 전자금융거래 시 요구하는 추가적인 보안조치에 사용되는 매체 · 수단 또는 정보에 대하여 누설 · 노출 또는 방치하거나, 제3자에게 대여, 위임 또는 양도한 경우
구별할 점	• 메모리해킹은 '기망'으로 이루어진 사기범죄가 아니어서 전기통신금융사기 피해 방지 및 피해금 환급에 관한 특별법의 구제대상은 아님 • 피싱 · 파밍과 같은 '지급정지 후 채권소멸 절차'를 적용할 수 없으며, 금융회사에서 '지급대상' 여부를 판단하여 보상금을 지급함
장단점	범죄자가 피해금액을 인출했는지 여부와 상관없이 보상이 가능하나, '지급대상' 여부를 판단하는데 시일이 더 소요될 수 있음
피해구제 절차	• 피해자는 범죄에 이용된 계좌를 관리하는 금융회사에 전화로 지급정지 신청 • 전화로 하는 경우 3일 이내에 지급정지에 필요한 서류(사건사고사실확인원, 피해구제신청서)를 제출 • 피해자는 거주지 관할경찰서(사이버수사팀)에 방문하여 피해사실을 신고하기 • 신고를 접수한 경찰관에게 요청하여 '사건사고사실확인원'을 발급받기 • 금융회사를 방문하여 '피해구제신청서'를 작성해서 '사건사고사실확인원'과 함께 제출하기 • 금융회사는 보험회사 등을 통해 지급대상 여부를 판단하고 '지급대상'으로 결정되면 보험금 또는 자체 적립금을 이용해 피해자에게 피해금액을 보상하기

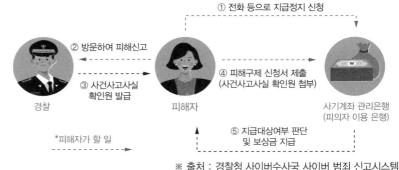

① 전화 등으로 지급정지 신청

② 방문하여 피해신고

③ 사건사고사실 확인원 발급

경찰

피해자

④ 피해구제 신청서 제출
(사건사고사실 확인원 첨부)

⑤ 지급대상여부 판단
및 보상금 지급

사기계좌 관리은행
(피의자 이용 은행)

*피해자가 할 일

※ 출처 : 경찰청 사이버수사국 사이버 범죄 신고시스템

(2) 해외 SNS권리침해 시 대응방법

① 유튜브(Youtube)

ㄱ 일반 신고 : 유튜브 동영상에서 바로 신고

ㄴ '개인정보 침해신고 절차' 전용 신고페이지를 통한 신고

② 페이스북 · 인스타그램

ㄱ 페이스북 · 인스타그램 게시물별로 신고

ㄴ 페이스북 약관을 위반하였을 경우 자체 심의를 통해 삭제 가능

ㄷ 예외적인 경우 신고한 국가에서만 접속할 수 없도록 접속 IP 차단

③ 트위터(Twitter)

ㄱ 트윗(게시글)에서 바로 신고

ㄴ '개인정보 노출' 전용 신고페이지를 통한 신고

(3) 사이버 범죄 도움을 받을 수 있는 유관기관

① 인터넷 거래 관련 불만 및 저작권 · 위조상품 민원

ㄱ 서울시전자상거래센터 : 쇼핑몰 불만 신고

ㄴ 전자문서 · 전자거래분쟁조정위원회 : 전자거래분쟁 상담 및 조정신청

ㄷ 한국소비자원 : 물품 구매 및 서비스 이용 피해(☎1372)

ㄹ 한국저작권보호원 : 저작권 침해 신고

ㅁ 산업재산 침해 및 부정경쟁행위 신고센터 : 지식재산권(위조상품 등) 침해 신고

② 소액결제 · 유사수신 · 보이스피싱 · 개인정보 침해 민원

ㄱ 휴대폰/ARS결제 중재센터 Spayment : 소액결제 등 피해

ㄴ KISA 한국인터넷진흥원 인터넷 보호나라 & KrCERT : 보이스피싱 · 해킹 · 바이러스 침해(☎118)

ㄷ 금융감독원 : 보이스(메신저)피싱 등 이용 대포통장 신고, 유사수신 행위 · 개인정보 불법 유통 신고

ㄹ 개인정보보호 종합포털 : 가입된 개인정보 유출 침해(☎118)

③ 도박 · 음란물 및 불법 스팸문자 등 불법 유해정보 차단 · 신고
   ㉠ 방송통신심의위원회 : 불법 유해정보 사이트 차단(☎1377)
   ㉡ 게임물관리위원회 : 사행성 · 불법 게임물 신고
   ㉢ 사행산업종합감독위원회 불법사행산업감시신고센터 : 도박 및 사행성
      사이트 신고
   ㉣ KISA 한국인터넷진흥원 불법스팸대응센터 : 불법광고 스팸문자 신고
      (☎118)
   ㉤ 여성가족부 : 청소년 유해매체물 신고
④ 명예훼손 등 사이버 인격침해 관련 삭제 · 차단 · 분쟁조정
   방송통신심의위원회 권익보호국 : 개인정보 · 타인의 사진(영상) 유포 및
   명예훼손 삭제 · 차단(☎1377), 정보통신망 명예훼손 분쟁 조정, 유통되는
   인터넷 정보에 의한 권리침해 상담

4 사이버 폭력 사후 대응방안

(1) 사이버 폭력에 대한 대처방법

① 온라인상에서 무리한 요구를 받게 되면 '싫다'라는 의사를 분명하고 명확하
   게 전달하기
② 사이버상에서 다툼이 발생한 경우 감정적으로 대응하지 않고 거부의사를
   밝히고 자리를 떠나기
③ 온라인상의 갈등 상황은 무시나 차단을 통해서 벗어날 수 있지만 괴롭힘이
   지속될 때에는 가족이나 전문기관 등에 알려 도움을 요청하기
④ 피해사실을 입증하기 위해서 화면 캡처, 사진 촬영 등의 방법으로 증거를
   확보하고 주변 목격자를 확보하기, 파일명에 일시와 장소 기록하기
⑤ 심각한 명예훼손을 당하거나 거짓 정보가 유포되었다면 해당 사이트 관리
   자에게 피해사실을 알리고 삭제나 블라인드 처리를 요구한 뒤 처리 결과를
   직접 확인하기

(2) 신고 방법

피해입증	• 상대방 ID가 확인될 경우 : 게시일시, 공간, 글 내용이 나오도록 화면 캡처 • 상대방 ID가 확인되지 않는 경우 : 게시일시, 인터넷주소 전체, 접속IP 등 작성자를 알 수 있는 자료를 캡처
신고방법	• 방문신고 : 가까운 경찰서 민원실에 방문하여 신고 • 온라인신고 : 사이버 범죄 신고시스템(ECRM)(ecrm.police.go.kr)에 신고

01 자녀의 스마트미디어 중독 예방을 위한 학부모의 지침으로 옳지 않은 것은?

① 최대한 스마트미디어를 접하는 시기를 늦춘다.

② 가정에서 스마트미디어가 허용되는 장소와 시간을 정한다.

③ 스마트폰을 건전하게 사용할 수 있도록 도와주는 앱을 설치한다.

④ 자녀가 미디어에 과도하게 몰입하는 것으로 관찰되면 학부모가 미디어를 강제 종료한다.

> **해설** ④ 자녀 스스로 스마트미디어 사용을 끝낼 수 있도록 유도해야 한다.

02 인터넷 중독을 예방하는 지침으로 옳지 않은 것은?

① 특별한 목적 없이 컴퓨터를 켜지 않는다.

② 컴퓨터 옆에 알람시계를 두어 사용시간을 수시로 확인한다.

③ 컴퓨터 사용시간과 내용을 사용일지에 기록하는 습관을 들인다.

④ 인터넷을 조금씩 수시로 사용하기보다는 식사나 취침시간을 어기더라도 한꺼번에 장시간 사용하고 끝낸다.

> **해설** ④ 인터넷 사용 때문에 식사나 취침시간을 어기지 않도록 한다.
>
> **인터넷 중독 예방지침**
> • 특별한 목적 없이 컴퓨터를 켜지 않기
> • 컴퓨터 사용시간을 가족들과 협의하여 결정하기
> • 컴퓨터 사용시간과 내용을 사용일지에 기록하는 습관을 들이기
> • 컴퓨터 옆에 알람시계를 두어 사용시간을 수시로 확인하기
> • 인터넷 사용 이외에 운동이나 취미활동시간을 늘리기
> • 인터넷 때문에 식사나 취침시간을 어기지 않기
> • 스스로 인터넷 사용조절이 어려울 때는 시간관리 소프트웨어를 설치하기

03 다음 중 스마트폰 또는 인터넷 과의존 성향을 보이는 청소년이 상담받을 수 있는 전문기관이 아닌 곳은?

① 스마트쉼센터

② 문화체육관광부

③ 국립청소년인터넷드림마을

④ 청소년상담복지센터

> **해설** 스마트폰 · 게임 · 인터넷 중독과 관련된 전문기관은 스마트쉼센터, 아이윌센터, 게임과몰입 힐링센터, 국립청소년인터넷드림마을, 청소년상담복지센터, 중독관리통합지원센터 등이 있다.

04 다음 기사를 보고 학부모가 취해야 할 행동으로 옳지 않은 것은?

> 우리나라 국민의 인터넷 중독률은 선진국에 비해 높은 편이며, 2018년 이후 모든 연령대에서 해마다 중독률이 증가하고 있다. 2020년 스마트폰 중독률은 청소년 > 유아동 > 성인 > 60대 순이며 중독 연령대가 점차 낮아지고 청소년의 경우 전 연령대 중 가장 큰 폭으로 상승한 것으로 나타났다.

① 자녀가 스마트미디어로 무엇을 하는지 관심 갖는다.

② 자녀와 스마트미디어 과다 사용의 유해성에 대해 의견을 나눈다.

③ 스마트미디어 사용 외에 가족이 함께 할 수 있는 활동이나 취미를 즐긴다.

④ 학교생활과 친구관계로 스트레스 받는 자녀의 경우 인터넷 채팅으로 많은 친구를 사귈 수 있도록 지원한다.

> **해설** ④ 인터넷에 과도하게 몰입할 경우 가상세계의 환상에 사로잡혀 현실인식에 장애가 생길 수 있으므로 스마트폰과 인터넷 사용 시간을 적절히 조절할 수 있도록 도와주어야 한다.

05 게임물 관련사업자는 과도한 게임물 이용 방지를 위해 화면에 다음과 같은 주의문구를 게시하여야 한다. 이 문구는 게임물 이용 몇 시간이 경과하였을 때 몇 초 이상 게시하여야 하는가?

> 과도한 게임이용은 정상적인 일상생활에 지장을 줄 수 있습니다.

① 30분마다 3초 이상
② 1시간마다 3초 이상
③ 1시간마다 5초 이상
④ 2시간마다 10초 이상

해설 과도한 게임물 이용 방지를 위한 주의문구 게시(게임산업진흥에 관한 법률 시행령 제8조의3 제7항)
게임물 관련사업자는 "과도한 게임이용은 정상적인 일상생활에 지장을 줄 수 있습니다."라는 주의문구를 게임물 이용 1시간마다 3초 이상 게임물 이용화면에 게시하여야 한다.

06 다음 중 키워드(Keyword) 기반의 차단 기술에 대한 내용으로 옳은 것은?

① 처리속도가 느리고 과차단율이 높다.
② 동영상 샘플을 기계 학습하여 검사 대상을 자동으로 차단한다.
③ 블랙리스트 주소로 등록된 사이트에 접속을 시도할 때 차단하는 방식이다.
④ 키워드의 자음과 모음을 풀어쓰는 등의 변칙을 사용하여 차단을 우회할 수 있다.

해설 ① '키워드 기반 차단 기술'은 미디어 제목에 금칙어(누드, SEX 등)를 포함하는지 여부를 검사하여 차단하는 방식으로 처리 속도가 빠른 장점이 있다.
② 현재 유통되고 있는 유·무해 동영상 샘플의 대표 특징을 기계 학습하여 자동분류엔진을 통해 검사 대상 동영상을 자동으로 판별하는 기술인 '내용 기반 차단 기술'에 대한 내용이다.
③ '차단목록 기반의 선별기술(Black List Filtering)'에 대한 설명이다.

07 다음 중 성격이 다른 사이트는?

① 맘아이
② 엑스키퍼
③ 그린 i-Net
④ 스마트쉼센터

해설 ①, ②, ③은 유해정보필터링을 지원하는 사이트이고, ④는 인터넷 과다사용에 대한 정보와 상담을 제공하는 기관이다.

유해정보필터링 지원시스템

그린 i-Net	www.greeninet.or.kr	• 청소년 유해정보 등급표시 서비스 • 유해정보필터링 지원시스템
사이버가디언	www.cyberguardian.co.kr	• PC 사용시간 관리 • 음란물 · 유해사이트 차단
엑스키퍼	www.xkeeper.com	• PC 사용시간 관리 • 유해사이트 · 동영상 차단
맘아이	www.momi.co.kr	• PC 사용시간 관리 • 유해사이트 · 동영상 차단
소만사	www.somansa.com	• 악성 바이러스 차단 • 청소년 보호 관리 기능
i 안심	www.plantynet.com	• 인터넷 음란물 종합차단 • 게임(P2P 프로그램 등) 차단 설정
아이눈	www.aiyac.com	• 청소년 불법 유해사이트 실시간 차단
아이보호나라	www.ibohonara.com	• PC 사용시간 관리 • 불법 성인광고 · 동영상 차단

08 다음 중 빈칸에 들어갈 시간을 바르게 짝지은 것은?

> 게임물 관련사업자는 게임물 이용에 장애를 주지 않는 범위에서 게임물 이용시간 경과 내역을 게임물 이용 (⊙)
> 마다 (ⓒ) 이상 게임물 이용화면에 알아보기 쉽게 표시하여야 한다.

	⊙	ⓒ
①	30분	5초
②	1시간	3초
③	2시간	5초
④	2시간	10초

해설 **게임물 이용화면에 이용시간 경과 내역 표시(게임산업진흥에 관한 법률 시행령 제8조의3 제8항)**
게임물 관련사업자는 게임물 이용에 장애를 주지 않는 범위에서 게임물 이용시간 경과 내역을 게임물 이용 1시간마다 3초
이상 게임물 이용화면에 알아보기 쉽게 표시하여야 한다.

정답 08 ②

09 저작권 보호를 위해 UN교육과학문화기구의 주도하에 베른협약 가입국과 미주 국가와의 협의를 거쳐 1952년 체결된 협약으로, 우리나라가 1987년 가입한 저작권 보호 국제협약은 무엇인가?

① TRIPs 협정

② 베이징 조약

③ 브리셀 협약

④ 세계저작권협약

> **해설** **한국의 저작권 국제 협약 가입 역사**
> • 1987년 세계저작권협약(UCC) 가입
> • 1987년 음반협약 가입
> • 1995년 TRIPs 협정 가입
> • 1996년 베른협약 가입
> • 2004년 WCT 가입
> • 2008년 로마협약과 WPPT에 가입
> • 2011년 브뤼셀 협약 가입
> • 2012년 베이징 조약 성안에 기여 및 적극 참여

10 저작물을 보호하기 위한 디지털 기술을 모두 고른 것은?

> ㉠ DRM
> ㉡ Digital Watermarking
> ㉢ Clip Art
> ㉣ Forensic Watermark
> ㉤ CCL

① ㉠, ㉡, ㉣

② ㉠, ㉢, ㉣

③ ㉡, ㉢, ㉤

④ ㉢, ㉣, ㉤

> **해설** ㉢ Clip Art : 컴퓨터 사용자가 그림이 들어가는 문서를 만들 때 쉽고 편리하게 이용할 수 있도록 미리 제작해 놓은 그림들을 의미하는 것으로 사용하기 전 반드시 저작권을 확인해야 한다.
> ㉤ CCL(저작물 이용허락표시) : 자신의 창작물에 대해 일정한 조건으로 모든 사람이 자유롭게 이용하도록 허락하는 내용의 라이선스이다.

11 인터넷 사기피해 사례나 정보를 검색해볼 수 있는 사이트가 아닌 것은?

① 더치트

② 공정거래위원회

③ 경찰청 사이버수사국

④ 서울시 전자상거래센터

해설 ② 공정거래위원회에서는 통신판매업자 여부를 확인할 수 있다.

전자상거래 사기정보 제공처
- 사이버캅 애플리케이션
- 경찰청 사이버수사국(cyberbureau.police.go.kr)
- 서울시 전자상거래센터(ecc.seoul.go.kr)
- 더치트(www.thecheat.co.kr)

12 다음의 기사와 같은 사건을 예방 · 대처하는 방법으로 옳지 않은 것은?

OO경찰서는 '21.07.01. 상품권 구매 사이트를 개설하여 현금결제 시 30% 할인된 금액에 상품권을 판매하겠다고 속여 1,200여 명으로부터 9,000여만 원을 편취한 강모씨를 검거했다. 이들은 단시간에 많은 구매자를 모으기 위해 포털 사이트에 광고를 내는 수법을 이용해 해당 상품권 사이트는 하루 접속자가 만 명이 넘기도 했으나 홈페이지 하단에 나와 있는 사업자등록번호와 사업장 주소 등은 모두 허위로 드러났다.

① 상품을 지나치게 저렴하게 판매하는 경우에는 주의한다.

② 카드 결제보다는 되도록 환불이 용이한 현금 결제를 이용한다.

③ 공정거래위원회에서 통신판매사업자 신고 여부를 확인한다.

④ 사이버캅, 더치트 등에서 금융사기 계좌 여부 등을 조회해본다.

해설 ② 거래는 가급적 신용카드를 이용하며 추가할인 등을 미끼로 현금거래를 유도하는 판매자와는 거래를 하지 않는다.

13 사이버 범죄 예방 · 대응방법으로 적절하지 않은 것은?

① 금융거래 시 홈페이지 주소가 정확한지 확인한다.

② 피싱이 의심되는 계좌로 송금한 경우 신속히 은행에 '지급정지' 신청을 한다.

③ 중고물품 거래 시 가급적 직접 만나 물건의 상태를 확인한 후 대금을 지급한다.

④ 각 사이트마다 비밀번호를 다르게 설정하고 비밀번호를 적은 종이는 쉽게 확인할 수 있는 곳에 붙여 놓는다.

해설 ④ 비밀번호는 적어서 보관하지 말고, 부득이 보관할 때에는 종이에 적어서 서랍 깊숙한 곳, 본인만 아는 장소에 안전하게 둔다.

안전한 비밀번호 설정 방법
- 영문자, 숫자, 특수문자로 조합하여 12자 이상으로 설정
- 비밀번호에 생일, 전화번호 등 개인정보 사용하지 않기
- 추측하기 쉬운 단어, 패턴 사용하지 않기(예 abcd, qwer 등)
- 금융기관 등의 중요 계정은 다른 비밀번호와 다르게 설정
- 비밀번호를 인터넷상에 적어두거나 공유하지 않기
- 비밀번호를 주기적으로 변경하기

14 스팸 메일을 예방 · 대응하는 방법으로 옳은 것은?

① 출처가 불분명한 메일의 첨부파일은 USB에 저장하여 확인한다.

② 인터넷 서비스 가입 시 불필요한 광고메일 수신에 동의하지 않는다.

③ 이용자가 많은 인터넷 게시판에서 이메일을 주고받아 사이버 친목을 형성한다.

④ 스팸으로 의심되는 메일은 내용을 확인하고 수신거부 의사가 담긴 답장을 보낸다.

해설 ① · ④ 출처가 불분명한 이메일이나 첨부파일은 열람하지 않고 삭제하는 것이 바람직하며 이메일 프로그램에서 제공하는 스팸차단 서비스를 이용한다.
③ 인터넷 게시판 등에 이메일 주소나 개인정보가 포함된 글을 게시할 때는 신중을 기해야 한다.

15 다음에서 설명하는 저작권 보호 기술을 쓰시오.

> 디지털 콘텐츠를 암호화한 후 배포하여 허가받지 않은 사람이 사용할 수 없도록 보호하는 서비스로, 불법복제
> 와 무단사용을 막아 콘텐츠 제공자의 권리와 이익을 안전하게 보호해주는 기술이다.

(   )

해설 저작권 보호 기술은 DRM 외에도 디지털 워터마킹, 포렌식 워터마킹, 콘텐츠 필터링, 탐색엔진, 복제방지(CCI) 등이 있다.

16 사이버 범죄 신고번호로 옳지 않은 것은?

① 불법 유해정보 사이트 차단(☎1377)

② 물품 구매 및 서비스 이용 피해(☎1372)

③ 불법광고 스팸문자 신고(☎118)

④ 음란물 유포 사업장 신고(☎120)

해설 ④ 120다산콜센터는 지역 행정 상담 서비스를 제공하는 기관이다.

불법 유해정보 차단 및 신고
- 방송통신심의위원회 : 불법 유해정보 사이트 차단(☎1377)
- 게임물관리위원회 : 사행성 · 불법 게임물 신고
- 사행산업통합감독위원회 불법사행산업감시신고센터 : 도박 및 사행성 사이트 신고
- KISA 불법스팸대응센터 : 불법광고 스팸문자 신고(☎118)
- 여성가족부 : 청소년 유해매체물 신고

17 불법정보 및 청소년에게 유해한 정보 등 심의가 필요하다고 인정될 경우 방송통신위원회에서 하는 시정 요구사항으로 옳지 않은 것은?

① 해당 정보의 삭제

② 해당 정보의 접속차단

③ 이용자에 대한 이용정지

④ 이용자에 대한 벌금부과

> **해설** **유해정보의 시정요구**
> 전기통신회선을 통하여 일반에게 공개되어 유통되는 정보 중 불법정보 및 청소년에게 유해한 정보 등 심의가 필요하다고 인정되는 정보에 대하여 다음과 같은 시정요구를 할 수 있음(방송통신위원회의 설치 및 운영에 관한 법률 제21조, 시행령 제8조)
> • 해당 정보의 삭제 또는 접속차단
> • 이용자에 대한 이용정지 또는 이용해지
> • 청소년유해정보의 표시의무 이행 또는 표시방법 변경 등과 그 밖에 필요하다고 인정하는 사항

18 저작권 침해의 처벌에 대한 설명으로 옳지 않은 것은?

① 저작재산권 침해죄는 범인을 알게 된 날로부터 6개월 이내에 고소하여야 한다.

② 공동저작물이 침해된 경우 저작자는 자신의 지분에 관한 손해배상의 청구가 가능하다.

③ 저작권의 출처를 명시하지 아니한 자는 1년 이하의 징역 또는 1천만 원 이하의 벌금에 처한다.

④ 저작인격권을 침해하여 저작자의 명예를 훼손한 자는 3년 이하의 징역 또는 3천만 원 이하의 벌금에 처한다.

> **해설** ③ 저작권의 출처를 명시하지 아니한 자는 5백만 원 이하의 벌금에 처한다(저작권법 제138조).

19 온라인을 통한 불법복제물 유통 시 조치할 수 있는 사항으로 옳지 않은 것은?

① 불법복제물을 삭제하거나 전송 중단할 것을 명령할 수 있다.

② 불법복제물이 게시된 게시판의 서비스를 정지할 것을 명령할 수 있다.

③ 불법복제물이 등록된 사이트의 운영정지 및 사과문 게시를 명령할 수 있다.

④ 불법복제물을 반복적으로 전송하는 자의 계정을 정지할 것을 명령할 수 있다.

20 다음과 같은 피해 발생 시 대처방법으로 옳지 않은 것은?

> 대학생 최 씨는 지인에게 계좌이체를 하기 위해 동아리방 공용컴퓨터에 즐겨찾기 되어 있는 은행사이트에 접속하였다. 인터넷뱅킹에 필요한 보안카드 번호를 전부 입력하라는 팝업창이 나타나 보안카드에 나와 있는 1~30번까지의 모든 번호를 입력한 후 계좌이체를 완료하였다. 20분 뒤 계좌를 확인해 보니 최 씨가 모르는 사이에 100만 원씩 3회에 걸쳐 알 수 없는 사람에게 금액이 이체된 사실을 알게 되었다.

① 대학교 보안실에 연락하여 서버 점검을 요청한다.

② 관할경찰서에 방문하여 피해사실을 신고한다.

③ 112센터 또는 은행 콜센터에 전화를 걸어 '지급정지 신청'을 한다.

④ 경찰서에서 발급받은 '사건사고사실확인원'을 은행에 제출해 피해금액 환급 신청을 한다.

해설 사례는 금융기관으로 위장하여 사용자로 하여금 허위 홈페이지로 접속하도록 유도하여 개인정보를 빼내거나 금전을 갈취하는 피싱(Phishing) 수법으로 신속히 은행 또는 경찰서 콜센터에 전화하여 지급정지를 요청하여야 한다.

21 스미싱(Smishing)을 예방 · 대처하는 방법으로 옳지 않은 것은?

① 문자메시지에 포함된 인터넷 주소(URL)는 클릭하지 않는다.

② 경찰서에 방문하여 피해를 신고하고 '사건사고사실확인원'을 발급받는다.

③ 스마트폰 보안 설정에서 '출처를 알 수 없는 앱 설치'를 허용으로 변경한다.

④ 비밀번호가 설정되어 있지 않은 무선 공유기(WiFi)는 되도록 접속하지 않는다.

해설 ③ 스마트폰 기본 운영체제와 보안 설정은 임의로 변경하지 않는 것이 바람직하며 애플리케이션은 공식 마켓에서 다운받아 사용한다.

정답 20 ① 21 ③

| 기출 키워드 |

1 개인정보 유출 예방 : 개인정보 보호법, 개인정보 보호 원칙, 개인정보 오남용 피해 예방 10계명, 개인정보처리자 조치 요령, 개인정보 침해 사고 유형

2 개인정보 침해 사전 대응방안 : 아이핀, 쿠키, 클라우드 컴퓨팅 개인정보보호 수칙, 웹사이트 회원 탈퇴 서비스

3 개인정보 침해 사후 대응방안 : 개인정보 유출 통지 주체, 개인정보 유출 통지 내용, 개인정보 유출 신고, 개인정보 침해 신고 절차, 한국인터넷진흥원(KISA), 개인정보 침해 신고센터, 개인정보 침해 사고 대응

4 해킹 · 악성 코드 사전 · 사후 대응방안 : 정보보호 실천 수칙, 랜섬웨어 피해 예방 수칙, 스마트폰 보안 수칙, 해킹 · 악성 코드 사후 대응

---

1 개인정보 유출 예방

1 개인정보 처리방침의 수립 및 공개(개인정보 보호법 제30조)

① 개인정보처리자는 다음의 사항이 포함된 개인정보처리방침을 정하여야 하고, 이 경우 공공기관은 등록대상이 되는 개인정보파일에 대하여 개인정보처리방침을 정함

ㄱ 개인정보의 처리 목적

ㄴ 개인정보의 처리 및 보유 기간

ㄷ 개인정보의 제3자 제공에 관한 사항(해당되는 경우에만 정함)

ㄹ 개인정보의 파기절차 및 파기방법(개인정보를 보존하여야 하는 경우에는 그 보존근거와 보존하는 개인정보 항목을 포함)

ㅁ 개인정보처리의 위탁에 관한 사항(해당되는 경우에만 정함)

ㅂ 가명정보의 처리 등에 관한 사항(해당되는 경우에만 정함)

ㅅ 정보주체와 법정대리인의 권리 · 의무 및 그 행사방법에 관한 사항

ㅇ 개인정보 보호책임자의 성명 또는 개인정보 보호업무 및 관련 고충사항을 처리하는 부서의 명칭과 전화번호 등 연락처

ㅈ 인터넷 접속정보파일 등 개인정보를 자동으로 수집하는 장치의 설치 · 운영 및 그 거부에 관한 사항(해당하는 경우에만 정함)

ㅊ 그 밖에 개인정보의 처리에 관하여 대통령령으로 정한 사항

② 개인정보처리자가 개인정보 처리방침을 수립하거나 변경하는 경우에는 정보주체가 쉽게 확인할 수 있도록 대통령령으로 정하는 방법에 따라 공개하여야 함

확인문제

01 개인정보처리자는 개인정보 처리방침에 개인정보 보호 업무 관련 부서의 연락처를 포함하여야 한다. (O / X)

02 개인정보처리자가 개인정보 처리방침을 변경할 경우, 정보주체가 쉽게 확인할 수 있도록 대통령령으로 정하는 방법에 따라 공개해야 한다. (O / X)

정답 01 O 02 O

③ 개인정보 처리방침의 내용과 개인정보처리자와 정보주체 간에 체결한 계약의 내용이 다른 경우에는 정보주체에게 유리한 것을 적용함

④ 보호위원회는 개인정보 처리방침의 작성지침을 정하여 개인정보처리자에게 그 준수를 권장할 수 있음

2 개인정보의 안전한 관리

(1) 개인정보의 안전성 확보 조치(개인정보 보호법 시행령 제30조)

① 개인정보의 안전한 처리를 위한 다음의 내용을 포함하는 내부 관리계획의 수립·시행 및 점검

  ㉠ 개인정보취급자에 대한 관리·감독 및 교육에 관한 사항

  ㉡ 개인정보 보호책임자의 지정 등 개인정보 보호 조직의 구성·운영에 관한 사항

  ㉢ 규정에 따른 조치를 이행하기 위하여 필요한 세부 사항

② 개인정보에 대한 접근 권한을 제한하기 위한 다음의 조치

  ㉠ 데이터베이스시스템 등 개인정보를 처리할 수 있도록 체계적으로 구성한 시스템에 대한 접근 권한의 부여·변경·말소 등에 관한 기준의 수립·시행

  ㉡ 정당한 권한을 가진 자에 의한 접근인지를 확인하기 위해 필요한 인증수단 적용 기준의 설정 및 운영

  ㉢ 그 밖에 개인정보에 대한 접근 권한을 제한하기 위하여 필요한 조치

③ 개인정보에 대한 접근을 통제하기 위한 다음의 조치

  ㉠ 개인정보처리시스템에 대한 침입을 탐지하고 차단하기 위하여 필요한 조치

  ㉡ 개인정보처리시스템에 접속하는 개인정보 취급자의 컴퓨터 등으로서 보호위원회가 정하여 고시하는 기준에 해당하는 컴퓨터 등에 대한 인터넷망의 차단. 다만, 전년도 말 기준 직전 3개월간 그 개인정보가 저장·관리되고 있는 이용자 수가 일일평균 100만 명 이상인 개인정보처리자만 해당한다.

  ㉢ 그 밖에 개인정보에 대한 접근을 통제하기 위하여 필요한 조치

④ 개인정보를 안전하게 저장·전송하는데 필요한 다음의 조치

  ㉠ 비밀번호의 일방향 암호화 저장 등 인증정보의 암호화 저장 또는 이에 상응하는 조치

  ㉡ 주민등록번호 등 보호위원회가 정하여 고시하는 정보의 암호화 저장 또는 이에 상응하는 조치

  ㉢ 정보통신망을 통하여 정보주체의 개인정보 또는 인증정보를 송신·수신하는 경우 해당 정보의 암호화 또는 이에 상응하는 조치

  ㉣ 그 밖에 암호화 또는 이에 상응하는 기술을 이용한 보안조치

⑤ 개인정보 침해사고 발생에 대응하기 위한 접속기록의 보관 및 위조·변조 방지를 위한 다음의 조치
　　㉠ 개인정보처리시스템에 접속한 자의 접속일시, 처리내역 등 접속기록의 저장·점검 및 이의 확인·감독
　　㉡ 개인정보처리시스템에 대한 접속기록의 안전한 보관
　　㉢ 그 밖에 접속기록 보관 및 위조·변조 방지를 위하여 필요한 조치
⑥ 개인정보처리시스템 및 개인정보취급자가 개인정보 처리에 이용하는 정보기기에 대해 컴퓨터바이러스, 스파이웨어, 랜섬웨어 등 악성프로그램의 침투 여부를 항시 점검·치료할 수 있도록 하는 등의 기능이 포함된 프로그램의 설치·운영과 주기적 갱신·점검 조치
⑦ 개인정보의 안전한 보관을 위한 보관시설의 마련 또는 잠금장치의 설치 등 물리적 조치
⑧ 그 밖에 개인정보의 안전성 확보를 위하여 필요한 조치

(2) 안전조치 의무의 이행

관리적 보호 조치	개인정보의 안전한 처리를 위한 내부 관리계획의 수립·시행
기술적 보호 조치	• 개인정보에 대한 접근 통제 및 접근 권한의 제한 조치 • 개인정보를 안전하게 저장·전송할 수 있는 암호화 기술의 적용 또는 이에 상응하는 조치 • 개인정보 침해 사고의 발생에 대응하기 위한 접속기록의 보관 및 위조·변조 방지를 위한 조치 • 개인정보에 대한 보안프로그램의 설치 및 갱신 등
물리적 보호 조치	• 개인정보의 안전한 보관을 위한 보관시설의 마련 • 잠금장치의 설치 등

3 개인정보처리자 조치 요령

(1) 필요 최소한의 개인정보 수집
① 정보주체의 동의를 받은 경우, 동의 받은 목적 범위에서만 개인정보 이용
② 법률에 특별한 규정이 있거나 법령상 의무를 준수하기 위하여 개인정보를 수집하는 경우에도 필요 최소한으로 수집
③ 법령에 근거가 있거나 정보주체의 동의를 받은 경우 등에 개인정보를 제3자에게 제공할 수 있으나, 이 경우에도 꼭 필요한 범위 내에서만 개인정보를 제공(사례 : 이용 목적과 관계없는 많은 개인정보를 제3자에게 제공)
④ 공공기관이 법령 등으로 에서 정하는 소관 업무의 수행을 위하여 불가피한 경우에도 필요 최소한으로 수집
⑤ 정보주체와 계약 체결·이행 등을 위해 개인정보를 수집하는 경우에도 필요 최소한으로 수집(과도한 정보 수집 사례 : 채용 계약과 관련 없는 구직자 본인의 신체적 조건, 출신지역, 혼인여부, 재산 및 구직자 본인 가족의 학력, 직업 등 과도한 개인정보 수집)

⑥ 개인정보는 계약체결 또는 회원 가입 단계에서 미리 포괄적으로 수집하지 말아야 하며, 해당 정보가 필요한 시점에서 수집하는 것이 바람직함(사례 : 쇼핑몰 홈페이지 회원 가입 시 결제 · 배송정보까지 수집)

⑦ 정보주체 또는 법정대리인이 의사표시를 할 수 없는 상태에 있거나 주소불명 등으로 사전 동의를 받을 수 없는 경우로서 명백히 정보 주체 또는 제3자의 급박한 생명 · 신체 · 재산상 이익을 위하여 필요하다고 인정되는 경우 또한 필요 최소한 수집

⑧ 개인정보처리자의 정당한 이익을 달성하기 위하여 필요한 경우로서 명백하게 정보주체의 권리보다 우선하는 경우 또한 필요 최소한 수집

⑨ 동일한 업무를 목적으로 유사한 성격의 개인정보 여러 개를 동시에 수집하지 않도록 주의(사례 : 마케팅 목적으로 동시에 여러 개의 연락처 정보 수집)

⑩ 쿠키(Cookie) 등 웹사이트 이용 과정에서 자동으로 생성되는 정보도 필요 최소한으로 수집(사례 : 개인정보 처리방침에 쿠키 등의 수집 항목 및 이용 목적 안내 미흡)

⑪ 수집하고자 하는 개인정보가 업무수행에 꼭 필요한 정보인지는 해당 개인정보를 수집하는 개인정보처리자가 입증(사례 : 마일리지 회원관리를 위해 꼭 필요하다고 입증하기 어려운 개인정보 수집)

⑫ 적법하게 수집한 개인정보라도 계약기간 종료 등 이용 목적을 달성하거나 정보주체가 파기를 요청한 경우 지체 없이 파기(단, 법령에 따라 보존하여야 하는 경우 해당 법령에 따라야 함)

(2) 정보주체의 실질적 동의권 보장

① 법령에 근거가 있거나 계약 체결 · 이행을 위해 불가피한 경우 동의 없이 개인정보를 수집할 수 있으나, 이 경우에도 정보주체에게 개인정보 수집 근거와 수집 목적 · 항목 등을 안내해야 함

② 개인정보 수집 · 이용 동의가 필요한 경우 정보주체에게 개인정보수집 항목과 목적 등을 구체적으로 고지한 후 동의(사례 : 개인정보 수집 · 이용 동의서에 개인정보 수집 목적 안내 미흡, 개인정보 수집 항목을 포괄적으로 고지)

③ 개인정보의 수집 · 이용에 관한 동의를 받을 때에는 정보주체에게 동의 여부에 대한 실질적인 선택권 보장(사례 : 동의를 하지 않는 경우 다음 화면으로 못 넘어가게 하는 경우, 개인정보 수집 동의서의 동의함을 기본값으로 설정)

④ 상품 및 서비스 홍보와 마케팅 목적으로 개인정보를 수집하는 경우 목적을 명확히 고지(사례 : 마케팅 목적의 개인정보를 다른 개인정보와 구분 없이 수집)

⑤ 동의를 받을 때는 각각의 동의 사항을 구분하여 정보주체가 명확하게 인지할 수 있도록 알리고 각각 동의를 받아야 함

(3) 고유식별정보 및 민감정보 처리 제한

① 고유식별정보(주민등록번호 제외)나 민감정보는 법령에서 요구하거나 허용한 경우에 한하여 수집, 단 업무 수행에 필요할 때 다른 개인정보와 별도 동의를 받아 수집(향후 이용 가능성이 낮은데도 민감정보 수집)

② 주민등록번호는 법률 · 대통령령 · 국회규칙 · 대법원규칙 · 헌법재판소규칙 · 중앙선거관리위원회규칙 및 감사원규칙에 근거가 있는 경우에 한하여 수집할 수 있으며, 정보주체의 동의를 받아도 수집할 수 없음(사례 : 주민등록번호 수집에 대한 근거 법령 미기재)

③ 주민번호 대체수단도 법령에서 본인확인을 요구하거나 서비스 제공 과정에서 본인 특정이 필요한 경우 등에 한하여 사용하는 것이 바람직함

4 개인정보 침해 사고 유형

① **외부 침투에 의한 유출** : 홈페이지 해킹 등 외부 침투에 의한 개인정보 유출

② **과실로 인한 유출** : 개인정보가 포함된 서면 · 저장장치 · 휴대용 컴퓨터 등을 분실하거나 도난당한 경우, 권한이 없는 자에게 개인정보를 잘못 전달한 경우 등

③ **개인정보의 관리(수집 · 저장 · 이용 · 파기) 미흡** : 정보주체의 동의나 법적 근거 없이 개인정보를 제3자에게 제공하여 정보주체에게 피해를 줌

④ **개인정보 취급자의 오 · 남용** : 개인정보의 부당이용 또는 사적 유용을 목적으로 유출

5 정보주체의 개인정보 오남용 피해 예방 10계명

① 개인정보처리방침 및 이용약관 꼼꼼히 살피기

② 비밀번호는 문자와 숫자로 8자리 이상

③ 비밀번호는 주기적으로 변경하기

④ 회원가입은 주민번호 대신 i-PIN 사용

⑤ 명의도용확인 서비스 이용하여 가입정보 확인

⑥ 개인정보는 친구에게도 알려주지 않기

⑦ P2P 공유폴더에 개인정보 저장하지 않기

⑧ 금융거래는 PC방에서 이용하지 않기

⑨ 출처가 불명확한 자료는 다운로드 금지

⑩ 개인정보 침해 신고 적극 활용하기

② 개인정보 침해 사전 대응방안

1 아이핀(i-PIN)

(1) 개념

'인터넷상 개인식별번호(Internet Personal Identification Number)'로서 대면 확인이 어려운 인터넷상에서 본인이라는 것을 확인받을 수 있는 수단의 하나

(2) 발급 기관

현재는 코리아크레딧뷰로 · NICE평가정보 · SCI평가정보 등의 민간업체 홈페이지를 통해 신규 발급 가능

(3) 대응방안

이용자	• 주민등록번호 대신 아이핀을 사용하여 자신의 주민등록번호 유출과 오남용을 막을 수 있음 • 발급과 폐기 과정이 간편함
사업자	이용자의 신원을 보다 확실하게 확인할 수 있을 뿐만 아니라, 이용자의 주민등록번호를 보관하지 않아도 되므로 회원정보를 안전하게 관리할 수 있음

(4) 절차

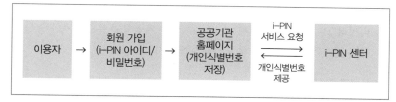

2 쿠키(cookie)

(1) 개념

하이퍼 텍스트(Hyper Text) 기록의 일종으로, 인터넷 사용자가 웹 사이트를 방문할 경우 그 사이트의 서버에서 사용자의 컴퓨터에 설치하는 작은 기록 정보 파일

(2) 특징

① 쿠키에는 개인식별번호를 포함할 수 있는데, 개인식별정보에는 사용자의 이름 · 이메일주소 · 전화번호 등과 같이 사용자를 확인하거나 사용자에게 연락하는 데 사용되는 정보가 포함됨
② 쿠키는 특정 사이트에 대한 그 사용자의 취향을 기록하는데, 이 기록파일에 담긴 정보는 인터넷 사용자가 같은 웹사이트를 방문할 때마다 읽히며 수시로 새로운 정보로 갱신됨

확인문제

01 아이핀은 주민등록번호 유출과 오남용을 막기 위해 사용한다.   (O / X)

02 쿠키에는 인터넷 사용자의 검색 내용이 자세히 기록되므로 개인정보 유출 문제가 발생할 수 있다.   (O / X)

정답 01 O 02 O

③ 인터넷 사용자가 인터넷에서 어떤 내용을 검색했는지, 어떤 상품을 샀는지 등 모든 정보가 기록되기 때문에 개인의 사생활 침해 및 개인정보 유출 문제가 발생할 수 있음

> **개념더하기** · **쿠키 관리 방법(익스플로러 기준)**
>
> - 쿠키 설정
>   브라우저의 '도구' → '인터넷옵션' → '개인정보' 탭 → '사이트' 버튼 선택
> - 쿠키 정보 확인
>   브라우저의 '도구' 메뉴 → '인터넷옵션' → '일반' 탭 선택 → '검색기록' 옆의 '설정' 버튼 선택 → '임시인터넷파일' 탭 선택 → '파일보기' 버튼 선택
> - 쿠키 삭제
>   브라우저의 '도구' → '인터넷옵션' → '일반' 탭에서 '검색기록' 옆에 위치한 '삭제' 버튼 선택
> - 개인정보 설정 변경
>   – 브라우저의 '보기' 메뉴 → '개인정보보고서'→ '설정' → '개인정보' 탭 선택
>   – 브라우저의 '도구' 메뉴 → '인터넷옵션' → '개인정보' 탭 선택

3 PC자동보안 업데이트 프로그램

(1) 개념

바이러스나 해킹 등에 의해 발생할 수 있는 개인정보 유출 또는 PC성능 저하 등의 문제를 방지하기 위해 보안패치를 설치하는 것

(2) 프로그램 사용 방법

① 웹사이트에 접속하여 PC자동보안 업데이트 프로그램 다운로드
② 다운받는 프로그램(PCSmileInstaller.exe)을 실행
③ 자동으로 설치가 진행되면 종료
④ 정상적으로 설치되면 윈도우 제어판의 '프로그램추가/제거'에서 'PC 보안 업데이트' 항목 확인

(3) 특징

바이러스나 악성 코드 감염을 미리 차단하여 아이디나 비밀번호 등의 개인정보가 외부로 유출되지 않도록 함

4 개인정보 포털(웹사이트 회원탈퇴 서비스)

(1) 개념

개인정보보호를 위하여 웹사이트에서 회원을 탈퇴할 때 원활하게 진행되도록 도와주는 곳으로 인터넷 이용자의 본인확인 내역(주민번호, 아이핀, 휴대폰) 통합 조회 및 웹사이트 회원탈퇴 지원 서비스를 제공함

(2) 사이트

https://www.privacy.go.kr

5 SNS 개인정보 보호 수칙

(1) 개념

SNS는 사생활 정보를 관리하는 서비스로, 관리의 책임은 이용자에게 있으므로 각 개인이 정보보호에 더욱 신경 써야 함

(2) SNS 이용자와 사업자의 개인정보보호 수칙

이용자	• SNS에 올리는 개인정보(사진, 영상, 건강정보 등)는 악용 소지가 있으니 신중히 선택하여 공개함 • 가족이나 친구 등 타인 정보도 함부로 게시하지 않도록 함 • SNS 이용 시, 반드시 공개설정 범위를 직접 확인하고 재설정함 • 신뢰할 만한 사람만 친구로 추가함 • SNS에 업로드한 글과 개인정보의 위험성을 항상 기억해야 함 • SNS 이용 시, 나의 행동정보가 광고 등에 오·남용될 가능성이 있으므로 개인정보 활용 동의 시 신중을 기하도록 함 • 나의 위치정보 및 이동경로가 악용될 수 있으므로 미이용 시 서비스를 꺼둠 • 아동 및 청소년에 대해 지도자는 적극적 관심을 갖고 지도하도록 함 • SNS상에서 개인정보를 보호하기 위한 권리를 적극적으로 행사함 • SNS 이용 시 개인정보가 오·남용되었을 경우, 한국인터넷진흥원 인터넷침해 사고대응지원센터[(국번없이)118]에 도움을 요청함
사업자	• 이용자의 개인정보 기본 설정 시 개인정보 제공 및 공개를 최소화하는 형태로 함 • 이용자의 게시물에 대해 게시기간을 설정할 수 있도록 운영함 • 이용자 지인의 개인정보 수집 시 목적을 밝히고, 해당 이용자의 동의를 받도록 함 • Open API를 통한 제3자의 개인정보 불법 수집 및 유출을 못하도록 관리·감독함 • SNS를 통한 허위정보 확산 방지 및 이용자와 타인의 명예나 이익을 존중토록 유도함 • 이용자의 행태정보(위치정보 등)가 오·남용되지 않도록 적절한 보호조치를 취함 • 미성년자의 개인정보 보호를 위한 보호수단을 마련하고 이행함 • 이용자의 디지털 유산(사망자의 게시물)의 유출 및 확산을 방지할 수 있는 조치를 취함 • 서비스를 제공하는 현지의 법과 제도를 준수하도록 함 • 건전한 SNS 이용문화 정착을 위해 적극적으로 노력함

6 클라우드 컴퓨팅 개인정보보호 수칙

(1) 클라우드 컴퓨팅 개념

클라우드 서비스는 워드, 엑셀, 파워포인트 등으로 작성된 각종 문서, 사진, 동영상 등의 파일을 인터넷상의 서버에 저장하고, 언제 어디서든지 필요한 때

확인문제

01 SNS 개인정보를 보호하기 위해 미이용 시에도 서비스를 켜둔다. (O / X)

02 SNS 사업자는 이용자의 게시물에 대해 게시시간을 설정할 수 있도록 운영해야 한다. (O / X)

정답 01 X 02 O

해설

01 미이용 시에는 서비스를 꺼둔다.

에 데스크톱 PC, 태블릿 PC, 노트북, 스마트폰 등의 기기에 다운받아 사용할 수 있는 인터넷 서비스를 말함

(2) 클라우드 컴퓨팅의 개인정보보호 수칙

이용자	• 서비스 제공자가 국내 사업자인지 해외 사업자인지를 선택 • 클라우드 서비스 제공자의 데이터 처리 방침 및 약관 등을 확인 • 클라우드 서비스 제공자의 개인정보취급방침 확인 • 클라우드 서비스에서 공유 기능을 제공할 경우 개인정보가 들어 있는 파일 등이 공유되지 않도록 조심 • 클라우드 서비스에 개인정보가 들어 있는 파일을 올릴 경우에는 암호화함 • 비밀번호는 영문/숫자/특수문자 등을 조합해 8자리 이상으로 설정하고 안전하게 관리 • 서비스 해지 시 자신의 데이터를 삭제하는 방법을 확인하고 완전히 삭제한 후 해지함 • 클라우드 서비스상에서 내 개인정보를 지키기 위한 권리를 적극적으로 행사함
서비스 기업 이용자	• 모든 부서가 클라우드를 도입하는 것에 대한 의사결정에 참여 • 클라우드 서비스 담당자를 지정하고 도입에 따른 개인정보 위험 요소 분석 • 클라우드 서비스의 데이터저장 위치와 관련 법규 준수 여부 확인 • 데이터의 접근제한 및 서비스 해지 시 데이터 삭제 등 자사 데이터의 보호에 관한 사항을 계약서에 명시 • 클라우드 서비스가 이용자에게 자원의 독립성을 제공하는지 확인 • 클라우드 서비스 제공자의 보안수준 및 서비스 보안옵션 등을 정확히 파악하여 선택 • 클라우드 서비스 제공자에게 개인정보를 취급 · 위탁하는 사실과 클라우드 서비스의 서버 위치, 분쟁 발생 시 처리 절차 등을 이용자에게 고지 • 개인정보 등 중요 데이터를 암호화하여 저장 · 전송 • 클라우드 서비스에 저장한 데이터에 대해 해당 클라우드 서비스 제공자나 다른 이용자가 임의로 접근하고 있지 않은지 정기적으로 확인 • 클라우드 서비스 계약 해지 시 자사의 데이터를 회수하고 완전 삭제에 대한 확인서를 받음
서비스 제공자	• 데이터가 저장되는 서버의 국가 위치를 명확히 고지 • 클라우드 서비스 제공자는 적용받는 개인정보 관련 법규를 고지 • 고객이 저장한 데이터에 대한 처리 방침을 명확히 고지 • 명확하게 정의된 접근제어 기능 구비 • 신뢰할 수 있는 제3자로부터 주기적으로 개인정보보호 기본 정책 및 표준의 이행 여부를 점검받고 고객에게 결과 제공 • 고객 데이터에 임의적으로 접근하지 않고, 불가피하게 접근해야 할 경우 접근 사유 등을 제시 • 개인정보 및 고객 데이터를 보호하는 조직을 운영하고 내부관리계획을 수립 · 시행 • 고객이 저장한 개인정보 관련 자료를 임의적으로 이용, 변조, 훼손하지 않음 • 고객이 서비스를 해지할 때 고객 데이터 완전 삭제 • 개인정보 분쟁 발생 시 문의할 수 있는 문의처, 처리 절차를 알기 쉽게 알리고 개인정보 분쟁 발생 시 신속하게 피해구제

※ 출처 : 개인정보보호 종합 포털

- 수집 시부터 개인식별 정보에 대한 철저한 비식별화 조치
- 빅데이터 처리 사실 · 목적 등의 공개를 통한 투명성 확보
- 개인정보 재식별 시, 즉시 파기 및 비식별화 조치
- 민감정보 및 통신비밀의 수집 · 이용 · 분석 등 처리 금지
- 수집된 정보의 저장 · 관리 시 '기술적 · 관리적 보호조치' 시행

7 개인정보 추적 금지 설정(DNT ; Do Not Track) 기능

① 개념 : 사용자가 웹사이트 접속 시 해당 웹사이트에 개인정보 제공을 원하지 않을 경우, 개인정보 수집 · 전송 · 활용 등을 차단할 수 있도록 한 것
② 개인정보의 무단 수집을 막을 수 있으며, 사용자(정보주체)가 개인정보에 대한 통제권을 가지고 있게 됨
③ 구글 크롬 브라우저, 파이어폭스, 인터넷 익스플로러에서 채택하여 사용됨

8 가상사설망(VPN ; Virtual Private Network)

(1) 개념

바깥 사람에게 드러내지 않고 통신할 목적으로 쓰이는 사설 통신망으로, 공중 네트워크를 통해 개인정보 보호와 익명성 유지 기능을 제공함

(2) 특징

① 해커가 사용자의 컴퓨터에 액세스하려고 할 때 막대한 장애물이 될 수 있음
② 사용자를 추적할 수 없도록 인터넷 활동 기록과 위치를 숨겨줌
③ 온라인 프라이버시를 지키기 위한 필수적인 보안 툴

9 ISMS(Information Security Management System)−P 인증제도

(1) 개념

정보보호 및 개인정보보호를 위한 일련의 조치와 활동이 인증기준에 적합함을 인터넷진흥원(KISA) 또는 인증기관이 증명하는 제도

(2) ISMS−P 인증의 유형

① 정보보호 관리체계 인증(ISMS) : 정보보호 중심으로 인증하는 경우
② 정보보호 및 개인정보보호 관리체계 인증(ISMS−P) : 개인정보의 흐름과 정보보호 영역을 모두 인증하는 경우

확인문제

( )은/는 사용자가 접속한 웹사이트에 개인정보 제공을 원치 않을 경우, 개인정보 수집을 차단할 수 있도록 한 것이다.

정답 DNT(개인정보 추적 금지 설정)

(3) ISMS, ISMS-P 인증기준 항목

구분		통합인증	분야
ISMS-P	ISMS	관리체계 수립 및 운영	관리체계 기반 마련, 위험관리, 관리체계 운영, 관리체계 점검 및 개선
		보호대책 요구사항	정책 · 조직 · 자산관리, 인적보안, 외부자 보안, 물리보안, 인증 및 권한 관리, 접근통제, 암호화 적용, 정보시스템 도입 및 개발보안, 시스템 및 서비스 운영관리, 시스템 및 서비스 보안관리, 사고 예방 및 대응, 재해 복구
	–	개인정보 처리단계별 요구사항	개인정보수집 시 보호조치, 개인정보 보유 및 이용 시 보호조치, 개인정보 제공 시 보호조치, 개인정보 파기 시 보호조치, 정보주체 권리보호

개념더하기 　**네트워크 보안 기술**

방화벽(Firewall, 침입 차단시스템)
- 주로 외부의 공격들로부터 내부 네트워크를 안전하게 보호하기 위해 사용되는 방법으로, 보안에서 기본적인 솔루션이자 보안을 높이기 위한 일차적인 방법
- 외부와 내부 네트워크를 경유하는 패킷을 규칙에 따라 차단하거나 보내주는 역할을 하며, 외부 네트워크와 연결된 유일한 통로 역할 수행

침입 탐지시스템(IDS)
네트워크에서 발생하는 이벤트를 모니터링하여 침입 여부 탐지 및 대응하는 시스템

침입 방지시스템(IPS)
공격에 대한 탐지만을 하는 침입 탐지시스템의 한계성을 극복한 보안 시스템으로, 시스템 및 네트워크에 대한 다양한 불법 침입행위를 실시간으로 탐지하고 분석하여 비정상적인 패킷인 경우 자동으로 차단하는 시스템

확인문제

01 (　　)은/는 사용자를 추적할 수 없도록 인터넷 활동 기록과 위치를 숨겨준다.

02 정보보호 및 개인정보보호를 위한 일련의 조치와 활동이 인증기준에 적합함을 인증기관이 증명하는 제도는 (　　)이다.

정답 01 가상사설망 02 ISMS-P 인증제도

1 개인정보 유출 개요

(1) 개념

정보주체의 '개인정보'에 대하여 개인정보처리자가 통제를 상실하거나 권한 없는 자의 접근을 허용한 경우를 말함

(2) 종류

① 개인정보가 저장된 DB 등 개인정보처리시스템에 정상적인 권한이 없는 자가 접근한 경우

② 개인정보처리자의 고의 또는 과실로 인해 개인정보가 포함된 파일, 문서, 저장매체 등이 잘못 전달된 경우

③ 개인정보가 포함된 서면, 이동식 저장장치, 휴대용 컴퓨터 등을 분실하거나 도난당한 경우

2 개인정보 유출 통지 및 신고

(1) 개인정보 유출등의 통지(개인정보 보호법 제34조 제1항)

개인정보처리자는 개인정보가 분실·도난·유출되었음을 알게 되었을 때에는 지체 없이 해당 정보주체에게 다음의 사항을 알려야 한다. 다만, 정보주체의 연락처를 알 수 없는 경우 등 정당한 사유가 있는 경우에는 대통령령으로 정하는 바에 따라 통지를 갈음하는 조치를 취할 수 있다.

① 유출등이 된 개인정보의 항목

② 유출등이 된 시점과 그 경위

③ 유출등으로 인하여 발생할 수 있는 피해를 최소화하기 위하여 정보주체가 할 수 있는 방법 등에 관한 정보

④ 개인정보처리자의 대응조치 및 피해 구제절차

⑤ 정보주체에게 피해가 발생한 경우 신고 등을 접수할 수 있는 담당부서 및 연락처

(2) 통지 방법(개인정보 보호법 시행령 제39조)

① 개인정보처리자는 개인정보가 분실·도난·유출되었음을 알게 되었을 때에는 서면등의 방법으로 72시간 이내에 정보주체에게 알려야 한다. 다만, 다음의 어느 하나에 해당하는 경우에는 해당 사유가 해소된 후 지체 없이 정보주체에게 알릴 수 있다.

㉠ 유출등이 된 개인정보의 확산 및 추가 유출등을 방지하기 위하여 접속 경로의 차단, 취약점 점검·보완, 유출등이 된 개인정보의 회수·삭제 등 긴급한 조치가 필요한 경우

확인문제

01 개인정보처리자의 과실로 인해 개인정보 파일이 잘못 전달된 경우는 개인정보 유출에 속하지 않는다. (O / X)

02 개인정보 보호법에 따르면 개인정보처리자가 개인정보가 유출되었음을 알게 되면 일주일 내로 해당 정보주체에게 알려야 한다. (O / X)

정답 01 X 02 X

해설

01 개인정보처리자의 과실로 인한 사유도 개인정보 유출에 속한다.

02 지체 없이 알려야 한다.

ⓛ 천재지변이나 그 밖에 부득이한 사유로 인하여 72시간 이내에 통지하기 곤란한 경우

② 위의 내용에도 불구하고 개인정보처리자는 같은 항에 따른 통지를 하려는 경우로서 구체적인 내용을 확인하지 못한 경우에는 개인정보가 유출등이 된 사실, 그때까지 확인된 내용을 서면등의 방법으로 우선 통지해야 하며, 추가로 확인되는 내용에 대해서는 확인되는 즉시 통지해야 한다.

③ 개인정보처리자는 정보주체의 연락처를 알 수 없는 경우 등 정당한 사유가 있는 경우에는 정보주체가 쉽게 알 수 있도록 자신의 인터넷 홈페이지에 30일 이상 게시하는 것으로 통지를 갈음할 수 있다. 다만, 인터넷 홈페이지를 운영하지 아니하는 개인정보처리자의 경우에는 사업장등의 보기 쉬운 장소에 30일 이상 게시하는 것으로 통지를 갈음할 수 있다.

3 개인정보 유출 신고(개인정보 보호법 시행령 제40조)

① 개인정보처리자는 다음의 어느 하나에 해당하는 경우로서 개인정보가 유출등이 되었음을 알게 되었을 때에는 72시간 이내에 서면등의 방법으로 보호위원회 또는 전문기관(한국인터넷진흥원)에 신고해야 한다.

　ⓐ 1천명 이상의 정보주체에 관한 개인정보가 유출등이 된 경우

　ⓛ 민감정보 또는 고유식별정보가 유출등이 된 경우

　ⓒ 개인정보처리시스템 또는 개인정보취급자가 개인정보 처리에 이용하는 정보기기에 대한 외부로부터의 불법적인 접근에 의해 개인정보가 유출등이 된 경우

② 천재지변이나 그 밖에 부득이한 사유로 인하여 72시간 이내에 신고하기 곤란한 경우에는 해당 사유가 해소된 후 지체 없이 신고할 수 있으며, 개인정보 유출등의 경로가 확인되어 해당 개인정보를 회수ㆍ삭제하는 등의 조치를 통해 정보주체의 권익 침해 가능성이 현저히 낮아진 경우에는 신고하지 않을 수 있다.

③ 개인정보처리자는 위의 내용에 따른 신고를 하려는 경우로서 구체적인 내용을 확인하지 못한 경우에는 개인정보가 유출등이 된 사실, 그때까지 확인된 내용 및 「개인정보 보호법」 제34조 제1항 제3호부터 제5호까지의 사항을 서면등의 방법으로 우선 신고해야 하며, 추가로 확인되는 내용에 대해서는 확인되는 즉시 신고해야 한다.

유출 신고서 양식	작성 방법
① 유출된 개인정보 항목	• 유출된 개인정보 항목을 모두 기재해야 하며, '등'과 같이 일부 생략하거나 휴대전화번호와 집 전화번호를 '전화번호'로 기재하여서는 안 됨 • 유출된 개인정보의 모든 항목을 적어야 하며, 유출 규모도 현 시점에서 파악된 내용을 모두 작성
② 유출된 시점과 그 경위	유출시점, 인지시점을 명확히 구분하여 날짜와 시간 모두 작성해야 하며, 유출경위와 인지경위를 포함
③ 정보주체가 취할 수 있는 피해 최소화 조치	개인정보 유출로 발생 가능한 스팸 문자, 보이스피싱, 금융사기와 같은 2차적인 피해 방지를 위해 이용자가 할 수 있는 조치를 기재(예 비밀번호 변경 등)
④ 개인정보처리자 대응조치 및 피해 구제절차	유출사실을 안 후 긴급히 조치한 내용과 향후 이용자의 피해구제를 위한 계획 및 절차를 기재[예 경찰에 신고, 일시적 홈페이지 로그인 차단(홈페이지 해킹일 경우) 등]
⑤ 정보주체가 피해 신고·상담 등을 접수할 수 있는 부서 및 연락처	실제 신고 접수 및 상담이 가능한 전담 처리부서와 해당 담당자 연락처 기재
⑥ 기타	유출된 기관명, 사업자번호, 사업자 주소, 웹사이트 주소 등 기재

4 개인정보 침해에 대한 처벌

(1) 10년 이하의 징역 또는 1억 원 이하의 벌금(개인정보 보호법 제70조)

① 공공기관의 개인정보 처리업무를 방해할 목적으로 공공기관에서 처리하고 있는 개인정보를 변경하거나 말소하여 공공기관의 업무 수행의 중단·마비 등 심각한 지장을 초래한 자

② 거짓이나 그 밖의 부정한 수단이나 방법으로 다른 사람이 처리하고 있는 개인정보를 취득한 후 이를 영리 또는 부정한 목적으로 제3자에게 제공한 자와 이를 교사·알선한 자

(2) 5년 이하의 징역 또는 5천만 원 이하의 벌금(개인정보 보호법 제71조)

① 정보주체의 동의를 받지 아니하고 개인정보를 제3자에게 제공한 자 및 그 사정을 알고 개인정보를 제공받은 자

② 법령을 위반하여 개인정보를 이용하거나 제3자에게 제공한 자 및 그 사정을 알면서도 영리 또는 부정한 목적으로 개인정보를 제공받은 자

③ 법정대리인의 동의를 받지 아니하고 만 14세 미만인 아동의 개인정보를 처리한 자

확인문제

01 개인정보 유출 신고에 대한 근거 법률은 (　　　)법이다.

02 거짓으로 개인정보를 취득한 후 이를 부정한 목적으로 제3자에게 제공한 자는 (　　)년 이하의 징역 혹은 (　　) 원 이하의 벌금에 처해질 수 있다.

정답 01 개인정보 보호 02 10, 1억

④ 민감정보를 처리한 자

⑤ 고유식별정보를 처리한 자

⑥ 보호위원회 또는 관계 중앙행정기관의 장으로부터 전문기관으로 지정받지 아니하고 가명정보를 결합한 자

⑦ 전문기관의 장의 승인을 받지 아니하고 결합을 수행한 기관 외부로 결합된 정보를 반출하거나 이를 제3자에게 제공한 자 및 그 사정을 알면서도 영리 또는 부정한 목적으로 결합된 정보를 제공받은 자

⑧ 특정 개인을 알아보기 위한 목적으로 가명정보를 처리한 자

⑨ 업무상 알게 된 개인정보를 누설하거나 권한 없이 다른 사람이 이용하도록 제공한 자 및 그 사정을 알면서도 영리 또는 부정한 목적으로 개인정보를 제공받은 자

⑩ 다른 사람의 개인정보를 이용, 훼손, 멸실, 변경, 위조 또는 유출한 자

(3) 3년 이하의 징역 또는 3천만 원 이하의 벌금(개인정보 보호법 제72조)

① 고정형 영상정보처리기기의 설치 목적과 다른 목적으로 고정형 영상정보처리기기를 임의로 조작하거나 다른 곳을 비추는 자 또는 녹음기능을 사용한 자

② 거짓이나 그 밖의 부정한 수단이나 방법으로 개인정보를 취득하거나 개인정보 처리에 관한 동의를 받는 행위를 한 자 및 그 사정을 알면서도 영리 또는 부정한 목적으로 개인정보를 제공받은 자

③ 직무상 알게 된 비밀을 누설하거나 직무상 목적 외에 이용한 자

(4) 2년 이하의 징역 또는 2천만 원 이하의 벌금(개인정보 보호법 제73조)

① 정정·삭제 등 필요한 조치를 하지 아니하고 개인정보를 계속 이용하거나 이를 제3자에게 제공한 자

② 개인정보 보호법 제37조 제2항을 위반하여 개인정보의 처리를 정지하지 아니하고 개인정보를 계속 이용하거나 제3자에게 제공한 자

③ 국내외에서 정당한 이유 없이 비밀유지명령을 위반한 자

④ 자료제출 요구에 대하여 법 위반사항을 은폐 또는 축소할 목적으로 자료제출을 거부하거나 거짓의 자료를 제출한 자

⑤ 출입·검사 시 자료의 은닉·폐기, 접근 거부 또는 위조·변조 등을 통하여 조사를 거부·방해 또는 기피한 자

(5) 5천만 원 이하의 과태료(개인정보 보호법 제75조)

① 불특정 다수가 이용하는 목욕실, 화장실, 발한실(發汗室), 탈의실 등 개인의 사생활을 현저히 침해할 우려가 있는 장소의 내부를 볼 수 있도록 고정형 영상정보처리기기를 설치·운영한 자

② 불특정 다수가 이용하는 목욕실, 화장실, 발한실, 탈의실 등 개인의 사생활을 현저히 침해할 우려가 있는 장소의 내부를 볼 수 있는 곳에서 이동형 영상정보처리기기로 사람 또는 그 사람과 관련된 사물의 영상을 촬영한 자

(6) 3천만 원 이하의 과태료(개인정보 보호법 제75조 제2항)

① 정보주체에게 재화 또는 서비스의 제공을 거부한 자

② 정보주체에게 개인정보의 수집 출처, 개인정보의 처리 목적, 개인정보 처리의 정지를 요구하거나 동의를 철회할 권리가 있다는 사실 알리지 아니한 자

③ 개인정보의 이용·제공 내역이나 이용·제공 내역을 확인할 수 있는 정보시스템에 접속하는 방법을 통지하지 아니한 자

④ 개인정보가 불필요하게 되었을 때 개인정보의 파기 등 필요한 조치를 하지 아니한 자

⑤ 법령을 위반하여 안전성 확보에 필요한 조치를 하지 아니한 자

⑥ 민감정보의 공개 가능성 및 비공개를 선택하는 방법을 알리지 아니한 자

⑦ 법령에 해당하는 경우가 아닌데 주민등록번호를 처리한 자

⑧ 주민등록번호가 분실·도난·유출·위조·변조 또는 훼손되지 아니하도록 암호화 조치를 하지 아니한 자

⑨ 정보주체가 주민등록번호를 사용하지 아니할 수 있는 방법을 제공하지 아니한 자

⑩ 법령에 해당하는 경우가 아닌데 공개된 장소에 고정형 영상정보처리기기를 설치·운영한 자

⑪ 법령에 해당하는 경우가 아닌데 공개된 장소에서 이동형 영상정보처리기기로 사람 또는 그 사람과 관련된 사물의 영상을 촬영한 자

⑫ 위탁자가 재화 또는 서비스를 홍보하거나 판매를 권유하는 업무를 위탁하는 경우 정보주체에게 알려야 할 사항을 알리지 아니한 자

⑬ 가명정보를 처리하는 과정에서 개인을 알아볼 수 있는 정보가 생성되었음에도 이용을 중지하지 아니하거나 이를 회수·파기하지 아니한 자

⑭ 개인정보를 국외로 이전하는 경우 보호조치를 하지 아니한 자

⑮ 개인정보 보호 인증을 받지 아니하였음에도 거짓으로 인증의 내용을 표시하거나 홍보한 자

⑯ 개인정보파일의 운용으로 인하여 정보주체의 개인정보 침해가 우려되는 경우 영향평가를 하지 아니하거나 그 결과를 보호위원회에 제출하지 아니한 자

⑰ 개인정보가 분실·도난·유출되었음을 알게 되었을 때 정보주체에게 유출 등이 된 개인정보의 항목, 유출등이 된 시점과 그 경위, 유출등으로 인하여 발생할 수 있는 피해를 최소화하기 위하여 정보주체가 할 수 있는 방법 등에 관한 정보, 개인정보처리자의 대응조치 및 피해 구제절차, 정보주체에게 피해가 발생한 경우 신고 등을 접수할 수 있는 담당부서 및 연락처 등의 사실을 알리지 아니한 자

⑱ 개인정보의 유출등이 있음을 알게 되었을 때 보호위원회 또는 대통령령으로 정하는 전문기관에 신고하지 아니한 자

⑲ 정보주체 혹은 공공기관, 보호위원회를 통하여 개인정보 열람을 요구받았을 때 열람을 제한하거나 거절한 자

⑳ 보호위원회 또는 관계 중앙행정기관의 장으로부터 개인정보관리 전문기관의 지정을 받지 아니하고 정보주체의 권리행사를 지원하기 위한 개인정보 전송시스템의 구축 및 표준화 업무를 수행한 자

㉑ 정보주체에게 개인정보의 전송 요구를 강요하거나 부당하게 유도하는 행위, 그 밖에 개인정보를 침해하거나 정보주체의 권리를 제한할 우려가 있는 행위로서 대통령령으로 정하는 행위를 한 자

㉒ 정보주체의 요구를 받았을 때 정정·삭제 등 필요한 조치를 하지 아니한 자

㉓ 정보주체의 요구를 받았을 때 파기 등 필요한 조치를 하지 아니한 자

㉔ 정당한 사유 없이 정보주체의 요구에 따르지 아니한 자

㉕ 보호위원회의 요구에 관계 물품·서류 등 자료를 제출하지 아니하거나 거짓으로 제출한 자

㉖ 보호위원회의 요구 에 따른 출입·검사를 거부·방해 또는 기피한 자

㉗ 보호위원회의 시정조치 명령에 따르지 아니한 자

(7) 2천만 원 이하의 과태료(개인정보 보호법 제75조 제3항)

① 수탁자는 위탁받은 개인정보의 처리 업무를 제3자에게 다시 위탁하려는 경우 위탁자의 동의를 받지 아니하고 제3자에게 다시 위탁한 자

② 국내에 주소 또는 영업소가 없는 개인정보처리자로서 국내대리인을 지정하지 아니한 자

(8) 1천만 원 이하의 과태료(개인정보 보호법 제75조 제4항)

① 개인정보 보호수준 평가에 필요한 경우 정당한 사유 없이 자료를 제출하지 아니하거나 거짓으로 제출한 자

② 개인정보처리자가 개인정보를 파기하지 아니하고 보존하여야 하는 경우 개인정보를 분리하여 저장·관리하지 아니한 자

③ 법령에 따른 정보주체의 동의를 받는 방법을 위반하여 동의를 받은 자

④ 업무 위탁 시 위탁업무 수행 목적 외 개인정보의 처리 금지에 관한 사항, 개인정보의 기술적·관리적 보호조치에 관한 사항, 그 밖에 개인정보의 안전한 관리를 위하여 대통령령으로 정한 사항의 내용이 포함된 문서로 하지 아니한 자

⑤ 업무 위탁 시 위탁하는 업무의 내용과 수탁자를 공개하지 아니한 자

⑥ 정보주체에게 개인정보의 이전 사실을 알리지 아니한 자

⑦ 가명정보 처리 내용 관련 기록을 작성하여 보관하지 아니한 자

⑧ 개인정보 처리방침을 정하지 아니하거나 이를 공개하지 아니한 자

⑨ 개인정보의 처리에 관한 업무를 총괄해서 책임질 개인정보 보호책임자를 지정하지 아니한 자

⑩ 정보주체에게 알려야 할 사항을 알리지 아니한 자

⑪ 분쟁조정 신청을 받았을 때 해당 분쟁의 조정을 위하여 필요한 자료를 정당한 사유 없이 제출하지 아니하거나 거짓으로 제출한 자

⑫ 분쟁의 조정을 위하여 사실 확인이 필요한 경우 출입·조사·열람을 정당한 사유 없이 거부·방해 또는 기피한 자

5 개인정보 침해 신고 절차

(1) 한국인터넷진흥원(KISA)의 개인정보 침해 신고센터

개인정보보호위원회가 개인정보 보호법 등 관련 법령에 따라 지정한 신고 접수 전문기관으로, 누구든지 개인정보에 관한 권리 또는 이익을 침해받은 경우 피해 내용을 신고할 수 있음

(2) 상담

① 인터넷, 전자우편 등을 통해 접수된 상담은 담당자가 내용 확인 후 원칙적으로 7일 이내에 답변

② 답변은 신고인의 전자우편으로 발송하는 것을 원칙으로 함

③ 전화를 통하여 추가내용을 안내하는 경우도 있음

④ 전화로 접수된 상담은 그 즉시 상담원이 관련 내용을 안내하고 종결

(3) 신고

① 개인정보 침해에 대한 신고인의 정확한 사실관계에 대한 서술 및 증거자료 제출이 요구됨

② 전화로 신고받지 않고 가급적 인터넷 또는 전자우편, 문서 등을 통하여 접수하는 것을 원칙으로 함

③ 사실관계 서술이 모호한 경우, 증거자료를 갖추지 못하는 경우, 침해 내용이 신고인의 일방적 주장에 그치는 경우 등은 접수 불가

④ 개인정보 침해 신고 처리는 접수일로부터 60일 이내에 완료하는 것을 원칙으로 함

⑤ 신고가 접수되면 개인정보 침해 신고센터 조사관에게 사건이 배정되며, 담당 조사관은 개인정보 침해 신고센터 업무 소관 여부를 판단하여 아닐 경우에는 해당 기관을 안내하고 그 사실을 신고인에게 통보

⑥ 민사상 손해배상이나 분쟁해결을 요구하는 경우에는 개인정보 분쟁조정위원회를 안내할 수 있음

⑦ 담당 조사관은 자신이 배정받은 신고 사건에 대하여 피신고인(공공기관, 법인, 단체, 개인 등)에 대해 자료 제출 요구 또는 검사 등의 사실조사를 실시함

⑧ 사실조사가 완료되면 그 결과에 따라 위법 사항이 발견된 경우, 해당 피신고인에 대해 개인정보 침해 시정 유도, 행정처분 의뢰, 수사 의뢰 등을 진행할 수 있음

⑨ 최종적으로 담당 조사관은 신고인에게 사실조사 및 조치 결과를 통보

(4) 절차도

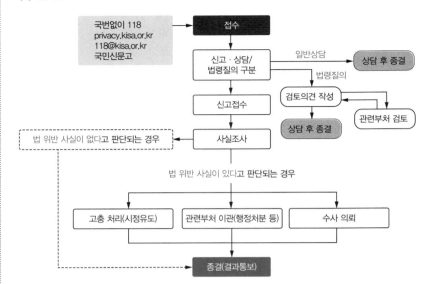

개념더하기 개인정보 보호법

분쟁의 조정(개인정보 보호법 제47조)
- 분쟁조정위원회는 다음 사항을 포함하여 조정안 작성
  - 조사 대상 침해행위의 중지
  - 원상회복, 손해배상, 그 밖에 필요한 구제조치
  - 같거나 비슷한 침해의 재발을 방지하기 위하여 필요한 조치
- 분쟁조정위원회는 조정안 작성 후 지체 없이 각 당사자에게 제시
- 조정안을 제시받은 당사자가 제시받은 날부터 15일 이내에 수락 여부를 알리지 아니하면 조정을 거부한 것으로 봄
- 당사자가 조정내용을 수락한 경우 분쟁조정위원회는 조정서를 작성하고, 분쟁조정위원회의 위원장과 각 당사자가 기명날인하여야 함
- 조정의 내용은 재판상 화해와 동일한 효력 발생

침해 사실의 신고(개인정보 보호법 제62조)
- 개인정보처리자가 개인정보를 처리할 때 개인정보에 관한 권리 또는 이익을 침해받은 사람은 보호위원회에 그 침해 사실을 신고할 수 있음
- 보호위원회는 위에 따른 신고의 접수·처리 등에 관한 업무를 효율적으로 수행하기 위하여 대통령령으로 정하는 바에 따라 전문기관을 지정할 수 있으며, 이 경우 전문기관은 개인정보 침해 신고센터를 설치·운영하여야 함
- 신고센터는 다음의 업무를 수행함
  - 개인정보 처리와 관련한 신고의 접수·상담
  - 사실의 조사·확인 및 관계자의 의견 청취
- 보호위원회는 사실 조사·확인 등의 업무를 효율적으로 하기 위하여 필요하면 소속 공무원을 전문기관에 파견할 수 있음

확인문제

01 개인정보 침해 분쟁 시 분쟁조정위원회의 조정내용은 재판상 화해와 동일한 효력이 발생한다. (O / X)

02 개인정보 침해 센터는 개인정보 처리와 관련한 본격적인 수사를 진행한다. (O / X)

정답 01 O 02 X

해설

02 개인정보 침해 센터는 개인정보 처리와 관련한 신고의 접수·상담 및 사실을 진행하고 위반 사실이 있다고 판단하면 수사를 의뢰하며 직접 수사를 진행하지는 않는다.

6 침해 사고 대응 절차

① **예방** : 사고가 발생하기 전 침해 사고 대응팀과 조직적인 대응 준비

② **침해 사고 발생** : 고객정보 및 기밀정보 유출, 서비스 지연 및 중단, 침입에 의한 정보 변조 등으로 발생

③ **사고 탐지** : 정보보호 및 네트워크 장비에 의한 이상 징후 탐지, 관리자에 의한 침해 사고의 식별

④ **초기 대응** : 초기 조사 수행, 사고 정황에 대한 기본적인 세부사항 기록, 사고대응팀 신고 및 소집, 침해 사고 관련 부서에 통지

⑤ **대응 전략 체계화** : 최적의 전략을 결정하고 관리자 승인을 획득, 초기 조사 결과를 참고하여 소송이 필요한 사항인지 결정하여 사고 조사 과정에서 수사기관 공조 여부를 판단

⑥ **사고 조사** : 데이터 수집 및 분석을 통하여 수행. 언제·누가·어떻게 사고가 일어났는지, 피해 확산 및 사고 재발을 어떻게 방지할 것인지 결정

⑦ **보고서 작성** : 의사결정자가 쉽게 이해할 수 있는 형태로 사고에 대한 정확한 보고서 작성

⑧ **해결** : 차기 유사 공격의 식별 및 예방을 위한 보안 정책 수립, 절차 변경, 사건의 기록, 장기 보안 정책 수립, 기술 수정 계획 수립 등을 결정

> **개념더하기** **침해 사고**
>
> 해킹, 컴퓨터 바이러스, 논리폭탄(소프트웨어에 숨어 있다가 특정 조건에 달하면 실행되어 컴퓨터를 교란시키는 프로그램), 메일폭탄(상대방에게 피해를 줄 목적으로 특정 사람이나 시스템에 엄청난 양의 전자우편을 보내어 통신망을 마비시키거나 시스템에 고장을 일으키는 것), 서비스거부 또는 고출력 전자기파 등의 방법으로 정보시스템을 공격하는 행위로 인하여 발생한 사태 등

7 개인정보 분쟁 조정 절차

신청사건의 접수 및 통보	• 위원회 홈페이지 또는 서면(우편, 방문)을 통해 신청인이 직접 또는 대리로 신청 가능 • 분쟁조정 신청사건의 접수 후 신청자와 상대방에게 접수사실 통보
사실 확인 및 당사자 의견청취	• 전화, 우편, 전자우편 등 다양한 수단을 이용해 자료를 수집하여 분쟁조정 사건에 대한 사실조사 실시 • 사실조사 완료 후 조사결과를 작성하여 본 사건을 위원회에 회부
조정 전 합의 권고	• 조정 전 당사자 간의 원만한 합의 권고 • 합의 권고에 의해 당사자 간의 합의가 성립하면 사건 종결, 미합의의 경우 조정절차 개시
위원회의 조정절차 개시	• 조정 전 합의가 이루어지지 않으면 위원회를 통해 조정절차 개시 • 조정절차 중 합의가 되면 신청인이 조정 신청 철회

확인문제

01 ( )은/는 해킹, 컴퓨터 바이러스, 메일폭탄 등의 방법으로 정보시스템을 공격하는 행위로 인해 발생한 사태이다.

02 개인정보 분쟁 조절 절차에서 조정안에 대해 신청인과 상대방이 각각 조정안을 제시받은 날로부터 ( )일 이내에 이를 수락한 경우에는 조정이 성립한다.

정답 01 침해 사고 02 15

해커를 잡는 유혹의 꿀단지라는 의미
로, 실제 서비스는 실행되지 않지만
해당 서비스를 이용할 수 있는 것처
럼 꾸며 놓은 컴퓨터 시스템을 뜻함.
컴퓨터 프로그램의 침입자를 속이는
최신 침입탐지기법

▼ 사이버위협 인텔리전스
지능형 사이버공격과 위협을 빠르게
탐지 · 식별하고 대응하는 데 필요한
정보를 수집하고 상황을 분석하여 사
이버 보안 위협에 효과적으로 대응하
는 방법

조정의 성립	• 개인정보 분쟁조정위원회가 심의 • 조정안에 대하여 신청인과 상대방이 각각 조정안을 제시받은 날로부터 15일 이내에 이를 수락한 경우에는 조정 성립
효력의 발생	양 당사자 간 조정서와 동일한 내용의 합의(재판상의 화해)가 성립한 것으로 봄

※ 출처 : 한국인터넷진흥원, 개인정보보호 포털

8 침해 사고 대응

(1) 디도스 공격 대응

① 개념 : 디도스 공격은 홈페이지 등 서비스를 제공하는 시스템이나 네트워크
에 과부하를 일으켜 정상적인 서비스를 제공하지 못하도록 하는 공격 유형

② 대책 : 해커의 조정을 받는 감염 PC로부터 공격이 시작되기 때문에 피해를
최소화하기 위해서는 공격 트래픽 차단과 함께 감염 PC에 대한 조치가 이
루어져야 함

(2) 전자금융사기 대응

피싱 대응	• 개념 : 개인정보(private data)와 낚시(fishing)의 합성어로, 금융기관 또는 공공기관 등을 사칭하여 전화나 이메일로 피싱 사이트 접속을 유도하고 개인정보(ID/PW) 또는 금융정보(보안카드, 공인인증서 정보) 등을 입력하도록 요구하여 사용자의 중요한 정보를 몰래 빼가는 수법 • 대책 : 피싱 사이트 도메인 중 다수가 .com과 .net을 사용하는 점에 착안하여 .com, .net 도메인 등록업체인 베리사인(VeriSign)과 협력하여 신규 등록 도메인을 대상으로 피싱 여부를 탐지 · 차단할 수 있는 시스템을 구축
스미싱 대응	• 개념 : SMS와 피싱의 합성어로, 신뢰할 수 있는 사람 · 기업 · 공공기관 등이 보낸 것처럼 가장한 휴대전화 문자에 악성앱의 링크(URL)를 포함시켜 사용자의 스마트폰에 악성앱을 설치하도록 유도하는 수법 • 대책 　– 스미싱 의심 문자를 수집하고, 악성앱 다운로드 여부를 분석 　– 가상의 허니팟용 개인정보를 생성 · 노출하여 전자금융사기 의심 정보를 선제적으로 수집

※ 출처 : 2023 국가정보보호백서

01 (　　) 공격은 홈페이지 등
서비스를 제공하는 시스템
이나 네트워크에 과부하를
일으켜 정상적인 서비스를
제공하지 못하도록 하는 공
격 유형이다.

02 (　　)은/는 SMS와 피싱의
합성어로, 신뢰할 수 있는
사람 · 기업 · 공공기관 등이
보낸 것처럼 가장한 휴대전
화 문자에 악성앱의 링크
(URL)를 포함시켜 사용자의
스마트폰에 악성앱을 설치
하도록 유도하는 수법을 말
한다.

정답 01 디도스(DDoS) 02 스
미싱

9 침해 사고 예방

(1) 국내 침해 사고 대응

① 한국인터넷진흥원이 주요 정보통신서비스제공 사업자(ISP, IDC, 이동통
신, MSO 등 기간통신사업자), 보안 관련 업체 및 유관기관 등과 사이버위
협 공동 대응, 소통을 통한 현장 중심 침해대응 정책 수립, 정보공유 강화
를 통한 사이버 방어체계 구축 등 침해대응 협력체계를 긴밀히 유지

② 사이버위협 인텔리전스 운영, 사이버위협 정보 분석 · 공유 시스템 운영,
사이버보안빅데이터센터 운영, 정보보호 최고책임자 지정 · 신고제도 운영

(2) 국제적 침해 사고 대응

① 한·중·일 3국 침해 사고 대응팀(KrCERT/CC, CNCERT/CC, JPCERT/CC)은 2011년 3국 간 긴밀한 사이버보안협력을 위한 업무협약(MoU)을 체결함

② 연례회의를 개최하여 협력 성과와 개선사항을 논의하고, 최신 기술 동향 등에 대하여 정보와 모범 사례를 공유, 각국의 침해 사고 예방에 참고하도록 하고 있음

③ 2020년 코로나19에 따른 동북아 지역 내의 사이버위협과 대응현황을 공유하고 협력 강화를 논의

개념더하기 개인정보 침해 신고 기관

- KISA개인정보 침해 신고센터
  - 전화 118(국번없이)
  - 금융정보(개인신용정보) 침해 신고는 금융민원센터(☎1332, www.fcsc.kr)로 신고
- 사이버범죄 신고시스템(ECRM)
  - 경찰청(사이버수사국) 소속, 정보통신망 침해 및 이용 범죄, 불법 콘텐츠 범죄와 관련한 신고, 상담 및 제보 접수
  - 긴급신고 전화 112(국번없이)

---

4 해킹·악성 코드 사전·사후 대응방안

1 해킹·악성 코드 사전 대응방안

(1) 정보보호 실천 수칙

개인 사용자 실천 수칙	• 개인 PC 운영체제 및 소프트웨어의 보안 최신 업데이트 • 개인 PC 운영체제 자동 보안 업데이트 설정 • 백신 프로그램 최신화 및 정기검사 • 가정용 공유기 보안 설정(SW 업데이트, 비밀번호 설정) 및 사설 와이파이·공용PC 사용 자제 • 회사메일 이용 권장 및 개인메일 사용 주의(출처가 불분명한 이메일은 열어보지 말고 삭제) • 정품 OS(운영체제) 사용하기 • 불필요하거나 신뢰할 수 없는 웹사이트 이용 자제 • 공동인증서(구 공인인증서)는 외장매체에 안전하게 저장하기 • 파일 다운로드 주의(랜섬웨어 감염 주의) • 윈도우 로그인 패스워드를 설정하고 주기적으로 변경

기업 실천 수칙	• 임직원을 대상으로 정기적인 정보보호 교육 실시 • 정보보호 정책 · 지침을 수립하고 책임자와 담당자를 지정하여 운영하기 • 정보시스템 사용자계정 및 접근권한 관리 • 기업 정보자산 분류기준 수립 및 목록 관리 • 개인 및 공용 업무용 PC, 노트북 백신설치, 보안업데이트, 화면보호기 설정, 비밀번호 변경 등 보안과 관련된 부분을 정기적으로 점검 • 중요 정보는 정기적으로 백업하여 별도로 안전하게 관리 • 사무실 내 중요문서는 사용 후 반드시 파쇄 • 시스템 및 소프트웨어 폐기 시 기록된 데이터 완전하게 삭제(덮어쓰기 7회 이상, 디가우징, 물리적 파괴 등) • 주기적인 취약점 점검 및 보완 • 홈페이지 제작 시 시큐어 코딩 준수하기 • 기업이 지켜야 할 보안 관련 법적 요구사항 파악 및 준수 여부 점검
보안관리자 실천 수칙	• 원격근무시스템(VPN) 사용 권장 • 재택근무자 대상 보안 지침 마련 및 인식 제고 • 재택근무자의 사용자 계정 및 접근권한 관리 • 일정시간 부재 시 네트워크 차단 • 원격 접속 모니터링 강화 • 개인정보, 기업정보 등 데이터 보안(랜섬웨어 감염 주의)

(2) 랜섬웨어 피해 예방 5대 보안 수칙

① 중요 자료는 별도 매체에 정기적 백업
② 출처가 불분명한 이메일과 메시지 등의 URL 링크 실행하지 않기
③ 신뢰할 수 없는 사이트에서의 파일 다운로드 및 실행 주의
④ 모든 소프트웨어는 최신 버전으로 업데이트하여 사용
⑤ 최신 버전의 백신을 설치하고 실시간 감시 실행

개념더하기   랜섬웨어

• 개념 : Ransom(몸값) + Software(소프트웨어)의 합성어로, 시스템을 잠그거나 데이터를 암호화하여 사용할 수 없게 한 뒤 이것을 인질로 삼아 금전을 요구하는 악성 프로그램
• 피해 신고 : 홈페이지(www.boho.or.kr)와 전화 신고(118)

(3) 스마트폰 보안 수칙

① 스마트폰 운영체제와 모바일 백신 최신으로 업데이트하기
② 공식 앱 마켓이 아닌 출처를 알 수 없는 앱 설치 제한하기
③ 스마트폰 앱 설치 시 과도한 권한을 요구하는 앱 설치하지 않기
④ 문자 또는 SNS 메시지에 포함된 URL 클릭하지 않기
⑤ 스마트폰 보안 잠금을 설정하여 이용하기(비밀번호 또는 화면 패턴)
⑥ 스마트폰 WiFi 연결 시 제공자가 불분명한 공유기 이용하지 않기
⑦ 루팅, 탈옥 등을 통한 스마트폰 플랫폼의 구조 임의변경 금지

⑧ 스마트폰에 중요 정보 저장하지 않기(주민등록증, 보안카드 등)

⑨ 스마트폰 교체 시 개인정보 등 데이터 완전 삭제 또는 초기화 적용

⑩ 스마트폰, SNS 등 계정 로그인 2단계 인증 설정하기

⑪ 공동인증서(구 공인인증서)는 USIM 등 안전한 장소에 보관하기

⑫ 매일 보안 소프트웨어를 실행하여 바이러스 없애기

(4) 해킹 예방 방법 및 피해 시 대응 방법

① 예방 방법

㉠ 컴퓨터 보안 업데이트를 '자동'으로 설정

㉡ 비밀번호는 추측이 어렵게 만들고 자주 변경

㉢ 백신프로그램, 방화벽 등 보안 프로그램 설치

② 해킹 시 대응 방법

㉠ 피해 발생 시 한국정보보호진흥원이나 경찰청 등으로 신고

㉡ 유·무료 백신프로그램으로 검사 및 치료 진행

㉢ 치료 불가 시 OS 재설치

2 해킹 · 악성 코드 사후 대응방안

(1) 침해 사고의 신고

① 침해 사고가 발생하면 즉시 그 사실을 과학기술정보통신부장관이나 한국 인터넷진흥원, 경찰청 등에 신고하여야 함(한국인터넷진흥원 118, 경찰청 사이버테러대응센터 112)

② 과학기술정보통신부장관이나 한국인터넷진흥원은 침해 사고의 신고를 받 거나 침해 사고를 알게 되면 필요한 조치를 하여야 함

(2) 침해 사고의 원인 분석

① 정보통신망을 운영하는 사람은 침해 사고 발생 시 침해 사고의 원인을 분 석하고 피해의 확산을 방지하여야 함

② 중대한 침해 사고가 발생하면 과학기술정보통신부장관이 피해 확산 방지, 사고대응, 복구 및 재발 방지를 위하여 정보보호에 전문성을 갖춘 민·관 합동조사단을 구성하고 침해 사고의 원인을 분석함

③ 과학기술정보통신부장관은 원인분석을 위해 제공자와 사업자에게 침해 사 고 관련 자료 제출을 요구할 수 있음

④ 제출받은 자료와 조사를 통하여 알게 된 정보는 침해 사고의 원인 분석 및 대책 마련 외의 목적으로는 사용하지 못하며, 원인 분석이 끝난 후에는 즉 시 파기하여야 함

확인문제

해킹과 악성 코드로 인한 개인 정보 침해 사고가 발생하면 즉 시 ( )장관이나 한국인터넷 진흥원에 신고하여야 한다.

정답 과학기술정보통신부

(3) 해킹 및 악성프로그램 유포에 대한 처벌

전자 거래에서의 전자적 침해행위에 대한 처벌	전자적 침해행위의 금지 (전자금융거래법 제21조의4)	• 접근권한을 가지지 않은 자가 전자금융기반시설에 접근하거나 접근권한을 가진 자가 그 권한을 넘어 저장된 데이터를 조작·파괴·은닉 또는 유출하는 행위 • 전자금융기반시설에 대하여 데이터를 파괴하거나 전자금융기반시설의 운영을 방해할 목적으로 컴퓨터 바이러스, 논리폭탄 또는 메일폭탄 등의 프로그램을 투입하는 행위 • 전자금융기반시설의 안정적 운영을 방해할 목적으로 일시에 대량의 신호, 고출력 전자기파 또는 데이터를 보내거나 부정한 명령을 처리하도록 하는 등의 방법으로 전자금융기반시설에 오류 또는 장애를 발생하게 하는 행위
	위반 시 제재(전자금융거래법 제49조 제1항)	10년 이하의 징역 또는 1억 원 이하의 벌금
정보통신망 침입에 대한 처벌	접근권한 없는 정보통신망 침입 금지(정보통신망법 제48조 제1항)	누구든지 정당한 접근권한 없이 또는 허용된 접근권한을 넘어 정보통신망에 침입해서는 안 됨
	위반 시 제재(정보통신망법 제71조 제1항 제9호)	5년 이하의 징역 또는 5천만 원 이하의 벌금
악성프로그램 유포에 대한 처벌	악성프로그램 전달·유포 금지(정보통신망법 제48조 제2항)	누구든지 정당한 사유 없이 정보통신시스템, 데이터 또는 프로그램 등을 훼손·멸실·변경·위조하거나 그 운용을 방해할 수 있는 프로그램을 전달 또는 유포해서는 안 됨
	위반 시 제재(정보통신망법 제70조의2)	7년 이하의 징역 또는 7천만 원 이하의 벌금
해킹을 통한 정보 등의 훼손 및 누설 금지	타인의 정보 훼손 및 비밀 침해 등 금지(정보통신망법 제49조)	누구든지 정보통신망에 의해 처리·보관 또는 전송되는 타인의 정보를 훼손하거나 타인의 비밀을 침해·도용 또는 누설해서는 안 됨
	위반 시 제재(정보통신망법 제71조 제1항 제11호)	5년 이하의 징역 또는 5천만 원 이하의 벌금

확인문제

01 접근권한을 가지지 않은 자가 전자금융기반시설에 접근할 경우 ( )년 이하의 징역 또는 ( ) 원 이하의 벌금에 처한다.

02 정당한 사유 없이 정보통신시스템을 훼손할 수 있는 프로그램을 유포하는 경우, ( )년 이하의 징역 또는 ( ) 원 이하의 벌금에 처한다.

정답 01 10, 1억 02 7, 7천만

01 개인정보 원칙에 대한 내용으로 잘못된 것은?

① 개인정보처리자는 개인정보의 처리 목적에 필요한 범위에서 개인정보의 정확성, 자율성 및 보편성이 보장
되도록 하여야 한다.

② 개인정보처리자는 개인정보를 처리 목적 외의 용도로 활용하여서는 안 된다.

③ 개인정보처리자는 열람청구권 등 정보주체의 권리를 보장하여야 한다.

④ 개인정보처리자는 개인정보를 익명처리로 목적을 달성할 수 없는 경우에는 가명에 의하여 처리될 수 있도
록 하여야 한다.

> **해설** ① 개인정보처리자는 개인정보의 처리 목적에 필요한 범위에서 개인정보의 정확성, 완전성 및 최신성이 보장되도록 하여야
> 한다.

02 개인정보처리자가 최소한의 개인정보를 수집하기 위해 해야 하는 조치로 올바른 것은?

① 정보주체의 동의를 받았다면 이용목적과 관계없는 개인정보를 제3자에게 제공할 수 있다.

② 쇼핑몰 홈페이지 회원 가입 시에 결제 및 배송 정보까지 수집한다.

③ 적법하게 수집한 개인정보를 정보주체가 파기 요청한 경우, 법령에 따라 보존하여야 하는 경우에는 해당
법령에 따라야 한다.

④ 개인정보 처리방침에서 쿠키(Cookie) 등 웹사이트 이용 과정에서 자동으로 생성되는 정보 수집에 대한 이
용목적은 안내할 필요 없다.

> **해설** ① 정보주체의 동의를 받은 경우 개인정보를 제3자에게 제공할 수 있으나, 필요한 범위 내에서만 개인정보를 제공한다.
> ② 개인정보는 계약체결 또는 회원 가입 단계에서 미리 포괄적으로 수집하지 말아야 하며, 해당 정보가 필요한 시점에 수집
> 하는 것이 바람직하다.
> ④ 개인정보 처리방침에서 쿠키(Cookie) 등 웹사이트 이용 과정에서 자동으로 생성되는 정보 수집에 대한 이용목적도 안내
> 해야 한다.

03 다음에서 설명하는 것은 무엇인가?

> 하이퍼 텍스트(Hyper Text) 기록의 일종으로, 인터넷 사용자가 웹 사이트를 방문할 경우 그 사이트의 서버에서 사용자의 컴퓨터에 설치하는 작은 기록 정보 파일이다.

① 아이핀(i-PIN)
② 쿠키(Cookie)
③ 클라우드
④ DNT

> **해설** **쿠키(Cookie)**
> • 특정 사이트에 대한 그 사용자의 취향을 기록하는데, 이 기록파일에 담긴 정보는 인터넷 사용자가 같은 웹사이트를 방문할 때마다 읽히며 수시로 새로운 정보로 갱신된다.
> • 인터넷 사용자가 인터넷에서 어떤 내용을 검색했는지, 어떤 상품을 샀는지 등 모든 정보가 기록되기 때문에 개인의 사생활 침해 및 개인정보 유출 문제가 발생할 수 있다.
> • 개인식별번호를 포함할 수 있는데, 개인식별정보로는 사용자의 이름·이메일주소·전화번호 등과 같이 사용자를 확인하거나 사용자에게 연락하는 데 사용되는 정보가 포함된다.

04 ㉠과 ㉡에 들어갈 내용으로 옳은 것은?

> 개인정보 보호법에서 개인정보처리자는 개인정보가 유출되었음을 알게 되었을 때에는 (㉠)(㉡)에게 알려야 한다.

① ㉠ 지체 없이 ㉡ 정보통신서비스 제공자
② ㉠ 3일 이내 ㉡ 해당 정보 주체
③ ㉠ 지체 없이 ㉡ 해당 정보 주체
④ ㉠ 3일 이내 ㉡ 정보통신서비스 제공자

> **해설** **개인정보 보호법 제34조(개인정보 유출 통지 등)**
> 개인정보처리자는 개인정보가 유출되었음을 알게 되었을 때에는 지체 없이 해당 정보 주체에게 알려야 한다.

05 KISA 개인정보 침해 신고센터에서 제공하는 서비스의 종류가 아닌 것은?

① 개인정보 침해 보호방침 안내

② 118 상담 제공

③ 전자서명 인증관리 신고센터

④ 금융정보 침해 신고와 상담

> **해설** ④ 금융정보(개인신용정보) 침해 신고는 금융위원회(☎1332, www.fcsc.kr)로 신고한다.
>
> **KISA 개인정보 침해 신고센터**
> 개인정보 침해 보호방침 안내, 불법 스팸 대응, 전자서명 인증관리 신고센터, 118 상담 제공

06 이용자의 클라우드 컴퓨팅 개인정보 보호 수칙으로 옳지 않은 것은?

① 클라우드 서비스 제공자의 데이터 처리 방침 및 약관 등을 확인한다.

② 비밀번호는 영문/숫자를 조합해 6자리 이상으로 설정하고 안전하게 관리한다.

③ 클라우드 서비스에 개인정보가 들어 있는 파일을 올릴 경우에는 암호화한다.

④ 서비스 해지 시 자신의 데이터를 완전히 삭제한 후 해지한다.

> **해설** ② 비밀번호는 영문/숫자/특수문자 등을 조합해 8자리 이상으로 설정하고 안전하게 관리한다.

07 다음 중 개인정보 분쟁 조정 절차에 대한 설명으로 옳은 것은?

① 신청사건의 접수는 신청인이 직접 또는 대리로 신청이 가능하다.

② 분쟁조정 사건에 대한 사실조사는 당사자 직접 대면을 통해 조사한다.

③ 조정 전에 합의를 권고하여 합의가 성립하면 본격적인 조정 절차를 개시한다.

④ 조정 절차 중 합의가 되면 개인정보 분쟁조정위원회가 최종적으로 심의한다.

> **해설** ② 전화, 우편, 전자우편 등 다양한 수단을 이용해 자료 수집을 하여 분쟁조정 사건에 대한 사실조사를 실시한다.
> ③ 조정 전에 합의를 권고하여 합의가 성립하면 사건이 종결된다.
> ④ 조정 절차 중 합의가 되면 신청인이 조정 신청을 철회한다.

08 개인의 정보보호 실천 수칙에 대한 내용으로 옳지 않은 것은?

① 공동인증서(구 공인인증서)는 개인 PC에 안전하게 저장한다.

② 윈도우 로그인 패스워드를 설정한다.

③ 개인 메일보다 회사 메일 이용을 권장한다.

④ 파일 다운로드 시 랜섬웨어 감염을 주의한다.

> **해설** ① 공동인증서(구 공인인증서)는 외장매체에 안전하게 저장한다.

09 개인정보 침해 사례로 옳지 않은 것은?

① 관리자가 사적 유용을 목적으로 개인정보를 유출하였다.

② 개인정보가 포함된 서면을 분실하였다.

③ 홈페이지 해킹으로 인해 개인정보가 유출되었다.

④ 정보주체가 동의하지 않았으나 법적 근거가 있어 개인정보를 제3자에게 제공하였다.

> **해설** ④ 법적 근거가 있는 경우 제3자에게 제공할 수 있다.

10 정보주체의 실질적 동의권 보장에 대한 설명 중 잘못된 것은?

① 계약 체결 · 이행을 위해 불가피한 경우 동의 없이 개인정보를 수집할 수 있다.

② 고유식별정보나 민감정보는 다른 개인정보와 별도 동의를 받아 수집해야 한다.

③ 마케팅 목적으로 개인정보를 수집하는 경우 목적을 명확히 고지해야 한다.

④ 주민등록번호는 정보주체의 동의를 받아야 수집할 수 있다.

> **해설** ④ 주민등록번호는 법률 · 대통령령 · 국회규칙 · 대법원규칙 · 헌법재판소규칙 · 중앙선거관리위원회규칙 및 감사원규칙에
> 근거가 있는 경우에 한하여 수집할 수 있으며, 정보주체의 동의를 받아도 수집할 수 없다.

11 SNS 이용자의 개인정보 보호 수칙에 대한 설명으로 적절하지 않은 것은?

① SNS 이용 시, 반드시 공개설정 범위를 직접 확인하고 재설정한다.

② 타인 정보는 가족이나 친구 등 믿을 만한 사람들의 것만 게시한다.

③ 미이용 시 서비스를 꺼둔다.

④ 신뢰할 만한 사람만 친구로 추가하도록 한다.

> **해설** ② 가족이나 친구 등 타인 정보도 함부로 게시하지 않도록 한다.

12 다음 내용이 설명하는 것은 무엇인가?

> • 사용자가 웹사이트 접속 시 해당 웹사이트에 개인정보 제공을 원하지 않을 경우, 개인정보 수집 · 전송 · 활용 등을 차단할 수 있도록 한 것
> • 개인정보의 무단 수집을 막을 수 있으며, 사용자(정보주체)가 개인정보에 대한 통제권을 가지고 있게 됨

① DNT

② VPN

③ ISMS-P

④ Open API

> **해설** ② 가상사설망(VPN ; Virtual Private Network) : 바깥 사람에게 드러내지 않고 통신할 목적으로 쓰이는 사설 통신망으로, 공중 네트워크를 통해 개인정보 보호와 익명성 유지 기능을 제공
> ③ ISMS(Information Security Management System)-P 인증제도 : 정보보호 및 개인정보보호를 위한 일련의 조치와 활동이 인증기준에 적합함을 인터넷진흥원(KISA) 또는 인증기관이 증명하는 제도
> ④ Open API(Application Programming Interface) : 누구나 사용할 수 있도록 공개된 '응용 프로그램 개발환경'

11 ② 12 ①

13 개인정보 침해 사고 대응 절차의 순서로 올바른 것은?

① 침해 사고 발생 → 초기 대응 → 사고 탐지 → 대응 전략 체계화 → 초기 대응 → 사고 조사 → 보고서 작성 → 해결

② 침해 사고 발생 → 사고 탐지 → 사고 조사 → 초기 대응 → 대응 전략 체계화 → 해결 → 보고서 작성

③ 침해 사고 발생 → 사고 탐지 → 초기 대응 → 대응 전략 체계화 → 사고 조사 → 보고서 작성 → 해결

④ 침해 사고 발생 → 초기 대응 → 대응 전략 체계화 → 사고 탐지 → 사고 조사 → 해결 → 보고서 작성

> **해설** **침해 사고 대응 절차**
> 예방 → 침해 사고 발생 → 사고 탐지 → 초기 대응 → 대응 전략 체계화 → 사고 조사 → 보고서 작성 → 해결

14 다음 중 개인정보처리자가 개인정보의 처리방침을 정할 때 반드시 포함되어야 하는 사항이 아닌 것은?

① 개인정보의 처리 목적

② 개인정보의 파기 절차 및 파기 방법

③ 정보주체의 권리와 의무, 그 행사 방법

④ 수집하는 개인정보의 보관 방법

> **해설** **개인정보 처리방침의 수립 및 공개(개인정보 보호법 제30조 제1항)**
> 개인정보처리자는 다음의 사항이 포함된 개인정보처리방침을 정하여야 함
> • 개인정보의 처리 목적
> • 개인정보의 처리 및 보유 기간
> • 개인정보의 제3자 제공에 관한 사항(해당되는 경우에만 정함)
> • 개인정보의 파기절차 및 파기방법(개인정보를 보존하여야 하는 경우에는 그 보존근거와 보존하는 개인정보 항목을 포함)
> • 개인정보처리의 위탁에 관한 사항(해당되는 경우에만 정함)
> • 정보주체와 법정대리인의 권리 · 의무 및 그 행사방법에 관한 사항
> • 개인정보 보호책임자의 성명 또는 개인정보 보호업무 및 관련 고충사항을 처리하는 부서의 명칭과 전화번호 등 연락처
> • 인터넷 접속정보파일 등 개인정보를 자동으로 수집하는 장치의 설치 · 운영 및 그 거부에 관한 사항(해당하는 경우에만 정함)
> • 그 밖에 개인정보 처리에 관하여 대통령령으로 정한 사항

13 ③ 14 ④ **정답**

15 다음 내용이 설명하는 것은?

> • SMS와 피싱의 합성어이다.
> • 신뢰할 수 있는 사람·기업·공공기관 등이 보낸 것처럼 가장한 휴대전화 문자에 악성앱의 링크(URL)를 포함시켜 사용자의 스마트폰에 악성앱을 설치하도록 유도하는 수법이다.

① 피싱   ② 스미싱
③ 랜섬웨어   ④ 디도스

해설 ② 스미싱에 대한 설명이다. 스미싱에 대한 대책으로는 스미싱 의심 문자를 수집하고, 악성앱 다운로드 여부를 분석하는 방법과 가상의 허니팟용 개인정보를 생성·노출하여 전자금융사기 의심 정보를 선제적으로 수집하는 방법 등이 있다.

16 홈페이지 등 서비스를 제공하는 시스템이나 네트워크에 과부하를 일으켜 정상적인 서비스를 제공하지 못하게 만드는 공격 유형은?

① 디도스 공격   ② 메일폭탄 공격
③ 논리폭탄 공격   ④ 루팅

해설 ② 메일폭탄 : 소프트웨어에 숨어 있다가 특정 조건에 달하면 실행되어 컴퓨터를 교란시키는 프로그램
③ 논리폭탄 : 특정 사람이나 시스템에 엄청난 양의 전자우편을 보내어 통신망을 마비시키거나 시스템에 고장을 일으키는 것
④ 루팅 : 안드로이드 운영체제의 최고 권한 계정을 획득하는 것

17 스마트폰 보안 수칙으로 올바른 것은?

① 스마트폰 보안을 위해 화면 패턴 잠금을 설정하여 이용한다.
② 루팅, 탈옥 등을 통해 개인에게 적합한 스마트폰 플랫폼 구조로 변경한다.
③ 공동인증서(구 공인인증서)는 스마트폰 이외의 장소에는 보관하면 안 된다.
④ 설치 시 권한 요청이 거의 없는 앱은 설치하지 않는다.

해설 ② 루팅, 탈옥 등을 통한 스마트폰 플랫폼의 구조 임의변경을 금지한다.
③ 공동인증서(구 공인인증서)는 USIM 등 안전한 장소에 보관한다.
④ 앱 설치 시 과도한 권한을 요구하는 앱은 설치하지 않는다.

18 스미싱을 예방하기 위한 방법으로 올바르지 않은 것은?

① 문자 수신 시 출처가 불분명한 사이트 주소는 클릭하지 않고 바로 삭제한다.

② 의심되는 사이트 주소의 경우 정상 사이트와의 일치여부를 확인한다.

③ 통신사를 통한 소액결제 수단을 권장한다.

④ 모바일 결제 인증번호 입력 시 한 번 더 확인한다.

> **해설** ③ 통신사 소액결제를 원천적으로 차단한다.

19 개인정보 유출 방지를 위한 방법으로 옳지 않은 것은?

① 주민등록번호 대신 아이핀(i-PIN)을 사용한다.

② 쿠키(Cookie) 삭제를 생활화한다.

③ PC 자동보안 업데이트 프로그램을 설치한다.

④ 이용하지 않는 웹사이트는 웹사이트 회원 탈퇴 서비스를 이용하여 주기적으로 개인정보를 체크한다.

> **해설** ④ 이용하지 않는 웹사이트는 회원 탈퇴를 한다. 개인정보 포털은 웹사이트 회원 탈퇴 서비스를 제공하여 여러 사이트의 회원 탈퇴가 원활하게 진행되도록 도와준다.

20 한국인터넷진흥원(KISA) 개인정보 침해 신고센터의 상담 및 신고에 대한 설명으로 잘못된 것은?

① 상담 접수 시 답변은 신고인과 직접 통화하여 고지하는 것을 원칙으로 한다.

② 전화로 접수된 상담은 바로 상담원이 관련 내용을 안내하고 종결한다.

③ 개인정보 침해 신고는 전화가 아닌 인터넷, 전자우편, 문서 등으로 접수하는 것이 원칙이다.

④ 개인정보 침해 신고 처리는 접수일로부터 60일 이내에 완료하는 것을 원칙으로 한다.

> **해설** ① 답변은 신고인의 전자우편으로 발송하는 것을 원칙으로 한다.

| 기출 키워드 |

1 인터넷 윤리 교육 : 설명형 지도법, 시범형 지도법, 탐구형 지도법, 활동형 지도법, 인터넷 처방적 · 예방적 교육, 인터넷 리터러시 교육, 인터넷 윤리 교육 평가 방법

2 인터넷 생활지도 및 상담 : 인터넷 생활지도 목표, 인터넷 중독 예방 방법, 집단지성, 집단사고, 집단극화, 동조, 복종, 탈 개인화, 사회적 정체감

3 인터넷 윤리 상담의 요건 · 기법 · 기술 : 인터넷 윤리 상담의 기본요건, 상담 기법, 방어기제, 스마트쉼센터

1 인터넷 윤리 교육

1 교수 방법(지도법)의 인터넷 윤리 교육에의 적용

(1) 설명형 지도법

① 전달하는 메시지를 표정이나 몸동작 등을 이용하여 설득력 있게 제시

② 제한된 시간 안에 사실적 정보와 개념을 정확하게 전달하기

③ 인터넷 현실 생활과 사이버 공간의 특성에 대해 전달하기

④ 인터넷 역기능 관련 법률 설명하기

⑤ 사이버 테러 관련 강연 보고 설명하기

(2) 시범형 지도법

① 학습과 관련된 다양한 매체를 활용하여 개인정보 보안 영상 시청

② 인터넷 중독에 대한 사례를 실제로 조사하기

③ 상담센터 등을 방문하여 조사하기

④ 정보 보안 관련 도구 사용 방법 배우기

⑤ 정보 보안 전문가의 해킹 방어 시연 보기

(3) 탐구형 지도법

① 인터넷 실명제에 관한 토론

② 사이버테러의 개인 및 사회적 대응에 관한 토론

③ 인터넷 역기능과 관련한 신문 기사 읽고 분석하기

④ 인터넷 역기능 실태 및 해결 방안에 대한 토론

확인문제

01 ( ) 지도법은 전달하는 메시지를 표정이나 몸동작 등을 이용하여 설득력 있게 제시하는 것이다.

02 인터넷 역기능과 관련된 신문 기사를 읽고 분석하는 것은 교수 방법 중 ( ) 지도법에 해당한다.

정답 01 설명형 02 탐구형

(4) 활동형 지도법

① 인터넷 윤리에 관한 포트폴리오 제작

② 불법 복제된 소프트웨어 사용을 금지하는 서약 활동

③ 사이버 안전지킴이 견학

④ 인터넷 윤리 공모전에 작품 출시

개념더하기   **올바른 교육을 위한 교수자의 고려 사항**

- 진행하는 수업의 목적이 무엇인지 분명하게 인식한다.
- 제시하는 예와 교육 내용의 관계가 명백해야 한다.
- 교육 내용 전체를 포괄할 수 있는 예를 사용한다.
- 학습자의 이해를 돕기 위해 사례는 여러 가지 유형으로 제시하는 것이 좋다.
- 학습자의 흥미를 끄는 요소가 필요하지만 지나치게 자극적인 요소는 바람직하지 않다.

---

2 교육 목적에 따른 인터넷 윤리 교육

(1) 인터넷 처방적 교육

① 개념 : 인터넷 중독 등 인터넷 이용에 따른 부작용을 처방하는 데 중점을 둔 교육

　예 인터넷 중독 치료, 사이버 범죄 교화 등

(2) 인터넷 예방적 교육

① 개념 : 인터넷 윤리 등 규범 학습을 통한 인식 및 태도 변화에 주안점을 둔 교육

　예 저작권 교육, 인터넷 윤리 소양 교육 등

(3) 인터넷 리터러시 교육

① 인터넷 리터러시 : 인터넷을 창의적으로 활용하고 비판적으로 이해하여 건강하게 이용할 수 있는 능력

② 특징

　㉠ 리터러시는 읽기, 쓰기, 말하기, 컴퓨터 사용, 정보의 시각적 제시의 해독 등 다양한 기능을 포함

　㉡ 인터넷 리터러시 교육에는 콘텐츠 제작 능력, 책임 있는 행동을 하는 능력, 타인의 콘텐츠에 대한 이해력 등이 필요함

　㉢ 인터넷 출현 이전의 미디어 리터러시는 주로 교육 수준에 의해 결정되었지만, 인터넷 출현 이후에는 주로 나이에 의해 결정됨

확인문제

01 인터넷 중독 치료, 사이버 범죄 교화 등 부작용 처방에 중점을 둔 교육 방법은 인터넷 (　　　) 교육이다.

02 (　　　)은/는 인터넷을 창의적으로 활용하고, 비판적으로 이해하여 건강하게 이용할 수 있는 능력을 말한다.

정답 01 처방적 02 인터넷 리터러시

3 인터넷 윤리 교육 평가 방법

① 인터넷 윤리 교육은 컴퓨터 활용과 관계가 있으므로 지필평가는 생략하거
나 비율을 낮추고, 실습이나 활동평가의 비율을 높임

② 평가를 위한 과제는 가능한 한 기본과제를 응용하거나 변화시키는 내용에
관하여 출제함

③ 창의성이 많이 요구되는 과제에 대해서는 결과와 함께 처리과정도 하나의
평가요소로 만들어서 평가

④ 평가의 비중을 알려줌으로써 난이도가 높은 과제를 끝까지 해결할 수 있는
능력을 기르도록 함

⑤ 실제적인 정보 활용 능력을 중심으로 평가함

⑥ 개인별로 성취도 차이가 많이 날 때는 난이도를 다르게 하여 수준별 평가
가 이루어지도록 함

⑦ 관찰법, 면접법, 질문지법 등을 이용하여 도덕적 가치와 태도 형성, 실천
의지 및 성향에 대해 평가함

4 인터넷을 활용한 교육

E-러닝 (Electronic-Learning)	전자적인 학습으로 인터넷에 접속할 수 있는 장소에서 언제, 어디서나, 누구나 원하는 대로 수준별 맞춤형 학습을 할 수 있는 체제
M-러닝 (Mobile-Learning)	이동성이 강화된 학습으로 핸드폰, 스마트폰 등 개인이 가볍게 들고 다니는 기기를 통해서 학습할 수 있는 것
U-러닝 (Ubiquitous-Learning)	학습을 위해 특별한 기기를 들고 다니지 않아도 주변 물건에 정보통신 기술이 내재되어 있어 필요할 때마다 학습에 접근 가능
T-러닝 (TV-Learning)	텔레비전을 통한 학습으로 학습자가 원하는 강의를 선택해서 들을 수 있다는 것

개념더하기 E-러닝(Electronic-Learning)의 특징

• 시공간의 제약에서 자유로우며 반복학습이 가능함
• 정보의 업데이트, 통합, 확장이 가능함
• 교수자 입장에서 다양한 멀티미디어의 전달과 일관성 유지가 가능함
• 전체적인 비용이 적게 들지만 초기 비용이 많이 소요될 수 있음
• 학습자가 진짜 학습자인지를 구별하기 어려워 평가의 문제가 발생할 수 있음
• 면대면 수업이 아니라서 학습에 소홀할 수 있고, 학습 진도 모니터링도 어려움
• 교수와 학습자 간의 상호작용이 힘들어 학습 의욕을 저하시킬 수 있음

확인문제

01 인터넷 윤리 교육은 지필 평
가보다는 실습이나 (   )평
가의 비율을 높인다.

02 창의성이 많이 요구되는 과
제는 결과뿐 아니라 (   )
과정도 평가한다.

정답 01 활동 02 처리

5 디지털 윤리 교육(방송통신위원회 · 한국지능정보사회진흥원)

(1) 대상

유 · 초 · 중 · 고등학생 및 성인을 대상으로 디지털윤리 교육을 추진

(2) 목적

전 국민의 디지털 역기능에 예방 · 대응할 수 있는 역량을 강화하고 건전한 디지털 이용문화를 조성

(3) 교육명 및 교육대상

대상		과정 및 주제
유아	유치원	(동화구연) 디지털윤리 교육
청소년	초 · 중 · 고	(강의) 디지털 역기능 예방 교육
		(강의) 예비 크리에이터 윤리 교육
		(자율) 청소년디지털드림단
	초 · 중	(실습) 인공지능 윤리 교육
		(실습) 메타버스 윤리 교육
		(실습) 디지털시민 교구 활용 교육
	중 · 고	(자율) 영상활용 디지털윤리 교육
	특수학교(급)	(자율) 장애학생 디지털윤리 교육
성인	학부모	(강의) 자녀의 디지털문제 해결방법 교육
	교원	(자율) 디지털윤리 지도역량 강화

> **개념더하기** **청소년디지털드림단**
>
> • 대상 : 전국 초 · 중 · 고등학생
> • 내용
>   – 인터넷 리터러시 교육 및 다양한 캠페인(자율활동)을 통해 "아름다운 인터넷 세상" 구현을 목표로 창설된 청소년 동아리
>   – 미래 인터넷 활동 캠프, 사회공헌 활동, 토론회, 유관기관 탐방 등 중앙 운영활동 및 학교별 캠페인, 기자활동, 공모전 등 자체활동 진행

② 인터넷 생활지도 및 상담

1 인터넷 생활지도

(1) 인터넷 사용 생활지도의 목표
① 인터넷 사용과 활용 방법을 익혀 실생활에서의 문제해결력을 향상
② 인터넷 리터러시 교육으로 책임있는 인터넷 시민으로 육성
③ 인터넷 윤리의 실천을 통해 정보 사회에 올바르고 능동적으로 대처할 수 있는 능력을 함양
④ 현실세계와 인터넷 세계에서의 정체성에 대해 올바르게 이해하도록 도움

(2) 올바른 인터넷 사용을 위한 생활지도
① 불법적인 행동을 하지 않아야 함
② 영리를 취하거나 상거래를 하지 않아야 함
③ 차단 시스템이나 감시 소프트웨어를 훼손시키지 않아야 함
④ 차단 및 감시망을 피해서 부적절한 사이트에 접속을 시도하지 않아야 함
⑤ 당사자의 허락 없이 타인의 이름으로 인터넷을 사용하지 않아야 함
⑥ 타인의 글을 저자의 허락 없이 인터넷에 올려 저작권을 침해하지 않아야 함
⑦ 다른 사람에게 거칠고, 폭력적이고 선정적인 내용의 메시지를 보내지 않아야 함
⑧ 컴퓨터 바이러스를 고의로 내려받거나, 컴퓨터를 바이러스에 감염시키지 않아야 함

(3) 인터넷 중독을 예방하기 위한 방법
① 컴퓨터 사용 시간을 계획하여 컴퓨터를 켜고 끄는 시간을 일정하게 정하고, 꼭 지키도록 노력함
② 혼자서 컴퓨터를 사용하는 것을 피함
③ 오락과 휴식의 도구로서의 컴퓨터 사용 시간을 줄임
④ 신체적 활동이나 취미생활을 하는 시간을 늘림
⑤ 사이버 공간이 아닌 현실에서 친구들과 만남

> **개념더하기** 자녀의 인터넷 중독 예방을 위한 생활지도
>
> • 인터넷 중독으로 의심 가는 증상
>   – 하루도 빠짐없이 인터넷을 사용한다.
>   – 숙제를 미루거나 공부를 소홀히 한다.
>   – 인터넷을 하느라 끼니를 거르고 밤늦도록 자지 않는다.
>   – 자주 피곤해 하며 학교성적이 떨어진다.
>   – PC방(또는 게임) 비용을 얻으려고 거짓말을 한다.
>   – 컴퓨터를 하려고 친구와 노는 것, 운동, 취미생활을 하지 않으려 한다.

확인문제

01 인터넷 생활지도의 목표 중 하나는 인터넷 활용 방법을 익혀 실생활에서의 문제 해결력을 향상시키는 것이다.
(O / X)

02 인터넷 중독을 예방하기 위해 사이버상에서 친구를 많이 만난다. (O / X)

정답 01 O 02 X

해설
02 사이버 공간이 아닌 현실에서 친구들을 만난다.

개방, 참여, 공유의 정신을 바탕으로 사용자가 직접 정보를 생산하여 쌍방향으로 소통하는 웹 기술

▼ 오픈소스(Open Source)
• 무상으로 공개된 소스코드 또는 소프트웨어
• 프로그램 개발 회사가 만든 프로그램 코드를 공개하고, 대중이 프로그램 버그, 수정 및 개선사항을 반영하여 발전시켜 나갈 수 있도록 함
• 이를 통해 프로그램 개발 회사는 생산성을 높이게 되며, 사용자는 빠른 시간에 더 좋은 프로그램을 저렴하게 구입할 수 있게 됨

－ 컴퓨터 하는 것을 중지시키면 화를 내거나 반항한다.
• 과도한 인터넷 사용 예방을 위한 자녀 지도 방법
－ 인터넷 사용시간을 강압적으로 통제하기보다는 자녀와 합의해서 정한다.
－ 컴퓨터는 가족이 공유하는 장소에 둔다.
－ 여가시간에 인터넷 사용 이외에 다른 취미 활동을 할 수 있도록 유도한다.
－ 인터넷 사용에 대해 일관된 태도를 보여준다.
－ 자녀 혼자 인터넷 사용 시간 조절이 어려울 경우 시간관리 소프트웨어를 설치한다.
－ 불건전한 정보를 차단하는 프로그램을 설치한다(예 www.greeninet.or.kr).
－ 인터넷 사용으로 생활부적응이나 갈등이 지속되면 전문상담기관의 도움을 받는다.

2 집단행동 관리

(1) 집단지성 혹은 집합지성(Collective Intelligence)

① 개념
　㉠ 다수의 개체들이 서로 협력하거나 경쟁하는 과정을 통해 얻게 된 집단의 지적 능력
　㉡ 서로 다른 지식을 가진 다양한 사람들이 상호작용을 통해 지식을 공유하는 공간으로 개방, 참여, 공유 등 웹 2.0의 속성을 궁극적으로 추구하는 것

② 집단지성을 발휘하기 위한 조건

다양성	성별, 나이, 취미, 직업, 가치관 등이 다양한 사람들로 구성
독립성	다른 사람의 의견에만 동조하는 것이 아니라 자신만의 생각을 가지는 독립성이 필요
분산화	문제를 해결하는 방법이 한 곳에 집중되지 말고 분산되어야 함
통합	분산된 지식이나 경험이 공유되어 통합될 수 있는 시스템 필요

③ 집단지성의 특징
　㉠ 컴퓨터 이용자들의 인지와 협동, 협업이 이루어지는 과정에서 만들어짐
　㉡ 개방적인 분위기에서 지속적이고 체계적인 방식을 통해 다양한 아이디어를 공유하면서 문제 해결에 도달함
　㉢ 인터넷 공간에서 지식의 생산과 공유를 통해 개인과 집단의 발전 지향
　㉣ 어떤 사안에 대해 동일한 관점을 가진 개인이 모여 여러 의사결정을 거치면서 비합리적이고 극단적인 결정에 도달하기도 함
　㉤ 개인의 의견을 억제하고 무시하는 집단 압력을 가하기도 하며 때로는 정보의 정확성과 신뢰성을 보장하기 어려운 경우도 있음
　㉥ 집단 지성의 사례 : 위키피디아(위키백과), 크라우드소싱, 네이버지식in, 오픈소스(Open Source), 위지아 등

집단지성은 다수의 개체들이 서로 협력하거나 경쟁하는 과정을 통해 얻게 된 집단의 지적 능력을 말한다.　　(O / X)

정답 O

(2) 집단사고

① 집단사고의 개념 : 사람들이 응집력이 강한 집단에 몰입하여 집단 구성원들 간의 갈등을 최소화하기 위해 의견의 일치를 유도하여 비판적인 생각을 하지 않는 것을 의미

② 집단사고 발생 요건
  ㉠ 집단의 리더가 지시적일 경우
  ㉡ 집단구성원의 응집력이 높을 경우
  ㉢ 관계를 중요시하는 집단일 경우
  ㉣ 구성원들의 사회적 배경과 관념의 동질성이 높을 경우
  ㉤ 시간 압박이나 외부로부터 고립되어 충분한 토의가 일어날 수 없을 경우
  ㉥ 집단 내 대안의 결정 절차가 완벽할 경우

③ 집단사고의 예방 방법(어빙 제니스 제시)
  ㉠ 집단의 지도자는 조직원들에게 비판의 평가자 역할을 배당하여 각각의 조직원들이 편하게 반대와 의심을 할 수 있도록 도와줌
  ㉡ 집단의 지도자나 상사는 조직의 일을 처리할 때 자신의 의견을 표현하여서는 안 됨
  ㉢ 집단은 여러 문제들을 위한 각각의 독립된 조직으로 나눠야 함
  ㉣ 각각의 사람들은 조직의 생각을 조직 밖의 믿을 만한 사람들과 이야기 해봄
  ㉤ 회의를 할 때는 바깥의 전문가를 초빙해야 하며, 조직원들은 바깥의 전문가가 토론을 하거나 질문하는 것에 대해서 받아들여야 함
  ㉥ 최소한 집단의 지도자는 각각의 회의 동안 다른 사람을 지명반론자(악마의 주장법)로 선임해야 함

(3) 집단극화

① 집단극화의 개념
  ㉠ 어떤 문제를 이야기할 때 개인적으로 결정하는 경우보다 집단으로 결정을 하는 경우가 더 극단적으로 흐르는 경향
  ㉡ 이는 상대방에 대한 폄하, 차별 등의 언어 공격과 배타적인 문화를 동반함

② 인터넷 공간에서 집단극화가 일어나는 이유
  ㉠ 비교를 통해 자신을 지각하고 타인에게 인정받기 위해
  ㉡ 토의를 통한 새로운 의견과 정보의 영향을 받아서
  ㉢ 인터넷 집단이 규범에 영향을 받고 행동하게 되므로

확인문제

01 집단사고를 예방하기 위해 집단의 지도자는 모든 회의에서 같은 사람을 지명반론자로 선임해야 한다. (O / X)

02 집단극화는 어떤 문제를 이야기할 때 개인적으로 결정할 경우 집단으로 결정할 때보다 더 극단적으로 흐르는 경향을 말한다. (O / X)

정답 01 X 02 X

해설

01 회의마다 다른 사람을 지명반론자로 선임해야 한다.
02 개인적으로 결정할 때보다 집단으로 결정할 때 더 극단적으로 흐르는 경향을 말한다.

(4) 집단의 영향력

동조	• 개념 : 타인의 행동이나 의견을 자발적으로 받아들이는 집단의 영향력 • 원인 : 판단과 근거가 부족, 집단으로부터 배척당하지 않기 위해 • 영향을 주는 요인 : 집단의 크기, 응집성과 동조성, 집단의견의 일치성, 집단의 문화
복종	• 개념 : 자신의 의사와는 관계없이 권위를 부여받은 사람의 '명령'을 따르는 것으로, 옳지 않더라도 행동하게 되는 집단의 영향력 • 원인 　- 책임을 다른 사람에게 떠넘길 수 있을 때 　- 명령하는 사람의 권위가 사회적 인정을 받을 때

(5) 집단에서의 정체감

탈 개인화	• 집단 내에서 구성원들이 개인적 정체감과 책임감을 상실하여 극단적인 집단행위에 참여하게 되는 현상 • 자신의 행동에 대한 규범적 기준과 자기표현, 행동한 이후의 결과에 대해서 자유로워지는 현상 • 사이버 공간의 익명성과 연결성은 사회적 책임에 대한 의식을 약화시키고 분위기에 쉽게 편승하는 행동을 야기
사회적 정체감	• 사회적으로 인정받는 집단, 범주, 지위 등의 한 구성원으로서 자신을 정의하는 것 • 사이버 공간이 만남과 의사소통의 공간으로서 삶에서 차지하는 비중이 많아지는 점을 고려해볼 때, 사이버 공간만이 갖는 유일성과 그 안에서의 자아가 맺게 되는 사회적 관계망은 또 다른 차원의 생태적 환경을 제공함

---

③ **인터넷 윤리 상담의 요건 · 기법 · 기술**

1 인터넷 윤리 상담의 요건

① **수용** : 내담자의 견해, 태도, 가치를 있는 그대로 수용하여 무조건 존중하는 것, 인간의 가치와 존엄성 인식

② **신뢰** : 내담자와 진지한 대화가 가능해야 하며, 내담자가 의지하고 신뢰할 수 있는 인성과 전문성을 갖추어야 함

③ **긍정적 존중** : 상담자가 내담자에 대해 긍정적인 이해를 하는 것으로 행위나 조건, 감정과 관계없이 독립된 인격으로 수용하여 따뜻하게 배려해주고, 자신만의 감정을 가질 권리가 있음을 인정하는 태도임

④ **솔직성(일치성)** : 상담자는 겉과 속이 동일하고 말과 행동이 일치하는 진실한 사람이어야 함

⑤ **공감적 이해** : 상담자가 자신의 입장을 유지하면서도 내담자의 혼란, 불안, 좌절 등에 감정이입하고 공감하여 이해하는 것

2 상담의 기법

(1) 경청(Listening)
① 내담자의 말과 비언어적 표현 등을 관찰하여 주의 깊게 들어 주는 것
② 상담자는 내담자가 현재의 심경과 문제를 토로할 때 주목하여 경청

(2) 반영(Reflection)
① 내담자의 말 이면의 정서적 요소를 표현하고 자기감정을 이해하도록 돕는 기술
② 상담자는 내담자의 행동을 유심히 관찰하여 말로써 표현한 것뿐만 아니라 비언어적 행동에서 나타나는 감정까지도 반영해주는 것이 필요함

(3) 수용(Acceptance)
① 상담자가 내담자의 말에 주의를 집중하고 있음을 보여주는 반응
② 상담자가 내담자를 있는 그대로 받아들이고 존중하고 있음을 표현

(4) 질문(Question)
① 내담자가 자기의 이야기를 계속하여 자기 탐색을 중단하지 않도록 하고, 내담자의 개방을 격려하고 구체적으로 진술하도록 하여 상담자가 내담자를 확실히 이해하기 위해 사용
② '왜' 질문, 유도 질문 등은 내담자의 문제해결에 도움이 되지 못함

개념더하기 | 상담 시 피해야 할 질문

• 유도 질문 : 일정 방향으로 응답을 유도하는 질문으로, 유도 질문을 하면 상담자가 기대하는 방향으로 거짓말을 할 수 있다.
• 모호한 질문 : 상황에서 벗어난 질문을 하거나 대명사를 많이 사용할 때 발생하므로, 질문을 구체적으로 해야 한다.
• 이중 질문 : 한 가지 질문 안에 여러 가지 내용이 섞여 있어. 내담자는 보통 대답하기 편한 질문에 우선적으로 대답하게 된다.
• 폭탄형 질문 : 한꺼번에 많은 질문을 하는 것으로 여러 내용을 동시에 질문하면 내담자를 당황하게 만들어 원하는 정보를 얻기 힘들다.
• '왜' 질문 : 추궁하거나 몰아세우는 느낌을 주므로 내담자를 방어적으로 만들 수 있다.

---

(5) 명료화(Clarification)
① 명료화 또는 명확화는 내담자의 말 중에서 모호한 점이나 모순된 점이 발견될 때, 상담자가 다시 질문함으로써 내담자가 그 의미를 명백하게 하는 기술
② 내담자가 자기 생각이나 감정을 분명하게 표현할 수 있도록 격려하며, 상담자가 잘 이해하고 있음을 입증

(6) 해석(Interpretation)
① 내담자가 자기 문제를 새로운 각도에서 이해하도록 내담자의 경험과 행동의 의미에 대해 상담자가 설명해주는 것
② 내담자의 명시적·암묵적 메시지와 행동 사이의 인과관계 확인을 목적으로 함

(7) 직면(Confrontation)
① 내담자의 자기 이해를 돕기 위해 상담자의 눈에 비친 내담자의 행동 특성 또는 사고방식을 지적하여, 내담자가 외부에 비친 자기 모습을 되돌아보고 통찰의 순간을 경험하도록 하는 직접적·모험적 자기대면의 방법
② 내담자가 정서적으로 감당할 수 있을 때 제공하는 것이 좋으며, 때로는 유머를 사용해서 부드럽게 직면하게 할 수 있음

(8) 요약(Summarizing)
① 내담자의 생각과 감정을 하나로 묶어 정리하는 기법
② 내담자에게 대화의 방향이나 문제 해결, 새로운 학습 정도를 인식하도록 함

(9) 재진술
① 내담자가 한 말을 명확하게 다시 되풀이하는 것
② 내담자가 자신이 한 말을 다시 듣고 통찰하는 기회를 제공하고 상담자가 경청하고 있음을 전달

3 방어기제

(1) 방어기제의 정의
① 자아가 위협받는 상황에서 무의식적으로 자신을 속이거나 상황을 다르게 해석하여, 감정적 상처나 불안으로부터 자신을 보호하는 심리적 의식이나 행위
② 불안에 대처하는 무의식적 방법으로, 경험을 왜곡하거나 위장하는 것

(2) 방어기제의 종류
① 도피형

고립	다른 사람의 접촉을 피해서 자신의 내적 세계로 들어가 현실의 불만족을 피하는 것 예 친구, 가족의 갈등, 학교 부적응으로 사람들과 멀어짐으로써 PC방만 가거나 늦게까지 게임만 하고 일상생활을 하지 않으려는 경우
동일시	자기가 좋아하거나 존경하는 대상과 자기 자신 또는 그 외의 대상을 같은 것으로 인식하는 것 예 인터넷 게임에서 주인공을 자기의 이상적 모습으로 생각하고 자신을 게임 속 주인공으로 착각하는 경우

확인문제

01 (   )은/는 내담자가 한 말을 명확하게 다시 되풀이하는 것이다.

02 (   )은/는 불안에 대처하는 무의식적 방법으로 경험을 왜곡하거나 위장하는 것이다.

정답 01 재진술 02 방어기제

퇴행	생의 초기에 성공적으로 사용했던 생각이나 감정과 행동에 의지하여 자기 자신의 불안이나 위협을 해소하려는 것 예 인터넷 게임을 못하게 한 후 밤에 오줌을 싸는 경우
백일몽	현실적으로 도저히 충족할 수 없는 욕구나 소원을 상상을 통해 만족을 찾는 것 예 학습 시간에 학습은 하지 않고 새로 나올 예정인 인터넷 게임을 상상하는 경우

② 기만형

합리화	정당하지 못한 자신의 행동에 그럴듯한 이유를 붙이기 위해 자신의 말이나 행동을 정당화하는 것 예 인터넷 게임을 할 수 없을 때 인터넷 게임이 재미없다고 하는 경우
억압	죄의식이나 괴로운 경험, 수치스러운 생각을 의식에서 무의식으로 밀어내는 것 예 현실에서 자기 주장을 하지 못하는 사람들이 익명성을 이용하여 인터넷에 악성 댓글을 다는 경우
투사	사회적으로 인정받을 수 없는 자신의 행동과 생각을 마치 다른 사람의 것인 양 생각하고 남을 탓하는 것 예 인터넷 게임을 할 때 자기 자신이 화가 나 있는 것은 의식하지 못하고 상대방이 화를 냈다고 생각하는 경우

③ 대체형

보상	어떤 분야에서 탁월하게 능력을 발휘하여 인정받음으로써 다른 분야에서의 실패나 약점을 보충하는 것 예 일상에서 인정받지 못하는 사람이 인터넷 게임에서는 인정받는 경우
승화	정서적 긴장이나 원시적 에너지의 투입을 사회적으로 인정될 수 있는 행동방식으로 표출하는 것 예 매일 게임만 하는 사람이 인터넷 온라인 게임에 참가하여 유명한 프로게이머가 되는 경우
반동형성	수치스러운 욕망이나 사회적으로 용납될 수 없는 생각·행동을 감추기 위해 반대되는 방향으로 바꾸는 것 예 가정 폭력을 일삼는 사람이 폭력으로 사망한 기사가 인터넷에 실렸을 때 분노하며 댓글을 다는 경우
대치	받아들여질 수 없는 욕구나 충동에너지를 원래의 목표에서 대용 목표로 전환시킴으로써 긴장을 해소하는 것 예 업무에 바빠 여행을 가지 못하자 가고 싶은 여행지를 인터넷으로 둘러보는 경우

4 청소년 인터넷 중독 상담 기관

① **아이윌센터(I Will Center)** : 인터넷 과다사용으로 어려움을 겪고 있는 아동, 청소년들에게 인터넷 과다 사용 해소를 위한 다양한 맞춤형 정책을 마련하여 아동, 청소년의 건강한 생활 환경을 조성해주고자 운영하고 있는 센터

② **한국청소년상담복지개발원** : 체계적인 대상자 발굴과 맞춤형 서비스 제공을 통하여 해마다 증가하는 청소년의 인터넷 · 스마트폰 과의존을 예방하고 치유

③ **스마트쉼센터** : 스마트폰 과의존 예방해소 전문 상담기관으로 건강한 스마트폰 사용을 통해 삶의 균형을 회복할 수 있도록 예방교육, 상담, 실태조사, 캠페인 등 다양한 사업을 추진

확인문제

01 아이윌센터를 이용할 수 있는 대상은 만 16~18세의 고등학생이다. (O / X)

02 스마트쉼센터는 스마트폰 과의존 예방해소를 전문적으로 상담한다. (O / X)

정답 01 X 02 O

해설

01 아동, 청소년 전체를 대상으로 한다.

01 설명형 지도법에서 사용하는 교육 방법이 아닌 것은?

① 인터넷 현실 생활과 사이버 공간의 특성에 대한 정보와 개념을 전달한다.

② 인터넷 역기능 관련 법률에 대한 이론을 전달한다.

③ 사이버 테러 관련 강연을 보고 관련 내용에 대해 자세히 설명한다.

④ 정보 보안 관련 도구의 사용 방법을 배운다.

 ④ 시범형 지도법에 속한다. 시범형 지도법은 학습과 관련한 다양한 매체를 활용하여 실제로 경험해보며 가르치는 방법이다. 설명형 지도법은 교사가 직접 강의를 전달하는 방법으로, 전달하는 메시지를 표정이나 몸동작 등으로 표현하여 제한된 시간 내에 사실적 정보와 개념을 명확하게 전달한다.

02 인터넷 리터러시에 대한 설명으로 잘못된 것은?

① 인터넷을 건강하게 이용할 수 있는 능력을 말한다.

② 리터러시는 읽기, 쓰기, 말하기, 컴퓨터 사용, 시각적 정보의 해독 등 다양한 기능을 포함한다.

③ 인터넷 리터러시 교육에는 콘텐츠 제작 능력, 책임 있는 행동을 하는 능력, 타인의 콘텐츠에 대한 이해력 등이 필요하다.

④ 인터넷 리터러시는 주로 교육 수준에 의해 결정된다.

 ④ 인터넷 출현 이전의 미디어 리터러시는 주로 교육 수준에 의해 결정되었지만, 인터넷 출현 이후에는 주로 나이에 의해 결정된다.

03 **인터넷 생활지도 시 지도해야 할 내용으로 올바르지 않은 것은?**

① 인터넷 리터러시 교육으로 책임감 있는 인터넷 시민으로 육성해야 한다.

② 인터넷을 잘 다룰 수 있도록 기술적인 교육 능력을 길러주어야 한다.

③ 현실 세계와 인터넷 속 가상 세계가 근본적으로 동일한 세계라는 것을 잘 이해시켜야 한다.

④ 타인의 글을 저자의 허락 없이 인터넷에 올려 저작권을 침해하지 않도록 해야 한다.

해설 ③ 현실 세계와 인터넷 가상 세계가 가지고 있는 차이를 올바르게 이해시켜야 한다.

04 **인터넷을 활용한 교육 방식 중 학습을 위해 특별한 기기를 들고 다니지 않아도 주변 물건에 정보통신 기술이 내재되어 있어 필요할 때마다 학습에 접근 가능한 방식은 무엇인가?**

① E-러닝

② M-러닝

③ U-러닝

④ T-러닝

해설 **인터넷을 활용한 교육**

E-러닝 (Electronic-Learning)	전자적인 학습으로 인터넷에 접속할 수 있는 장소에서 언제, 어디서나, 누구나 원하는 수준별 맞춤형 학습을 할 수 있는 체제
M-러닝 (Mobile-Learning)	이동성이 강화된 학습으로 핸드폰, 스마트폰 등 개인이 가볍게 들고 다니는 기기를 통해서 학습을 할 수 있는 것
U-러닝 (Ubiquitous-Learning)	학습을 위해 특별한 기기를 들고 다니지 않아도 주변 물건에 정보통신 기술이 내재되어 있어 필요할 때마다 학습에 접근 가능
T-러닝 (TV-Learning)	텔레비전을 통한 학습으로 학습자가 원하는 강의를 선택해서 들을 수 있는 것

05 다음 중 집단지성의 특징이 아닌 것은?

① 컴퓨터 이용자들의 인지와 협동, 협업이 이루어지는 과정에서 만들어진다.

② 개방적인 분위기에서 지속적이고 체계적인 방식을 통해 다양한 아이디어를 공유하면서 문제 해결에 도달한다.

③ 동일한 관점을 가진 개인이 모여 의사결정을 거치면서 비합리적이고 극단적인 결정에 도달하기도 한다.

④ 지속적이고 체계적인 방식을 통해 끊임없이 의사소통하므로 항상 정보의 정확성과 신뢰성이 보장된다.

해설 ④ 개인의 의견을 억제하고 무시하는 집단 압력을 가하기도 하며 때로는 정보의 정확성과 신뢰성을 보장하기 어려운 경우도 있다.

06 집단사고의 발생 요건으로 올바른 것은?

① 집단의 리더가 평등 관계를 추구하는 경우

② 집단 구성원의 응집력이 약할 경우

③ 충분한 토의 시간을 가질 수 있는 경우

④ 집단 내 대안의 결정 절차가 완벽할 경우

해설 집단사고 발생 요건
- 집단 내 대안의 결정 절차가 완벽할 경우
- 집단의 리더가 지시적일 경우
- 집단구성원의 응집력이 높을 경우
- 관계를 중요시하는 집단일 경우
- 구성원들의 사회적 배경과 관념의 동질성이 높을 경우
- 시간 압박이 있거나 외부로부터 고립되어 충분한 토의가 일어날 수 없을 경우

07 생활지도의 올바른 방향에 대한 설명으로 잘못된 것은?

① 책임감 있는 시민으로 육성하기 위해 사회에 나가기 전의 초 · 중등 학생들을 대상으로 한다.

② 지적 발달뿐 아니라 신체 · 사회 · 정신적 발달을 포함하는 전인적 발달에 초점을 둔다.

③ 개인의 존엄성과 개인 발달을 중시하여 개성을 존중하며, 독특한 개성이 개발될 수 있도록 돕는다.

④ 처벌이나 제지보다 개인의 성장 · 발달을 촉진하는 데 역점을 두어야 한다.

해설 ① 개인의 성장 · 발달의 도모가 목표이므로 어느 연령층에 국한되지 않고 모든 연령층을 대상으로 한다.

08 다음에 해당하는 상담기술은?

> • 상담자가 내담자의 말에 주의를 집중하고 있음을 보여주는 반응이다.
> • 상담자가 내담자를 있는 그대로 받아들이고 존중하고 있음을 표현하는 것이다.

① 반영(Reflection)
② 수용(Acceptance)
③ 명료화(Clarification)
④ 직면(Confrontation)

 해설
① 반영(Reflection) : 내담자의 말 이면의 정서적 요소를 표현하고 자기감정을 이해하도록 돕는 기술이다.
③ 명료화(Clarification) : 내담자의 말 중에서 모호한 점이나 모순된 점이 발견될 때, 상담자가 다시 질문함으로써 내담자가 그 의미를 명백하게 하는 기술이다.
④ 직면(Confrontation) : 내담자의 자기 이해를 돕기 위해 상담자의 눈에 비친 내담자의 행동 특성 또는 사고방식을 지적하여, 내담자가 외부에 비친 자기 모습을 되돌아보고 통찰의 순간을 경험하도록 하는 직접적 · 모험적 자기대면의 방법이다.

09 다음 내용에 해당하는 방어 기제의 종류는?

> 인터넷 게임에서 주인공을 자신의 이상적인 모습으로 생각하고, 자신을 게임 속 주인공으로 착각한다.

① 백일몽
② 동일시
③ 투사
④ 반동형성

 해설
① 백일몽 : 현실적으로 도저히 충족할 수 없는 욕구나 소원을 상상을 통해 만족을 찾는 것이다.
③ 투사 : 사회적으로 인정받을 수 없는 자신의 행동과 생각을 마치 다른 사람의 것인 양 생각하고 남을 탓하는 것이다.
④ 반동형성 : 수치스러운 욕망이나 사회적으로 용납될 수 없는 생각 · 행동을 감추기 위해 반대되는 방향으로 바꾸는 것이다.

10 인터넷 중독 상담 기관이 아닌 곳은?

① 아이윌센터
② 청소년디지털드림단
③ 한국청소년상담복지개발원
④ 스마트쉼센터

해설
② 청소년디지털드림단 : 인터넷 리터러시 교육 및 다양한 캠페인(자율활동)을 통해 "아름다운 인터넷 세상" 구현을 목표로 창설된 청소년 동아리

11 인터넷 처방적 교육에 속하는 것은?

① 저작권 교육

② 올바른 인터넷 언어 사용법 교육

③ 인터넷 중독 치료

④ 인터넷 윤리 소양 교육

> **해설** ③ 인터넷 처방적 교육은 인터넷 중독 등 인터넷 이용에 따른 부작용을 처방하는 데 중점을 둔 교육으로, 인터넷 중독 치료 · 사이버 범죄 교화 등이 있다.
> ① · ② · ④ 인터넷 예방적 교육의 예시이다. 인터넷 예방적 교육은 인터넷 윤리 등 규범 학습을 통한 인식 및 태도 변화에 주안점을 둔 교육을 말한다.

12 인터넷을 활용한 교육과 그 설명이 올바르게 연결된 것은?

① E-러닝 : 전자적인 학습으로 인터넷에 접속할 수 있는 장소에서 언제, 어디서나, 누구나 원하는 수준별 맞춤형 학습을 할 수 있는 체제이다.

② M-러닝 : 텔레비전을 통한 학습으로, 학습자가 원하는 강의를 선택해서 들을 수 있는 것이다.

③ U-러닝 : 이동성이 강화된 학습으로 핸드폰, 스마트폰 등 개인이 가볍게 들고 다니는 기기를 통해서 학습을 할 수 있는 것이다.

④ T-러닝 : 학습을 위해 특별한 기기를 들고 다니지 않아도 주변 물건에 정보통신 기술이 내재되어 있어 필요할 때마다 학습에 접근이 가능한 것이다.

> **해설** 인터넷을 활용한 교육
>
> | E-러닝
(Electronic-Learning) | 전자적인 학습으로 인터넷에 접속할 수 있는 장소에서 언제, 어디서나, 누구나 원하는 수준별 맞춤형 학습을 할 수 있는 체제 |
> | --- | --- |
> | M-러닝
(Mobile-Learning) | 이동성이 강화된 학습으로 핸드폰, 스마트폰 등 개인이 가볍게 들고 다니는 기기를 통해서 학습을 할 수 있는 것 |
> | U-러닝
(Ubiquitous-Learning) | 학습을 위해 특별한 기기를 들고 다니지 않아도 주변 물건에 정보통신 기술이 내재되어 있어 필요할 때마다 학습에 접근 가능 |
> | T-러닝
(TV-Learning) | 텔레비전을 통한 학습으로 학습자가 원하는 강의를 선택해서 들을 수 있는 것 |

13 다음 중 E-러닝(Electronic-Learning)의 특징이 아닌 것은?

① 시공간의 제약에서 자유로우며 반복학습이 가능하다.

② 전체적인 비용이 많이 들지만 초기 비용은 적게 소요된다.

③ 면대면 수업이 아니라서 학습에 소홀할 수 있고, 평가의 문제가 발생할 수도 있다.

④ 교수와 학습자 간의 상호작용이 힘들어 학습 의욕을 저하시킬 수도 있다.

> **해설** ② 전체적인 비용이 적게 들지만 초기 비용이 많이 소요될 수 있다.

14 다음 중 집단지성을 발휘하기 위한 조건이 아닌 것은?

① 다양성   ② 독립성

③ 집중화   ④ 통합

> **해설** 집단지성을 발휘하기 위한 조건

다양성	성별, 나이, 취미, 직업, 가치관 등이 다양한 사람들로 구성
독립성	다른 사람의 의견에만 동조하는 것이 아니라 자신만의 생각을 가지는 독립성이 필요
분산화	문제를 해결하는 방법이 한 곳에 집중되지 말고 분산되어야 함
통합	분산된 지식이나 경험이 공유되어 통합될 수 있는 시스템 필요

15 다음과 같은 상황을 가리키는 용어는 무엇인가?

> • 어떤 문제를 이야기할 때 개인적으로 결정할 때보다 집단으로 결정을 하는 때가 더 극단적으로 흐르는 경향을 말한다.
> • 이런 경향은 상대방에 대한 폄하, 차별 등의 언어 공격과 배타적인 문화를 동반한다.

① 집단사고   ② 집단극화

③ 사회적 정체감   ④ 집합지성

16 탈 개인화에 대한 설명으로 잘못된 것은?

① 집단 내에서 구성원들이 개인적 정체감과 책임감을 상실하여 극단적인 집단행위에 참여하게 되는 현상을 말한다.

② 자신의 행동에 대한 규범적 기준과 자기표현, 행동한 이후의 결과에 대해서 자유로워지는 현상을 말한다.

③ 사이버 공간의 익명성과 연결성은 사회적 책임에 대한 의식을 약화시키고 분위기에 쉽게 편승하는 행동을 야기한다.

④ 사회적으로 인정받는 집단, 범주, 지위 등의 한 구성원으로서 자신을 정의하는 것이다.

17 생활지도의 기본원리와 그 설명이 잘못 연결된 것은?

① 자율성 존중의 원리 : 스스로 문제를 해결할 수 있도록 자율성을 존중하는 것이다.

② 개인의 존중과 수용의 원리 : 개인을 한 사람의 인간으로 존중해주고 있는 그대로 이해하는 것이다.

③ 적응의 원리 : 소극적인 적응으로 자신의 인생에서의 적응, 적극적인 적응으로 자신의 조직에서의 적응이 있다.

④ 인간관계의 원리 : 지도자와 내담자는 진실한 인간관계가 바탕이 되어야 한다.

18 상담 시 피해야 할 질문이 아닌 것은?

① '왜' 질문
③ 폐쇄적 질문

② 개방적 질문
④ 유도 질문

> **해설** ② 상담 시에는 '예', '아니오'와 같이 단답으로 대답이 나오는 폐쇄적 질문이나 추궁하는 듯한 '왜' 질문보다는 내담자가 자유롭게 여러 형태로 대답할 수 있는 개방적 질문이 바람직하다.
>
> **상담 시 피해야 할 질문**
> 유도 질문, 모호한 질문, 이중 질문, 폭탄형 질문, '왜' 질문

19 인터넷 중독 학생을 치료할 때 사용하는 상담 기법과 그 설명이 올바르게 연결된 것은?

① 수용(Acceptance) : 내담자의 말과 비언어적 표현 등을 관찰하여 주의 깊게 들어 주는 것이다.
② 반영(Reflection) : 내담자의 말 이면의 정서적 요소를 표현하고 자기감정을 이해하도록 돕는 기술이다.
③ 직면(Confrontation) : 내담자의 말 중에서 모호한 점이나 모순된 점이 발견될 때, 상담자가 다시 질문함으로써 내담자가 그 의미를 명백하게 하는 기술이다.
④ 재진술 : 내담자의 생각과 감정을 하나로 묶어 정리하는 기법이다.

> **해설** ① 수용(Acceptance) : 상담자가 내담자의 말에 주의를 집중하고 있음을 보여주는 반응이다.
> ③ 직면(Confrontation) : 내담자의 자기 이해를 돕기 위해 상담자의 눈에 비친 내담자의 행동 특성 또는 사고방식을 지적하여, 내담자가 외부에 비친 자기 모습을 되돌아보고 통찰의 순간을 경험하도록 하는 직접적·모험적 자기대면의 방법이다.
> ④ 재진술 : 내담자가 한 말을 명확하게 다시 되풀이하는 것이다.

20 방어기제 유형 중 현실에서는 자기주장을 하지 못하는 사람들이 익명성을 이용하여 인터넷에서 악성 댓글을 다는 경우는?

① 투사
③ 고립

② 보상
④ 억압

> **해설** ① 투사 : 사회적으로 인정받을 수 없는 자신의 행동과 생각을 마치 다른 사람의 것인 양 생각하고 남을 탓하는 것
> ② 보상 : 어떤 분야에서 탁월하게 능력을 발휘하여 인정을 받음으로써 다른 분야에서의 실패나 약점을 보충하는 것
> ③ 고립 : 다른 사람의 접촉을 피해서 자신의 내적 세계로 들어가 현실의 불만족을 피하는 것
> ④ 억압 : 죄의식이나 괴로운 경험, 수치스러운 생각을 의식에서 무의식으로 밀어내는 것

실전 모의고사

1교시 이론

01 인터넷상에서 새로운 윤리학이 필요한 이유가 아닌 것은?

① 사물인터넷, 인공지능과 같은 신기술을 반영한 광범위한 윤리가 필요해졌다.

② 새로운 윤리학은 시간과 장소가 한정적이어서 문제의 추적이 용이하다.

③ 사이버 공간의 '탈억제 효과'로 개인의 행동을 이성적으로 통제하기 어려워지고 있다.

④ 사용자의 동기와는 상관없는 결과를 초래하기도 하므로 '동기', '행위', '결과' 모두 판단의 기준으로 삼아야 한다.

02 다음은 포털 사이트에서 '사이버 폭력'을 검색하면 보이는 화면이다. 이와 관련 있는 인터넷 윤리의 기능은 무엇인가?

사이버 범죄 예방 캠페인

당신 곁에 우리가 있어요!
감당하기 힘든 어려움을 혼자 견디고 계신가요?
무엇을 어떻게 해야 할지 막막한가요?
당신의 이야기를 듣고 도움을 줄 수 있는 정보를 찾아 드립니다.

사이버 범죄 예방	사이버 범죄수사대 신고	주요기관
생활 속 예방수칙 사이버 범죄 분류 사이버 폭력 예방교육	해킹 · 바이러스 ┃ 사기 사이버 폭력 ┃ 불법 사이트 개인정보 침해 ┃ 저작권 침해 등	사이버안전국 명예훼손분쟁조정부 한국인터넷진흥원

① 처방 윤리 　　② 예방 윤리

③ 책임 윤리 　　④ 세계 윤리

03 다음 설명과 스피넬로의 인터넷 윤리 기본 원칙이 바르게 짝지어진 것은?

┌─────────────────────────────────────┐
│ ㉠ 인간의 합리성을 믿고 윤리적 행동에 대해 스스로 결정하도록 해야 한다.
│ ㉡ 사이버 공간에서 남에게 피해를 줄 수 있는 행동을 금지해야 한다.
│ ㉢ 말과 행동은 타인의 복지를 증진시킬 수 있는 방향으로 이루어져야 한다.
│ ㉣ 누구라도 공평하고 공정하게 대우받아야 한다.
└─────────────────────────────────────┘

① ㉠ – 자율성 존중의 원칙

② ㉡ – 정의의 원칙

③ ㉢ – 악행 금지의 원칙

④ ㉣ – 선행의 원칙

04 다음 인터넷 윤리에 대한 설명으로 옳지 않은 것은?

① 파커(D. Parker)는 '컴퓨터 윤리'라는 용어를 사용하기 시작했다.

② 2000년대에 들어 정보윤리학자들의 관심영역이 사이버 공간으로 확대됐다.

③ 존슨(D. Johnson)은 컴퓨터 윤리 분야의 최초 교재인 '컴퓨터 윤리'를 출간했다.

④ 랭포드(Langford)가 '인터넷 윤리'라는 용어를 처음으로 사용했다.

05 소셜미디어의 특징이 아닌 것은?

① 누구나 접근할 수 있으며 대부분 무료로 이용할 수 있다.

② 전문적인 지식과 기술을 가진 사람만이 정보를 생산할 수 있다.

③ 정보의 생산과 소비가 즉각적으로 이루어진다.

④ 생산된 정보는 언제든지 수정이 가능하다.

06 SNS 서비스가 부각되는 이유로 옳지 않은 것은?

① 미디어 연결 기능

② 빠른 정보 전달

③ 모빌리티 기반

④ 높은 정보 신뢰성

07 다음 중 스마트폰에 대한 설명으로 옳지 않은 것은?

① 휴대폰의 경쟁력이 하드웨어에서 소프트웨어 측면으로 변화되고 있다.

② 스마트폰의 운영체제는 iOS, 안드로이드 등이 있다.

③ 이동성과 보안성이 강화되었다.

④ 최근 인터넷 접속에 5G망을 이용하기 시작했다.

08 다음에서 설명하는 것은 무엇인가?

> 사용자가 인터넷이 가능한 환경에서 시간과 공간의 제약 없이 IT 자원(SW, 스토리지, 서버, 네트워크)을 제공받을 수 있는 서비스로, IT 자원을 필요한 만큼 빌려서 사용하고, 사용한 만큼의 비용만을 지불할 수 있어 비용이 절감되는 주문형 IT 서비스이다.

① 클라우드 컴퓨팅

② 소셜 커머스

③ 블로그

④ 사물인터넷

09 다음 중 클라우드 컴퓨팅 서비스의 운용 형태로 가장 거리가 먼 것은?

① 프라이빗 클라우드

② 퍼블릭 클라우드

③ 인터랙티브 클라우드

④ 하이브리드 클라우드

10 다음 중 누구든지 정보를 올릴 수 있고, 기존에 등록된 지식을 수정할 수 있는 새로운 형식의 백과사전을 일컫는 집단지성 서비스는?

① 위키피디아

② 페이스북

③ 유튜브

④ 구글

11 다음과 같은 현상을 무엇이라고 하는가?

> 전문가라고 자처한 한 유튜버가 "○○차가 코로나19 예방과 치료에 효능이 있다."라는 동영상을 올린 뒤 이러한 증명되지 않은 부정확한 정보가 SNS상에 빠르게 확산되며 ○○차가 전국 매장에서 품절되는 이슈가 있었다.

① 인포데믹스
② 블록체인
③ 집단지성
④ 네카시즘

12 킴벌리 영(Kimberly Young)이 분류한 인터넷 중독 유형에 속하지 않는 것은?

① 컴퓨터 중독
② 사이버 관계 중독
③ 사이버 워킹 중독
④ 정보 중독

13 다음 인터넷 중독 과정에서 나타나는 증상을 순서대로 나열한 것은?

> ㉠ 현실에 없는 즐거움을 인터넷으로 만끽
> ㉡ 가상세계의 환상에 사로잡혀 현실인식에 장애가 생김
> ㉢ 정기적으로 접속하면서 친구들과 정보 교류

① ㉠ → ㉡ → ㉢
② ㉡ → ㉢ → ㉠
③ ㉢ → ㉠ → ㉡
④ ㉢ → ㉡ → ㉠

14 다음 중 저작권 침해에 해당하지 않는 것은?

① 구매한 CD에서 음원을 추출하여 감상하는 행위
② 블로그에 영화의 핵심 장면들을 올리며 영화를 소개하는 행위
③ 소설 내용을 그대로 인터넷에 올리며 소개하는 행위
④ 소프트웨어 설치 파일을 메일에 첨부하여 전송하는 행위

15 EU위원회에서 분류한 불법 또는 유해한 콘텐츠 중 '미성년자 보호'에 해당하는 것은?

> ㉠ 인종차별
> ㉡ 부정판매행위
> ㉢ 저작물 무단 배포
> ㉣ 포르노

① ㉠, ㉡
② ㉠, ㉡, ㉢
③ ㉡, ㉣
④ ㉡, ㉢, ㉣

16 다음 인터넷 중독의 원인 중 옳지 않은 것은?

① 자존감이 낮을수록 인터넷에 중독되기 쉽다.
② 인터넷 익명성이 보장되면 보다 쉽게 중독된다.
③ 가족 구성원이 많을수록 인터넷에 중독되기 쉽다.
④ 스트레스 대처 능력이 부족할수록 인터넷에 중독되기 쉽다.

17 다음 중 인터넷 사기의 발생 요인이 아닌 것은?

① 익명성을 보장하기 어렵다.
② 거래가 비대면으로 이루어진다.
③ 인터넷 거래가 대부분 선결제로 이루어진다.
④ 물건의 하자 및 진위 여부를 확인하기 어렵다.

18 다음 중 사이버 폭력의 발생 원인으로만 구성된 것은?

> 대면성, 인터넷 윤리의 부재, 비감독성, 실명제, 시공간 제약성, 전문성

① 실명제, 인터넷 윤리의 부재, 전문성
② 대면성, 시공간 제약성, 비감독성
③ 인터넷 윤리의 부재, 비감독성, 전문성
④ 시공간 제약성, 비감독성, 대면성

19 인터넷 중독을 K−척도(한국형 인터넷 과의존 척도 검사)로 분류할 때, '고위험 사용자군'에 해당하는 중 · 고등학생의 하루 인터넷 접속 시간은?

① 약 1시간
② 약 2시간
③ 약 3시간
④ 약 4시간

20 다음은 한국지능정보사회진흥원의 2020년 '스마트폰(인터넷) 과의존 실태조사' 결과이다. 다음 그래프를 바르게 해석한 것은?

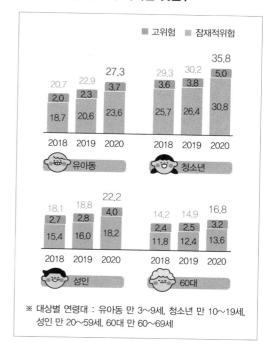

① 성인의 2019년 스마트폰 중독률은 전년 대비 감소했다.
② 2018년 60대 전체 스마트폰 중독률 중 '고위험'률이 '잠재적위험'률 보다 높다.
③ 2020년 스마트폰 중독률은 청소년 > 성인 > 유아동 > 60대 순이다.
④ 전 연령대에서 해마다 중독률이 증가하고 있다.

21 다음 중 개인정보의 유형이 같은 것끼리 묶인 것은?

> 신용카드, 이자소득, 전자우편, 전화통화내용

① 신용카드, 이자소득
② 신용카드, 전자우편
③ 전자우편, 전화통화내용
④ 이자소득, 전화통화내용

22 다음 중 개인정보 보호 원칙으로 잘못된 것은?

① 개인정보처리자는 개인정보 처리 목적에 필요한 범위 내에서라면 얼마든지 개인정보를 수집하고 활용할 수 있다.
② 개인정보처리자는 개인정보의 정확성, 완전성 및 최신성이 보장되도록 해야 한다.
③ 개인정보처리자는 개인정보를 익명 또는 가명으로 처리하여도 수집 목적을 달성할 수 있는 경우 익명처리가 가능한 경우에는 익명으로 처리한다.
④ 개인정보처리자는 개인정보의 처리에 관한 사항을 공개하여야 한다.

23 다음은 개인정보 생명주기의 어느 단계인가?

> 민원인(정보주체)이 서비스 이용을 위해 웹 사이트 또는 신청서 등을 이용하여 기업 또는 기관에 제공하는 단계

① 수집   ② 저장
③ 이용   ④ 제공

24 다음 중 해킹에 해당하는 내용을 모두 고른 것은?

> ㉠ 접근을 허가받지 않은 컴퓨터 시스템에 불법으로 침입하여 정보를 빼낸다.
> ㉡ 사회공학적 공격은 사람 간 신뢰를 기반으로 속여 비밀 정보를 얻는 방법이다.
> ㉢ 정보시스템 전산망에서 보안 침해사고를 발생시키는 행위를 말한다.
> ㉣ 웜, 트로이 목마, 랜섬웨어 등이 대표적인 공격 기법이다.
> ㉤ 개인정보가 포함된 저장장치를 권한이 없는 자에게 잘못 전달한 경우도 포함한다.

① ㉠, ㉣
② ㉡, ㉢, ㉤
③ ㉠, ㉡, ㉢
④ ㉠, ㉣, ㉤

25 다음 중 해킹과 그 기법을 바르게 짝지은 것은?

> ㉠ 접근 권한이 없는 컴퓨터의 자원에 대해 접근하거나 정보를 유출하는 모든 기법
> ㉡ 네트워크에서 다수의 시스템이 동시다발적으로 하나의 공격대상 시스템을 공격함으로써, 정상적인 서비스를 하지 못하도록 하는 공격
> ㉢ 메일 서버가 담당할 수 있는 한계를 넘어서는 많은 양의 메일을 일시에 보내 장애가 일어나게 하는 것
> ㉣ 사용자가 자신의 웹브라우저에서 정확한 웹 주소를 입력하였더라도 가짜 웹사이트로 접속을 유도하여 개인정보를 도용하는 것

① ㉠ – 서비스거부(DoS) 공격
② ㉡ – 분산 서비스 거부(DDoS) 공격
③ ㉢ – 스미싱(Smishing)
④ ㉣ – 피싱(Phishing)

26 다음 중 악성 코드 감염의 주요 증상으로 옳지 않은 것은?

① 컴퓨터 부팅 속도가 늦거나 안 될 때
② 이상한 윈도우 박스가 나타나 사용자 계정과 비밀번호 등을 알려달라고 할 때
③ 익스플로러 시작 페이지가 변경되지 않거나 강제로 변경될 때
④ 컴퓨터의 전원을 눌러도 작동하지 않을 때

27 다음에서 설명하고 있는 바이러스는 무엇인가?

• 실행 파일이 아닌 엑셀과 워드 프로그램에서 사용하는 문서 파일이 감염 대상이다.
• 응용 프로그램에서 사용하는 매크로 사용을 통해 감염되는 형태이다.

① 부트 바이러스
② 섹터 바이러스
③ 부트/파일 바이러스
④ 매크로 바이러스

28 다음 중 악성 코드를 방지하기 위한 방안으로 적절하지 않은 것은?

① 출처를 알 수 없는 파일은 내려받지 않도록 한다.
② 출처가 불분명한 이메일의 링크 실행을 함부로 하지 않는다.
③ 무료 콘텐츠는 유명 콘텐츠만 다운받는다.
④ 백신으로 자주 검사한다.

29 다음 사례에 해당하는 개인정보 침해의 경우는?

G은행 직원의 부주의로 고객의 개인정보가 포함된 리스트가 상품안내 이메일에 첨부하여 발송되었다.

① 개인정보 불법유통
② 허술한 관리 및 방치
③ 오·남용으로 인한 개인정보 유출
④ 외부 침투에 의한 개인정보 유출

30 다음 예시는 개인정보 생명주기별 침해 유형 중 무엇에 속하는가?

• 동의 받은 목적과 다르게 개인정보를 이용하였다.
• 개인정보를 정보 주체의 동의 없이 제3자에게 제공 및 공유하였다.
• 개인정보의 이용 동의 철회 및 회원 가입 탈퇴에 불응하였다.
• 처음 수집 때 고지한 이용목적 이상의 개인정보를 이용하였다.

① 수집
② 저장 및 관리
③ 이용 및 제공
④ 파기

31 인터넷 윤리 교육의 원칙 중 다음 내용이 가리키는 것은?

> 인터넷 윤리 교육은 아는 것, 믿는 것, 행동하는 것의 조화를 추구하고, 정보화의 긍정적인 면과 부정적인 면을 균형 있게 다루어야 한다.

① 기본 교육　　　② 균형 교육
③ 공동체 교육　　④ 다문화 교육

32 실즈와 리치의 애디(ADDIE) 모형의 순서로 올바른 것은?

① 설계 → 분석 → 개발 → 실행 → 평가
② 설계 → 분석 → 개발 → 평가 → 실행
③ 분석 → 설계 → 개발 → 실행 → 평가
④ 분석 → 설계 → 개발 → 평가 → 실행

33 교수 방법 중 교사와 학습자가 함께 지식을 발견해나가는 지도 방법으로, 주제를 학습자 스스로 결정하는 것은?

① 설명형 지도 방법
② 시범형 지도 방법
③ 탐구형 지도 방법
④ 활동형 지도 방법

34 헤르바르트의 4단계 교수법 중 기존 지식과 연관지어 설명하는 단계는?

① 명료
② 연합
③ 계통
④ 방법

35 콜버그의 도덕 발달 단계에서 10~13세의 아동들에게 가르치기 적합한 인터넷 윤리 교육의 내용은?

① 안전을 위한 위협상황과 대처 방법
② 네티즌의 올바른 의식 교육
③ 인터넷 윤리 현안의 실질적 해결책 강구에 대한 토론
④ 개인의 권리와 사회적 안전 사이의 갈등에 대한 논의

36 다음 중 사이버 공간에서의 일탈 원인이 아닌 것은?

① 탈육체의 비대면성
② 새로운 자아의 구현성
③ 개방성과 다양성
④ 기회의 용이성

37 다음 내용과 관련 있는 자아정체성의 특징은 무엇인가?

> 성빈이는 사이버 공간에서 자신의 아바타를 현실에서는 하지 못했던 다양한 스타일로 변신시키고, 평소에 하고 싶었던 발레리나·가수 등 자신이 소망하는 모습으로 역할이나 위치를 변화시켜 자기 변신의 욕구를 충족하였다.

① 유동적 자아정체성 형성
② 다양한 자기 연출
③ 사이버 자아의 현실 인식
④ 가상공간의 익명성

38 사이버 윤리의 기본 원칙이 아닌 것은?

① 존중의 원칙

② 해악 금지의 원칙

③ 책임의 원칙

④ 자율의 원칙

39 인터넷 사용을 위한 생활지도의 목표로 잘못된 것은?

① 인터넷 사용 및 활용 방법을 익혀 실생활에서의 문제해결력을 향상시킨다.

② 인터넷 리터러시 교육을 통해 책임있는 인터넷 시민으로 육성한다.

③ 인터넷 윤리 교육으로 정보 세계에 올바르고 능동적으로 대처할 수 있는 능력을 함양한다.

④ 현실세계와 인터넷 세계의 정체성은 완전히 별개라는 것을 인식할 수 있도록 돕는다.

40 다음과 같은 조건일 때 가장 효율적인 지도법은 무엇인가?

- 올바른 인터넷 사용 방안 찾기
- 30~40명 정도의 학습 집단으로 구성
- 인터넷 사용으로 인한 다양한 문제점 조사 및 이를 해결할 방안 학습

① 설명식 강의법

② 문제중심학습

③ 모의실험

④ WBI

01 다음의 직무에 따른 정보공급자 유형을 쓰시오.

(㉠)	(㉡)	(㉢)
콘텐츠가 실리는 공간을 제공 • 포털사업자 • 모바일 앱스토어 • 콘텐츠 ISP, SNS사업자	실제 콘텐츠를 만들어 제공 • SNS 정보게시자 • 게임 · 모바일 개발자 • 신문 · 방송 인터넷사업자	콘텐츠의 유통을 위한 서버 및 통신망 관리, 운영 • 호스팅업체 • 인터넷 데이터 센터 • KT, LG U⁺, SK브로드밴드

(㉠   ), (㉡   ), (㉢   )

02 정보생산자가 고려해야 할 윤리적 쟁점은?

① 서버나 통신망의 안정성과 신뢰성을 보장해야 한다.

② 제공 콘텐츠가 불법으로 배포되지 않도록 관리 · 감독해야 한다.

③ 게임, 그래픽, 웹페이지 등의 모든 결과물에 대해 저작권을 보호한다.

④ 가입자의 개인정보가 노출되지 않도록 프라이버시 보호에 힘써야 한다.

03 네티즌의 기본정신으로 옳지 않은 것은?

① 사이버 공간은 공동체의 공간이다.

② 사이버 공간에서는 현실과 분리하여 자유롭게 행동한다.

③ 사이버 공간은 누구에게나 평등하며 열린 공간이다.

④ 사이버 공간은 네티즌 스스로 건전하게 가꾸어 나간다.

04 상품을 구매할 때 다음과 같은 다른 구매자의 사용 후기를 참고하여 결정을 내리는 소비자를 무엇이라 하는가?

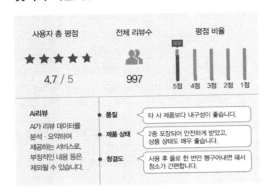

사용자 총 평점	전체 리뷰수	평점 비율
★★★★★	👥	808
4.7 / 5	997	5점 4점 3점 2점 1점

Ai리뷰
Ai가 리뷰 데이터를 분석·요약하여 제공하는 서비스로, 부정적인 내용 등은 제외될 수 있습니다.

● **품질** ◁ 타 사 제품보다 내구성이 좋습니다.
● **제품 상태** ◁ 2중 포장되어 안전하게 받았고, 상품 상태도 매우 좋습니다.
● **청결도** ◁ 사용 후 물로 한 번만 헹구어내면 돼서 청소가 간편합니다.

① 트윈슈머
② 크리슈머
③ 모디슈머
④ 블랙슈머

05 다음 설명에 해당하는 용어를 쓰시오.

(㉠)은/는 제3자가 소비자의 결제대금을 맡아 두고 있다가 인터넷 쇼핑몰 사업자의 상품배송이 완료된 뒤 사업자에게 대금을 지급하는 거래 안전장치를 말한다.
(㉡)은/는 소비자가 대금 결제를 한 뒤 상품을 받지 못했을 경우 그 피해를 보상해 주기 위해서 사업자가 보험사 등과 체결하는 계약이다.
(㉢)은/는 사업자가 거래 과정에서 소비자에게 지급할 채무를 금융기관이 보증해 주는 제도를 의미한다.

(㉠   ), (㉡   ), (㉢   )

06 다음 중 전자상거래 시 i-PIN 또는 공동인증서 (구 공인인증서)와 같은 인증수단을 사용해야 하는 이유가 아닌 것은?

① 신원 증명
② 금융기관의 수익성 제고
③ 문서의 위조와 변조 방지
④ 거래 사실의 증명

07 다음 빈칸에 들어갈 정보 제공처를 쓰시오.

• 서준은 (㉠)에서 연말정산간소화서비스를 이용하여 작년 한 해 동안 사용한 카드, 현금, 보험료 내역 등을 출력하여 회사 총무부에 제출하였다.
• 영희는 4대보험에 가입하기 위해 (㉡)에서 발급받은 주민등록등본을 회사에 제출하였다.
• 부동산 중개업자 최 씨는 매도인과 매수인 사이의 정확한 부동산 거래 중개를 위해 (㉢)에서 부동산등기부등본을 발급받아서 매물에 대한 정보를 확인시켜주었다.

(㉠   ), (㉡   ), (㉢   )

08 다음 설명에 해당하는 인터넷 중독 단계를 쓰시오.

1단계 : (㉠)	2단계 : (㉡)	3단계 : (㉢)
• 채팅에 호기심으로 참여 • 정기적으로 접속하면서 친구들과 정보 교류	• 현실에 없는 즐거움을 인터넷으로 만끽 • 폭력성, 사행성, 음란성의 내재적 본성 발휘 • 게임의 고수로서 그 세계에서 존경받음	• 오직 접속 상태만을 갈구함 • 가상세계의 환상에 사로잡혀 현실인식에 장애가 생김

(㉠   ), (㉡   ), (㉢   )

09 다음의 소프트웨어가 공통적으로 제공하는 기능은?

① 인터넷 중독 상담
② 해킹 바이러스 검사
③ 불법 유해정보 차단
④ 청소년 자살예방 정보 · 상담

10 다음은 어떤 저작권 보호 기술에 대한 설명인지 쓰시오.

(㉠) : 멀티미디어 콘텐츠에 소유권자의 저작권 정보를 사람이 인지할 수 없도록 삽입하고, 이를 검출기를 통해 식별하는 기술
(㉡) : 구매자 정보 및 유통경로, 사용자 정보 등을 실시간으로 삽입하여 유포자와 배포경로를 추적할 수 있는 기술
(㉢) : 디지털 저작권 관리로서 콘텐츠를 암호화한 후 배포하여 허가받지 않은 사람이 사용할 수 없도록 보호하는 서비스

(㉠　　　　), (㉡　　　　), (㉢　　　　)

11 다음 빈칸에 들어갈 용어를 순서대로 나열한 것은?

전자상거래 시 사기를 당하지 않기 위해서는 해당 쇼핑몰의 (㉠)을/를 확인한 후 공정거래위원회 홈페이지에서 (㉡) 신고 여부를 확인하여야 한다.

① ㉠ : 사업자 실명　　㉡ : 법인사업자등록
② ㉠ : 사업자등록번호　㉡ : 통신판매사업자
③ ㉠ : 사업장 주소　　㉡ : 종합소득세
④ ㉠ : 설립연도　　　㉡ : 통신판매사업자

12 사이버 폭력 예방 · 대응방법에 해당하지 않는 것은?

① 인터넷에 글을 게시할 때 여러 번 읽어보고 올린다.
② 사이버 폭력을 당했을 때 관련기관을 찾아 상담받는다.
③ 욕설 메시지를 받았을 때는 삭제하지 말고 증거로 확보한다.
④ 원하지 않는 메시지라고 하더라도 거부하거나 무시하는 건 인터넷 예의에 어긋난다.

13 다음 빈칸에 해당하는 용어를 쓰시오.

인터넷 심의 기관인 (㉠)은/는 방송프로그램이 윤리적으로 적절하지 않거나, 인터넷상에서 명예훼손, 권리침해 등의 피해를 입은 경우, 정보통신망을 통하여 일반에게 공개되어 유통되는 불법 · 청소년유해정보에 대해 전화번호 (㉡)을/를 통해 민원을 접수받고 있다.

(㉠　　　　), (㉡　　　　)

14 저작권 침해 처벌에 대한 설명으로 옳지 않은 것은?

① 저작권의 출처를 명시하지 아니한 자는 5백만 원 이하의 벌금에 처한다.
② 저작재산권 침해죄는 범인을 알게 된 날로부터 3개월 이내에 고소하여야 한다.
③ 저작인격권을 침해하여 저작자의 명예를 훼손한 자는 3년 이하의 징역 또는 3천만 원 이하의 벌금에 처한다.
④ 저작재산권을 복제, 배포, 2차적 저작물 작성 등의 방법으로 침해한 자는 5년 이하의 징역 또는 5천만 원 이하의 벌금에 처한다.

15 다음 안전조치 의무의 이행 내용 중 기술적 보호 조치에 포함되지 않는 것은?

① 개인정보에 대한 접근 통제 및 접근 권한의 제한 조치
② 개인정보를 안전하게 저장·전송할 수 있는 암호화 기술의 적용
③ 개인정보의 안전한 보관을 위한 보관시설의 마련
④ 개인정보에 대한 보안프로그램의 설치 및 갱신

16 다음 중 개인정보 침해 사전 대응방안으로 올바르지 않은 것은?

① 주민등록번호 대신 아이핀을 사용한다.
② 인터넷 브라우저에서 쿠키를 삭제한다.
③ PC자동보안 업데이트 프로그램을 설치한다.
④ 인터넷 사이트 신규 가입 시 개인정보 포털을 통하여 가입한다.

17 해킹과 악성 코드에 사전 대응하기 위한 사용자의 실천 방안으로 올바르지 않은 것은?

① 개인 PC 보안 최신 업데이트를 한다.
② 회사에서도 개인 메일 사용을 권장한다.
③ 윈도우 로그인 패스워드를 설정한다.
④ 사설 와이파이와 공용PC는 사용을 자제한다.

18 다음 중 컴퓨터 바이러스 감염 예방방법 및 감염 발생에 따른 대응책을 모두 고른 것은?

> ㉠ 바이러스에 감염되면 자신의 컴퓨터를 바로 네트워크에서 분리한다.
> ㉡ 윈도우 자동업데이트를 설정한다.
> ㉢ 이메일에 첨부된 파일은 무조건 클릭해서 실행한 후 문제가 있을 시 삭제한다.
> ㉣ 바이러스에 감염되면 즉시 회사 시스템 관리자에게 감염 경위 및 처리 결과를 보고한다.

① ㉠, ㉡
② ㉢, ㉣
③ ㉠, ㉡, ㉢
④ ㉠, ㉡, ㉣

19 ( ) 안에 들어갈 기관의 이름은?

> ( )의 개인정보침해 신고센터는 개인정보보호위원회가 개인정보 보호법 등 관련 법령에 따라 지정한 신고 접수 전문기관으로, 누구든지 개인정보에 관한 권리 또는 이익을 침해받은 경우 피해 내용을 신고할 수 있다.

( )

20 다음 내용이 설명하는 것은?

> • 바깥 사람에게 드러내지 않고 통신할 목적으로 쓰이는 사설 통신망으로 공중 네트워크를 통해 개인정보 보호와 익명성 유지 기능을 제공한다.
> • 사용자를 추적할 수 없도록 인터넷 활동 기록과 위치를 숨겨준다.
> • 온라인 프라이버시를 지키기 위한 필수적인 보안 툴이다.

(   )

21 ㉠과 ㉡에 들어갈 단어를 쓰시오.

> (㉠)은/는 시스템을 잠그거나 데이터를 암호화하여 사용할 수 없게 한 뒤 이것을 인질로 삼아 금전을 요구하는 악성 프로그램을 말한다. 만약 이러한 악성 프로그램으로 인해 피해를 입는다면 (㉡)번으로 전화하여 한국인터넷진흥원의 인터넷침해사고대응지원센터에 도움을 요청할 수 있다.

(㉠   ), (㉡   )

22 다음 중 지도법이 다른 하나는 무엇인가?

① 인터넷 윤리에 관한 포트폴리오를 제작한다.
② 불법 복제 소프트웨어 사용을 금지하는 서약 활동을 한다.
③ 인터넷 역기능 실태 및 해결 방안에 대해 토론한다.
④ 인터넷 윤리 공모전에 작품을 출시한다.

23 다음은 어떤 교수 방법의 교육 내용인가?

> • 학습과 관련된 다양한 매체를 활용하여 개인 정보 보안 영상을 시청한다.
> • 인터넷 중독에 대한 사례를 실제로 조사한다.
> • 정보 보안 관련 도구 사용 방법을 배운다.
> • 정보 보안 전문가의 해킹 방어 시연을 본다.

① 설명형 지도법
② 시범형 지도법
③ 탐구형 지도법
④ 활동형 지도법

24 건강한 인터넷 사용을 위한 생활지도 방법으로 옳지 않은 것은?

① 현실 세계와 인터넷 가상 세계가 가지고 있는 차이를 올바르게 이해시켜야 한다.
② 인터넷 리터러시 교육을 통해 책임감 있는 인터넷 시민으로 육성해야 한다.
③ 인터넷을 잘 다룰 수 있도록 기술적인 교육 능력을 길러주어야 한다.
④ 인터넷 정보를 취합하여 영리를 취하거나 상거래를 할 수 있는 능력을 길러주어야 한다.

25 집단사고를 예방하는 방법으로 잘못된 것은?

① 집단의 지도자는 조직원들에게 비판의 평가자 역할을 배당한다.

② 집단의 지도자는 조직의 일을 처리할 때 자신의 의견을 표현하지 않는다.

③ 대안 결정 시 외부 사람의 의견을 받기보다 내부 인원 간에 충분한 토의 과정을 거쳐 결정한다.

④ 집단을 여러 문제들을 위한 각각의 독립된 조직으로 나누어야 한다.

26 (   ) 안에 들어갈 용어는?

- (   )은/는 인터넷을 창의적으로 활용하고 비판적으로 이해하여 건강하게 이용할 수 있는 능력을 말한다.
- (   ) 교육에는 콘텐츠 제작 능력, 책임 있는 행동 능력, 타인의 콘텐츠에 대한 이해력 등이 필요하다.

(   )

27 ㉠과 ㉡에 들어갈 단어로 올바른 것은?

- (㉠)은/는 타인의 행동이나 의견을 자발적으로 받아들이는 집단의 영향력이다. 판단과 근거가 부족해서, 집단으로부터 배척당하지 않기 위해 (㉠)을/를 하는 경향이 있다.
- (㉡)은/는 자신의 의사와는 관계없이 권위를 부여받은 사람의 '명령'을 따르는 것으로, 옳지 않더라도 행동하게 되는 집단의 영향력을 말한다. (㉡)은/는 책임을 다른 사람에게 떠넘길 수 있을 때, 명령하는 사람의 권위가 사회적 인정을 받을 때 이루어진다.

(㉠   ), (㉡   )

28 ㉠과 ㉡에 들어갈 용어는 무엇인가?

인터넷 윤리 상담자의 기본요건
수용   ㉠   긍정적 존종   ㉡   솔직성

(㉠   ), (㉡   )

1교시 이론

01 인터넷 정보사회의 현상으로 적절하지 않은 것은?

① 인터넷의 확산으로 다양하고 엄청난 양의 정보가 단방향으로 이루어진다.

② 사실이 확인되지 않은 '가짜 정보'가 불특정 다수에 의해 전달된다.

③ 이름 대신 닉네임을 사용하고 가상화폐로 물건을 구매할 수 있게 되었다.

④ 개인의 행위가 단기간에 전 세계에 영향을 미칠 수 있다.

02 인터넷 윤리학이 담당해야 할 역할과 기능으로 거리가 먼 것은?

① 정보사회에서 해야 할 것과 해서는 안 되는 것을 분명하게 규정한다.

② 기술발전에 수반될 윤리적 문제들에 대해 사전에 숙고하고 예방한다.

③ 인터넷을 통해 야기되는 문제를 공론화하여 비난, 처벌, 죄책감을 극대화한다.

④ 시대적 변화에 따른 인터넷 역기능에 대처하기 위해 제도 · 정책을 변혁한다.

03 스피넬로는 '인터넷상에서는 누구라도 공평하고 공정하게 대우받아야 한다.'라고 주장하였다. 이는 인터넷 윤리 기본 원칙 중 어느 것에 해당하는가?

① 선행의 원칙

② 자율성 존중의 원칙

③ 악행 금지의 원칙

④ 정의의 원칙

04 다음 인터넷 윤리의 역사적 사실을 순서대로 배열한 것은?

> ㉠ '컴퓨터 윤리'라는 용어를 사용하기 시작했다.
> ㉡ 컴퓨터협회 학술지에 '정보처리의 윤리적 규칙'이라는 논문이 발표되었다.
> ㉢ '사이버 윤리학'이라는 새로운 학술용어를 사용하기 시작했다.
> ㉣ 컴퓨터 윤리 분야의 최초 교재인 '컴퓨터 윤리'가 출간되었다.

① ㉠ → ㉡ → ㉢ → ㉣

② ㉠ → ㉡ → ㉣ → ㉢

③ ㉡ → ㉢ → ㉣ → ㉠

④ ㉡ → ㉠ → ㉣ → ㉢

05 다음 서비스의 공통적인 설명으로 옳지 않은 것은?

① 정확한 정보 전달이 신속하게 이루어진다.
② 사이버 공간에서 새로운 관계를 형성할 수 있다.
③ 소셜 플랫폼에 기반하여 새로운 유형의 상거래가 이루어진다.
④ 개인의 사생활정보 침해 가능성이 크다.

06 클라우드 컴퓨팅의 장점에 대한 설명으로 옳지 않은 것은?

① 컴퓨터 시스템의 유지 · 보수 비용을 줄일 수 있다.
② 시간적 · 공간적 제약 없이 문서를 열람할 수 있다.
③ 서버에 저장된 문서를 여러 명이 동시에 협업할 수 있다.
④ 인터넷 환경이 열악하더라도 안정적인 서비스가 가능하다.

07 다음에서 설명하는 클라우드 컴퓨팅 서비스 형태는 무엇인가?

> 기업 및 기관 내부에서 클라우드 서비스를 구축하고 제한적으로 서비스를 제공하는 클라우드 형태

① 퍼블릭 클라우드
② 프라이빗 클라우드
③ 인터랙티브 클라우드
④ 하이브리드 클라우드

08 인터넷 저널리즘의 특징으로 옳은 것은?

① 모든 사람이 제한 없이 개인의 의견을 개진할 수 있다.
② 정보 생성이 빠르고 신뢰성이 높다.
③ 정보의 책임소재가 명확하다.
④ 게이트키핑 기능이 활성화되어 있다.

09 다음에서 설명하는 용어는 무엇인가?

> 신문이나 방송 등의 언론 미디어에서 기사화되기 전에 결정권자에 의해 내용의 정확성, 윤리성, 건전성 등을 검토하는 총체적인 과정이다.

① 게이트키핑(Gatekeeping)
② 네카시즘(Netcarthism)
③ 인포데믹스(Infodemics)
④ 밈(Meme)

10 다음 중 누구든지 정보를 올릴 수 있고, 기존에 등록된 지식을 수정할 수 있는 새로운 형식의 백과사전을 일컫는 집단지성 서비스 예로 적절한 것은?

① 트위터
② 네이버 지식인
③ 유튜브
④ 구글

11 온라인 쇼핑, 도박 등을 강박적으로 하고 주식 사이트를 수시로 드나드는 것은 킴벌리 영이 제시한 인터넷 중독 유형 중 어느 것에 속하는가?

① 정보 중독
② 컴퓨터 중독
③ 네트워크 강박증
④ 사이버 관계 중독

12 다음에서 설명하는 인터넷 중독 증상은 무엇인가?

> • 인터넷에 중독되어 컴퓨터 사용시간을 줄이거나 중단하기가 점점 힘들어진다.
> • 만족감을 느끼기 위해서는 점점 더 많은 시간을 할애해야 한다.

① 집착
② 금단 현상
③ 일탈 행동
④ 내성

13 다음은 저작권자의 어떠한 권리를 침해한 것인가?

> 소희는 좋아하는 가수의 CD에서 음원을 추출하여 자신의 블로그 배경음악으로 사용하고 있다.

① 공표권
② 공연권
③ 공중송신권
④ 2차적 저작물작성권

14 저작자를 밝히면 자유로운 이용이 가능하지만, 변경 없이 그대로 사용하는 경우에 저작권을 허락한다는 의미의 '저작자표시–변경금지' CCL마크는?

①

②

③

④

15 다음 사례는 사이버 폭력 유형 중 어디에 해당되는가?

> 장충동에서 10년째 족발집을 운영하는 최 씨는 맞은편에 새로 생긴 OO족발집을 견제하기 위해 허위 SNS 계정을 여러 개 만들어서 새로 생긴 OO족발집이 반찬을 재사용한다는 허위글을 여러 차례 올렸다.

① 사이버 사기
② 사이버 테러
③ 사이버 언어폭력
④ 사이버 명예훼손

16 다음 중 인터넷에 과도하게 몰입하는 증상의 원인으로 옳지 않은 것은?

① 정부의 역할 증가
② 인터넷 자체의 속성
③ 개인의 심리적 특성
④ 가족, 사회환경적 요인

17 다음 중 인터넷상에서 불법 · 유해정보가 쉽게 생산 · 유통되는 이유가 아닌 것은?

① 서버가 삭제되어도 복제 및 배포가 가능하다.
② 정보를 생산하는 사람들의 윤리성이 부족하다.
③ 인터넷에서 생산 · 전송되는 정보가 철저하게 관리된다.
④ 익명성으로 인해 무책임한 정보 전송 및 위법 행위가 용이하다.

18 다음 중 사이버 폭력의 발생 원인을 모두 고른 것은?

> ㉠ 대면성
> ㉡ 익명성
> ㉢ 시공간 제약성
> ㉣ 인터넷 윤리의 부재

① ㉠, ㉡
② ㉡, ㉣
③ ㉡, ㉢
④ ㉢, ㉣

19 다음 중 K-척도의 구성요소를 모두 선택한 것은?

> ㉠ 일상생활 장애
> ㉡ 인터넷 접속시간
> ㉢ 사이버 관계 지향적
> ㉣ 컴퓨터 활용 능력

① ㉠, ㉡
② ㉠, ㉡, ㉢
③ ㉡, ㉢, ㉣
④ ㉢, ㉣

20 청소년 유해매체물 이용 실태로 옳지 않은 것은?

① 성인용 콘텐츠 이용경로가 다양해지고 있다.
② 성인용 콘텐츠를 이용하는 연령이 낮아지고 있다.
③ 유해사이트 차단 프로그램 설치율이 여전히 낮다.
④ 성인용 영상물 및 간행물 이용 시 성인 인증이 간소화되고 있다.

21 개인정보 생명주기 4단계 중 '저장·이용'의 주요 준수 사항이 아닌 것은?

① 개인정보 취급자 관리
② 내부관리계획의 수립, 이행, 점검, 개선
③ 위탁자에 대한 관리감독
④ 안전조치 이행

22 다음의 개인정보 권리 보장에 대한 내용 중 올바른 것은?

① 정보주체는 개인정보처리자가 처리하는 자신의 개인정보에 대한 열람을 함부로 요구할 수 없다.
② 법률에 따라 열람이 금지되거나 제한되는 경우에도 정보주체가 직접 요청한 경우에는 열람이 가능하다.
③ 정보주체는 법령에서 자신의 개인정보가 수집 대상으로 명시되어 있는 경우 그 개인정보의 정정 또는 삭제를 요구할 수 없다.
④ 개인정보처리자가 개인정보를 삭제할 때에는 추후 복구할 수 있도록 조치해야 한다.

23 다음 중 i-PIN에 대한 설명으로 잘못된 것은?

① 신상정보를 포함하지 않는다.
② 주민등록번호 유출과 오남용을 막을 수 있다.
③ 발급 과정이 까다로워 정보를 더욱 안전하게 관리할 수 있다.
④ 인터넷상 개인식별번호이다.

24 다음 중 해킹의 특징에 해당하지 않는 것은?

① 정보 시스템에 침입하여 정보를 빼내거나 삭제한다.
② 접근을 허가받지 않은 컴퓨터 시스템에 불법으로 침입한다.
③ 이미 알려진 공격 방법을 활용하여 컴퓨터 시스템에 해를 끼치는 기능을 만든다.
④ 시스템 내에서 파괴된 자료를 불법으로 복구한다.

25 ㉠~㉣에 들어갈 용어로 올바른 것은?

> • (㉠)는 서비스 기술자가 액세스 편의를 위해 고의로 만들어놓은 시스템의 보안 구멍을 말한다.
> • 상업용 광고를 목적으로 사용자 동의 없이 시스템에 광고를 표시하는 프로그램은 (㉡)이며, 악의적인 목적 없이 사용자의 심리적인 동요나 불안을 조장하는 가짜 컴퓨터 바이러스는 (㉢)이다.
> • 이메일, 메신저, 문자메시지, 웹 사이트 등의 통신 수단에 실제 존재하지 않지만 동작하는 것처럼 속여 불안감을 조성하는 거짓 악성 코드는 (㉣)이다.

① ㉠ 백도어(Backdoor), ㉡ 애드웨어(Adware), ㉢ 조크(Joke), ㉣ 혹스(Hoax)
② ㉠ 백도어(Backdoor), ㉡ 스파이웨어(Spyware), ㉢ 혹스(Hoax), ㉣ 조크(Joke)
③ ㉠ 트로이 목마(Trojan Horse), ㉡ 애드웨어(Adware), ㉢ 혹스(Hoax), ㉣ 조크(Joke)
④ ㉠ 트로이 목마(Trojan Horse), ㉡ 스파이웨어(Spyware), ㉢ 조크(Joke), ㉣ 혹스(Hoax)

26 해킹 기법에 대한 설명과 그 명칭이 모두 바르게 연결된 것은?

> ㉠ 취약점에 대한 패치가 나오지 않은 시점에서 이루어지는 공격
> ㉡ 패스워드 및 신용카드 정보와 같은 기밀을 요구하는 정보를 부정하게 얻는 방법
> ㉢ 악성 앱 주소가 포함된 휴대전화 문자(SMS)를 대량으로 전송한 후, 이용자가 악성 앱을 설치하도록 유도하여 금융정보 등을 탈취하는 신종 사기 수법

① ㉠ 제로데이(Zero Day) 공격
　㉡ 피싱(Phishing)
　㉢ 스미싱(Smishing)
② ㉠ 제로데이(Zero Day) 공격
　㉡ 피싱(Phishing)
　㉢ 사용자도용
③ ㉠ 사회공학적 공격
　㉡ 피싱(Phishing)
　㉢ 파밍(Pharming)
④ ㉠ 사회공학적 공격
　㉡ 파밍(Pharming)
　㉢ 사용자도용

27 개인정보 유출로 인한 2차 침해 유형이 아닌 것은?

① 온라인 서비스 명의 도용
② 개인정보의 불법 유통
③ 보이스피싱
④ 사이버 따돌림

28 악성 코드의 감염 경로로 옳지 않은 것은?

① 홈페이지 방문·링크 클릭 등 웹페이지 검색으로 인한 감염
② USB 등 저장 매체를 통한 감염
③ 보안 프로그램 패치 적용으로 인한 감염
④ 전자우편 첨부파일 또는 메신저 파일을 열 경우 감염

29 다음 예시는 개인정보 생명주기별 침해 유형 중 무엇에 속하는가?

> • 웹 사이트의 100% 경품 당첨 이벤트에 주민등록 번호와 핸드폰 번호를 입력했는데 경품이 안 왔음
> • 포털 서비스에서 제공하는 거리뷰나 스트리트뷰를 통해 개인 얼굴이 공개되는 것

① 수집
② 저장 및 관리
③ 이용 및 제공
④ 파기

30 개인정보 유출로 인한 2차 침해 유형으로 잘못된 것은?

① 신분증 위조
② 저작권 침해
③ 불법 스팸
④ 사생활 정보 유출

31 ㉠, ㉡에 해당하는 설명형 지도법의 유의 사항은?

> ㉠ 초등학생을 대상으로 인터넷 중독의 위험을 설명하기 위해 아이들이 좋아하는 캐릭터로 애니메이션을 제작하여 보여주었다.
> ㉡ 중학생을 대상으로 인터넷 중독이 신체에 얼마나 악영향을 끼치는지 설명하기 위해 지나친 인터넷 사용으로 실명의 위기까지 간 학생의 사례를 소개하였다.

① ㉠ 흥미성, ㉡ 의미성
② ㉠ 간결성, ㉡ 의미성
③ ㉠ 흥미성, ㉡ 명료성
④ ㉠ 간결성, ㉡ 명료성

32 다음 인터넷 윤리 교육의 통합적 도덕성 단계를 순서대로 나열한 것은?

> • 정의적 영역
> • 인지적 영역
> • 행동적 영역

① 1단계 정의적 영역 – 2단계 인지적 영역 – 3단계 행동적 영역
② 1단계 인지적 영역 – 2단계 정의적 영역 – 3단계 행동적 영역
③ 1단계 인지적 영역 – 2단계 행동적 영역 – 3단계 정의적 영역
④ 1단계 정의적 영역 – 2단계 행동적 영역 – 3단계 인지적 영역

33 딕과 캐리의 수업설계 모형 중 다음 내용은 무엇인가?

> • 수업을 전개할 방법과 절차를 개발하고 교수 매체의 활용에 대한 계획을 세우는 단계
> • 동기 유발 전략, 학습내용 제시 전략, 연습, 피드백이 고려됨

① 교수분석
② 교수전략 수립
③ 교수자료 개발
④ 평가도구 설계

34 콜버그의 도덕 발달 단계 중에서 '인터넷 공간에서의 예의 및 규칙 교육'이 이루어지기에 적합한 시기는?

① 전인습적 수준
② 인습적 수준
③ 중인습적 수준
④ 후인습적 수준

35 교수학습의 원리와 설명이 잘못 연결된 것은?

① 개별화의 원리 : 학습자 각각의 특성을 고려한 학습기회 제공
② 구체성의 원리 : 학습자가 실제 관찰하고 만지고 학습하는 직접적인 학습
③ 융통성의 원리 : 학습자의 흥미나 요구와 같은 내적 동기로 능동적인 학습에 몰입
④ 사회화의 원리 : 사회적 존재로서의 개인 발달을 위한 원리

36 사이버 공간에서의 공격성에 대해 잘못 설명한 것은?

① 본능적으로 공격적 충동을 가지고 있을 수 있다.

② 폭력물을 오래 볼 경우 점점 폭력적인 것에 둔해진다.

③ 공격 행위에 대한 학습과 모방이 원인 중 하나이다.

④ 목표 달성을 금방 이루거나 목표 도달 방법을 너무 쉽게 발견할 때 나타난다.

37 사이버 공간에서의 탈억제 요인에 대한 설명 중 옳은 것은?

① 비동시성 : 다른 사람의 메시지를 읽고 자신이 자의적으로 해석하고, 자신의 소망이나 욕구 등을 상대에게 비추어 보는 경향이 있다.

② 분열현상 : 온라인 세상을 현실세계의 요구와 책임에서 분리되어 있는 거짓 또는 가상의 차원에서 살고 있다고 생각한다.

③ 유아적 투사 : 상대는 당사자를 파악하기 어려우므로 평소 하기 힘든 행동을 할 수 있다.

④ 비가시성 : 자신의 이익을 위해 타인에게 피해를 줄 때 부정적 결과를 회피하거나 축소하려는 경향이다.

38 사이버 공동체의 특징에 대한 설명으로 옳은 것은?

① 사이버 공동체는 평등함을 지향하므로 권위적인 사람을 배격한다.

② 가입과 탈퇴가 자유로우며 이를 스스로 결정하므로 책임감이 강해진다.

③ 보통 집단 내에서 의사를 결정할 때는 충분한 토의를 거쳐 다양한 방식으로 대안을 검토한 후 의사결정한다.

④ 집단의 행동과 신념이 자신의 본래 태도와 다르더라도 집단의 행위와 태도를 따르게 된다.

39 생활지도의 활동 방법 중 가장 중요한 활동으로, 학습자의 자율성과 문제해결력을 키우며 정신건강 함양을 적극 돕는 것은 무엇인가?

① 정보제공활동

② 상담활동

③ 정치활동

④ 추수활동

40 인터넷 게임 중독자를 상담할 때 상담의 기본 원리에 맞는 것은?

① 내담자의 상담 내용을 가장 가까운 가족에게 전달한다.

② 종일 게임만 하고 싶어 하는 내담자를 말로써 꾸짖어 잘못을 인식하게 한다.

③ 내담자가 게임을 막는 사람에 대한 악감정을 드러내도 이를 허용하면서 상담한다.

④ 게임 가능 시간, 일상생활 규칙 등을 세세하게 작성하여 내담자에게 따르도록 권한다.

01 다음 빈칸에 들어갈 용어를 쓰시오.

(㉠) : 인터넷에 기술을 활용하여 IT 자원을 제공받는 서비스로 사용한 만큼만 비용을 지불하는 '주문형 IT 서비스'를 의미한다.

(㉡) : 인터넷상에서 사회적인 관심을 끌게 될 때 네티즌들의 집중적인 비방과 공격이 가해지는 현상으로 '마녀사냥'이라고도 일컬어진다.

(㉢) : 정보(Information)와 전염병(Epidemics)의 합성어로, 추측이나 루머와 같이 부정확하고 잘못된 정보가 인터넷이나 휴대전화를 통해 확산되어 경제, 정치, 안보 등에 치명적인 영향을 미치는 현상

(㉠   ), (㉡   ), (㉢   )

02 해킹과 바이러스로부터 고객의 정보를 안전하게 유지해야 하는 직무자는 누구인가?

① 정보생산자   ② 정보관리자
③ 정보제공자   ④ 정보이용자

03 다음 중 공개자료실 네티켓 중 바람직한 것은?

㉠ 상업용 소프트웨어는 올리지 않는다.
㉡ 반드시 바이러스 감염여부를 점검한 후 올린다.
㉢ 이용자의 편의성을 고려하여 자료는 압축하거나 분할하지 않는다.
㉣ 사람들이 잘 찾을 수 있도록 같은 자료를 주기적으로 반복해서 올린다.

① ㉠, ㉡   ② ㉠, ㉢
③ ㉡, ㉣   ④ ㉢, ㉣

04 다음 설명에 해당하는 용어를 쓰시오.

(㉠) : 상품 거래에 가격이 아닌 관계 메커니즘을 적용하여 소셜 플랫폼 기반에서 이루어지는 상거래 시스템

(㉡) : 인터넷을 통해 판매자와 구매자를 직접 연결하는 형태로 유통비용이 생략된 저렴한 가격으로 거래가 이루어짐

(㉢) : 인터넷 쇼핑몰에서 물건을 구매할 때 다른 사람들의 제품 사용 후기를 참고하여 결정을 내리는 소비자

(㉠   ), (㉡   ), (㉢   )

05 휴대전화나 스마트기기 등의 이동통신기기를 이용하여 인터넷상에서 은행 업무를 수행하는 행위는?

① 텔레뱅킹   ② 모바일뱅킹
③ 전자화폐   ④ i-PIN

06 다음 설명에 적합한 금융서비스를 쓰시오.

구분	㉠	㉡	㉢
매체	PC, 인터넷	휴대전화, 스마트기기	전화
취급가능 정보	문자, 화상, 음성	문자	음성
이용 가능 장소	주로 가정과 직장	제약 없음	제약 없음
시각성	화면이 커서 보기 쉬움	화면이 작아 정보표시에 한계	–
통신료 부담	고객	고객	금융기관 (수신자부담)

(㉠   ), (㉡   ), (㉢   )

07 전자정부에서 이용할 수 있는 서비스를 바르게 짝지은 것은?

① 정부24 – 주민등록등본 열람
② 홈택스 – 지적도(임야도) 등본 발급
③ 교통민원24 – 교통·에너지·환경세 신고
④ 인터넷등기소 – 연말정산간소화서비스

08 다음 빈칸을 채우시오.

> 정부는 청소년의 건전한 게임문화 정착을 위해서 18세 미만의 청소년이나 부모님이 게임사이트에 일정 시간이나 기간 동안 이용을 제한해주도록 신청하면 그에 맞게 접속이 제한되는 (㉠)제도를 시행하고 있으며, 청소년은 게임을 이용할 수 있는 오락실, PC방 등에 오전 9시부터 오후 (㉡)까지만 출입이 가능하도록 제한하고 있다. 청소년의 출입시간을 위반해 청소년을 PC방 등에 출입시킨 사람은 1년 이하의 징역 또는 (㉢) 이하의 벌금에 처한다.

(㉠   ), (㉡   ), (㉢   )

09 다음은 어떤 유해정보 차단 기술에 대한 설명인지 쓰시오.

> (㉠) : 미디어 제목에 금칙어(누드, SEX 등)를 포함하는지 여부를 검사하여 차단하는 방식으로 처리속도는 빠르나 과차단율이 높음
> (㉡) : 현재 유통되고 있는 유·무해 동영상 샘플을 기계 학습하여 검사 대상을 자동적으로 판별하는 기술
> (㉢) : 사전에 안전이 검증된 사이트만 접근을 허용하고 그 외는 모두 차단하는 방식

(㉠   ), (㉡   ), (㉢   )

10 다음 설명에 해당하는 저작권 보호기술은?

> 디지털 저작권 관리로서 콘텐츠를 암호화한 후 배포하여 허가받지 않은 사람이 사용할 수 없도록 보호하는 서비스

① 탐색엔진
② CCL
③ 디지털 워터마킹
④ DRM

11 다음과 같은 상황을 방지하기 위한 인터넷 사기 피해 정보공유 사이트가 아닌 것은?

> ○○경찰서 사이버수사국에서는 인터넷 중고거래 사이트에서 물건을 판매하는 것처럼 속여 돈을 가로챈 혐의로 최모씨 일당을 검거했다. 최씨 일당은 가구는 부피가 크고 무게가 많이 나간다는 점을 이용해 직거래를 피하는 수법을 썼다. 이들은 인터넷에서 가구 사진을 다운받아 판매상품으로 위장하고, 선입금하면 용달차량으로 배송을 해준다고 속여 30여 명으로부터 3천여만 원을 챙기고 연락을 두절해 피해 신고가 접수되었다.

① 더치트
② 서울시 전자상거래
③ 홈택스
④ 경찰청 사이버수사국

12 사이버 폭력과 성희롱 예방을 위한 행동으로 옳지 않은 것은?

① 원하지 않는 메시지를 받으면 답장하지 않는다.
② 온라인에서도 오프라인에서처럼 상대방을 존중한다.
③ 개인정보는 비공개로 하고 부득이 공개해야 할 경우에는 최소한의 것만 밝힌다.
④ 사이버 폭력을 당했을 때는 사이트 제공자에게 경찰서에 동행하여 신고할 것을 요구한다.

13 불법 유해 정보의 처벌 규정으로 옳은 것은?

① 아동·청소년 이용 음란물을 판매·대여·배포·제공한 사람은 5년 이상의 징역에 처한다.
② 음란한 영상이 나오는 음란물을 배포한 사람은 3년 이하의 징역 또는 3천만 원 이하의 벌금에 처한다.
③ 청소년에게 청소년유해매체물을 판매한 사람은 5년 이하의 징역 또는 5천만 원 이하의 벌금에 처한다.
④ 이익을 위해 촬영대상자의 의사에 반하여 다른 사람의 신체를 촬영한 촬영물을 인터넷에 반포한 사람은 1년 이상의 징역에 처한다.

14 스미싱 피해 시 대응 방법으로 올바르지 않은 것은?

① APK 파일을 복구한다.
② 모바일로 결제된 내역을 확인하고 취소한다.
③ 공동인증서(구 공인인증서)를 폐기한다.
④ 사건사고 사실확인원을 이동통신사 등 관련 사업자에게 제출하고 피해사실을 신고한다.

15 다음 설명에 해당하는 사이버 범죄의 유형을 쓰시오.

(㉠) : 금융기관으로 위장하여 사용자로 하여금 허위 홈페이지로 접속하도록 유도하여 개인정보를 빼내거나 금전을 갈취하는 수법
(㉡) : 문자 메시지를 이용하여 소액결제를 하도록 유도하거나 스마트폰에 악성 프로그램을 받도록 하여 개인정보를 갈취하는 수법
(㉢) : 피해자 PC나 스마트폰에 악성 프로그램을 유포시켜 피해자가 금융사이트에 보안카드번호, 계좌번호 등의 금융정보를 입력하면 이 정보를 이용하여 금전을 탈취하는 수법

(㉠　　　　　), (㉡　　　　　　), (㉢　　　　　　)

16 개인정보 오남용 피해를 예방하기 위한 방법으로 올바르지 않은 것은?

① 비밀번호는 주기적으로 변경한다.
② P2P 공유폴더에 개인정보를 저장하지 않는다.
③ 회원가입 시 주민번호와 i-PIN을 같이 사용한다.
④ 비밀번호는 문자와 숫자로 8자리 이상으로 만든다.

17 인터넷상에서의 개인정보 유출 통지 및 신고에 대한 근거 법률은 무엇인가?

① 정보통신망 이용촉진 및 정보보호 등에 관한 법률
② 정보통신기반 보호법
③ 신용정보의 이용 및 보호에 관한 법률
④ 개인정보 보호법

18 랜섬웨어 피해를 예방하기 위한 수칙으로 올바르지 않은 것은?

① 중요한 자료는 별도 매체에 정기적으로 백업한다.

② 출처가 불분명한 이메일과 메시지 등의 URL 링크는 실행하지 않는다.

③ 소프트웨어가 최신 버전으로 업데이트되지 않도록 주의한다.

④ 신뢰할 수 없는 사이트 등에서 함부로 파일 다운로드를 하지 않는다.

19 외부의 공격들로부터 내부 네트워크를 안전하게 보호하기 위해 사용되는 소프트웨어로 외부와 내부 네트워크를 경유하는 패킷을 규칙에 따라 차단하거나 보내주는 역할을 하며, 네트워크 보안을 높이기 위한 가장 기본적인 방법은 무엇인가?

(   )

20 개인정보 침해에 대한 사후 대응 방안으로 올바른 것을 모두 고르시오.

> ㉠ 개인정보 침해 사고가 발생하면 그 즉시 117로 신고한다.
> ㉡ 무료 백신프로그램으로 검사한 후 치료를 진행한다.
> ㉢ 해킹으로 인한 피해 발생 시 치료가 불가할 때는 OS를 재설치한다.
> ㉣ 웹 사이트에서 침해 발생 시 웹사이트 회원 탈퇴 서비스를 이용하여 탈퇴한다.

(   )

21 ㉠과 ㉡에 들어갈 용어로 올바른 것은?

> • (㉠)는 서비스 기술자가 액세스 편의를 위해 고의로 만들어놓은 시스템의 보안 구멍으로 트랩 도어(Trap Door)라고도 한다.
> • (㉡)는 악성 루틴이 숨어 있는 프로그램으로 겉보기에는 정상적인 프로그램으로 보이지만 실행하면 악성 코드를 실행하며, 자료 삭제·정보탈취 등 사이버 테러를 목적으로 사용되는 악성 프로그램이다. 바이러스처럼 다른 파일을 전염시키지 않아 해당 파일만 삭제하면 치료가 가능하다.

① ㉠ 웜(Worm) 바이러스
   ㉡ 랜섬웨어(Ransomware)

② ㉠ 백도어(Backdoor)
   ㉡ 랜섬웨어(Ransomware)

③ ㉠ 웜(Worm) 바이러스
   ㉡ 트로이 목마(Trojan Horse)

④ ㉠ 백도어(Backdoor)
   ㉡ 트로이 목마(Trojan Horse)

22 다음 중 인터넷 리터러시 교육에 필요한 내용으로 잘못된 것은?

① 콘텐츠 제작 능력

② 책임 있는 행동

③ 고등 교육 과정 수료

④ 타인의 콘텐츠에 대한 이해력

23 다음 중 인터넷 윤리 교육의 평가방법으로 잘못된 것은?

① 지필 평가는 생략하거나 비율을 낮추고, 실습이나 활동평가의 비율을 높인다.

② 기본과제를 응용하거나 변화시키는 내용에 관한 과제를 출제한다.

③ 창의성이 많이 요구되는 과제의 경우 처리과정도 평가요소에 포함시킨다.

④ 관찰법, 면접법, 질문지법 등을 이용하여 인터넷 사용 및 컴퓨터 활용에 관한 능력을 측정한다.

24 '인터넷 폭력 예방'에 대하여 교육할 때 교수자의 자세로 옳지 않은 것은?

① 인터넷 폭력에 경각심을 가지도록 그 사례에 대해 직접적으로 상세하게 소개하였다.

② 교수자는 수업의 목적이 학생들에게 인터넷 폭력의 위험성을 인지시켜 이를 예방하기 위한 것임을 분명하게 인식한다.

③ 학습자들의 이해를 위해 애니메이션, 신문자료, 강연 등 다양한 방식의 자료를 준비하였다.

④ 학습자들을 몇 개의 팀으로 나누어 우리가 무의식적으로 행하는 인터넷 폭력에 무엇이 있는지 토론하도록 했다.

25 다음 중 올바른 인터넷 사용을 위한 생활지도로 옳지 않은 것은?

① 오락과 휴식의 도구로 인터넷 사용을 늘린다.

② 차단 및 감시망을 피해서 부적절한 사이트에 접속을 시도하지 않는다.

③ 타인의 글을 저자의 허락 없이 인터넷에 올려 저작권을 침해하지 않는다.

④ 컴퓨터 사용 시간을 계획하고 컴퓨터를 켜고 끄는 시간을 일정하게 정한다.

26 ㉠, ㉡, ㉢에 들어갈 올바른 용어는?

> • (㉠)은/는 불안에 대처하기 위해 무의식적으로 경험을 왜곡하거나 위장하는 것이다.
>
> • (㉠)은/는 크게 (㉡), 기만형, 대체형의 세 가지 종류로 나뉜다.
>
> • 가정 폭력을 일삼는 사람이 폭력으로 사망한 기사가 인터넷에 실렸을 때 분노하며 댓글을 다는 경우는 대체형 중 (㉢)에 속한다.

(㉠   ), (㉡   ), (㉢   )

27 인터넷 중독 학생을 상담할 때 쓰는 여러 상담 기법 중 보기에서 설명하는 상담 기술은?

> ㉠ 내담자의 말과 비언어적 표현 등을 관찰하여 주의 깊게 들어주는 것이다.
> ㉡ 내담자의 말 중에서 모호한 점이나 모순된 점이 발견될 때, 상담자가 다시 질문함으로써 내담자가 그 의미를 명백하게 하는 기술이다.
> ㉢ 내담자의 자기 이해를 돕기 위해 상담자의 눈에 비친 내담자의 행동 특성 또는 사고방식을 지적하여, 내담자가 외부에 비친 자기 모습을 되돌아보고 통찰의 순간을 경험하도록 하는 직접적 · 모험적 자기대면의 방법이다.

(㉠   ), (㉡   ), (㉢   )

28 다음 중 청소년이 인터넷 중독에 빠졌을 때 상담받을 수 있는 인터넷 중독 상담 기관을 모두 고르면?

> ㉠ 아이윌 센터
> ㉡ 스마트쉼 센터
> ㉢ 개인정보 포털
> ㉣ 한국청소년상담복지개발원
> ㉤ 한국인터넷진흥원 118 상담센터

(   )

모의고사 정답 및 해설

제1회 모의고사 (1교시-이론)

01	02	03	04	05	06	07	08	09	10
②	②	①	①	②	④	③	①	③	①
11	**12**	**13**	**14**	**15**	**16**	**17**	**18**	**19**	**20**
①	③	③	①	③	③	①	③	④	④
21	**22**	**23**	**24**	**25**	**26**	**27**	**28**	**29**	**30**
③	①	①	③	②	②	②	③	②	③
31	**32**	**33**	**34**	**35**	**36**	**37**	**38**	**39**	**40**
②	③	③	④	②	③	②	④	④	④

01

정답 ②

해설

② '지금-여기'의 문제에 한정하는 기존의 윤리와 달리 인터넷 공간에서는 시공간을 초월하여 문제가 발생하기 때문에 윤리문제를 해결하기 어렵다.

구분	기존 윤리학	인터넷 윤리
판단의 범위	• 지금-여기 • 시간과 장소에 한정적	• 시공간 초월 • 시간과 장소에 제약 ×
판단 기준	동기 중요시	동기 · 행위 · 결과 모두 중요시
주체 · 객체	인간(인간 이외의 것은 제외)	기계와 컴퓨터 자원까지 포함하여 주체 · 객체 모호

02

정답 ②

해설

인터넷 윤리의 기능(추병완)

처방 윤리	정보사회에서 우리가 해야 할 것과 해서는 안 되는 것을 분명하게 규정
예방 윤리	향후 정보통신기술의 발전에 수반될 윤리적 문제들에 대해 사전에 숙고하고 예방하도록 도와줌
변혁(변형) 윤리	시대적 변화에 따라 인터넷 역기능에 대처하는 제도 · 정책의 변혁도 수반되어야 함
세계 윤리	보편적인 규범 체계를 제시하는 것, 국지적 윤리가 아닌 세계적 · 보편적 윤리
책임 윤리	인터넷과 관련된 인간의 책임 강조
종합 윤리	인터넷을 통해 야기되는 여러 도덕적 이슈들을 해결하기 위해 윤리학 이론을 종합적으로 활용하는 기능 수행

03

정답 ①

해설

스피넬로의 인터넷 윤리 기본 원칙

자율성 존중의 원칙	인간의 합리성과 자기결정능력을 믿고, 사이버 공간의 윤리적 행동에 대해 개인의 자율성에 맡겨야 한다는 것
악행 금지의 원칙	인간의 능력은 불완전하여 악행을 범할 수 있으므로, 사이버 공간에서의 모든 활동에 대해 악행이 금지되도록 노력해야 한다는 것
선행의 원칙	사이버 공간에서의 말과 행동 모두 다른 사람의 복지를 증진시킬 수 있도록 해야 한다는 것
정의의 원칙	공평과 분배의 문제로 사이버상에서는 누구라도 공평하고 공정하게 대우받아야 한다는 것

04

정답 ①

해설

① '컴퓨터 윤리'라는 용어를 처음 사용하기 시작한 사람은 매너(W. Maner)이다. 파커(D. Parker)는 컴퓨터 전문가에 의한 비윤리적·불법적인 컴퓨터 사용을 조사하여 1968년에 컴퓨터협회학술지에 '정보처리의 윤리적 규칙'이라는 논문을 발표하고 전문가 행위규범을 개발했다.

05

정답 ②

해설

② 전문가가 주로 정보를 생산했던 전통적인 미디어와 달리 소셜미디어는 기존 기술에 대한 약간의 변형만으로도 정보 생산이 가능하기 때문에 방대한 정보량에 비해 신뢰도가 낮다.

전통적인 미디어와 소셜미디어의 비교

구분	전통적인 미디어	소셜미디어
도달성	조직, 정보의 생산과 분배의 측면이 중앙 집중적인 형태	• 탈중심적이고, 탈위계적 • 정보의 생산과 이용이 다양하게 이루어짐
접근 가능성	특정 개인이나 정부가 소유·운영	• 거의 무료 • 누구나 접근 가능
이용 가능성	정보의 생산을 위해서는 전문적인 기술과 훈련이 요구	• 누구나 정보의 생산 수단 이용 가능 • 전문성이 필요하지 않거나, 기존 기술에 대한 약간의 변형만으로도 정보 생산이 가능
즉시성	정보의 생산과 소비 사이에 일정 시간 지체	정보의 생산과 소비가 즉각적으로 이루어짐
영속성	일단 정보가 생산되고 나면 변경이 어려움	코멘트나 편집을 통해 즉각적 수정 가능

06

정답 ④

해설

④ 소셜 네트워크 서비스는 신속한 정보 전달이 가능하지만, 사실이 확인되지 않은 유언비어와 가짜정보가 빠르고 광범위하게 확산될 수 있는 문제가 있다.

07

정답 ③

해설

③ 스마트폰은 '내 손안의 작은 컴퓨터'로 불릴 만큼 다양한 기능을 탑재하여 이동 중에도 여러 가지 업무를 수행할 수 있지만, 플랫폼의 개방 및 스미싱(Smishing) 등의 해킹 확산으로 인해 보안이 취약하다는 문제가 있다.

08

정답 ①

해설

② 소셜 커머스(Social Commerce) : 상품 거래에 가격 메커니즘이 아닌 관계 메커니즘이 작동하는 것으로, 소셜 플랫폼에 기반하여 소비자의 경험을 소셜 네트워크와 실시간 공유함으로써 이뤄지는 상거래 형태 전반을 의미한다.

③ 블로그(Blog) : 인터넷을 의미하는 '웹(Web)'과 항해일지를 뜻하는 '로그(Log)'의 합성어로, 일반인이 자신의 관심사에 따라 자유롭게 일기, 기사, 칼럼 등의 글을 올리는 공간이다.

④ 사물인터넷(IoT ; Internet of Things) : 일상생활 속에서 사용하는 사물들(자동차, TV, 에어컨 등)을 인터넷 네트워크로 연결해 사람–사물, 사물–사물 간의 정보를 공유하는 시스템이다.

09

정답 ③

해설

클라우드 컴퓨팅 서비스의 운용 형태

퍼블릭 클라우드	서비스 유지를 위한 모든 인프라와 IT 기술을 클라우드에서 받는 것
하이브리드 클라우드	IT 기술은 클라우드에서 받지만, 서비스 유지를 위한 인프라를 클라우드의 것과 기업의 것을 혼용하는 형태
프라이빗 클라우드	기업이 직접 클라우드 서비스를 구축한 후 이를 계열사와 고객에게만 제공하는 형태

10

정답 ①

해설

집단지성(Collective Intelligence)이란, 다수의 개인이 서로 협력과 경쟁의 상호작용을 통하여 얻게 된 지식을 공유·발전시켜 나가는 집단적 능력을 의미하는 것으로 '위키피디아', '네이버 지식인'이 대표적인 사례이다.

11

정답 ①

해설

인포데믹스(Infodemics)란 정보(Information)와 전염병(Epidemics)의 합성어로, 정보 확산으로 인한 부작용으로 추측이나 뜬소문이 덧붙여진 부정확한 정보가 인터넷이나 휴대전화를 통해 전염병처럼 빠르게 전파됨으로써 개인의 사생활 침해는 물론 경제, 정치, 안보 등에 치명적인 영향을 미치는 것을 의미한다.

12

정답 ③

해설

킴벌리 영(Kimberly Young)의 인터넷 중독 유형

사이버 섹스 중독	섹스 · 포르노 내용의 음란채팅, 인터넷 사이트 등을 강박적으로 드나드는 경우
사이버 관계 중독	온라인을 통한 채팅, 동호회에 과도하게 몰두하여 현실에서의 인간관계를 등한시하는 경우
네트워크 강박증	온라인 쇼핑 · 도박, 주식 매매 충동을 억제하지 못하는 경우
정보 중독	자신에게 필요한 정보 이상의 자료 수집에 집착하여 강박적으로 검색하는 경우
컴퓨터 중독	청소년과 20~30대 성인에게 자주 관찰되는 유형으로 온라인 게임에 지나치게 몰두하는 경우

13

정답 ③

해설

인터넷 중독의 단계

1단계 호기심	• 채팅룸, 게임에 호기심으로 참여 • 정기적으로 접속하면서 친구들과 정보 교류
2단계 대리만족	• 현실에 없는 즐거움을 인터넷으로 만끽 • 폭력성, 사행성, 음란성의 내재적 본성 발휘 • 게임의 고수로서 그 세계에서 존경받음 • 익명성은 음란성과 결합되어 더욱 발휘됨
3단계 현실탈출	• 오직 접속 상태만을 갈구함 • 실제 세계의 모든 질서를 부정함 • 가상 세계의 환상에 사로잡혀 현실인식에 장애가 생김 • 사회적 사건의 주인공이 됨

14

정답 ①

해설

구매한 음악 CD에서 음원을 추출하여 인터넷 등에 게재 · 공유하는 행위는 저작권 침해에 해당하지만, 영리의 목적이 아닌 개인적인 감상의 목적으로 음원을 추출하는 행위는 사적 복제에 해당하여 저작권 침해가 아니다.

15

정답 ③

해설

㉠은 '개인존엄성의 확보'에 대한 보호법익, ㉢은 '지적 소유권'에 대한 보호법익에 해당한다.

불법 또는 유해한 콘텐츠(EU위원회)

보호법익	불법 · 유해정보의 예
국가안전보장	폭탄제조, 위법의 약품제조, 테러
미성년자 보호	부정판매행위, 폭력, 포르노
개인존엄성의 확보	인종차별
경제의 안정, 신뢰성	사기, 신용카드 도용
정보의 안전, 신뢰성	악의의 해킹
프라이버시 보호	비합법적인 개인정보 유통, 전자적 피해 통신
명예, 신용의 보호	중상, 불법, 비교 광고
지적 소유권	소프트웨어, 음악 등 저작물의 무단 배포

16

정답 ③

해설

③ 가정이 해체되거나 핵가족일수록 인터넷에 중독되기 쉽다.

인터넷 중독의 원인

사회환경적 요인	건전한 놀이문화의 부재, 핵가족화 및 가정해체, 접근의 용이성
인터넷 자체의 속성	끊임없는 재미와 호기심의 충족, 새로운 인격 창출, 익명성과 탈억제, 시간 왜곡 현상, 강한 친밀감
개인적 특성	낮은 자아존중감과 우울, 대인관계 능력 부족, 스트레스 대처 능력 부족, 문제의식의 부재

17

정답 ①

해설

사이버(인터넷) 사기란 정보통신망(컴퓨터 시스템)을 통하여 이용자들에게 물품이나 용역을 제공할 것처럼 기망하여 피해자로부터 금품을 편취(교부행위)하는 행위로, 인터넷 거래의 대부분이 익명과 비대면으로 이루어져 이러한 사이버 사기에 취약하다.

18

정답 ③

해설

사이버 폭력의 원인

익명성	개인의 신분이 노출되지 않아 사이버 폭력이 용이함
가상성	현실 세계의 구속 없이 자신의 욕구를 충족시킬 수 있는 초현실적 공간
전문성	인터넷 사용 편의성을 도모하기 위해 개발된 인터넷 기술을 사이버 폭력에 악용
비대면성	인터넷에서 타인과 대화를 나누거나 글을 게시함에 있어서 상대의 존재를 덜 의식하게 됨
비감독성	인터넷 사용자에 대한 실시간 감시와 적발이 어려움
인터넷 윤리의 부재	인터넷 윤리 교육의 부족, 보편적인 가치규범의 부재로 인해 규제로부터 자유로움
정보의 집약화	엄청난 양의 정보가 빠르게 확산되면서 확인되지 않은 정보로 인한 명예훼손 등의 부작용 초래
기회의 용이성	인터넷은 누구나 접근이 가능하고 시공간의 제한이 없어 육체적 노력 없이 클릭만으로 일탈 가능

19

정답 ④

해설

중 · 고등학생이 하루 4시간 정도, 초등학생이 3시간 정도 인터넷을 사용할 경우 인터넷 중독 '고위험 사용자'로 분류한다.

인터넷 중독 사용자군 분류

- 일반 사용자군 : 초등학생 1일 약 1시간, 중 · 고등학생 약 2시간
- 잠재적위험 사용자군 : 초등학생 1일 약 2시간, 중 · 고등학생 약 3시간
- 고위험 사용자군 : 초등학생 1일 3시간 이상, 중 · 고등학생 4시간 이상

20

정답 ④

해설

① 2018년 이후 모든 연령대에서 해마다 중독률이 증가하고 있다.
② 스마트폰 중독률은 모든 연령대에서 '잠재적위험'률이 '고위험'률보다 높다.
③ 2020년 스마트폰 중독률은 청소년 > 유아동 > 성인 > 60대 순이다.

21

정답 ③

해설

전자우편, 전화통화내용 – 통신정보
신용카드 – 신용정보
이자소득 – 소득정보

22

정답 ①

해설

① 개인정보 처리 목적에 필요한 범위 내에서 최소한의 개인정보만을 적법하고 정당하게 수집하여야 한다.

23

정답 ①

해설

②, ③ 저장 · 이용 : 민원인이 서비스 이용을 위해 제공한 정보를 저장하고, 이를 통해 조회 등의 업무를 수행하는 단계
④ 제공 : 업무 제휴, 대국민 서비스를 위한 부처 간 정보 공유 단계

24

정답 ③

해설

② 악성 코드에 대한 설명이다.
⑩ 개인정보가 포함된 저장장치를 잘못 전달한 경우는 개인정보 취급자의 오 · 남용으로 인한 개인정보 침해 행위이다.

25

정답 ②

해설

① ㉠ – 시스템 공격

③ ㉢ – 폭탄메일

④ ㉣ – 파밍(Pharming)

26

정답 ④

해설

④ 컴퓨터 전원이 들어오지 않는 것은 전원 스위치나 파워서플라이, 메인보드 고장 등 하드웨어의 문제인 경우가 많다. 악성코드 감염의 주요 증상으로는 컴퓨터 부팅 속도가 늦거나 안 됨, 브라우저 실행 시 특성 웹사이트로 이동, 시스템이 이유 없이 다운, 프로그램 실행 속도가 늦거나 실행되지 않음, 메모리 용량이 감소, 네트워크 속도가 갑자기 느려짐 등이 있다.

27

정답 ④

해설

① 부트 바이러스 : 디스크의 가장 처음 부분인 부트 섹터에 자리잡아 부팅에 영향을 주는 바이러스

③ 부트/파일 바이러스 : 부트 섹터와 파일 모두에 감염되는 바이러스

28

정답 ③

해설

③ 유명 콘텐츠를 무료로 다운받을 수 있는 것처럼 사용자를 현혹하여 악성 코드를 다운로드 · 설치하여 감염시키는 사례가 지속적으로 확인되므로, 출처가 불분명한 파일은 함부로 다운받지 않는다.

29

정답 ②

해설

① 개인정보 불법유통 : 개인정보가 여러 가지 원인으로 유출된 후 금전적 이익 수취를 위해 불법적인 방법을 통해 거래되는 경우

③ 오 · 남용으로 인한 개인정보 유출 : 개인정보를 부당하게 이용하거나 사적으로 유용하는 것을 목적으로 유출하는 경우

④ 외부 침투에 의한 개인정보 유출 : 홈페이지 해킹 등 외부 침투에 의해 정보주체의 개인정보가 유출되는 경우

30

정답 ③

해설

③ '이용 및 제공' 유형에 속하는 사례이다.

수집	• 개인정보 수집 시 미동의 및 수집 시 고지사항 불이행 • 서비스 이용과 관계없는, 한도를 넘어선 개인정보 수집 • 과도하고 민감한 개인정보 수집 • 불법적인 주민등록번호 수집 • 법정 대리인의 동의 없이 아동의 개인정보 수집 • 해킹 등 불법 수단과 기망 등 사기적 수단에 의한 개인정보 수집 • 예시 – 웹 사이트의 100% 경품 당첨 이벤트에 주민등록번호와 핸드폰 번호를 입력했는데 경품이 안 왔음 – 포털 서비스에서 제공하는 거리뷰나 스트리트뷰를 통해 개인 얼굴이 공개
저장 및 관리	• 개인정보의 기술적 · 관리적 조치 미비로 인한 개인정보 유출 • 외부의 제3자의 불법적인 접근에 의한 개인정보 유출 · 훼손 · 변경 • 취급자의 인식 부족, 과실 등으로 인한 개인정보의 공유
이용 및 제공	• 개인정보를 동의 받은 목적과 다르게 이용 • 정보 주체의 동의 없는 제3자 제공 · 공유 • 개인정보의 이용 동의 철회 및 회원 가입 탈퇴 불응 • 처음 수집 때 고지한 이용 목적 이상의 개인정보 이용
파기	• 정당한 이유 없이 수집 목적 달성 이후 개인정보 미파기 • 개인정보 삭제 요구에 협조하지 않음

31

정답 ②

해설

① 기본 교육 : 인터넷 윤리 교육은 모든 교육 과정에서 다루어져야 할 기본 교육이어야 함

③ 공동체 교육 : 인터넷 윤리 교육은 전통적인 공동체와 가상 공동체의 일원으로 바르게 존재하는 방법을 동시에 가르쳐주는 공동체 교육이어야 함

④ 다문화 교육 : 인터넷 윤리 교육은 서로 다른 가치관과 생활방식을 가진 네티즌들이 참여하므로 차이와 다양성을 인정하는 다문화 교육이 이루어져야 함

32

정답 ③

해설

애디(ADDIE) 모형의 절차

분석 (Analysis)	요구분석, 학습자 분석, 환경분석, 과제(내용) 분석
설계 (Design)	수행목표 설계, 평가도구 개발, 학습내용의 계열화, 교수전략 및 매체 선정
개발 (Development)	교수자료 개발 및 프로그램 제작, 형성평가 를 통한 수정 및 보완
실행 (Implementation)	사용 및 설치, 유지 및 관리, 지원체제 강구
평가 (Evaluation)	총괄평가 및 교육성과 평가, 교수프로그램의 효율성 평가

33

정답 ③

해설

탐구형 지도 방법
- 탐구영역 속에서 교사와 학습자가 함께 지식을 발견해나가는 방법
- 탐구할 주제를 학습자 스스로 결정함
- 교수자는 주제를 안내해주는 역할

34

정답 ②

해설

헤르바르트(Herbart)의 교수 4단계

명료	학습해야 할 주제를 명료하게 제시하는 단계
연합	과거 배운 내용과 새롭게 배울 내용과 연관지어 해석하고 이해할 수 있게 돕는 단계
계통(체계)	기존 지식체계 안에서 새롭게 배운 내용을 자리 잡도록 하는 단계
방법	새롭게 배운 지식을 가지고 새로운 문제에 적용 할 수 있도록 능력을 기르는 단계, 즉 새롭게 배 운 내용을 확인하는 과정

35

정답 ②

해설

② 콜버그 도덕 발달 단계에서 10~13세는 인습적 수준으로 사이버
폭력이나 저작권 침해 등 다른 사람에게 피해를 주는 내용, 네티
즌의 올바른 의식이나 인터넷 공간에서 바람직한 행동에 대한 교
육, 정보 보호 법률 교육 등을 가르치기에 적합한 시기이다.

36

정답 ③

해설

사이버 공간의 일탈 원인
- 탈육체의 비대면성 : 상대의 존재를 덜 의식, 사회실재감의 상실
- 익명성 : 개인 신분이 노출되지 않는 익명적, 탈억제
- 가상성 : 현실에 대한 구속 없이 자신의 욕구를 충족시킬 수 있는
초현실적 공간
- 가치규범의 부재성 : 보편적 가치규범의 부재, 모든 규제로부터의
자유로움
- 재미와 호기심 : 오락을 목적으로 한 놀이 공간
- 새로운 자아의 구현성 : 현실의 사회위치와 역할로부터 자유로운
탈구조적, 이상적이고 유동적이며 다양한 자아의 모습 구현 가능,
다중자아로 인한 정체성의 혼란과 불안정한 분절적 자아 경험
- 기회의 용이성: 누구나 접근이 가능하고 시공간의 무제한, 육체적
노력 없이 한 번의 클릭만으로도 일탈이 가능

37

정답 ②

해설

② 다양한 자기 연출은 사이버 공간에서 자기가 원하던 것을, 역할
이나 위치를 변화시켜 자기 변신의 욕구를 충족하는 것이다.

38

정답 ④

해설

사이버 윤리의 기본 원칙으로는 존중의 원칙, 책임의 원칙, 정의의
원칙, 해악 금지의 원칙이 있다.

39

정답 ④

해설

④ 현실 세계와 인터넷 세계 내에서의 정체성에 대해 올바르게 이해
하고, 사이버 자아를 현실 자아의 한 모습으로 인식하도록 돕는다.

40

정답 ②

해설

② 문제중심학습은 학습자들에게 어떤 문제 상황이 주어지면, 학습
자들이 문제와 관련된 지식 목록을 작성하고 상황을 해결할 방법
을 찾는 것으로, 30~40명 정도의 학습 집단일 때 적절하다.

제1회 모의고사 (2교시-실무)

01 ㉠ 정보제공자, ㉡ 정보생산자, ㉢ 정보관리자

02 ③　**03** ②　**04** ①

05 ㉠ 결제대금예치제도(에스크로)
　　㉡ 소비자피해보상보험계약
　　㉢ 채무지급보증계약

06 ②

07 ㉠ 홈택스, ㉡ 정부24, ㉢ 인터넷등기소

08 ㉠ 호기심, ㉡ 대리만족, ㉢ 현실탈출

09 ③

10 ㉠ 디지털 워터마킹(Digital Watermarking)
　　㉡ 포렌식 워터마킹(Forensic Watermarking)
　　㉢ DRM(Digital Rights Management)

11 ②　**12** ④

13 ㉠ 방송통신심의위원회, ㉡ 1377

14 ②　**15** ③　**16** ④　**17** ②　**18** ④

19 KISA(한국인터넷진흥원)

20 가상사설망(VAN)

21 ㉠ 랜섬웨어, ㉡ 118

22 ③　**23** ②　**24** ④　**25** ③

26 인터넷 리터러시

27 ㉠ 동조, ㉡ 복종

28 ㉠ 신뢰, ㉡ 공감적 이해 (㉠ 공감적 이해, ㉡ 신뢰)

01

정답 ㉠ 정보제공자, ㉡ 정보생산자, ㉢ 정보관리자

해설

정보공급자의 분류
- 정보생산자 : 실제 콘텐츠를 만들어 제공
- 정보제공자 : 콘텐츠가 실리는 공간을 제공
- 정보관리자 : 이들 정보를 정보제공자와 정보이용자 간에 통신망을 통해 전달

02

정답 ③

해설

①은 '정보관리자', ②, ④는 '정보제공자'가 고려해야 할 윤리적 쟁점이다.

정보공급자의 윤리적 쟁점

정보생산자	• 정보 보안 • 저작권 보호 • 표현의 자유 • 안전한 소프트웨어 개발 • 기밀 유지 • 기타 윤리적 갈등
정보제공자	• 프라이버시 보호 • 표현의 자유 • 저작권 침해 • 오픈마켓 유통구조에 대한 책임 한계
정보관리자	• 해킹 및 바이러스에 대한 대응 • 개인정보 보호 • 장애발생 대응

03

정답 ②

해설

네티즌 기본정신
- 사이버 공간의 주체는 인간이다.
- 사이버 공간은 공동체의 공간이다.
- 사이버 공간은 누구에게나 평등하며 열린 공간이다.
- 사이버 공간은 네티즌 스스로 건전하게 가꾸어 나간다.

04

정답 ①

해설

② 크리슈머 : 창조적인 소비자를 일컫는 말로, 신제품 개발은 물론 파격적인 디자인의 도입 등 기존에 없던 제품 개발에 적극적으로 개입하는 소비자
③ 모디슈머 : 제조업체에서 제시하는 표준화된 방식이 아닌 소비자가 생각하는 방식으로 재창조하여 제품을 활용하는 청개구리 같은 소비자
④ 블랙슈머 : 기업 등을 상대로 부당한 이익을 챙기기 위해 의도적으로 악성민원을 제기하는 소비자

05

정답

㉠ 결제대금예치제도(에스크로)

㉡ 소비자피해보상보험계약

㉢ 채무지급보증계약

해설

전자상거래 보호제도

- 결제대금예치제도 : 제3자가 소비자의 결제대금을 맡아두고 있다가 인터넷 쇼핑몰 사업자의 상품배송이 완료된 뒤 사업자에게 대금을 지급하는 거래안전장치를 말하는 것으로 에스크로(Escrow)라고도 함
- 소비자피해보상보험계약 : 소비자가 대금 결제를 한 뒤 상품을 받지 못했을 경우 그 피해를 보상해 주기 위해서 사업자가 보험사 등과 체결하는 계약
- 채무지급보증계약 : 사업자가 거래 과정에서 소비자에게 지급할 채무를 금융기관이 보증해 주는 제도
- e-Trust : 안전한 전자상거래를 위해 상업 웹사이트에 소비자보호 및 개인정보 보호정책과 구매 전 과정을 평가한 인증마크를 부여하는 제도

06

정답 ②

해설

i-PIN과 공동인증서(구 공인인증서)는 인터넷상에서 신원 및 거래 사실을 증명하기 위한 전자정보로, 이용자는 주민등록번호 유출과 오남용에 대한 위험을 줄일 수 있으며 사업자는 자체적인 주민등록번호의 수집·보관·관리에 대한 부담을 덜 수 있다.

07

정답 ㉠ 홈택스, ㉡ 정부24, ㉢ 인터넷등기소

해설

생활 속 인터넷 활용

- 전자민원(정부24) : 인터넷, 휴대전화 등의 매체를 이용하여 시민들이 원하는 민원 행정서비스를 이용하고 기관별 행정정보도 얻을 수 있도록 하는 것을 목표로 하는 대한민국 정부의 사업
- 인터넷등기소 : 언제 어디서나 쉽고 편리하게 등기서비스를 이용할 수 있도록 대한민국 법원 인터넷 등기소에서 다양한 등기서비스를 실시
- 국세청 홈택스 : 국세기본법, 전자정부법 등에서 위임한 사항과 납세자나 민원인 등이 국세정보통신망을 이용하여 국세의 신고, 고지, 납부, 과세자료의 제출 및 민원의 신청 또는 신고 등을 하거나 그 처리결과를 받는 세무서비스(홈택스)의 시행에 필요한 사항을 정함으로써 서비스 이용자의 편의를 도모

08

정답 ㉠ 호기심, ㉡ 대리만족, ㉢ 현실탈출

해설

인터넷 중독은 호기심 → 대리만족 → 현실탈출의 단계로 진행된다.

09

정답 ③

해설

③ 유해정보를 설정하고 차단하는 기능을 제공하는 소프트웨어이다.

유해정보필터링 지원시스템

그린 i-Net	www.greeninet.or.kr	• 청소년 유해정보 등급 표시 서비스 • 유해정보필터링 지원시스템
사이버가디언	www.cyberguardian.co.kr	• PC 사용시간 관리 • 음란물·유해사이트 차단
엑스키퍼	www.xkeeper.com	• PC 사용시간 관리 • PC 유해사이트·동영상 차단
맘아이	www.momi.co.kr	• PC 사용시간 관리 • 유해 사이트·동영상 차단
소만사	www.somansa.com	• 악성 바이러스 차단 • 청소년 보호 관리 기능
i 안심	www.plantynet.com	• 인터넷 음란물 종합차단 • 게임(P2P 프로그램 등) 차단 설정
아이눈	www.aiyac.com	• 청소년 불법 유해사이트 실시간 차단
아이보호나라	www.ibohonara.com	• PC 사용시간 관리 • 불법 성인광고·동영상 차단

10

정답

㉠ 디지털 워터마킹(Digital Watermarking)
㉡ 포렌식 워터마킹(Forensic Watermarking)
㉢ DRM(Digital Rights Management)

해설

저작권 보호를 위한 기술
- 디지털 워터마킹(Digital Watermarking) : 멀티미디어 콘텐츠에 소유권자의 저작권 정보를 사람이 인지할 수 없는 워터마크로 삽입하고, 이를 검출기를 통해 식별하는 기술로 지적재산권 분쟁에서 정당함을 증명하는 데 이용
- 포렌식 워터마킹(Forensic Watermarking) : 워터마크 기술에 구매자 정보 및 유통경로, 사용자 정보 등을 실시간으로 삽입하여 유포자와 배포경로를 추적할 수 있는 기술로 구매자가 데이터를 불법적으로 배포하지 못하게 보호
- 콘텐츠 필터링(Contents Filtering) : 콘텐츠 이용 과정에서 저작권 침해 여부 등을 판단하여 파일 전송을 제어하는 기술로, 많은 양의 데이터를 조건에 따라 자동으로 필터링하는 시스템
- DRM(Digital Rights Management) : 디지털 저작권 관리로서 콘텐츠를 암호화한 후 배포하여 허가받지 않은 사람이 사용할 수 없도록 보호하는 서비스로 콘텐츠의 생성 · 유통 · 관리를 일괄적으로 지원
- 탐색엔진(Search Engine) : 불법 복제물을 탐색 · 색출하는 기술
- 복제방지(CCI ; Copy Control Information) : 불법 복제 · 사용을 방지하는 기술

11

정답 ②

해설

쇼핑몰 사기 예방수칙
- '초특가', '한정상품' 등 지나치게 저렴하게 판매하는 상품에 주의한다.
- 쇼핑몰 홈페이지에서 사업자 정보(사업자등록번호, 사업장 주소, 전화번호 등), 고객게시판 운영 여부, 고객 불만 글 등을 확인한다.
- 대형 오픈마켓이라도 입점판매자의 신뢰성을 보장해 주지 않으므로, 판매자 이력 및 고객 평가 등을 반드시 확인한다.
- SNS(블로그, 카페 등)를 통해 물건을 구매하는 경우, 구매 전 공정거래위원회 홈페이지에서 통신판매사업자 신고 여부를 반드시 확인한다.

12

정답 ④

해설

④ 원치 않는 메일 또는 메시지를 받았을 때는 처음부터 분명하게 거부 의사를 표현하고 무시하거나 차단하는 것이 좋다.

13

정답 ㉠ 방송통신심의위원회, ㉡ 1377

해설

불법 유해정보 차단 및 신고
- 방송통신심의위원회 : 불법 유해정보 사이트 차단(☎1377)
- 게임물관리위원회 : 사행성 · 불법 게임물 신고
- 사행산업통합감독위원회 불법사행산업감시신고센터 : 도박 및 사행성 사이트 신고
- KISA 불법스팸대응센터 : 불법광고 스팸문자 신고(☎118)
- 여성가족부 : 청소년 유해 매체물 신고

14

정답 ②

해설

② 저작인격권과 저작재산권 침해죄는 친고죄로서(저작권법 제140조) 범인을 알게 된 날로부터 6개월 이내에 고소하여야 한다(형사소송법 제230조).

15

정답 ③

해설

개인정보 안전 조치

관리적 보호 조치	개인정보의 안전한 처리를 위한 내부 관리계획의 수립 · 시행
기술적 보호 조치	· 개인정보에 대한 접근 통제 및 접근 권한의 제한 조치 · 개인정보를 안전하게 저장 · 전송할 수 있는 암호화 기술의 적용 또는 이에 상응하는 조치 · 개인정보 침해사고의 발생에 대응하기 위한 접속기록의 보관 및 위조 · 변조 방지를 위한 조치 · 개인정보에 대한 보안프로그램의 설치 및 갱신 등
물리적 보호 조치	· 개인정보의 안전한 보관을 위한 보관시설의 마련 · 잠금장치의 설치 등

16

정답 ④

해설

④ 개인정보 포털(웹사이트 회원 탈퇴 서비스) : 개인정보보호를 위하여 웹사이트에서 회원을 탈퇴할 때 원활하게 진행되도록 도와주는 곳으로, 인터넷 이용자의 본인확인 내역(주민번호, 아이핀, 휴대폰) 통합 조회 및 웹사이트 회원탈퇴 지원 서비스를 제공한다.

17

정답 ②

해설

② 회사 메일 이용을 권장하며, 개인 메일 사용 시 주의해야 한다.

18

정답 ④

해설

ⓒ 이메일에 첨부된 파일은 경로가 확실하지 않으면 클릭하여 실행하지 않고 바로 삭제한다.

19

정답 KISA(한국인터넷진흥원)

해설

KISA 개인정보침해 신고센터
개인정보 침해 보호방침 안내, 불법 스팸 대응, 전자서명 인증관리 신고센터, 118 상담 제공

20

정답 가상사설망(VAN)

해설

가상사설망(VAN ; Virtual Private Network)
• 해커가 사용자의 컴퓨터에 액세스하려고 할 때 막대한 장애물이 될 수 있음
• 사용자를 추적할 수 없도록 인터넷 활동 기록과 위치를 숨겨줌
• 온라인 프라이버시를 지키기 위한 필수적인 보안 툴

21

정답 ㉠ 랜섬웨어, ㉡ 118

해설

㉠ 랜섬웨어는 Ransom(몸값) + Software(소프트웨어)의 합성어로, 시스템을 잠그거나 데이터를 암호화하여 사용할 수 없게 한 뒤 이것을 인질로 삼아 금전을 요구하는 악성 프로그램이다.
㉡ 개인정보 오·남용, 해킹·악성프로그램 등으로 인한 피해 발생 시에는 '한국인터넷진흥원 118인터넷침해사고대응지원센터'에 도움을 요청한다.

22

정답 ③

해설

③ 탐구형 지도법에 속한다.
① · ② · ④ 활동형 지도법이다.

23

정답 ②

해설

② 제시문의 내용은 시범형 지도법에 대한 예시이다.

24

정답 ④

해설

④ 영리를 취하거나 상거래를 하지 않아야 한다.

25

정답 ③

해설

③ 조직 내 사람들은 각각 조직의 생각을 조직 밖의 믿을 만한 사람들과 이야기해보며, 회의할 때는 바깥의 전문가를 초빙하여 조직원들이 바깥의 전문가와 토론하거나 질문하는 것에 대해서 받아들여야 한다.

26

정답 인터넷 리터러시

해설

제시문은 인터넷 리터러시의 개념이다. 리터러시는 인터넷을 건강하게 이용할 수 있는 능력을 말하며, 읽기·쓰기·말하기·컴퓨터 사용·정보의 시각적 제시의 해독 등 다양한 기능을 포함한다.

27

정답 ㉠ 동조, ㉡ 복종

해설

집단의 영향력

동조	• 개념 : 타인의 행동이나 의견을 자발적으로 받아들이는 집단의 영향력 • 원인 : 판단과 근거가 부족, 집단으로부터 배척당하지 않기 위해 • 영향을 주는 요인 : 집단의 크기, 응집성과 동조성, 집단의견의 일치성, 집단의 문화
복종	• 개념 : 자신의 의사와는 관계없이 권위를 부여받은 사람의 '명령'을 따르는 것으로, 옳지 않더라도 행동하게 되는 집단의 영향력 • 원인 　- 책임을 다른 사람에게 떠넘길 수 있을 때 　- 명령하는 사람의 권위가 사회적 인정을 받을 때

28

정답 ㉠ 신뢰, ㉡ 공감적 이해 (㉠ 공감적 이해, ㉡ 신뢰)

해설

인터넷 윤리 상담의 기본요건
• 수용 : 내담자의 견해, 태도, 가치를 있는 그대로 수용하여 무조건 존중하는 것, 인간의 가치와 존엄성 인식
• 신뢰 : 내담자와 진지한 대화가 가능해야 하며, 내담자가 의지하고 신뢰할 수 있는 인성과 전문성을 갖추어야 함
• 긍정적 존중 : 상담자가 내담자에 대해 긍정적인 이해를 하는 것으로 행위나 조건, 감정과 관계없이 독립된 인격으로 수용하여 따뜻하게 배려해주고, 자신만의 감정을 가질 권리가 있음을 인정하는 태도임
• 솔직성(일치성) : 상담자는 겉과 속이 동일하고 말과 행동이 일치하는 진실한 사람이어야 함
• 공감적 이해 : 상담자가 자신의 입장을 유지하면서도 내담자의 혼란, 불안, 좌절 등에 감정이입하고 공감하여 이해하는 것

제2회 모의고사 (1교시-이론)

01	02	03	04	05	06	07	08	09	10
①	③	④	④	①	④	②	①	①	②
11	12	13	14	15	16	17	18	19	20
③	④	④	④	④	③	②	②	②	④
21	22	23	24	25	26	27	28	29	30
③	④	③	④	①	①	④	③	①	②
31	32	33	34	35	36	37	38	39	40
①	②	②	①	③	④	②	④	②	③

01

정답 ①

해설

① 인터넷의 구조상 일대일 또는 상호 다수 간에 양방향으로 정보교환이 이루어진다.

02

정답 ③

해설

인터넷 윤리의 기능(추병완)

처방 윤리	정보사회에서 우리가 해야 할 것과 해서는 안 되는 것을 분명하게 규정
예방 윤리	향후 정보통신기술의 발전에 수반될 윤리적 문제들에 대해 사전에 숙고하고 예방하도록 도와줌
변혁(변형) 윤리	시대적 변화에 따라 인터넷 역기능에 대처하는 제도 정책의 변혁도 수반되어야 함
세계 윤리	보편적인 규범 체계를 제시하는 것, 국지적 윤리가 아닌 세계적·보편적 윤리
책임 윤리	인터넷과 관련된 인간의 책임 강조
종합 윤리	인터넷을 통해 야기되는 여러 도덕적 이슈들을 해결하기 위해 윤리학 이론을 종합적으로 활용하는 기능 수행

03

정답 ④

해설

스피넬로의 인터넷 윤리 기본 원칙

자율성 존중의 원칙	인간의 합리성과 자기결정능력을 믿고, 사이버 공간의 윤리적 행동에 대해 개인의 자율성에 맡겨야 한다는 것
악행 금지의 원칙	인간의 능력은 불완전하여 악행을 범할 수 있으므로, 사이버 공간에서의 모든 활동에 대해 악행이 금지되도록 노력해야 한다는 것
선행의 원칙	사이버 공간에서의 말과 행동 모두 다른 사람의 복지를 증진시킬 수 있도록 해야 한다는 것
정의의 원칙	공평과 분배의 문제로 사이버상에서는 누구라도 공평하고 공정하게 대우받아야 한다는 것

04

정답 ④

해설

㉠ 1970년대, 매너(W. Maner)는 컴퓨터기술로 인해 생겨나거나 변형된 혹은 심각해진 윤리문제를 다루는 직업윤리 분야를 지칭하기 위해 '컴퓨터 윤리'라는 용어를 사용하기 시작했다.

㉡ 1960년대, 파커(D. Parker)는 컴퓨터 전문가에 의한 비윤리적·불법적인 컴퓨터 사용을 조사하여 1968년에 컴퓨터협회 학술지에 '정보처리의 윤리적 규칙'이라는 논문을 발표하고 전문가 행위규범을 개발했다.

㉢ 2000년대, 정보윤리학자들의 관심영역이 사이버 공간으로 확대되었고 '사이버 윤리학'이라는 새로운 학술용어를 사용하기 시작했다.

㉣ 1985년에 존슨(D. Johnson)은 컴퓨터 윤리 분야의 최초 교재인 '컴퓨터 윤리'를 출간했다.

05

정답 ①

해설

① 소셜 네트워크 서비스는 신속한 정보 전달이 가능하지만, 사실이 확인되지 않은 유언비어와 가짜정보가 빠르고 광범위하게 확산될 수 있는 문제가 있다.

06

정답 ④

해설

클라우드 컴퓨팅이란 인터넷 기술을 활용하여 시간과 공간의 제약

없이 자원을 제공받고 사용한 만큼만 비용을 지불하는 주문형 IT 서비스로, 원활한 통신환경에서 안정적인 서비스를 제공받을 수 있다.

07

정답 ②

해설

클라우드 컴퓨팅 서비스의 운용 형태

퍼블릭 클라우드	서비스 유지를 위한 모든 인프라와 IT 기술을 클라우드에서 받는 것
하이브리드 클라우드	IT 기술은 클라우드에서 받지만, 서비스 유지를 위한 인프라를 클라우드의 것과 기업의 것을 혼용하는 형태
프라이빗 클라우드	기업이 직접 클라우드 서비스를 구축한 후 이를 계열사와 고객에게만 제공하는 형태

08

정답 ①

해설

② 오프라인 매체와 차별되기 위해 정보를 가능한 한 빨리 사이트에 올리면서 충분한 검증이 생략되고 뉴스가치에 대한 판단이 어려운 문제가 있다.

③ 정보의 최초 게시자를 찾기 어렵고, 게시물을 이차적으로 유통시킨 사람에 대한 처벌 문제가 있다.

④ 게이트키핑 : 신문이나 방송 등의 언론 미디어에서 기사화되기 전에 결정권자에 의해 내용의 정확성, 윤리성, 건전성 등을 검토하는 총체적인 과정이다.

09

정답 ①

해설

② 네카시즘 : 네티즌(Netizen)과 매카시즘(McCarthyism)의 합성어로 인터넷상에서 익명으로 어떤 이슈에 대해 무차별적으로 가해지는 '온라인 폭력'으로, 일명 '마녀사냥'이라고 일컬어지기도 함

③ 인포데믹스 : 정보(Information)와 전염병(Epidemics)의 합성어로, 추측이나 루머와 같이 부정확하고 잘못된 정보가 인터넷이나 휴대전화를 통해 확산되어 경제, 정치, 안보 등에 치명적인 영향을 미치는 현상

④ 밈 : 리처드 도킨스가 자신의 저서 '이기적 유전자'에서 정의한 용어로, 유전자 외에 인간의 행동 양식을 복제하는 문화적 전달 요소를 가리킨다. 네티즌들은 인터넷상에서 유행하는 이미지를 밈이라 부르고 있다.

10

정답 ②

해설

집단지성(Collective Intelligence)이란, 다수의 개인이 서로 협력과 경쟁의 상호작용을 통하여 얻게 된 지식을 공유·발전시켜 나가는 집단적 능력을 의미하는 것으로 '네이버 지식인', '위키피디아'가 대표적인 사례이다.

11

정답 ③

해설

킴벌리 영(Kimberly Young)의 인터넷 중독 유형

사이버 섹스 중독	섹스·포르노 내용의 음란채팅, 인터넷 사이트 등을 강박적으로 드나드는 경우
사이버 관계 중독	온라인을 통한 채팅, 동호회에 과도하게 몰두하여 현실에서의 인간관계를 등한시하는 경우
네트워크 강박증	온라인 쇼핑·도박, 주식 매매 충동을 억제하지 못하는 경우
정보 중독	자신에게 필요한 정보 이상의 자료 수집에 집착하여 강박적으로 검색하는 경우
컴퓨터 중독	청소년과 20~30대 성인에게 자주 관찰되는 유형으로 온라인 게임에 지나치게 몰두하는 경우

12

정답 ④

해설

① 집착 : 게임이 자신의 삶에서 매우 중요한 위치를 차지한 것처럼 느끼는 경우, 게임에 대해서만 생각하고 그것을 계속하기 위해 노력하는 경우, 게임을 하지 않을 때에도 항상 다음번에 그 게임을 어떻게 할지에 대해서 생각하는 경우

② 금단 : 게임을 하지 않거나 갑자기 게임시간을 줄이면 불안감, 짜증, 초조, 불쾌감 등을 느끼는 경우

13

정답 ③

해설

① 공표권 : 저작자가 자신의 저작물을 공연·방송 또는 전시, 그 밖의 방법으로 일반공중에게 공개하거나 발행할 수 있는 권리

② 공연권 침해 : 예 백화점이 시중 음반을 구매하여 백화점 건물 구내에서 고객을 상대로 음악방송을 한 경우

④ 2차적 저작물작성권 침해 : 예 만화 작품을 바탕으로 영화를 제작하면서 해당 만화가의 동의를 받지 않은 경우

14

정답 ④

해설

① 저작자표시-비영리
② 저작자표시-동일조건변경허락
③ 저작자표시

저작물 이용허락표시

라이선스	이용조건
CC BY	저작자표시 (CC BY)
CC BY NC	저작자표시-비영리 (CC BY-NC)
CC BY ND	저작자표시-변경금지 (CC BY-ND)
CC BY SA	저작자표시-동일조건변경허락 (CC BY-SA)
CC BY NC SA	저작자표시-비영리-동일조건 변경허락 (CC BY-NC-SA)
CC BY NC ND	저작자 표시-비영리-변경금지 (CC BY-NC-ND)

15

정답 ④

해설

특정인에 대한 구체적인 사실 또는 거짓 정보를 사이버 공간에 올려 명예를 훼손시키는 행위를 '사이버 명예훼손'이라고 한다.

인터넷 역기능의 유형

미디어 중독	게임, 채팅, 쇼핑·주식, 음란물, 정보검색, SNS
유해 콘텐츠	웹 사이트나 매체 → 음란물 유포, 청소년 유해매체, 불법·유해 사이트
사이버 폭력	모욕, 명예훼손, 스토킹, 언어폭력, 학대, 인간소외, 성폭력
권리 침해	초상권, 저작권, 개인정보, 행태정보
사이버 테러	해킹, 악성 코드
판단 장애	인포데믹스, 여론조작, 선동행위, 네카시즘, 온라인 옐로우 저널리즘

16

정답 ①

해설

인터넷 중독의 원인

사회환경적 요인	건전한 놀이문화의 부재, 핵가족화 및 가정해체, 접근의 용이성
인터넷 자체의 속성	끊임없는 재미와 호기심의 충족, 새로운 인격창출, 익명성과 탈억제, 시간 왜곡 현상, 강한 친밀감
개인적 특성	낮은 자아존중감과 우울, 대인관계 능력 부족, 스트레스 대처 능력 부족, 문제의식의 부재

17

정답 ③

해설

③ 인터넷의 엄청난 양의 자료가 빠르고 쉽게 전파되기 때문에 실시간 감시와 적발이 어렵다.

인터넷상에서 불법 · 유해정보가 쉽게 생산 · 유통되는 이유
- 익명성 : 무책임한 정보 전송 및 위법행위가 용이함
- 윤리성의 부재 : 불법 · 유해 정보를 생산하는 사람들의 윤리성 부족
- 배포의 용이성 : 유해정보가 있는 서버가 삭제되어도 쉽고 빠르게 복제 및 배포가 가능함

18

정답 ②

해설

㉠ 인터넷에서는 타인과 비대면으로 대화하기 때문에 상대의 존재를 덜 의식하여 사이버 폭력이 발생하기 쉽다.

㉢ 인터넷 공간은 누구나 접근할 수 있고 시공간의 제한이 없어 일탈이 쉽게 일어난다.

사이버 폭력의 원인

익명성	개인의 신분이 노출되지 않아 사이버 폭력이 용이함
가상성	현실 세계의 구속 없이 자신의 욕구를 충족시킬 수 있는 초현실적 공간
전문성	인터넷 사용 편의성을 도모하기 위해 개발된 인터넷 기술을 사이버 폭력에 악용
비대면성	인터넷에서 타인과 대화를 나누거나 글을 게시함에 있어서 상대의 존재를 덜 의식하게 됨
비감독성	인터넷 사용자에 대한 실시간 감시와 적발이 어려움
인터넷 윤리의 부재	인터넷 윤리 교육의 부족, 보편적인 가치규범의 부재로 인해 규제로부터 자유로움

정보의 집약화	엄청난 양의 정보가 빠르게 확산되면서 확인되지 않은 정보로 인한 명예훼손 등의 부작용 초래
기회의 용이성	인터넷은 누구나 접근이 가능하고 시공간의 제한이 없어 육체적 노력 없이 클릭만으로 일탈 가능

19

정답 ②

해설

K-척도는 한국형 인터넷 중독 척도로, 2002년 당시 정보통신부와 한국정보문화진흥원, 서울대학교 연구팀이 미국의 Young-척도를 우리나라 실정에 맞게 수정 · 개선하여 발표한 지표이다. 금단 현상, 인터넷 접속시간, 일상생활 장애의 정도, 현실 세계보다 사이버 공간에서의 관계 선호도 등을 조사한다.

20

정답 ④

해설

④ 성인용 콘텐츠 이용 시 요구되는 성인 인증이 강화되고 있다.

청소년 유해매체물 이용 실태
- 매체이용률 및 주로 사용하는 기기에 대한 변화
- 성인용 영상물 및 간행물을 이용하는 청소년 연령의 하향화
- 성인용 영상물 및 간행물 이용경로의 다양화
- 성인용 영상물 및 간행물 이용 시 성인 인증의 강화
- 집에 있는 기기 이용 증가에도 불구하고 여전히 낮은 유해사이트 차단 프로그램 설치율
- 인터넷게임 이용 시 타인의 정보 도용 경험률 지속적으로 감소

21

정답 ③

해설

③ 생명주기 중 '제공'의 주요 준수 사항이다.

개인정보 생명주기 4단계

생명주기	의미	주요 준수 사항
수집	민원인(정보주체)이 서비스 이용을 위해 웹 사이트 또는 신청서 등을 이용하여 기업 또는 기관에 제공하는 단계	• 수집 시 동의 획득(고유식별 정보 별도 동의) • 개인정보 처리방침 수립 및 고지 • 만14세 미만 아동의 개인정보 수집 절차 • 정보주체의 권리 보장
저장 · 이용	민원인이 서비스 이용을 위해 제공한 정보를 저장하고, 이를 통해 조회 등의 업무를 수행하는 단계	• 개인정보 취급자 관리 • 내부관리계획의 수립, 이행, 점검, 개선 • 안전조치 이행(개인정보 취급자에 의한 유출, 오남용 방지)
제공	업무 제휴, 대국민 서비스를 위한 부처 간 정보 공유 단계	• 제공 시 별도의 동의 획득 • 위탁자에 대한 관리감독(개인정보 보호 서약서) • 기술적 · 관리적 보호조치
파기	민원 해소 등으로 인해 민원인의 정보가 더 이상 필요하지 않아, 정보를 삭제하는 단계	• 파기 방법 및 시기 • 기술적 · 관리적 보호조치

22

정답 ③

해설

① 해당 개인정보처리자에게 요구할 수 있다.

② 법률에 따라 금지되거나 제한되는 경우에는 열람이 제한되거나 거절될 수 있다.

④ 개인정보처리자가 개인정보를 삭제할 때에는 복구 또는 재생되지 않도록 조치해야 한다.

23

정답 ③

해설

③ 발급과 폐기 과정이 간편하다.

24

정답 ④

해설

④ 정상적인 자료를 불법으로 파괴하거나 변조한다.

25

정답 ①

해설

• 트로이 목마(Trojan Horse) : 악성 루틴이 숨어 있는 프로그램으로, 겉보기에는 정상적인 프로그램으로 보이지만 실행하면 악성 코드가 활성화되어 자료삭제, 정보탈취를 하는 등 사이버 테러를 목적으로 사용되는 악성 프로그램

• 스파이웨어(Spyware) : 사용자 몰래 웹브라우저의 홈페이지 설정이나 검색 설정을 변경하여 정상 프로그램의 운영을 방해하거나 중지 또는 삭제하며, 컴퓨터 키보드 입력 내용과 화면표시 내용을 수집 · 전송하는 등의 행위를 하는 프로그램

26

정답 ①

해설

• 사회공학적 공격 : 사람 간 기본적인 신뢰를 기반으로 속여 비밀 정보를 얻는 방법

• 파밍(Pharming) : 사용자가 자신의 웹브라우저에서 정확한 웹주소를 입력하였더라도 가짜 웹사이트로 접속을 유도하여 개인정보를 도용하는 것

• 사용자도용 : 정보통신망에 침입하기 위해서 다른 사람의 사용자 계정과 비밀번호를 몰래 사용하는 것

27

정답 ④

해설

④ 사이버 따돌림(사이버 불링)은 온라인 공간에서 특정 인물을 괴롭히는 행위로, 사이버 폭력의 한 유형에 속한다.

개인정보 유출로 인한 2차 침해 유형

• 명의 도용 : 회원 가입 자격 도용, 오프라인 서비스 명의 도용

• 불법 유통 유포 : 개인정보 불법 유통(영업, 스팸, TM에 활용), 인터넷 유포

• 스팸, 피싱 : 불법 스팸, 보이스피싱

• 금전적 이익 수취 : 신분증 위조, 금융 범죄

• 사생활 침해 : 사생활 정보 유출

28

정답 ③

해설

악성 코드는 다양한 외부 경로를 통해 유입되며, 보안 프로그램 패치 적용은 컴퓨터의 보안을 강화하므로 악성 코드의 감염 경로로 올바르지 않다.

악성 코드 감염 경로
- USB 등 저장 매체를 통한 감염
- 홈페이지 방문 · 링크 클릭 등 웹페이지 검색으로 인한 감염
- P2P 서비스 · 셰어웨어 등을 사용할 때 감염
- 불법 복제 프로그램을 사용할 때 감염
- 전자우편 첨부파일 또는 메신저 파일을 열 경우 감염
- 공유 폴더 사용이나 네트워크 드라이브 공유 때 감염
- 악성 코드 배포 주소(URL)의 접근

29

정답 ①

해설

개인정보 수집의 침해 유형
- 서비스 이용과 관계없는 한도를 넘어선 개인정보의 수집
- 과도하고 민감한 개인정보 수집
- 불법적인 주민등록번호 수집
- 개인정보 수집 시 미동의 및 수집 시 고지사항 불이행
- 법정 대리인의 동의 없이 아동 개인정보 수집
- 해킹 등 불법 수단과 기망 등 사기적 수단에 의한 개인정보 수집

30

정답 ②

해설

저작권 침해는 다른 사람에게 피해를 주는 행위이지만, 개인정보 유출로 인해 발생한 문제는 아니다.

개인정보 유출로 인한 2차 침해 유형
- 명의 도용 : 회원 가입 자격 도용, 오프라인 서비스 명의 도용
- 불법 유통 유포 : 개인정보 불법 유통(영업, 스팸, TM 등에 활용), 인터넷 유포
- 스팸, 피싱 : 불법 스팸, 보이스 피싱
- 금전적 이익 수취 : 신분증 위조, 금융 범죄
- 사생활 침해 : 사생활 정보 유출

31

정답 ①

해설

설명형 지도법의 유의 사항

의미성	학습수준에 적합하고 내용과 관련성이 명백해야 함
명료성	설명, 제시하는 예가 명료해야 함
다양성	학습자의 이해를 돕기 위해 여러 유형의 사례 사용이 필수
흥미성	주의를 끌 수 있는 자극적인 요소가 있어야 함
간결성	복잡한 내용일수록 간단하게 표현
구체성	구체적 사례들이 사용되어야 함
논리적 계열성	설명 또는 제시의 순서는 논리적이어야 함
포괄성	내용 전반을 포괄할 수 있는 사례를 사용해야 함

32

정답 ②

해설

인터넷 윤리 교육의 통합적 도덕성
- 1단계 인지적 영역 : 문제와 관련된 정보를 정확히 파악(문제 정의, 피해와 심각성, 관련 법규와 대응 방안)
- 2단계 정의적 영역 : 문제해결을 위한 의지와 신념을 내면화(왜, 또는 얼마나 나쁜 것인지 느끼기, 반드시 해결하겠다는 의지, 자신이 다짐 선언)
- 3단계 행동적 영역 : 문제해결을 위한 구체적 실천과 경험(개인적 차원의 실천 또는 사회적 차원의 연대 · 실천, 상호작용)

33

정답 ②

해설

① 교수분석 : 최종 학습목적을 성취하기 위해 학습자가 배워야 할 학습 유형 파악
③ 교수자료 개발 : 실제로 교육 및 훈련 프로그램을 만드는 단계
④ 평가도구 설계 : 목표와 반드시 일치, 성취여부를 알아볼 수 있는 검사문항 개발

34

정답 ①

해설

콜버그의 도덕 발달 단계			인터넷 윤리 교육 내용
전인습적 수준 (4~10세)	제1단계 – 타율적 도덕성	처벌과 복종 지향	• 인터넷 공간에서의 예의 및 규칙 교육 • 안전을 위한 위협상황과 대처 방법
	제2단계 – 개인적·도구적 도덕성	상대적 쾌락주의에 의한 욕구 충족을 지향	
인습적 수준 (10~13세)	제3단계 – 대인관계적 도덕성	좋은 인간관계의 조화로운 도덕성을 강조하며, 착한 소년소녀를 지향	• 사이버 폭력이나 저작권 침해 등 다른 사람에게 피해주는 내용 교육 • 네티즌의 올바른 의식이나 인터넷 공간에서 바람직한 행동에 대한 교육 • 정보 보호 법률 교육
	제4단계 – 법·질서·사회 체계적 도덕성	사회질서 유지를 위해 법에 복종해야 한다는 점 강조	
후인습적 수준 (13세 이상)	제5단계 – 민주적·사회 계약적 도덕성	민주적 절차로 수용된 법을 존중하는 한편, 상호합의에 의한 변경 가능성을 인식	• 개인의 권리와 사회적 안전이 갈등하는 상황에서 어떤 것이 우선인지에 대한 토론 • 여러 가지 인터넷 윤리 현안의 실질적 해결책 강구에 대한 토론
	제6단계 – 보편윤리적 도덕성	개인의 양심과 보편적인 윤리 원칙에 따라 옳고 그름을 인식	

35

정답 ③

해설

③ 자발성의 원리에 대한 설명이다. 융통성의 원리는 다양한 학습의 가능성을 열어두고 학습자 스스로 활동하고 탐구하도록 하는 학습 원리이다.

36

정답 ④

해설

④ 공격성은 목표 달성이 좌절되었거나 목표 도달 방법이 차단되었을 때 나타난다.

37

정답 ②

해설

사이버 공간에서의 탈억제 요인

비동시성	의사소통 과정에서 실시간으로 상호작용하지 않을 수 있고, 타인의 즉각적인 반응을 다룰 필요 없음
유아적 투사	다른 사람의 메시지를 읽고 자신이 자의적으로 해석하고, 자신의 소망이나 욕구 등을 상대에게 비추어 보는 경향이 있음
분열현상	온라인 세상을 현실세계의 요구와 책임에서 분리되어 있는 거짓 또는 가상의 차원에서 살고 있다고 생각
지위 중립성	온라인 속 지위는 상대에게 알려지지 않거나 현실 공간에서의 지위가 영향을 미치지 못함
결과의 무시 또는 왜곡	자신의 이익을 위해 타인에게 피해를 줄 때 부정적 결과를 회피하거나 축소하려는 경향, 자신의 이득만 고려
익명성	사이버 공간에서 이름을 노출하지 않고 숨긴 채 행동
비가시성	상대는 당사자를 파악하기 어렵기 때문에 평소 하기 힘든 행동을 할 수 있음

38

정답 ④

해설

① 권위적인 사람에게 맹목적으로 복종하는 경향이 있다.
② 자유로운 가입과 탈퇴로 책임감이 부족해진다.
③ 한 문제에 대해서 집단이 결정하는 경우 극단적인 결정을 하게 되는 집단극화 현상이 생긴다.

39

정답 ②

해설

생활지도의 활동

- 학습자 조사 활동 : 학습자들을 정확하게 이해하고 지도하는 데 필요한 각종 자료를 수집하는 활동
- 정보제공활동 : 학습자들이 필요로 하는 여러 가지 정보 및 자료를 제공하여 개인적 성장과 사회적 적응을 돕기 위한 활동
- 상담활동 : 생활지도 중 가장 중요한 활동으로 학습자의 자율성과 문제해결력을 키우며, 정신건강 함양을 적극 돕는 활동
- 정치활동 : 학습자의 능력과 적성에 알맞게 배치하는 활동으로 상담활동을 마친 학습자가 스스로 직업이나 진로의 선택을 할 수 있게 도움을 주는 활동, 학교 · 학과 · 과목의 선택이나 학급활동 · 동아리 활동의 선택 등과 같은 교육적 정치와 직업 및 진로의 선택 등과 같은 직업적 정치가 있음
- 추수활동 : 생활지도 후 학습자의 추후 적응 상태를 파악하고 선택한 일에 잘 적응하도록 돕는 활동

40

정답 ③

해설

① 비밀보장의 원리에 따라 부득이한 경우를 제외하고는 내담자에 대한 정보를 비공개한다.
② 비판적 태도의 금지 원리에 따라 내담자의 특성 및 가치관을 비난하지 않는다.
④ 자기결정의 원리에 따라 내담자의 자기선택과 결정을 존중하고 상담자를 억지로 따르지 않게 한다.

제2회 모의고사 (2교시-실무)

01 ⊙ 클라우드 컴퓨팅, ⓒ 네카시즘, ⓒ 인포데믹스	
02 ② **03** ①	
04 ⊙ 소셜커머스, ⓒ 오픈마켓, ⓒ 트윈슈머	
05 ②	
06 ⊙ 인터넷뱅킹, ⓒ 모바일뱅킹, ⓒ 텔레뱅킹	
07 ①	
08 ⊙ 게임시간 선택제, ⓒ 10시, ⓒ 1천만 원	
09 ⊙ 키워드(Keyword) 기반 차단 기술 ⓒ 내용 기반 차단 기술 ⓒ 허용목록 기반의 선별기술(White List Filtering)	
10 ④ **11** ③ **12** ④ **13** ① **14** ①	
15 ⊙ 피싱, ⓒ 스미싱, ⓒ 메모리해킹	
16 ③ **17** ④ **18** ③	
19 방화벽	
20 ⓒ, ⓒ, ⓔ	
21 ④ **22** ③ **23** ④ **24** ① **25** ①	
26 ⊙ 방어기제, ⓒ 도피형, ⓒ 반동형성	
27 ⊙ 경청, ⓒ 명료화, ⓒ 직면	
28 ⊙, ⓒ, ⓔ	

01

정답 ⊙ 클라우드 컴퓨팅, ⓒ 네카시즘, ⓒ 인포데믹스

해설

인터넷 판단 장애

- 인포데믹스 : 정보(Information)와 전염병(Epidemics)의 합성어이며, 정보 확산으로 인한 부작용으로 추측이나 뜬소문이 덧붙여진 부정확한 정보가 인터넷이나 휴대전화를 통해 전염병처럼 빠르게 전파됨으로써 개인의 사생활 침해는 물론 경제, 정치, 안보 등에 치명적인 영향을 미치는 것을 의미함
- 네카시즘 : 네티즌(Netizen)과 매카시즘(McCarthyism)의 합성어이며, 인터넷상에서 익명으로 어떤 이슈에 대해 무차별적으로 가해지는 '온라인 폭력'으로 마녀사냥이라고 일컬어지기도 함. 즉 인터넷상에서 사회적인 관심을 끌게 될 때 네티즌들의 집중적인 비방과 공격이 가해지는 현상
- 옐로우 저널리즘 : 독자를 끌어들이기 위해 선정적이고 비도덕적인 기사들을 과도하게 취재, 보도하는 경향을 이르는 말로, 1890년대에 뉴욕 시의 〈월드(World)〉지와 〈저널(Journal)〉지 간에 벌어진 치열한 경쟁에서 사용된 술수들을 지칭한 데서 생겨남

02

정답 ②

해설

정보공급자의 윤리적 쟁점

정보생산자	• 정보 보안 • 저작권 보호 • 표현의 자유 • 안전한 소프트웨어 개발 • 기밀 유지 • 기타 윤리적 갈등
정보제공자	• 프라이버시 보호 • 표현의 자유 • 저작권 침해 • 오픈마켓 유통구조에 대한 책임한계
정보관리자	• 해킹 및 바이러스에 대한 대응 • 개인정보 보호 • 장애발생 대응

03

정답 ①

해설

ⓒ 공개자료실에 등록할 자료는 가급적 압축하고, 용량이 큰 파일은 분할하여 올린다.

ⓔ 서버의 부하를 고려하여 중복 자료는 올리지 않는다.

04

정답 ⊙ 소셜커머스, ⓒ 오픈마켓, ⓒ 트윈슈머

해설

⊙ 소셜커머스(Social Commerce) : 상품 거래에 가격 메커니즘이 아닌 관계 메커니즘이 작동하는 것으로, 소셜 플랫폼에 기반하여 소비자의 경험을 소셜 네트워크와 실시간 공유함으로써 이뤄지는 상거래 형태 전반을 의미

ⓒ 오픈마켓(Open Market) : 판매자와 구매자를 직접 연결하여 저렴한 가격으로 거래하는 인터넷 장터

ⓒ 트윈슈머(Twinsumer) : 다른 사람들의 제품 사용 후기를 참고하여 결정을 내리는 소비족으로 특히 인터넷으로 상품을 구매할 때 나타나는 새로운 소비 흐름을 의미

05

정답 ②

해설

① 텔레뱅킹 : 고객이 은행창구에 나가지 않고 전화기를 이용하여 자동응답서비스 또는 은행직원과의 통화로 자금이체, 조회, 분실

신고 등을 할 수 있는 금융서비스

③ 전자화폐 : 전자매체에 화폐적 가치를 저장하였다가 상품 및 서비스 대금결제에 사용할 수 있도록 하는 지급수단

④ i-PIN : 인터넷상에서 주민등록번호 대신 사용할 수 있는 본인확인 수단

06

정답 ⊙ 인터넷뱅킹, ⓒ 모바일뱅킹, ⓒ 텔레뱅킹

해설

⊙ 인터넷뱅킹 : 고객이 인터넷을 통해 각종 은행 업무를 원격지에서 편리하게 처리할 수 있는 새로운 형태의 금융서비스

ⓒ 모바일뱅킹 : 휴대전화나 스마트기기 등 이동통신기기를 수단으로 무선인터넷을 통해 금융기관의 사이트에 접속, 금융서비스를 이용할 수 있는 전자금융서비스

ⓒ 텔레뱅킹 : 고객이 은행창구에 나가지 않고 가정이나 사무실 등에서 전자식 전화기를 통하여 자동응답 서비스를 이용하거나 은행직원과 통화함으로써 자금이체, 조회, 분실신고 및 팩스통지 등을 할 수 있는 금융서비스

07

정답 ①

해설

② 지적도(임야도) 등본은 '정부24'에서 열람·발급할 수 있다.

③ 교통·에너지·환경세 신고는 '홈택스'를 통해서 할 수 있다.

④ 연말정산간소화서비스, 현금영수증 내역 조회 등은 '홈택스'를 통해서 할 수 있는 업무이다.

08

정답 ⊙ 게임시간 선택, ⓒ 10시, ⓒ 1천만 원

해설

⊙ 게임시간 선택제도 : 18세 미만의 청소년이나 부모님(법정대리인)이 게임사이트에 일정 시간이나 기간 동안 이용을 제한해 주도록 신청하면 그에 맞게 접속이 제한되는 제도(게임산업진흥에 관한 법률 제12조의3 제1항 제3호 및 게임산업진흥에 관한 법률 시행령 제8조의3 제5항)

ⓒ, ⓒ 청소년의 출입시간 제한 : 청소년은 게임을 이용할 수 있는 오락실, PC방 등에 오전 9시부터 오후 10시까지만 출입 가능(게임산업진흥에 관한 법률 시행령 제16조 제2호 가목 본문) → 청소년의 출입시간을 위반해 청소년을 PC방 등에 출입시킨 사람은 1년 이하의 징역 또는 1천만 원 이하의 벌금(게임산업진흥에 관한 법률 제46조 제2호)

09

정답

㉠ 키워드(Keyword) 기반 차단 기술
㉡ 내용 기반 차단 기술
㉢ 허용목록 기반의 선별기술(White List Filtering)

해설

유해동영상 차단 기술
- 키워드 기반 차단 기술 : 미디어 제목에 금칙어(누드, SEX 등)를 포함하는지 검사하여 차단하는 방식
- 해시 목록 기반 차단 기술 : 기존 유포된 음란물의 요약정보(해시) 목록과 검사하고자 하는 해시를 비교하여 매칭되는 동영상을 차단하는 방식
- 특징 기반 차단 기술 : 유해 음란물의 고유 특징(오디오 주파수, 색상·모션정보, 화면 내 특징점 등)의 DB 목록과 검사 대상 동영상의 고유 특징을 비교하여 차단하는 방식
- 내용 기반 차단 기술 : 현재 유통되고 있는 유·무해 동영상 샘플의 대표 특징을 기계 학습하여 자동분류엔진을 통해 검사 대상 동영상을 자동으로 판별하는 기술
- 차단목록 기반의 선별기술 : 등록된 블랙리스트 주소에 접근할 때 접속을 차단하는 방식
- 허용목록 기반의 선별기술 : 사전에 안전이 검증된 사이트만 접근을 허용하고 그 외는 모두 차단하는 방식

10

정답 ④

해설

④ DRM은 저작권의 적극적 보호기술 중 하나로, 콘텐츠 제공자의 권리와 이익을 안전하게 보호하며 불법복제와 무단변경을 막는 등 콘텐츠의 생성·유통·관리를 일괄적으로 지원하는 시스템이다.
① 탐색엔진 : 불법 복제물을 탐색·색출하는 기술
② CCL : 저작물 이용허락표시
③ 디지털 워터마킹 : 멀티미디어 콘텐츠에 소유권자의 저작권 정보를 사람이 인지할 수 없는 워터마크로 삽입하고, 이를 검출기를 통해 식별하는 기술

11

정답 ③

해설

전자상거래 사기정보 제공처
- 사이버캅 애플리케이션
- 경찰청 사이버수사국(cyberbureau.police.go.kr)
- 서울시 전자상거래센터(ecc.seoul.go.kr)
- 더치트(www.thecheat.co.kr)

12

정답 ④

해설

④ 심각한 명예훼손을 당하거나 거짓 정보가 유포되었다면 해당 사이트 관리자에게 피해사실을 알리고 삭제나 블라인드 처리를 요구한 뒤 처리 결과를 직접 확인한다.

13

정답 ①

해설

② 음란한 부호·문언·음향·화상 또는 영상을 배포·판매·임대하거나 공공연하게 전시한 자는 1년 이하의 징역 또는 1천만 원 이하의 벌금에 처한다(정보통신망 이용촉진 및 정보보호 등에 관한 법률 제74조 제1항 제2호).
③ 영리를 목적으로 청소년에게 청소년 유해매체물을 판매·대여·배포하거나 시청·관람·이용하도록 제공한 자는 3년 이하의 징역 또는 3천만 원 이하의 벌금에 처한다(청소년보호법 제58조 제1항 제1호).

14

정답 ①

해설

① 악성 애플리케이션 설치 파일(APK)을 삭제한다.

15

정답 ㉠ 피싱, ㉡ 스미싱, ㉢ 메모리해킹

해설

사이버 금융범죄
- 피싱(Phishing) : 개인정보(Private Data)와 낚시(Fishing)의 합성어이며, 금융기관으로 위장하여 사용자로 하여금 허위 홈페이지로 접속하도록 유도하여 개인정보를 빼내거나 금전을 갈취하는 수법
- 파밍(Pharming) : 피싱(Phishing)과 조작하다(Farming)의 합성어로, 악성 코드에 감염된 PC를 조작해 이용자가 정상적인 금융회사 홈페이지에 접속하여도 피싱(가짜)사이트로 유도되어 금융정보 및 금전을 부당하게 인출하는 수법
- 스미싱(Smishing) : 문자메시지(SMS)와 피싱(Phishing)의 합성어로, 문자메시지를 이용하여 소액결제를 하도록 유도하거나 스마트폰에 악성 프로그램을 받도록 하여 개인정보를 갈취하는 수법

- 메모리해킹 : 피해자 PC 메모리에 상주한 악성 코드로 인하여 정상 은행사이트에서 보안카드번호 앞, 뒤 2자리만 입력해도 금전이 부당 인출되는 수법
- 몸캠피싱 : 음란화상채팅(몸캠) 후, 영상을 유포하겠다고 협박하여 금전을 갈취하는 행위
- 기타 전기통신 금융사기 : 위 유형 외에 피해자의 컴퓨터, 스마트폰, 정보통신망을 통하여 피해자의 계좌로부터 자금을 이체받거나, 소액결제가 발생한 경우(메신저 피싱 등)

16
정답 ③

해설

③ 회원가입은 주민번호 대신 i-PIN을 사용한다.

17
정답 ④

해설

④ 개인정보 보호법 : 이 법은 개인정보의 처리 및 보호에 관한 사항을 정함으로써 개인의 자유와 권리를 보호하고, 나아가 개인의 존엄과 가치를 구현함을 목적으로 한다.

18
정답 ③

해설

③ 모든 소프트웨어는 최신 버전으로 업데이트하여 사용한다.

19
정답 방화벽

해설

방화벽(Firewall, 침입 차단시스템)
- 주로 외부의 공격들로부터 내부 네트워크를 안전하게 보호하기 위해 사용되는 방법으로, 보안에서 기본적인 솔루션이자 보안을 높이기 위한 일차적인 방법
- 외부와 내부 네트워크를 경유하는 패킷을 규칙에 따라 차단하거나 보내주는 역할을 하며, 외부 네트워크와 연결된 유일한 통로 역할 수행

20
정답 ㉡, ㉢, ㉣

해설

㉠ 개인정보 침해 사고가 발생하면 그 즉시 118로 신고한다.

21
정답 ④

해설

- 웜(Worm) 바이러스 : 네트워크를 통해 자신을 복제·전파할 수 있는 프로그램으로 감염대상을 갖고 있지 않으며 번식을 위해 메일 발송 시 스스로 자신을 첨부한다.
- 랜섬웨어(Ransomware) : 사용자 컴퓨터 시스템에 침투하여 시스템에 대한 접근을 제한하고 금품을 요구하는 악성 프로그램이다.

22
정답 ③

해설

③ 교육 수준은 인터넷 리터러시 교육에 크게 중요하지 않다. 인터넷 리터러시는 인터넷을 창의적으로 활용하고, 비판적으로 이해하여 건강하게 이용할 수 있는 능력으로, 인터넷 출현 이전의 미디어 리터러시는 주로 교육 수준에 의해 결정되었지만, 인터넷 출현 이후에는 주로 나이에 의해 결정된다.

23
정답 ④

해설

④ 관찰법, 면접법, 질문지법 등을 이용하여 도덕적 가치와 태도 형성, 실천 의지 및 성향에 대해 평가한다.

24
정답 ①

해설

① 자극적 요소에 대해 지나치게 자세하게 설명할 필요는 없다.

25
정답 ①

해설

① 오락과 휴식의 도구로서의 컴퓨터 사용 시간을 줄인다.

26

정답 ⊙ 방어기제, ⓒ 도피형, ⓒ 반동형성

해설

방어기제

- 자아가 위협받는 상황에서 무의식적으로 자신을 속이거나 상황을 다르게 해석하여, 감정적 상처나 불안으로부터 자신을 보호하는 심리적 의식이나 행위
- 불안에 대처하는 무의식적 방법으로, 경험을 왜곡하거나 위장하는 것
- 도피형, 기만형, 대체형 세 종류가 있음

반동형성

- 수치스러운 욕망이나 사회적으로 용납될 수 없는 생각·행동을 감추기 위해 반대되는 방향으로 바꾸는 것
- 가정 폭력을 일삼는 사람이 폭력으로 사망한 기사가 인터넷에 실렸을 때 분노하며 댓글을 다는 경우

27

정답 ⊙ 경청, ⓒ 명료화, ⓒ 직면

해설

- 경청(Listening)
  - 내담자의 말과 비언어적 표현 등을 관찰하여 주의 깊게 들어 주는 것
  - 상담자는 내담자가 현재의 심경과 문제를 토로할 때 주목하여 경청함
- 명료화(Clarification)
  - 명료화 또는 명확화는 내담자의 말 중에서 모호한 점이나 모순된 점이 발견될 때, 상담자가 다시 질문함으로써 내담자가 그 의미를 명백하게 하는 기술
  - 내담자가 자기 생각이나 감정을 분명하게 표현할 수 있도록 격려하며, 상담자가 잘 이해하고 있음을 입증하는 것
- 직면(Confrontation)
  - 내담자의 자기 이해를 돕기 위해 상담자의 눈에 비친 내담자의 행동 특성 또는 사고방식을 지적하여, 내담자가 외부에 비친 자기 모습을 되돌아보고 통찰의 순간을 경험하도록 하는 직접적·모험적 자기대면의 방법
  - 내담자가 정서적으로 감당할 수 있을 때 제공하는 것이 좋으며, 때로는 유머를 사용해서 부드럽게 직면하게 할 수 있음

28

정답 ⊙, ⓒ, ⓔ

해설

- 개인정보 포털 : 개인정보보호를 위하여 웹사이트에서 회원을 탈퇴할 때 원활하게 진행되도록 도와주는 곳이다.
- KISA 118 신고센터 : 개인정보 침해 보호방침 안내, 불법 스팸 대응, 전자서명 인증관리 신고센터이다.

작은 기회로부터 종종 위대한 업적이 시작된다.

– 데모스테네스 –

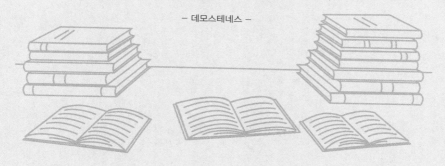

좋은 책을 만드는 길, 독자님과 함께하겠습니다.

SD에듀 IEQ 지도사 인터넷 윤리자격 한권으로 끝내기

개정1판1쇄 발행	2024년 06월 20일 (인쇄 2024년 04월 16일)
초 판 발 행	2022년 04월 05일 (인쇄 2022년 02월 25일)
발 행 인	박영일
책 임 편 집	이해욱
편 저	인터넷윤리자격연구회
편 집 진 행	박종옥 · 주민경
표지디자인	박종우
편집디자인	김예슬 · 남수영
발 행 처	(주)시대고시기획
출 판 등 록	제10-1521호
주 소	서울시 마포구 큰우물로 75 [도화동 538 성지 B/D] 9F
전 화	1600-3600
팩 스	02-701-8823
홈 페 이 지	www.sdedu.co.kr

I S B N	979-11-383-7044-8 (13000)
정 가	20,000원